GABRIELE BUCHHOLTZ und LAURA HERING (Hrsg.)

Digital Health und Recht

Schriften zum Gesundheitsrecht

Band 76

Herausgegeben von Professor Dr. Helge Sodan,
Freie Universität Berlin,
Direktor des Deutschen Instituts für Gesundheitsrecht (DIGR)
Präsident des Verfassungsgerichtshofes des Landes Berlin a.D.

Digital Health und Recht

Zu den rechtlichen Rahmenbedingungen
der Digitalisierung des Gesundheitswesens

Herausgegeben von

Gabriele Buchholtz
Laura Hering

Duncker & Humblot · Berlin

Bibliografische Information der Deutschen Nationalbibliothek

Die Deutsche Nationalbibliothek verzeichnet diese Publikation in
der Deutschen Nationalbibliografie; detaillierte bibliografische Daten
sind im Internet über http://dnb.d-nb.de abrufbar.

Dieses Werk wurde auf Basis der Open Access-Lizenz CC BY 4.0
(s. http://creativecommons.org/licenses/by/4.0) veröffentlicht. Die E-Book-Version
ist unter https://doi.org/10.3790/978-3-428-58889-3 abrufbar.

Die freie Verfügbarkeit des E-Books wurde ermöglicht durch
das Robert Bosch Center for Innovative Health (RBIH).

© 2024 die Autorinnen und Autoren
Satz: 3w+p GmbH, Rimpar
Druck: CPI books GmbH, Leck
Printed in Germany

ISSN 1614-1385
ISBN 978-3-428-18889-5 (Print)
ISBN 978-3-428-58889-3 (E-Book)
DOI 10.3790/978-3-428-58889-3

Gedruckt auf alterungsbeständigem (säurefreiem) Papier
entsprechend ISO 9706 ♾

Internet: http://www.duncker-humblot.de

Vorwort

Dieser Sammelband widmet sich der Digitalisierung im Gesundheitssektor – ein Thema, das in den letzten Jahren stetig an Bedeutung gewonnen hat. Die hier versammelten Beiträge gehen überwiegend auf einen Workshop zurück, der am 17. und 18. März 2022 in Kooperation zwischen der Universität Hamburg und dem Max-Planck-Institut für ausländisches öffentliches Recht und Völkerrecht in Heidelberg – pandemiebedingt online – stattgefunden hat. Dieser Band nähert sich dem Untersuchungsgegenstand aus der rechtlichen Perspektive, die jedoch um Beiträge aus der Ethik und Bioinformatik angereichert wird, um der Interdisziplinarität der Thematik Rechnung zu tragen.

Der erste Themenbereich kreist um die elektronische Patientenakte (ePA), die in den letzten Monaten und Jahren Gegenstand gesetzgeberischer Reformen und kontroverser Debatten gewesen ist. Der zweite Teil beschäftigt sich mit weiteren regulatorischen Innovationen, namentlich den digitalen Gesundheitsanwendungen (DiGAs), digitalen Pflegeanwendungen (DiPAs), Entscheidungsunterstützungssystemen (CDSS) und Software als Medizinprodukt (SaMD). Sodann widmen sich die Beiträge den Querschnittsfragen der Solidarität und Individualisierung sowie der Haftung. Der fünfte und letzte Themenkomplex des Bandes beschäftigt sich mit möglichen Lösungsansätzen für datenschutzrechtliche Probleme aus einer rechtlichen und informatisch informierten Perspektive.

Die Herausgeberinnen sind dem *Robert Bosch Center for Innovative Health* zutiefst zu Dank verpflichtet. Ohne ihre ebenso unbürokratische wie substantielle Hilfe hätte dieser Band nicht in dieser Form und Open Access erscheinen können. Dankend zu erwähnen sind auch Alissa Brauneck, Louisa Schmalhorst und Jasper Siegert für ihre redaktionelle Unterstützung.

Die Materie ist naturgemäß schnelllebig. Die Beiträge berücksichtigen Gesetzesänderungen bis einschließlich Oktober 2023, auf den Entwurf zum Gesundheitsdatennutzungsgesetz wurde ebenfalls eingegangen.

Hamburg und Heidelberg, im November 2023 *Gabriele Buchholtz* und *Laura Hering*

Inhaltsverzeichnis

Gabriele Buchholtz und *Laura Hering*
Digital Health und Recht – Einführung in die Thematik 7

A. Elektronische Patientenakte

Sören Deister
Die elektronische Patientenakte – Innovation für die Patientenversorgung oder gesetzgeberische Fehlkonstruktion? 25

Christoph Krönke
Die elektronische Patientenakte (ePA) im europäischen Datenschutzrechtsvergleich. Kritik der deutschen ePA-Konzeption im Lichte der Patientenaktensysteme Österreichs, Estlands und Spaniens 45

Sarah Rachut
Datenschutz und Datennutzung im digitalen Gesundheitswesen. Regulatorische und praktische Herausforderungen des verhältnismäßigen Ausgleichs am Beispiel der elektronischen Patientenakte 65

B. Weitere regulatorische Trends und deren Bewertung

Michael Kolain und *Jonas Lange*
ePA, DiGA, SaMD & Co. – Regulatorische Trends und Entwicklungen einer datengetriebenen Medizin 89

Friederike Malorny
Digitale Pflegeanwendung (DiPA) als neuer Baustein einer Digitalisierung des Gesundheitswesens. Vereinbarkeit der Neuregelungen mit Art. 3 Abs. 1 GG? ... 127

Simone Kuhlmann
Zulassung KI-basierter Clinical Decision Support Systems unter der Medical Device Regulation 141

C. Solidarität und Individualisierung

Gabriele Buchholtz und *Martin Scheffel-Kain*
Die digitale Zukunft des Gesundheitswesens – Solidarität vs. Individualisierung? 167

Alina Omerbasic-Schiliro
Monitoring physiologischer Daten im Alltag: Quell wissenschaftlichen Fortschritts auf Kosten von Privatheit, Selbstbestimmung und Solidarität? Ein moralphilosophischer Kommentar 181

D. Haftung und Verantwortung

Christian Katzenmeier
Haftungsrechtliche Rahmenbedingungen der Digitalisierung des Gesundheitswesens 201

Robert Ranisch und *Joschka Haltaufderheide*
Verantwortungslose Maschinen? Digitalethische Herausforderung autonomer Systeme in der Medizin 217

E. Datenschutzrechtliche Lösungen – Rechtliche und technische Aspekte

Alissa Brauneck und *Louisa Schmalhorst*
Die Datentreuhand in der medizinischen Forschung – eine Untersuchung aus juristischer Perspektive 241

Jan Baumbach, Mohammad Mahdi Kazemi Majdabadi, Christina Caroline Saak, Mohammad Bakhtiari und *Niklas Probul*
Föderiertes Lernen: ein Hilfsmittel zur datenschutzkonformen Forschung in der Biomedizin und darüber hinaus 263

Autorenverzeichnis 285

Digital Health und Recht –
Einführung in die Thematik

Von *Gabriele Buchholtz* und *Laura Hering*

I. Ausgangspunkt: Zunehmendes Interesse an den rechtlichen Rahmenbedingungen der Digitalisierung des Gesundheitswesens

Die Digitalisierung im Gesundheitssektor hat in den letzten Jahren stetig an Bedeutung gewonnen. Dieser Trend wird anhalten. „Digital Health" eröffnet neue Möglichkeiten der Prävention, Vorhersage, Diagnose und Therapie von Krankheiten. Auch der Gesetzgeber hat die Potenziale dieser Entwicklung erkannt und Weichen für eine Digitalisierung des Gesundheitswesens gestellt: Eine zentrale Rolle spielt hierzulande die elektronische Patientenakte (ePA), geregelt in den §§ 341 ff. SGB V. Bis Anfang 2025 soll sie verpflichtend für alle Patienten eingeführt werden. Von der ePA verspricht sich der Gesetzgeber eine effizientere medizinische Versorgung durch einen schnelleren Datenzugriff und einen unkomplizierteren Informationsaustausch zwischen behandelnden Ärzten und anderen Leistungserbringern. Zugleich soll die Patientenautonomie gestärkt und der Verwaltungsaufwand für Praxen reduziert werden.[1] Auch das eRezept in §§ 360 f. SGB V soll Entlastungen im Praxisalltag bringen. Eine weitere Neuerung sind die Digitalen Pflegeanwendungen (DiPA) nach § 40 a SGB XI, mit denen der Gesetzgeber den Pflegekräftemangel hierzulande adressiert und Pflegebedürftigen ein weitgehend selbstständiges und selbstbestimmtes Leben ermöglichen will.[2] Die Versprechungen sind groß: Die Digitalisierung soll die Gesundheitsversorgung individueller und effizienter gestalten[3] sowie Ärzteschaft und Pflege entlasten. Ein weiteres Phänomen kommt hinzu: Im Zuge der technischen Entwicklungen hat sich die Menge der verfügbaren medizinischen Daten erhöht; davon kann die Forschung profitieren. Das Phänomen „Big data" hat „das Potenzial, eine neue Ära der Präzisionsmedizin einzuläuten".[4] Studien belegen,

---

[1] Vgl. etwa die Bundesregierung zum Entwurf eines Gesetzes zum Schutz elektronischer Patientendaten in der Telematikinfrastruktur (Patientendaten-Schutz-Gesetz – PDSG): BT-Drs. 19/18793, S. 1.

[2] *F. Malorny*, in diesem Band, S. 127 ff.

[3] Vgl. etwa die Bundesregierung zum Entwurf eines Gesetzes zum Schutz elektronischer Patientendaten in der Telematikinfrastruktur (Patientendaten-Schutz-Gesetz – PDSG): BT-Drs. 19/18793, S. 1.

[4] *J. Baumbach et al.*, in diesem Band, S. 263.

dass die Heilungschancen der Patienten mithilfe größerer Datenmengen signifikant gesteigert werden.[5]

Zugleich birgt die Digitalisierung im Gesundheitswesen aber auch ein erhebliches Risikopotential. Wie sieht eine Welt aus, in der eine Maschine ärztliche Entscheidungen trifft? Kritiker fürchten eine „Enthumanisierung der Krankenversorgung".[6] Wie ist mit undurchsichtigen und mitunter diskriminierenden algorithmischen Entscheidungsprozessen umzugehen? Bei rechtlicher und ethischer Betrachtung zeigt sich, dass die medizinische und technische Innovation insbesondere mit „individuellen Rechtsgütern, objektiven Wertprinzipien sowie ethischen Grundprinzipien"[7] in Konflikt gerät. Besondere Bedeutung hat in diesem Zusammenhang der Schutz sensibler Daten, der verfassungsrechtlich durch das Recht auf informationelle Selbstbestimmung in Art. 2 Abs. 1 i. V. m. Art. 1 Abs. 1 GG abgesichert ist. Insgesamt zeigt sich, dass die Digitalisierung zahlreiche der vorherrschenden rechtlichen Grundannahmen auf den Prüfstand stellt. So fragt sich etwa, welche Auswirkungen die mit der Digitalisierung einhergehenden Individualisierungsmöglichkeiten für das Recht der gesetzlichen Krankenversicherung (GKV) haben, das traditionell auf dem Solidaritätsprinzip basiert, vgl. § 1 SGB V. Technisch ist es längst möglich, Krankenversicherungsbeiträge risikoabhängig festzulegen. Somit könnten Beiträge künftig gänzlich risikoabhängig erhoben werden und Kosten für „vermeidbare" Behandlungen, die auf eine „ungesunde" Lebensweise zurückzuführen sind, würden gar nicht mehr von der GKV erstattet.[8]

Wie die aufgeworfenen Fragen zeigen, ist die Thematik komplex. Komplex sind auch die damit einhergehenden juristischen Fragestellungen. Dieser Band identifiziert und systematisiert die genannten Herausforderungen, um sich anschließend auf die Suche nach Lösungsansätzen zu machen. Die Leitfrage lautet daher, welchen Beitrag das Recht zum Gelingen der Digitalisierung des Gesundheitswesens leisten kann bzw. leisten muss. Zutreffend heißt es, die Digitalisierung des Gesundheitswesens fordere das Recht heraus: „Dieses hat die schwierige Aufgabe, Innovationsoffenheit und Innovationsverantwortung zu justieren".[9] Aus einer ethisch interessierten Perspektive lautet die Kernfrage, die es heute zu beantworten gilt, nicht, ob Digitalisierung stattfinden darf, „sondern vielmehr, ob im Rahmen der Digitalisierung zentrale Werte in negativer Weise tangiert werden und wie dem beispielsweise durch

---

[5] Vgl. *D. Byrne*, Artificial Intelligence for Improved Patient Outcomes, 2024; *G. Buchholtz/A. Brauneck/L. Schmalhorst*, Gelingensbedingungen der Datentreuhand – rechtliche und technische Aspekte, NVwZ 2023, 206 (206); *G. Buchholtz/M. Scheffel-Kain*, in diesem Band, S. 167.

[6] *C. Katzenmeier*, in diesem Band, S. 201.

[7] *Katzenmeier*, in diesem Band, S. 201.

[8] *Buchholtz/Scheffel-Kain* gehen in ihrem Beitrag der Frage nach, ob eine solche Entwicklung auch rechtlich zulässig wäre. Zu den verfassungsrechtlichen Problemen der Digitalisierung des Gesundheitswesens siehe ferner *S. Rachut*, in diesem Band, S. 65; *A. Omerbasic-Schiliro*, in diesem Band, S. 181.

[9] *Katzenmeier*, in diesem Band, S. 214–215.

kluge Designentscheidungen beziehungsweise ein wertesensibles Design der Technologien entgegengewirkt werden kann."[10] Unter diesen Vorzeichen steht der vorliegende Tagungsband.

II. Überblick

Die in diesem Tagungsband versammelten Beiträge sind vor dem Hintergrund einer erstarkenden Debatte um das Verhältnis von Gesundheit, Digitalisierung, Technik und Recht entstanden. Hervorgegangen sind sie unter anderem aus einem interdisziplinären Workshop, den die Herausgeberinnen – pandemiebedingt virtuell – am 17. und 18. März 2022 an der Universität Hamburg veranstaltet haben. Die Beiträge widmen sich den rechtlichen Rahmenbedingungen der Digitalisierung im Gesundheitswesen. Ziel des Sammelbandes ist es, die unterschiedlichen rechtlichen Themenkomplexe zu sichten, um anschließend Leitlinien zu identifizieren, die der künftigen Rechtsentwicklung als Inspiration und Erkenntnisquelle dienen mögen.

Die Beiträge nähern sich diesem Untersuchungsgegenstand aus einer Vielzahl unterschiedlichen Perspektiven, indem sie vom Haftungs-,[11] Sozial-,[12] Sozialversicherungs-,[13] Medizinprodukte-,[14] Datenschutz-[15] und Verfassungsrecht[16] kommend auf das Thema blicken. Einige Beiträge gehen über die rein rechtliche Perspektive hinaus und widmen sich der Fragestellung aus einer interdisziplinären Perspektive, namentlich aus Sicht der Ethik[17] und Bioinformatik[18]. Die Digitalisierung des Gesundheitswesens ist ein außerrechtlicher, technischer Regulierungsgegenstand, der sich eben nicht rein rechtlich beurteilen lässt; die Beforschung dieses Regelungsgegenstandes muss somit notwendigerweise im Zusammenspiel der Disziplinen erfolgen. Der interdisziplinäre Blick auf das Thema ist zwingend. Auch methodisch nähern sich die Beiträge dem Thema auf verschiedenen Ebenen: vertikal wird das Thema nicht nur mit Blick auf den Nationalstaat untersucht, sondern es werden auch die Europäische Union und ihre Reformbestrebungen mit in den Blick genommen – ein Akteur der heute nicht mehr wegzudenken ist.[19] In horizontaler Hinsicht geht dieser Band in vielen Beiträgen über eine deutsche Innenschau hinaus und weitet den Blick auf die eu-

---

[10] *Omerbasic-Schiliro*, in diesem Band, S. 197.

[11] *Katzenmeier*, in diesem Band, S. 201–216; *A. Brauneck/L. Schmalhorst*, in diesem Band, S. 248–251.

[12] *Buchholtz/Scheffel-Kain*, in diesem Band, S. 167–180.

[13] *Buchholtz/Scheffel-Kain*, in diesem Band, S. 167–180.

[14] *S. Kuhlmann*, in diesem Band, S 141–164.

[15] *Rachut*, in diesem Band, S. 65–86; *Deister*, in diesem Band, S. 25–43.

[16] *Buchholtz/Scheffel-Kain*, in diesem Band, S. 176–177; *Malorny*, in diesem Band, S. 127–140; auch *Rachut*, in diesem Band, S. 68–70.

[17] *R. Ranisch/J. Haltaufderheide*, in diesem Band, S. 217–237; *Omerbasic-Schiliro*, in diesem Band, S. 181–197.

[18] *Baumbach et al.*, in diesem Band, S. 263–284.

[19] *M. Kolain/J. Lange*, in diesem Band, S. 89–125.

ropäischen Nachbarstaaten, um die dortigen Erfahrungen für den deutschen Rechtskreis nutzbar zu machen.[20]

Entlang der aufgeworfenen Frage gliedert sich der Band in fünf Themenbereiche: Der erste befasst sich mit der ePA, die in den letzten Monaten und Jahren Gegenstand zahlreicher kontroverser Debatten war und ab 2025 für alle gesetzlich Versicherten vorliegen soll, wenn nicht ausdrücklich widersprochen wird.[21] *Sören Deister*, Akademischer Rat an der Universität Hamburg, eröffnet den Sammelband mit der Frage, ob die ePA „Innovation für die Patientenversorgung oder gesetzgeberische Fehlkonstruktion" ist – und beantwortet sie mit „sowohl als auch!". Der Autor beginnt mit einem Überblick über das Regelungssystem der ePA aus sozialrechtlicher Perspektive und liefert einen Überblick zu den gesetzlichen Grundstrukturen der §§ 341 ff. SGB V: Er beschreibt die Regelungsziele und zentralen Charakteristika der ePA. Im Detail geht er auf die die technische Zugriffsfreigabe durch die Versicherten, das sogenannte Berechtigungsmanagement, und insbesondere die datenschutzrechtliche Kritik daran ein sowie auf die Rechte und Pflichten der Akteure. Dabei werden auch die gegenseitigen Ansprüche und Pflichten im Dreiecksverhältnis zwischen Versicherten, Leistungserbringern und Krankenkassen in den Blick genommen, wobei speziell das Verhältnis von Patientenautonomie und Entscheidungskompetenz der Leistungserbringer näher betrachtet wird. Vor diesem Hintergrund widmet sich der Autor in einem zweiten Abschnitt den Defiziten, die das Erreichen der angestrebten Regelungsziele behindern. *Deister* richtet den Blick dabei insbesondere auf gesetzestechnische Defizite, versorgungssystembezogene Defizite, Akzeptanzdefizite bei den Leistungserbringern, nutzungsbezogene Defizite und Vertrauensdefizite der Versicherten. Der Beitrag schließt mit einem Ausblick auf die bevorstehende Einführung eines „Opt-Out-Modells" für die ePA.[22] *Christoph Krönke*, Professor für öffentliches Recht an der Universität Bayreuth, widmet sich in seinem Beitrag der ePA unter rechtsvergleichenden Aspekten. Er richtet den Blick auf die Parameter der Opt-out-Systeme in Österreich, Estland und Spanien und stellt sie dem bisherigen deutschen ePA-Konzept gegenüber. Der Autor kommt zu dem Schluss, dass bestimmte Regelungsoptionen der deutschen ePA hinsichtlich Effizienz, Effektivität und Informationssicherheit im Vergleich zu den Patientenaktensystemen in Österreich, Estland und Spanien erheblich verbessert werden könnten. Dies betrifft insbesondere die Gestaltung und Befüllung der Patientenakten sowie das Zugriffsmanagement. Sofern der Gesetzgeber die aktuelle Ausgestaltung beibehält, besteht die Gefahr, dass die ePA nicht nur zu einer zeitaufwändigen Maßnahme für alle Beteiligten wird, sondern auch die erheblichen Potenziale, die sie für die vielfach betonte Patientensouveränität bietet, im komplexen Einwilligungsprozess des SGB V verloren gehen könnten. Schließlich thematisiert *Sarah Rachut*, wissenschaftliche Mitarbeiterin der Technische Universität München und Geschäftsführe-

---

[20] *C. Krönke*, in diesem Band, S. 45–64.

[21] Gesetzesentwurf der Bundesregierung, Entwurf eines Gesetzes zur Beschleunigung der Digitalisierung des Gesundheitswesens, BT-Drs. 20/9048.

[22] *S. Deister*, in diesem Band, S. 25–43.

rin des TUM Center for Digital Public Services, die datenschutzrechtlichen Aspekte der ePA. Im Zentrum ihrer Überlegungen steht die schwierige Abwägung zwischen dem Interesse an einer umfassenden und möglichst unkomplizierten sowie rechtssicheren Datennutzung auf der einen Seite und dem Schutzbedürfnis dieser zum Teil besonders sensiblen Daten auf der anderen Seite. Die Autorin fordert einen Paradigmenwechsel bei der ePA in Bezug auf den Umgang mit der Datenerhebung, -speicherung, -übermittlung und weiteren Nutzung.

Die ePA ist aber nicht die einzige Neuerung, die im Bereich „Digital Health" in den letzten Jahren in Kraft getreten ist. Diesem Befund entsprechend widmet sich der zweite Teil des Bandes weiteren regulatorischen Innovationen. *Michael Kolain*, Fraktionsreferent für Digitalpolitik im Deutschen Bundestag, Robotics & AI Law Society – Rails, und *Jonas Lange*, Forschungsreferent am Deutschen Forschungsinstitut für öffentliche Verwaltung in Speyer, werfen in ihrem Beitrag ausgewählte Schlaglichter auf aktuellen Entwicklungen, wie ePA, DiGA und SaMD und wagen einen Blick in die regulatorische Zukunft. Sie widmen sich der Frage, welche rechtlichen, organisatorischen und technischen Hürden die medizinische Praxis nehmen muss, um die digitalen Erkenntnisse aus ePA, DiGA und sonstigen Medizinprodukten interessengerecht und zielgerichtet in Diagnostik und Forschung zu nutzen. Dabei gehen die Autoren auf das geltende Recht ein, berücksichtigen aber auch anstehende Reformen der EU-Kommission, wie die Künstliche Intelligenz (KI)-Verordnung, Data Act und der European Health Data Space und erörtern, welche Anforderungen sich hieraus für das digitale Gesundheitswesen ergeben. Die Autoren stellen dabei den Regelungsinhalt nicht nur systematisch dar, sondern nehmen vor allem die Frage in den Blick, wie sich die verschiedenen Rechtsgebiete systematisch zusammendenken und in einen kohärenten Rechtsrahmen überführen lassen. Als „Lösung" schlagen sie eine „Systematisierung von unten" über die technische Standardisierung vor. *Friederike Malorny*, Juniorprofessorin am Lehrstuhl für Bürgerliches Recht, Arbeitsrecht und Sozialrecht der Universität Münster, beleuchtet sodann die digitalen Pflegeanwendungen (DiPAs), die im Juni 2021 durch das Digitale-Versorgung-und-Pflege-Modernisierungs-Gesetz (DVPMG) in das SGB XI aufgenommen wurden. Unter bestimmten Voraussetzungen steht Pflegebedürftigen seitdem ein Leistungsanspruch auf Versorgung mit digitalen Pflegeanwendungen zu. Die Autorin beleuchtet in ihrem Beitrag die Rolle der DiPAs als Baustein des digitalen Gesundheitswesens, die Voraussetzungen, unter denen ein Leistungsanspruch auf Versorgung mit digitalen Pflegeanwendungen besteht und inwieweit diese im Einklang mit dem Gleichheitssatz stehen. Sie kommt dabei zu dem Schluss, dass der gesetzgeberischen Regelung der DiPA ein entscheidendes Element fehlt: Art. 3 Abs. 1 GG fordere eine Erweiterung des Anwendungsbereichs auch auf die stationäre Pflege. Für zukünftige Gesetzesänderungen wäre es darüber hinaus wünschenswert, die Erstattungssummen zu erhöhen, um umfassende technologische Lösungen nicht von vornherein ökonomisch untragbar zu machen, sondern vielmehr Anreize zu schaffen. Vorrangiges Ziel sei es, die Möglichkeit einer weitgehend selbstständigen und selbstbestimmten Lebensführung für pflegebedürftige Personen mithilfe von DiPAs zu fördern, ohne dabei unüberwindliche Markteintrittsbarrieren für deren Anbieter zu errichten. Als letzte in diesem Themenkomplex widmet sich Dr. *Simone Kuhlmann* – wissenschaftliche Mitarbeiterin am Zentrum verantwortungsbewusste Digitalisierung (ZEVEDI) der Goethe-Universität Frankfurt am Main – Entscheidungsunterstützungssysteme (englisch: Clinical Decision Support Systems (CDSS)), die auf KI-Verfahren beruhen. Mit ihnen ist die Hoffnung einer Verbesserung der Versorgungsqualität verbunden, indem sie zielgerichtet individuelle, medizinische Patientendaten aufbereiten und hieraus Handlungs- oder Entscheidungsempfehlungen ableiten, die medizinisches Personal bei klinischen Entscheidungsaufgaben unterstützen. Gleichzeitig ist der Einsatz dieser Systeme aufgrund ihrer Funktionsweisen und fehlenden Transparenz mit Risiken behaftet. Dies wirft die Frage auf, unter welchen Bedingungen sie für die medizinische Versorgung zugelassen werden sollten. Die Autorin untersucht in ihrem Beitrag, nach einer knappen technischen Einführung und Beschreibung der Anwendungsfelder dieser Systeme, die Risiken des Einsatzes KI-basierter CDSS und leitet darauf basierend spezifische Anforderungen für den Einsatz solcher Systeme in der medizinischen Versorgung ab. Hierbei handelt es sich zum einen um Qualitätsanforderungen, die das KI-System selbst betreffen, zum anderen Anforderungen an die Implementierung in den Klinikalltag. Schließlich richtet *Kuhlmann* den Blick auf den Rechtsrahmen der Medical Device Regulation, der in der Lage ist, diese von KI-basierten CDSS für die Gesundheit und Patientensicherheit ausgehenden Risiken zu adressieren und weitgehend zu minimieren, auch wenn spezifische Bestimmungen für KI-Systeme fehlen. Trotzdem bedarf es auf Normungsebene so schnell wie möglich verbindlicher Standards. Bis diese vorliegen, ist eine Nachweisführung der Erfüllung der Anforderungen der MDR und Zertifizierung von KI-Systemen auf Basis des Fragenkatalogs der IG NB möglich. Insbesondere KI-gestützte CDSS, die ein begrenztes Problem adressieren, nicht weiterlernen und bei denen bereits ein klinischer Zusammenhang zwischen In- und Output nachgewiesen ist, werden laut *Kuhlmann* auf dieser Basis zertifizierbar sein.

Die Spannungen zwischen Solidarität und Individualisierung, die sich bereits in den einzelnen Beiträgen abgezeichnet haben, sind Gegenstand des dritten Blocks. Aus rechtswissenschaftlicher Perspektive widmen sich *Gabriele Buchholtz*, Juniorprofessorin für das Recht der sozialen Sicherung mit dem Schwerpunkt in Digitalisierung und Migration der Universität Hamburg, und *Martin Scheffel-Kain*, studentische Hilfskraft ebenda, dem aufgezeigten Konflikt zwischen Solidarität und Individualisierung. In ihrem Beitrag erörtern sie, inwiefern durch die neuen digitalen Individualisierungsmöglichkeiten im Bereich der GKV eine Verwässerung des Solidaritätsprinzips droht. Sie veranschaulichen diese Fragestellungen anhand sog. „Pay-as-you-live"-Programme. Dabei handelt es sich um eine Initiative der Krankenkassen zur Förderung risikoaversen Verhaltens der Versicherten. Die Funktionsweise dieser Programme ist leicht erklärt: Mithilfe eines technischen Geräts, etwa eines Fitnessarmbandes, erfolgen umfassende Datenanalysen zum Verhalten der Versicherten. Auf dieser Grundlage lassen sich individuelle Fitnessziele definieren. Wer die Ziele erreicht, erhält einen Bonus. Die existierenden Bonusprogramme stellen ein

Aliud zur in der Regel einkommensabhängigen Beitragsfinanzierung der GKV dar, indem sie verhaltensbezogene Elemente aufweisen. Es fehlt nicht viel Fantasie, um sich vorzustellen, welche Szenarien der GKV drohen. So stellt sich die Frage, ob Beiträge künftig gänzlich risikoabhängig erhoben werden könnten und Kosten für „vermeidbare" Behandlungen, die auf eine „ungesunde" Lebensweise zurückzuführen sind, gar nicht mehr von der GKV erstattet werden. Wäre dies rechtlich zulässig und wünschenswert? Um dieser Frage nachzuspüren, untersuchen die Autoren aus verfassungs- und einfachrechtlicher Sicht das Verhältnis von Solidarität und Eigenverantwortung. Abschließend klären sie, wie eine digitale Neuausrichtung des Solidaritätsprinzips gelingen kann. Dabei wird sich der Fokus auf die wertvolle Ressource „Daten" richten. *Alina Omerbasic-Schiliro* widmet sich dem Thema aus der ethischen Perspektive und befasst sich mit der Frage, welche Wertkonflikte sich aus der Implementierung von Monitoringprogrammen, die physiologische Daten sammeln, ergeben können und wie diesen begegnet werden kann. Gefahren sieht sie insbesondere für die Selbstbestimmung und Privatsphäre der Datengeber. Die Autorin arbeitet Prinzipien heraus, wie Technologiedesigns wertsensitiv ausgestaltet werden können, die wiederum als Grundlage für die Formulierung einer „Design-Ethik" dienen können. Auf dieser Grundlage lassen sich anschließend kluge Designentscheidungen treffen.

Eine zentrale Frage im Diskurs zur Digitalisierung des Gesundheitsweisens ist auch, wie mit Schädigungen umzugehen ist, die beim Einsatz von KI, Robotik oder Digitalisierung im Gesundheitswesen entstehen können. Menschen haben darauf in der Regel nur geringen Einfluss. Aufbauend auf diesen Beobachtungen widmet sich der vierte Themenkomplex des Sammelbandes der Fragen der Haftung. *Christian Katzenmeier*, Professor und Geschäftsführender Direktor des Instituts für Medizinrecht der Universität zu Köln, setzt sich mit dem Thema aus der rechtlichen Perspektive auseinander. Digitalisierung im Gesundheitswesen ist eine Herausforderung für das Recht, vor allem im Bereich der Haftung. *Katzenmeier* blickt zunächst auf die Haftung *de lege lata*, wobei bislang spezielle Vorschriften zur Haftung beim Einsatz autonomer Systeme fehlen. Die Schaffung besondere Haftungsnormen ist bisher nicht in Sicht. Es handelt sich um eine umstrittene Thematik, besonders wenn es um die Einführung einer Gefährdungshaftung geht. Der zweite Beitrag in diesem Themenkomplex widmet sich dem Thema Haftung aus einer ethischen Perspektive. *Robert Ranisch*, an der Juniorprofessur für Medizinische Ethik mit Schwerpunkt auf Digitalisierung an der Fakultät für Gesundheitswissenschaften Brandenburg der Universität Potsdam, und *Joschka Haltaufderheide*, wissenschaftlicher Mitarbeiter, richten in ihrem Beitrag unter der Überschrift „Verantwortungslose Maschinen?" den Blick auf den Begriff der Verantwortung und das Problem der Verantwortungslücken im Bereich der digitalen Medizin, insbesondere beim Einsatz von robotischen Systemen in der Chirurgie. Dabei handelt es sich um ein unausweichliches Problem: Kommt robotische Chirurgie zum Einsatz, besteht die Gefahr, dass es zu automatisierten „Fehlentscheidungen" oder „Kunstfehlern" kommt; dabei ist es unmöglich, ein Verantwortungssubjekt zu identifizieren. Die Autoren bringen die Idee der Verantwortungsübernahme ins Spiel, die ein natürliches Element der Rollenmoral in verschiedenen Professionen darstellt. Sie argumentieren, dass Ärzte oder Behandler in bestimmten Konstellationen die Verantwortung für robotische Kunstfehler übernehmen sollten. Das bedeutet nicht, dass sie in einem retrospektiven Sinne Schuld an den Fehlern des Systems tragen. Es kann aber bedeuten, dass ihnen dadurch gerechtfertigte Erwartungen entstehen, sich in bestimmter Weise zuständig für die Folgen zu erklären, ansprechbar zu sein oder auch Vorkehrung gegen zukünftige Fehler zu treffen. Mit dieser Verantwortungsübernahme möchten die Autoren Ärzte nicht zu Sündenböcken für Maschinen machen, sondern der professionalen Rolle und dem ärztlichen Ethos Ausdruck verleihen, die das Wohlergehen der Patienten zum obersten Anliegen machen. Zugleich ließen sich damit – so das Argument – einige der befürchteten Verantwortungslücken schließen und damit der Einsatz (teil)autonomer Systeme in der Zukunft ermöglichen.

Der fünfte und letzte Themenkomplex des Bandes widmet sich möglichen Lösungsansätzen für datenschutzrechtliche Probleme aus einer rechtlichen und informatisch informierten Perspektive. *Alissa Brauneck* und *Louisa Schmalhorst*, beide wissenschaftliche Mitarbeiterinnen bei *Gabriele Buchholtz* im Rahmen der Professur für das Recht der sozialen Sicherung mit dem Schwerpunkt in Digitalisierung und Migration an der Universität Hamburg, veranschaulichen dieses hochaktuelle Thema am Beispiel der Datentreuhand. Diese versucht einen Ausgleich zwischen Forschungsinteressen und Patientensouveränität zu schaffen und Datenschutz und Datensicherheit in Einklang zu bringen, indem sie als neutrale Intermediärin zwischen die datengebenden und datennutzenden Personen bzw. Einrichtungen tritt, einen reibungslosen Datenaustausch ermöglicht und gleichzeitig ein hohes Datenschutzniveau gewährleistet. Die Autorinnen stellen zunächst verschiedene Definitionsansätze der Datentreuhand vor – für die es in dieser Form noch keine juristisch verbindliche Regelung gibt –, bevor sie die konkrete Funktion der Datentreuhand in der medizinischen Forschung erläutern. Sodann beleuchten sie die datenschutzrechtliche Verantwortung sowie etwaige Haftungsrisiken. Vieles spricht nach Ansicht der Autorinnen dafür, dass die Datentreuhand in der Regel als Verantwortliche i. S. v. Art. 4 Nr. 7 DSGVO tätig wird. Es folgen Ausführungen zur rechtssicheren Datenverarbeitung in der medizinischen Forschung, wobei das Konzept von *Privacy by Design* i. S. d. Art. 25 Abs. 1 DSGVO im Fokus steht. Schließlich präsentieren die Autorinnen ein innovatives Schutzklassenkonzept nach dem *Privacy-by-Design*-Ansatz, das als technischer Lösungsansatz für ein hohes Datenschutzniveau dienen kann. Mithilfe dieses Konzepts lassen sich mögliche Risiken, die bei der Verarbeitung personenbezogener (Patienten-)Daten entstehen, mittels fünf verschiedener *Privacy*-Ebenen quantifizierbar machen und durch entsprechende Schutzmaßnahmen flankieren.

Der Band schließt mit einem Beitrag aus der Bioinformatik. *Jan Baumbach, Mohammad Mahdi Kazemi Majdabadi, Christina Caroline Saak, Mohammad Bakhtiari, Niklas Probul* – alle vom *Institute for Computational Systems Biology* der Universität Hamburg – stellen „föderiertes Lernen" als technische Lösung für die Realisierung eines hohen Datenschutzniveaus vor. Mithilfe dieser Technik werden Modelle der KI auf große Mengen von Daten trainiert, ohne die Privatsphäre der Daten zu verletzen. Das Problem entsteht daraus, dass viele Daten, die in der Präzisionsmedizin genutzt werden, gem. Art. 9 Abs. 1 DSGVO besonders schützenswert sind und nur ausnahmsweise gem. Art. 9 Abs. 2 DSGVO verarbeitet und ausgetauscht werden können. So entstehen Datensilos, in denen zwar viele Daten an einem Ort (z. B. im Krankenhaus) gesammelt liegen, die aber aus datenschutzrechtlichen Gründen nicht mit anderen Datensätzen zusammengeführt werden dürfen. Dies wirkt sich negativ auf die Qualität der KI-Modelle aus, die auf eine Verarbeitung möglichst vieler Daten angewiesen sind. Föderiertes Lernen hat den Vorteil, dass die Daten nicht an einen zentralen Server übermittelt werden müssen, sondern an ihrem Ursprungsort bleiben. Stattdessen lernt die KI lokal. Mit anderen Teilnehmern des KI-Lernprozesses geteilt werden nur die Parameter der gelernten Modelle. Die Rohdaten selbst müssen niemals übermittelt werden. Die Autoren beschreiben in ihrem Beitrag die Einzelheiten dieses technisch komplexen Vorgangs sowie die Anwendungsbereiche, Herausforderungen und datenschutzrechtliche Gefahren. Ferner gehen sie auf Techniken zur Verbesserung der Privatsphäre und föderierte Plattformen – darunter insbesondere die Plattform FeatureCloud, die speziell für föderiertes maschinelles Lernen entwickelt wurde – ein.

III. Übergreifende Perspektiven von Digital Health und Recht

Wie bereits dieser Überblick zeigt, handelt es sich bei der Digitalisierung im Gesundheitswesen um ein disparates Themenfeld. Von der ePA, über Digitale Pflegeanwendungen bis hin zu KI-basierten *Clinical Decision Support Systems* (CDSS) stellen sich rechtliche Fragen, die vom Datenschutz über die Haftung bis hin zum Verfassungsrecht reichen. Eng damit verknüpft sind ethische und technische Fragen. Eine Systematisierung fällt in diesem Zusammenhang naturgemäß schwer. Trotzdem lassen sich in der Gesamtschau drei übergreifende Perspektiven identifizieren, die Anknüpfungspunkt für rechtliche Erörterung und Analyse sind und damit auch Anregungen für weitere rechtliche Forschungsarbeiten liefern sollen. Darauf ist im Folgenden näher einzugehen.

Zunächst ist zu beobachten, dass die rechtliche Steuerung bzw. Regulierung der Digitalisierung im Gesundheitswesen als gesamtrechtliche Aufgabe zu begreifen ist. Dabei ist zu beachten, dass die einzelnen Rechtsmaterien auch ihren je eigenen Rationalitäten folgen (hierzu unter I.). Außerdem ist den Beiträgen zu entnehmen, dass großer Bedarf nach neuen Lösungen besteht. Dem gestaltenden Recht wird dabei Einiges abverlangt. Es muss kreativ und flexibel sein, um die Digitalisierung im Gesundheitswesen angemessen begleiten und einhegen zu können (hierzu unter II.). Dabei muss das Recht mit den Nachbardisziplinen in engem Austausch stehen, insbesondere darf es nicht nur auf technische Neuerungen reagieren, sondern muss diese proaktiv mitgestalten. Der interdisziplinären Zusammenarbeit ist Priorität einzuräumen (hierzu unter III.).

1. Digitalisierung im Gesundheitswesen als gesamtrechtliche Aufgabe

Erstens geht aus der Gesamtschau der Beiträge hervor, dass die Steuerung der Digitalisierung im Gesundheitswesen nur als gesamtrechtliche Aufgabe funktionieren kann. Es gibt nicht nur ein Rechtsgebiet, das mit der Digitalisierung im Gesundheitswesen befasst ist. Ein allumfassendes Rechtsgebiet, das allen aktuellen juristischen Herausforderungen der Digitalisierung im Gesundheitswesen begegnet und für alle rechtlich relevanten Vorgänge im digitalen Gesundheitsbereich zuständig ist, existiert nicht. Vielmehr zeigt sich, dass wir es mit einer juristischen Querschnittsmaterie zu tun haben. Die Digitalisierung des Gesundheitswesens beschreibt in rechtlicher Hinsicht ein komplexes Regelungsgefüge. Das Zivilrecht spielt dabei ebenso eine Rolle wie das öffentliche Recht und das Strafrecht. Dieser Einsicht folgend widmen sich die nachfolgenden Beiträge dem Regelungsgegenstand aus einer Vielzahl von Perspektiven.[23] Jeden dieser Rechtsbereiche konfrontiert die Digitalisierung des Gesundheitswesens mit spezifischen Problemen bzw. Abwägungsentscheidungen: Das Datenschutzrecht muss Forschungsinteressen mit Patientensouveränität, Datenschutz und Datensicherheit in Einklang bringen,[24] das Verfassungsrecht muss das Spannungsverhältnis von Solidaritätsprinzip und Eigenverantwortung regeln,[25] um nur einige wenige Beispiele zu nennen.

Aus der vertikalen Perspektive zeigt sich, dass neben dem nationalen Recht auch die unionsrechtlichen Vorgaben eine zentrale Rolle spielen.[26] *Kolain* und *Lange* erkennen in ihrem Beitrag für den Bereich der Verarbeitung sensibler Gesundheitsdaten auf europäischer Ebene das hieraus resultierende Problem eines immer komplexer werdenden Regelungsgefüges und bringen es auf den Punkt: „Wer sensible Gesundheitsdaten verarbeitet, sieht sich einem komplexen Regelungsgefüge ausgesetzt. Neben der bloßen Fülle der Rechtsakte, ihrer Detailtiefe und terminologischen Unbestimmtheit zum jetzigen Zeitpunkt, erweist sich ein Befund als besonders problematisch: Die Normgefüge der einzelnen Rechtsakte sind sowohl in materieller als auch formeller Hinsicht allenfalls teilweise aufeinander abgestimmt und bleiben in Bezug auf spezifische Verarbeitungssituationen häufig unkonkret."[27]

2. Neues Selbstverständnis des Rechts

Ferner lässt sich den Beiträgen entnehmen, dass großer Bedarf nach neuen Lösungen besteht und das Recht dabei kreativ und flexibel sein muss, um die Digitalisierung im Gesundheitswesen angemessen begleiten zu können. Zahlreiche Beispiele aus diesem Band illustrieren diesen Bedarf an Kreativität: So inspiriert sich *Krönke*

---

[23] Das Strafrecht wurde in der Tagung ausgeklammert.

[24] *Brauneck/Schmalhorst*, in diesem Band, S. 242.

[25] *Buchholtz/Scheffel-Kain*, in diesem Band, S. 172–173.

[26] Die europäische Perspektive in den Blick nehmend: *Kolain/Lange*, in diesem Band, S. 89–126.

[27] *Kolain/Lange*, in diesem Band, S. 120.

rechtsvergleichend an den rechtlichen Modellen der ePA in Estland, Spanien und Österreich, um hieraus Ideen für die deutsche ePA zu schöpfen. Im Beitrag von *Katzenmeier* findet sich eine Vielzahl kreativer Ideen, um durch Digitalisierung entstandenen Problemen im Bereich der Haftung Herr zu werden: So diskutiert er die Zurechnung des Verhaltens „digitaler Erfüllungsgehilfen" analog § 278 BGB,[28] die Haftung als Halter „digitaler Tiere"[29] sowie die Einführung einer Gefährdungshaftung.[30] Er setzt sich mit Vorschlägen auseinander, die geltende Individualhaftung durch ein kollektives Entschädigungssystem nach dem Vorbild der gesetzlichen Unfallversicherung, §§ 104 ff. SGB VII, zu ersetzen oder durch Einrichtung eines *Entschädigungsfonds* zu ergänzen. *Katzenmeier* schlägt vor, die Haftung des Herstellers autonomer Systeme als verschuldensunabhängige Fehlerhaftung auszugestalten, und bejaht eine Haftung des Anwenders für digitale Verrichtungsgehilfen analog § 831 BGB.[31] *Brauneck* und *Schmalhorst* widmen sich dem Themenkomplex Datenschutz und präsentieren ein sog. Schutzklassenkonzept als kreativen Lösungsweg, um Risiken, die bei der Verarbeitung personenbezogener (Patienten-)Daten entstehen, mittels fünf verschiedener Privacy-Ebenen quantifizierbar zu machen und durch entsprechende Schutzmaßnahmen zu flankieren.[32] *Kuhlmann* untersucht, ob und inwieweit der rechtliche Rahmen der Medizinprodukteverordnung geeignet ist, die an KI-gestützte CDS-Systeme geknüpften Qualitäts- und Sicherheitserwartungen zu gewährleisten oder ob es dafür eines gänzlich neuen, andersartigen Rechtsrahmens bedarf.[33]

Neben Kreativität ist auch Flexibilität gefragt. Regulierung ist eine Momentaufnahme. Dem steht allerdings das Recht gegenüber, das deutliche Beharrungstendenzen aufweist. Das ist auch richtig so. Recht als abstrakt-generelle Regelung darf sich nicht ständig ändern. Dagegen sind digitale Gesundheitstechnologien (wie KI) hochdynamisch. Daher müssen Gesetze mit agilen Formen reagieren. In einigen Bereichen genügt das Recht diesen Anforderungen bereits. *Katzenmeier* weist in seinem Beitrag darauf hin. Er schreibt: „Für Schäden infolge des Einsatzes von KI, Robotik und Digitalisierung im Gesundheitswesen gibt es bislang keine speziellen Vorschriften zur Haftung. Sie unterliegen damit den allgemeinen Haftungsnormen. Bei der Analyse und Bewertung dürfen menschliches Handeln und Maschinenhandeln nicht unreflektiert gleichgesetzt werden. Das autonome System ist nicht lediglich Werkzeug in der Hand des Anwenders. Es geht darum, das Fehlverhalten des Systems in ‚seiner' Entscheidungssituation zu erfassen und zu würdigen."[34] Daran wird deutlich, dass es kein spezielles Haftungsregime für das digitale Gesundheits-

---

[28] *Katzenmeier*, in diesem Band, S. 205.
[29] *Katzenmeier*, in diesem Band, S. 206.
[30] *Katzenmeier*, in diesem Band, S. 211.
[31] *Katzenmeier*, in diesem Band, S. 214.
[32] *Brauneck/Schmalhorst*, in diesem Band, S. 254–256.
[33] *Kuhlmann*, in diesem Band, S. 150–162.
[34] *Katzenmeier*, in diesem Band, S. 202 m.w.N.

wesen gibt und das dies auch gar nicht nötig ist, weil bestehendes Recht in der Lage ist, die neuartigen Herausforderungen zu bewältigen. Die Rechtwissenschaft ist allerdings dazu aufgerufen, bestehende Regelungen stets aufs Neue kritisch zu überprüfen, um die notwendige Flexibilität zur Handhabung des Digitalisierungsphänomens zu gewährleisten. Dabei wird dem Recht auch abverlangt, technische Neuerungen antizipativ zu erfassen. Zu diesem Zweck ist eine interdisziplinäre Zusammenarbeit unerlässlich, worauf unter III. näher einzugehen sein wird.

Schließlich zeigen die Beiträge dieses Bandes, dass nur ein bereichsspezifischer Regulierungsansatz Erfolg haben kann. Kein *one size fits all* ist möglich. Dies gilt nicht nur für das Recht, sondern auch für andere Bereiche, wie die Ethik, wie sich dem Beitrag von *Omerbasic-Schiliro* entnehmen lässt: „Da jedoch selbst die Implementierung derselben Tools in verschiedenen Lebensbereichen unterschiedliche Fragen und Probleme aufwirft, erscheint die Etablierung einer ‚Ethik der Digitalisierung' im Sinne einer alle Lebensbereiche umfassenden normativen Theorie, welche menschliches Handeln im Kontext der Digitalisierung leiten soll, kaum möglich. Angeraten ist vielmehr eine anwendungs- und kontextsensitive Analyse möglicher Chancen und Probleme der Implementierung bestimmter Tools, aus welcher sich gewiss auch Erkenntnisse für die Frage nach der Implementierung anderer, aber ähnlich gelagerter technischer Lösungen ergeben können."[35]

3. Verstärkte interdisziplinäre Zusammenarbeit als Desiderat

Der dritte und letzte Aspekt bezieht sich auf das Verhältnis von Recht und den Nachbardisziplinen. Dass die interdisziplinäre Zusammenarbeit eine Notwendigkeit ist, lässt sich besonders gut am Beispiel des Datenschutzes bei der Verarbeitung genetischer, biometirischer und Gesundheitsdaten aufzeigen. *Brauneck* und *Schmalhorst* illustrieren in ihrem Beitrag, dass der Datenschutz ein Hemmschuh bei der Anwendung von KI zu Forschungszwecken ist. Diesem datenschutzrechtlichen Dilemma kann nur durch den Einsatz geeigneter Technik abgeholfen werden: „Bei allen Bestrebungen ist eine interdisziplinäre Zusammenarbeit zwischen Recht und Technik zentral. Nur wenn diese beiden Disziplinen im Sinne von *Privacy by Design* bei der Entwicklung und Erprobung von Datentreuhandmodellen sinnvoll zusammenarbeiten, lassen sich zukunftsfähige Konzepte entwickeln."[36] Als technische Lösung für dieses datenschutzrechtliche Problem stellen *Baumbach et al.* in ihrem Beitrag das föderierte Lernen vor. Diese Technik ermöglicht es, KI-Modelle mit großen Datenmengen zu trainieren, ohne dabei datenschutzrechtliche Standards zu vernachlässigen.[37]

---

[35] *Omerbasic-Schiliro*, in diesem Band, S. 181.
[36] *Brauneck/ Schmalhorst*, in diesem Band, S. 261.
[37] *Baumbach et al.*, in diesem Band, S. 264.

Die Notwendigkeit der Interdisziplinarität zeigen auch die philosophischen Beiträge in diesem Band auf.[38] Digitalisierung im Gesundheitswesen führt nicht nur zu Konflikten im Recht, sondern auch zu „Wertkonflikten" in der Gesellschaft.[39] *Omerbasic-Schilirio* zeigt, dass die Digitalisierung im Gesundheitswesen Konsequenzen für Ethik, Philosophie und Recht in unserer Gesellschaft hat. Die technische Revolution fordert alle Mitglieder der Gesellschaft dazu auf, sich über die Frage Gedanken zu machen, in welcher Gesellschaft wir leben wollen. Wenn wir nicht der Annahme folgen möchten, dass alles technisch Mögliche auch ethisch und rechtlich vertretbar ist, dann müssen wir neue technische Entwicklungen kritisch prüfen und ihnen – wo nötig – ethische Grenzen setzen, die dann rechtlich flankiert werden. Dem versucht *Omerbasic-Schiliro* durch die Erarbeitung von „Prinzipien wertsensitiven Technologiedesigns" Herr zu werden.[40]

Illustrieren lässt sich die Notwendigkeit der Interdisziplinarität auch mit Blick auf die Beiträge von *Katzenmeier* und *Ranisch*, die das Thema Haftung jeweils aus einer rechtlichen und aus einer moralphilosophischen Perspektive betrachten. Blickt man aus letzterer Perspektive auf das Thema, stellt sich die Frage, wer die moralische Verantwortung übernimmt, d. h. „wer zur Verantwortung gezogen werden kann, also von wem gerechtfertigt verlangt werden kann, für ein Ereignis ‚Rede und Antwort' zu stehen. Gesucht ist weniger ein Akteur, der Schuld auf sich nimmt, als jemand der antworten kann – wie sich auch im Begriff der Ver*antwortung* oder auch *respons*ability ausdrückt. Allerdings kann dieses Antworten-müssen eine ähnliche sozialregulative Funktion übernehmen wie die Idee von Schuld".[41] Dieser moralphilosophische Blick auf das Thema reichert die rechtlichen Überlegungen an.

Diese Notwendigkeit der interdisziplinären Ausrichtung des Rechts resultiert vor allem daraus, dass das Recht häufig nicht der Motor, sondern die Reaktion auf fortschreitende technische Entwicklungen ist. Es reagiert auf Entwicklungen, die nicht mehr aufzuhalten sind. Anspruch eines sozialgestaltenden Rechts muss es allerdings sein, nicht nur hinter den Entwicklungen herzuhinken, sondern selbst zu steuern und, wo nötig, regulierend zu begrenzen. Das Recht muss sich um eine proaktive interdisziplinäre Mitgestaltung bemühen. Das stellt die Juristen bzw. den Gesetzgeber vor die Aufgabe, das Recht so in Stellung zu bringen, dass die normative Ordnung nicht von der Digitalisierung überrollt wird.

Das Recht muss zwei Funktionen erfüllen: Zunächst muss es in der Lage sein, die Chancen der Digitalisierung zu nutzen, ohne sich den Risiken dieser Entwicklung hilflos auszuliefern. Das Recht darf dabei Innovationen nicht hemmen, sondern muss diese fördern. Das Recht darf in der Wahrnehmung der Welt nicht im Gestern stehenbleiben, sondern muss sich dem Wandel der gesellschaftlichen und techni-

---

[38] *Ranisch/Haltaufderheide*, in diesem Band, S. 217–237; *Omerbasic-Schiliro*, in diesem Band, S. 181–197.

[39] *Omerbasic-Schiliro*, in diesem Band, S. 181–183.

[40] *Omerbasic-Schiliro*, in diesem Band, S. 192–196.

[41] *Ranisch/Haltaufderheide*, in diesem Band, S. 233.

schen Rahmenbedingungen anpassen. Das ist ein anspruchsvolles Unterfangen. Für den Gesetzgeber bedeutet dies, dass er technische Entwicklungen im Bereich der Digitalisierung des Gesundheitswesens zu beobachten und kontrollierend einzuhegen hat, ohne sie aber – grundlos – zu behindern.

Dieser Punkt lässt sich insbesondere am Beispiel des Datenschutzes demonstrieren. So fordert *Rachut* „[d]amit das deutsche Gesundheitswesen weiterhin international mithalten kann und gegenüber weiteren Herausforderungen gewappnet ist" einen *„Paradigmenwechsel im Umgang mit Daten* – bezogen auf die Erhebung, Speicherung, Übermittlung und weitere Nutzung."[42] Ähnlich sehen es *Brauneck* und *Schmalhorst*, wenn sie schreiben, dass das strenge Regelungsregime zum Patientendatenschutz die Gefahr berge, dass der für Fortschritte in der medizinischen Forschung notwendige Zugriff auf Daten erschwert werde und die verfügbaren Datenmengen somit reduziert werden. Das wiederum wirke sich negativ auf den Behandlungserfolg und die Überlebensrate der Patienten aus.[43]

All dies zeigt, dass die Interdisziplinarität in der Debatte um die rechtlichen Rahmenbedingungen der Digitalisierung an Bedeutung gewinnen muss. Das bedeutet auch, dass Interdisziplinarität und insbesondere ein Austausch mit der Informatik größere Bedeutung in der täglichen Arbeit der Juristinnen und Juristen haben müssen und es insoweit auch zu Veränderung der Juristenausbildung kommen muss.[44] Die Digitalisierung prägt nämlich auch die Rolle der Juristinnen und Juristen bzw. auch die Rolle und Funktion des Rechts: Es geht weniger darum, auf tatsächliche Entwicklungen zu reagieren, sondern darum, sie zu antizipieren und proaktiv zu agieren. Aufgabe des Rechts ist es, proaktiv die gesellschaftliche Wirklichkeit mitzugestalten, konkret die Digitalisierung des Gesundheitswesens. Deutlich tritt dieser Bedarf im Beitrag von *Kuhlmann* zutage, die fordert, dass das Recht, um die Vorteile der Digitalisierung im Gesundheitswesen nutzen zu können, Voraussetzungen an das Prüfverfahren der CDSS und Handlungsanweisungen stellen muss, bevor digitale Innovationen in den Verkehr gebracht werden.[45] Ähnlich ist der Befund bei *Baumbach et al.* Die Autoren stellen als technische Lösung im Sinne von *Privacy by design* das föderierte Lernen vor. Damit wird es möglich, KI-Modelle auf großen Datenmengen zu trainieren und dabei gleichzeitig die Privatsphäre dieser Daten zu schützen.[46]

---

[42] *Rachut*, in diesem Band, S. 66.
[43] *Brauneck/Schmalhorst*, in diesem Band, S. 241.
[44] Vgl. *F. Möslein/C. Gröber/C. Heß/C. Rebmann*, Das Recht der Digitalisierung in der rechtswissenschaftlichen Ausbildung, JA 2021, S. 651.
[45] *Kuhlmann*, in diesem Band, S. 148–149.
[46] *Baumbach et al.*, in diesem Band, S. 263–267.

IV. Synthese

Die Beiträge dieses Bandes führen vor Augen, dass die Erarbeitung rechtlicher Rahmenbedingungen für die Digitalisierung des Gesundheitswesens eine komplexe Aufgabe ist. Dieser Band liefert einen Beitrag zur Sichtung und Systematisierung der zuweilen sehr disparat anmutenden Rechtsmaterie: „Digital Health" ist in rechtlicher Hinsicht eine Querschnittsmaterie, die insbesondere das Zivilrecht, das öffentliche Recht und dabei insbesondere das Sozialrecht betrifft. Insbesondere drei Erkenntnisse lassen sich aus der Gesamtschau der Beiträge ableiten: Erstens ist Interdisziplinarität nicht nur Desiderat, sondern Pflicht, zweitens muss Recht kreativ und flexibel sein und drittens muss es innovationsfördernd sein und bleiben. Um diesen Anforderungen zu entsprechen, hat sich das Recht stets kritisch zu prüfen. Wir wünschen der Leserschaft, dass dieser Band zur vertieften Auseinandersetzung mit der Thematik anregen möge.

A. Elektronische Patientenakte

Die elektronische Patientenakte – Innovation für die Patientenversorgung oder gesetzgeberische Fehlkonstruktion?

Von *Sören Deister*

„‚Na okay', sagt Manuel und lässt sich zu dem User führen, der einiges über ‚Features' wissen will und ‚Funktionalitäten'. Ja, diese Sprache haben sie jetzt alle drauf, ‚Funktionen' ist zu einfach, es muss klingen, als spräche da ein Programmierer [...]"[1]

„Ob die [...] Legaldefinitionen im Ernstfall zur Klärung offener Fragen beitragen können, erscheint u. a. wegen des schillernden, in der deutschen Rechtssprache bislang uneinheitlich verwendeten Begriffs der ‚Funktionalität' zweifelhaft."[2]

Die elektronische Patientenakte (ePA) ist nach der gesetzgeberischen Vorstellung das „Kernelement" digitaler medizinischer Anwendungen.[3] Sie soll gemäß der Digitalstrategie der Bundesregierung zum „Herzstück digital vernetzter Gesundheitsversorgung" avancieren und bis 2025 von mindesten 80 Prozent der Versicherten der Gesetzlichen Krankenversicherung (GKV) genutzt werden.[4] Eine gegenwärtige Bestandsaufnahme muss zurückhaltend ausfallen: Obwohl alle GKV-Versicherten seit dem 1. 1. 2021 einen Anspruch auf Zurverfügungstellung einer ePA gegen ihre Krankenkasse haben, wird sie im Frühjahr 2023 von weniger als einem Prozent der Anspruchsberechtigten auch tatsächlich genutzt.[5] Der folgende Beitrag skizziert zunächst mit besonderem Augenmerk auf das viel kritisierte „Berechtigungsmanagement" sowie das Spannungsverhältnis von Patientenautonomie und ärztlicher Letztentscheidung das Regelungssystem der ePA im SGB V (I.) und diskutiert anschließend gegenwärtig bestehende Regelungs- und Umsetzungsdefizite (II).

Die rechtlichen Vorgaben zur Digitalisierung im Gesundheitswesen verändern sich gegenwärtig sehr rasch. Was bei Einführung der ePA noch ein zentrales datenschutzrechtliches Problem war, kann bereits ein Jahr später nur noch von rechtshistorischem Interesse sein. Auch aufgrund der schleppenden Umsetzung der ePA ist laut Digitalisierungsstrategie des Bundesgesundheitsministeriums in diesem Bereich

---

[1] *Dietmar Dath*, Deutsche Demokratische Rechnung, 2015, S. 37.

[2] *Wolfgang Seifert*, in: Katharina von Koppenfels-Spies/Ulrich Wenner (Hrsg.), SGB V, 4. Auflage 2022, § 309 Rn. 5.

[3] BT-Drs. 19/18793, S. 3.

[4] *Bundesregierung*, Digitalstrategie – Gemeinsam digitale Werte schöpfen, 2022, S. 16 f., einsehbar unter digitalstrategie-deutschland.de (alle Internetquellen dieses Beitrags zuletzt besucht am 17. 5. 2023).

[5] Nutzungszahlen sind unter gematik.de/telematikinfrastruktur/ti-dashboard einsehbar.

eine grundlegende Neugestaltung vorgesehen, deren zentrales Element wohl die Umstellung auf eine sogenannte „opt-out" ePA werden wird.[6] Ferner soll auch die gematik als zentraler Akteur der Telematikinfrastruktur (TI) organisationsrechtlich umgestaltet werden. Dieser Beitrag bezieht sich auf die zum 1.7.2023 geltende Gesetzeslage. Die mit dem Gesetz zur Beschleunigung der Digitalisierung des Gesundheitswesens für 2024/2025 geplante Neugestaltung konnte nicht mehr berücksichtigt werden. Die Prognose, dass viele der grundlegenden Probleme des bisherigen Regelungssystems, die in diesem Beitrag skizziert werden sollen, auch künftig erhalten bleiben werden, dürfte allerdings nicht allzu verwegen sein. Eine Neubewertung wird hingegen vor allem im datenschutzrechtlichen Kontext erforderlich werden.

I. Das Regelungssystem der ePA im SGB V

Der Gesetzgeber hat sich dazu entschieden, die ePA – sowie die Einrichtung der Telematikinfrastruktur insgesamt – im Recht der Gesetzlichen Kranversicherung zu verorten. Alternativ wäre es grundsätzlich ebenso denkbar gewesen, die digitale Umgestaltung des Gesundheitswesens und die Bereitstellung der dafür erforderlichen Infrastruktur als übergreifende staatliche Aufgabe zu verstehen und steuerfinanziert der unmittelbaren Staatsverwaltung zu übertragen. Dann wäre aber jedenfalls der bisher gewählte Weg über die Gesetzgebungskompetenz des Bundes zur Sozialversicherung aus Art. 74 Abs. 1 Nr. 12 GG nicht gangbar gewesen. Die getroffene Systementscheidung zu Gunsten der Sozialversicherung zog einige Folgeentscheidungen nach sich, unter anderem hinsichtlich der institutionellen Einbeziehung der im deutschen Gesundheitswesen etablierten gemeinsamen Selbstverwaltung aus Leistungserbringern (vor allem Ärztinnen und Ärzte, Krankenhäuser) und Krankenkassen sowie bezüglich der Finanzierung durch Beitragsmittel der Krankenkassen.

1. Regelungsziel und zentrale Charakteristika

Die ePA dient der elektronischen Bereitstellung von versichertenbezogenen Gesundheitsdaten[7] – beispielsweise zu Befunden, Diagnosen und Therapiemaßnahmen – für Zwecke der Gesundheitsversorgung, insbesondere für Anamnese und Befunderhebung.[8] Sie ersetzt nicht die primäre Behandlungsdokumentation der Leistungserbringer. Vielmehr geht es zunächst schlicht um eine elektronische Sammlung, auf die sodann einwilligungsbasiert bei Erforderlichkeit im Behandlungskontext zugegriffen werden kann. Durch diesen schnellen Zugriff auf bereits vorhandenes Wissen zur Behandlungshistorie von Versicherten soll eine Verbesserung der Behand-

---

[6] *Bundesministerium für Gesundheit*, Digitalisierungsstrategie für das Gesundheitswesen und die Pflege, S. 24, einsehbar unter https://www.bundesgesundheitsministerium.de/themen/digitalisierung/digitalisierungsstrategie.html.

[7] § 341 Abs. 2 SGB V listet die einstellbaren Daten im Einzelnen auf.

[8] Vgl. § 341 Abs. 1 S. 3 SGB V.

lung erreicht werden.[9] Dies ist auch unmittelbar einleuchtend.[10] Wenn ein Krankenhaus im Notfall zügig auf Informationen einer Patientin zur Medikamentenunverträglichkeit zugreifen kann, senkt das die Wahrscheinlichkeit einer Fehlmedikation. Ebenso verhindert es kostspielige und unter Umständen eingriffsintensive Doppeluntersuchungen, wenn beispielsweise eine behandelnde niedergelassene Ärztin auf die bereits von einer Kollegin durchgeführten Untersuchungen zurückgreifen kann.

a) Freiwilligkeit

Für eine derartige elektronische Sammlung gesundheitsbezogener Daten zu Versorgungszwecken ergeben sich verschiedene Ausgestaltungsmöglichkeiten. Die zentralen Charakteristika der bislang durch den deutschen Gesetzgeber gewählten Variante sind Freiwilligkeit und Patientensouveränität. Wesentlicher Ausdruck der streng freiwilligkeitsorientierten Ausgestaltung ist gegenwärtig, dass die ePA ausschließlich auf Antrag der Versicherten und mit deren Einwilligung zur Verfügung gestellt wird. Zusätzlich wird die umfassende Entscheidungsfreiheit durch gesetzliche Vorgaben gesichert, die eine Schlechterstellung derjenigen Versicherten, die sich gegen eine ePA entscheiden, ausschließen sollen.[11] Ferner ist die Information der Versicherten durch ihre Krankenkassen vor der Einwilligung in die Errichtung der ePA gesetzlich bis ins Detail vorgegeben.[12] Die streng freiwilligkeitsbasierte Konzeption der ePA hat das BVerfG dazu veranlasst, eine gegen die ePA Vorschriften erhobene Verfassungsbeschwerde mangels unmittelbarer und gegenwärtiger Betroffenheit in eigenen Rechten bereits wegen Unzulässigkeit nicht zur Entscheidung anzunehmen: Der Beschwerdeführer habe es selbst in der Hand, die geltend gemachte Verletzung in seinem Recht auf informationelle Selbstbestimmung abzuwenden, in dem eine Einwilligung in die Nutzung der ePA schlicht nicht erteilt wird.[13]

b) Patientensouveränität

Mit Patientensouveränität ist im Kontext der ePA die umfassende Entscheidungshoheit der Versicherten selbst über die ePA und die darin enthaltenen Daten gemeint.[14] Dies umfasst im wesentlichen zwei Aspekte. Erstens dürfen ausschließlich dann Zugriffe auf die in der ePA abgelegten Daten erfolgen, wenn die Versicherten in den Zugriff zuvor eingewilligt haben.[15] Zweitens erfolgt auch die Verwaltung der

---

[9] Vgl. BT-Drs. 19/18793, S. 112.

[10] Vgl. zum Nutzen elektronischer Patientenakten SVR Gesundheit, Digitalisierung für Gesundheit, Gutachten 2021, einsehbar unter svr-gesundheit.de.

[11] Insbesondere das Diskriminierungsverbot nach § 335 Abs. 3 SGB V. Vgl. dazu *Gabriele Buchholtz*, in: Klaus Engelmann/Rainer Schlegel (Hrsg.), JurisPK SGB V, § 341 Rn. 27.

[12] § 344 Abs. 1 S. 1 SGB V i. V. m. § 343 SGB V.

[13] BVerfG, NJW 2021, S. 1300 (1301).

[14] Vgl. BT-Drs. 19/18793, S. 82.

[15] §§ 339 Abs. 1, 352, 353 SGB V.

ePA durch die Versicherten selbst, was im Gesetz mit der Bezeichnung als versichertengeführte Akte[16] zum Ausdruck gebracht wird. Konkret bedeutet dies, dass die Versicherten nicht nur Zugriffsberechtigungen erteilen,[17] sondern auch alle in der ePA enthaltenen Daten auslesen, übermitteln[18] und eigenständig löschen[19] sowie die Protokolldaten[20] über jegliche Zugriffe einsehen dürfen. Das Einstellen der Daten hingegen erfolgt – nach Einwilligung in den Zugriff durch die Versicherten und auf deren Verlangen – im Wesentlichen durch die Leistungserbringer, also beispielsweise durch Ärztinnen und Ärzte und deren Angestellte. Zwar können auch die Versicherten selbst Daten in die ePA einstellen,[21] diese dürften aber im Vergleich zu den durch die Leistungserbringer eingestellten Behandlungsunterlagen von deutlich geringerer praktischer Bedeutung für andere Behandler sein. Kehrseite der so verstandenen Patientensouveränität ist die zuweilen befürchtete Selektivität[22] der in der ePA vorhandenen Daten. Erstens sind die Daten all jener Behandler, denen kein Zugriffsrecht erteilt worden ist, typischerweise nicht in der Akte vorhanden. Zweitens kann durch die jederzeitige Möglichkeit des Löschens von Daten durch die Versicherten eine lückenhafte und/oder verfälschende Dokumentation entstehen. Eine inhaltliche Manipulation der durch die Leistungserbringer eingestellten Unterlagen von Seiten der Versicherten ist hingegen ausgeschlossen: Sie dürfen und können den Inhalt der von Leistungserbringern eingestellten Daten nicht verändern.[23]

2. Das Berechtigungsmanagement

Ein Schwerpunkt der bisherigen rechtlichen Diskussion über die ePA lag auf der Möglichkeit der technischen Zugriffsfreigabe durch die Versicherten, dem sogenannten Berechtigungsmanagement. Dieses ist wiederum ein wesentlicher Aspekt der Patientensouveränität im obigen Sinne: Es geht darum, ob und wie Versicherte den Zugriff auf Daten im Detail technisch steuern können.

a) Allgemeine technische Nutzungsmöglichkeiten

Ein Verständnis der Diskussion über das Berechtigungsmanagement setzt zunächst eine Erläuterung dazu voraus, wie die ePA von den Versicherten überhaupt genutzt werden kann. Die erste gesetzlich vorgesehene Option ist die Nutzung

---

[16] § 341 Abs. 1 S. 1 SGB V.
[17] §§ 339 Abs. 1, 342 Abs. 1 Nr. 2 lit. b), c), 352 SGB V.
[18] § 337 Abs. 1 SGB V.
[19] § 337 Abs. 2 SGB V.
[20] § 309 SGB V.
[21] § 341 Abs. 2 Nr. 6 SGB V.
[22] So *Johannes Buchheim*, Die elektronische Patientenakte als Datenfundus für Pharmaindustrie und Gesundheitssektor, PharmR 2022, S. 546 (549).
[23] Vgl. dazu *Alexander Beyer*, in: Karl Hauck/Wolfgang Noftz (Hrsg.), SGB V, § 337 Rn. 4, 7.

über die Benutzeroberfläche eines geeigneten Endgerätes.[24] Dies wird in der Praxis durch die Nutzung der ePA mittels einer von der Krankenkasse zur Verfügung gestellten App über Smartphone oder Tablet umgesetzt. Nach einem je nach Krankenkasse im Detail abweichenden Registrierungsprozess[25] können die Versicherten über die App Dokumente einstellen, sie verwalten und Zugriffsberechtigungen an Leistungserbringer erteilen. Sofern letzteres nach dem Gesetzeswortlaut eine eindeutige bestätigende Handlung durch technische Zugriffsfreigabe[26] voraussetzt, genügt dafür beispielsweise das Setzen eines Hakens in dem entsprechenden Feld der App.[27] Gesetzlich explizit vorgesehen, praktisch aber bislang mit erheblichen Hürden verbunden,[28] ist seit dem 1.1.2022 die Nutzungsmöglichkeit auch mittels stationären Endgeräts (Laptop/PC). Für diejenigen, die kein geeignetes Endgerät nutzen wollen oder können, bleibt die Möglichkeit, ihre ePA „mittels der dezentralen Infrastruktur der Leistungserbringer"[29] zu verwalten. Praktisch bedeutet dies, dass sie Zugriffsberechtigungen bei den Leistungserbringern selbst – also z.B. in einer Arztpraxis – unter Verwendung ihrer elektronischen Gesundheitskarte erteilen können.[30] Diese Differenzierung zwischen denjenigen, die eine geeignetes Endgerät nutzen – sogenannte Frontend-Nutzer – und denjenigen, die ihre ePA bei den Leistungserbringern verwalten – sogenannte nicht-Frontend-Nutzer – ist wichtig, weil der jeweilige Umfang der Nutzungsmöglichkeit sich unterscheidet. So können nicht-Frontend-Nutzer beispielsweise die Daten in ihrer ePA nicht selbst einsehen.[31] Die noch im Gesetzesentwurf zum PDSG insbesondere mit Blick auf ältere Menschen vorgesehene Möglichkeit der Verwaltung der ePA in den Filialen der Krankenkassen[32] wurde aus Kostengründen im Rahmen der Beratungen im Gesundheitsausschuss aus dem Gesetz gestrichen.[33] Dafür ist die ebenfalls umstrittene Möglichkeit, sich bei Nutzung der ePA über ein „geeignetes Endgerät" vertreten zu lassen, Gesetz geworden.[34]

---

[24] Vgl. § 342 Abs. 2 Nr. 1 lit. b), c), d) und Abs. 2 lit. b), c) sowie § 336 Abs. 2 SGB V.

[25] Die gesetzlichen Anforderungen ergeben sich aus § 336 SGB V, insbesondere Abs. 5 und Abs. 6. Zu den Verfahren in der Praxis vgl. *Stiftung Warentest* 10/2022, Elektronische Patientenakten im Test, S. 88.

[26] § 353 Abs. 1 S. 2 SGB V.

[27] Dazu *Sören Deister*, in: v. Koppenfels-Spies/Wenner (Fn. 2), § 353 Rn. 3.

[28] Laut Auskunft auf den Internetseiten verschiedener Krankenkassen ist eine Nutzung über PC/Laptop zur Zeit nur mit einem selbst zu beschaffenden Kartenlesegerät möglich, aufgrund der Anschaffungskosten von mehreren hundert Euro dürfte dies kaum praktikabel sein, vgl. statt vieler die Internetseite der Barmer: https://www.barmer.de/unsere-leistungen/on line-services/ecare-elektronische-patientenakte/ecare-fuer-pc-laptop-1056418.

[29] § 342 Abs. 2 Nr. 1 lit. c), Nr. 2 lit. c) SGB V.

[30] *Deister* (Fn. 27), § 342 Rn. 6.

[31] Ebd., § 342 Rn. 9.

[32] BT-Drs. 19/18793, S. 39.

[33] BT-Drs. 19/20708, S. 170.

[34] § 342 Abs. 2 Nr. 2 lit. b) e) SGB V, dazu *Deister* (Fn. 27), § 342 Rn. 16 f.

b) Technische Zugriffsfreigabe

Hinsichtlich der Möglichkeiten technischer Zugriffsfreigabe ist zwischen verschiedenen zeitlich gestaffelten Umsetzungsstufen der ePA zu unterscheiden, die in § 342 SGB V normiert sind. In der ersten Umsetzungsstufe – ab dem 1.1.2021 bis zum 31.12.2021[35] – bestand lediglich die Möglichkeit einer sogenannten grobgranularen Dokumentenfreigabe. Versicherte konnten den Zugriff – sofern sie in diesen grundsätzlich einwilligen wollten – nur entweder auf alle von Leistungserbringern eingestellten Daten oder auf alle von den Versicherten selbst eingestellten Daten beschränken. Es war also insbesondere keine dokumentenspezifische Differenzierung möglich. Beispielsweise konnte der Zugriff der Orthopädin auf die von einem psychotherapeutischen Behandler eingestellten Daten nicht qua Zugriffsbeschränkung verhindert werden. Da die vom Versicherten selbst eingestellten Daten von praktisch untergeordneter Bedeutung sein dürften, ist es durchaus berechtigt, etwas vereinfacht von einem „Alles-oder-Nichts-System" zu sprechen. Die dagegen vorgebrachten datenschutzrechtlichen Einwände sind allerdings inzwischen nur noch von rechtshistorischem Interesse: Seit dem 1.1.2022 – dem Beginn der zweiten Umsetzungsstufe – ist ein sogenanntes feingranulares Zugriffsmanagement möglich. Versicherte können ihre Einwilligung seitdem für den Zugriff „sowohl auf spezifische Dokumente und Datensätze als auch auf Gruppen von Dokumenten und Datensätzen"[36] erteilen. Sie können mithin für jedes Dokument in der App einstellen, ob ein zugriffsberechtigter Leistungserbringer diese sehen darf oder nicht. Diese Möglichkeit besteht aber wiederum nur für Frontend-Nutzer, also diejenigen, die ihre ePA über Smartphone/App oder Desktopversion nutzen. Diejenigen, die ihre ePA in der Leistungserbringerumgebung verwalten, können die Zugriffsberechtigung lediglich auf Kategorien von Dokumenten und Datensätzen beschränken, worunter nach dem Gesetz insbesondere medizinische Fachgebietskategorien[37] fallen. Möglich ist also beispielsweise eine Freigabe nur von orthopädischen Behandlungsdaten für orthopädische Behandler, nicht aber der gezielte Ausschluss einzelner Dokumente. Hinsichtlich der Dauer kann eine Berechtigung durch die Versicherten von einem Tag bis zu einer frei gewählten – auch unbegrenzten – Dauer erfolgen, wobei der Zugriff standardmäßig auf eine Woche beschränkt ist.[38]

Zentral ist, dass neben der technischen Begrenzung des Zugriffs auf bestimmte Dokumente durch die Versicherten auch eine zusätzliche gesetzliche Begrenzung der Verarbeitungsmöglichkeiten besteht, die in § 352 SGB V festgelegt wird. Dort ist im Einzelnen geregelt, welche Arten von grundsätzlich zugriffsberechtigten Leistungserbringern, Daten in welchem Umfang verarbeiten dürfen. Es ist also zu unterscheiden zwischen dem aus der Zugriffsfreigabe folgenden technischen „Können" und dem rechtlichen „Dürfen" der Datenverarbeitung durch Leistungserbringer.

---

[35] § 342 Abs. 2 Nr. 1 SGB V.
[36] § 342 Abs. 2 Nr. 2 lit. b) SGB V.
[37] § 342 Abs. 2 Nr. 2 lit. c) SGB V.
[38] § 342 Abs. 1 Nr. 1 lit. e); § 342 Abs. 2 Nr. 2 lit. f).

c) Datenschutzrechtliche Kritik am Berechtigungsmanagement

Bereits im Gesetzgebungsverfahren sind vom Bundesbeauftragen für den Datenschutz und die Informationsfreiheit (BfDI) Zweifel an der Vereinbarkeit der ePA-Vorschriften zum Berechtigungsmanagement mit datenschutzrechtlichen Vorgaben geäußert worden.[39] Einer Warnung nach Art. 58 Abs. 2a DSGVO[40] ist schließlich im August 2021 ein anweisender Verwaltungsakt nach Art. 58 Abs. 2d DSGVO[41] an vier derjenigen Krankenkassen, die der datenschutzrechtlichen Aufsicht des BfDI unterliegen,[42] gefolgt. Klagen der Krankenkassen gegen diese Anweisung sind anhängig. Auch im Schrifttum wird lebhaft über die datenschutzrechtliche Beurteilung der ePA gestritten.[43] Inhaltlich geht es ab 2022 letztlich nur noch um die oben dargelegte Schlechterstellung von nicht-Frontend-Nutzern: Diese haben nicht die Möglichkeit einer dokumentenspezifischen Zugriffsfreigabe und können die in ihrer ePA gespeicherten Daten nicht in gleichem Umfang selbst verwalten, insbesondere nicht einsehen. Worin genau der Verstoß gegen datenschutzrechtliche Vorgaben begründet liegen soll, bleibt im Bescheid des BfDI vage. Eine explizite Vorgabe zur „Feingranularität" findet sich in der DSGVO nicht, die These einer Unvereinbarkeit erfordert eine eher aufwändige Herleitung. Argumentiert wird mit Art. 25 Abs. 1 DSGVO – Datenschutz durch Technikgestaltung – in Verbindung mit einer Vielzahl von Datenschutzgrundsätzen des Art. 5 DSGVO, unter anderem der Datenminimierung nach Art. 5 Abs. 1 lit. c) DSGVO.[44] Aus diesem Zusammenspiel soll sich die Pflicht zur Bereitstellung eines feingranularen Berechtigungsmanagements ergeben.[45] Kern der Argumentation dürfte die Annahme sein, das Fehlen einer ausreichend feinen Granularität verhindere „die vom Gesetz vorgegebene zweckentsprechende Datenverarbeitung, weil für die jeweilige Behandlung nicht erforderliche

---

[39] Stellungnahmen des BfDI vom 03.04.2020 und vom 25.05.2020 zum Patientendatenschutzgesetz, einsehbar unter bfdi.bund.de.

[40] Warnung des BfDI vom 06.11.2020, einsehbar unter bfdi.bund.de.

[41] Musterbescheid des BfDI vom 09.09.2021, einsehbar unter bfdi.bund.de.

[42] Dies ist nur bei bundesunmittelbaren Krankenkassen der Fall, §§ 9 Abs. 1, 2 BDSG i.V.m. § 90 SGB IV.

[43] Kritisch *Dirk Bieresborn*, BSG – Grünes Licht für die elektronische Gesundheitskarte – Bahn frei für digitale Verarbeitung von Gesundheitsdaten?, jM 2022, S. 113 (119); *Buchholtz* (Fn. 11), § 342 Rn. 32, 35; *Carsten Dochow*, Das Patienten-Datenschutz-Gesetz (Teil 2): Die elektronische Patientenakte und erweiterte Datenverarbeitungsbefugnisse der Krankenkassen, MedR 2021, S. 13 (16 f.); *Johannes Eichenhofer*, Die elektronische Patientenakte – aus sozial-, datenschutz- und verfassungsrechtlicher Sicht, NVwZ 2021, S. 1090 (1093); keine durchgreifenden datenschutzrechtlichen Einwände sehen hingegen *Beyer* (Fn. 23), § 342 Rn. 11 f.; *Buchheim* (Fn. 22), S. 548 ff.; *Dirk Heckmann*, Gutachten für die Anhörung des PDSG im Gesundheitsausschuss vom 27.05.2020, einsehbar unter bundestag.de, S. 11 ff.; *Christoph Krönke*, Die elektronische Patientenakte (ePA) im europäischen Datenschutzrechtsvergleich, NZS 2021, S. 949 (956); noch offen gelassen *Deister* (Fn. 27), § 341 Rn. 27.

[44] BfDI Bescheid (Fn. 41), S. 6.

[45] Ebd.

Dokumente zwangsläufig (mit-)freigegeben werden müssen."[46] Ferner werde die Freiwilligkeit der Einwilligung durch diesen Überschuss an (technisch) freigegebenen Dokumenten und die fehlende Möglichkeit einzelne Dokumente auszublenden[47] fraglich.[48]

Der gegen die Argumentation mit Art. 25 DSGVO vorgebrachte – grundsätzlich plausible – Einwand, feingranulare Steuerungsmöglichkeiten seien aufgrund des damit verbundenen zeitlichen Mehraufwandes nicht zwingend förderlich für die informationellen Selbstbestimmung,[49] überzeugt in Bezug auf die ePA nicht. Die Freigabe sämtlicher Daten an einen ausgewählten Leistungserbringer kann auch bei feingranularer Steuerung je nach technischer Ausgestaltung ohne zusätzlichen Zeitaufwand – in der App z. B. durch ein einziges Häkchen – unmittelbar erfolgen. Insoweit bezieht sich auch der BfDI explizit nicht auf die Voreinstellung nach Art. 25 Abs. 2 DSGVO, sondern die Technikgestaltung nach Art. 25 Abs. 1 DSGVO.[50] Entscheidend dürfte aber die von *Buchheim* überzeugend dargelegte Notwendigkeit sein, die in Art. 25 Abs. 1 DSGVO enthaltene Verpflichtung mit „technischer Machbarkeit, Umsetzungskosten, Anwendungsgleichheit und anderen Anliegen jenseits des Datenschutzes [...]" abzuwägen.[51] Dabei spricht viel dafür, dass die Entscheidung des Gesetzgebers, den finanziellen und technischen Zusatzaufwand für eine feingranulare Steuerungsmöglichkeit auch durch nicht-Frontend-Nutzer zu vermeiden, jedenfalls noch rechtfertigbar ist.[52] Denn die feingranulare Nutzungsmöglichkeit für nicht-Frontend-Nutzer würde entweder eine deutliche zusätzliche Belastung der Leistungserbringer im ohnehin zeitlich sehr verdichteten Versorgungsalltag oder die flächendeckende Installation von Terminals in Krankenkassenfilialen erfordern. Dabei ist auch zu beachten, dass die nicht-Frontend-Nutzer ab dem 1.1.2022 den Zugriff durchaus auf Kategorien von Daten, insbesondere medizinische Fachgebietskategorien, beschränken können. Die Orthopädin von den Dokumenten des Psychotherapeuten auszuschließen ist also durchaus möglich, nur nicht in Bezug auf einzelne Befunde des Therapeuten. Im Übrigen ist eine Vertretungsregelung[53] vorgesehen, die – wenn man sie grundsätzlich akzeptiert – feingranulare Korrekturen bei Bedarf auch für nicht-Frontend-Nutzer ermöglicht. Versorgungspolitisch bleibt die Schlechterstellung von nicht-Frontend-Nutzern, gerade in Anbetracht dessen, dass es sich hier typischerweise um ältere und häufig um multimorbide Menschen handeln dürfte, dennoch kritikwürdig. Nicht jede versorgungspolitisch fragwürdige Entscheidung ist aber ein DSGVO-Verstoß.

---

[46] Ebd., S. 10.
[47] Dazu ausführlicher *Dochow* (Fn. 43), S. 17 ff.; ähnlich *Bieresborn* (Fn. 43), S. 119.
[48] BfDI Bescheid (Fn. 41), S. 6 f., 11.
[49] So *Buchheim* (Fn. 22), S. 549.
[50] BfDI Bescheid (Fn. 41), S. 6, 9, 13.
[51] *Buchheim* (Fn. 22), S. 549 f.
[52] Ebenso ebd., S. 546.
[53] Dazu *Deister* (Fn. 27), § 342 Rn. 16 f.

3. Rechte und Pflichten der maßgeblichen Akteure im Überblick

Die Verortung der ePA im System des SGB V macht es notwendig, einen Blick auf die neu etablierten Rechte und Pflichten im Dreiecksverhältnis von Versicherten, Leistungserbringern und Krankenkassen zu werfen wobei insbesondere das Verhältnis von Patientenautonomie und Entscheidungskompetenz der Leistungserbringer näher betrachtet werden soll. Als vierter Akteur tritt im Kontext der Telematikinfrastruktur die gematik hinzu, die wiederum mit einem fünften Akteur – den privaten Anbietern und Herstellern von Komponenten und Diensten („die Industrie"), welche zum Betrieb der ePA verwendet werden, interagiert.

a) gematik

aa) Aufgabe und Ausgestaltung

Die Gesellschaft für Telematik – Firmenbezeichnung: gematik GmbH,[54] kurz gematik – ist die Institution, die für die Digitalisierung im Gesundheitswesen nach Maßgabe des SGB V maßgeblich verantwortlich ist. Ihr obliegen nach § 311 Abs. 1 SGB V Schaffung und Aufbau der Telematikinfrastruktur (TI). Sie entscheidet hoheitlich[55] mittels Verwaltungsakts[56] über die Zulassung der von verschiedenen privaten Anbietern entwickelten Komponenten und Dienste, die für die ePA erforderlich sind[57] und hat einen Auftrag zum Betrieb des zentralen Netzes der TI an die zum Bertelsmann Konzern gehörende Arvato Systems GmbH erteilt.[58] Ferner erlässt die gematik untergesetzliche Rechtsnormen in Form von Beschlüssen (vgl. § 315 SGB V) zu Regelungen, Aufbau und Betrieb der Telematikinfrastruktur, beispielsweise hinsichtlich der Rahmenbedingungen von Betriebsleistungen innerhalb der TI nach § 323 Abs. 1 S. 1 SGB V. Ihr obliegen schließlich auch Gefahrenabwehr- und Überwachungsaufgaben, §§ 329, 331 SGB V.

Es handelte sich bei der gematik ursprünglich – sofern man die ungewöhnliche Rechtsform der GmbH außer Acht lässt – um ein typisches „Kind" des Gesundheitswesens: Eine Institution der mittelbaren Staatsverwaltung und eine besondere Form der gemeinsamen Selbstverwaltung von Leistungserbringern und Krankenkassen,[59] die die Gesellschaftsanteile zunächst hälftig untereinander aufteilten.[60] Eine zentrale

---

[54] So der Firmenname laut Beschluss der Gesellschafterversammlung vom 2.10.2019, dazu *Karsten Scholz*, in: Christian Rolfs/Richard Giesen/Miriam Meßling/Peter Udsching (Hrsg.), BeckOK Sozialrecht, Stand: 1.6.2023, § 310 SGB V Rn. 3.

[55] Zur Beleihung der gematik *Stefan Bales/Jana Holland/Hartmut Pellens*, Zulassungsentscheidungen der gematik – Rechtsanspruch, Rechtsnatur, Rechtsschutz, GesR 2008, S. 9.

[56] Vgl. dazu *Seifert* (Fn. 2), § 328 Rn. 4.

[57] §§ 341 Abs. 3, 325 SGB V.

[58] Näher zum Auftrag *Scholz* (Fn. 54), § 307 SGB V Rn. 9 f.

[59] Vgl. *Stefan Schifferdecker*, in: Anne Körner/Martin Krasney/Bernd Mutschler/Christian Rolfs (Hrsg.), BeckOGK SGB V, Stand: 1.5.2021, § 310 Rn. 4.

[60] Vgl. § 291b Abs. 2 SGB V in der Fassung bis zum TSVG vom 6.5.2019, BGBl. I, 646.

Verschiebung der „Machtverhältnisse" innerhalb der gematik erfolgte allerdings im Jahr 2019[61]: Seitdem entfallen die Geschäftsanteile der Gesellschaft zu 51 Prozent auf die durch das Bundesministerium für Gesundheit vertretene Bundesrepublik Deutschland, was gegenwärtig in § 310 Abs. 2 SGB V gesetzlich festgeschrieben ist. Die übrigen Anteile entfallen je hälftig auf den GKV-Spitzenverband und die in § 306 Abs. 1 SGB V aufgeführten Spitzenverbände von Ärztinnen/Ärzten, Krankenhäusern und Apotheken auf Bundesebene. Der GKV-Spitzenverband hat im April 2020 Anteile im Umfang von 2,45 Prozent an den Verband der Privaten Krankenversicherung übertragen.[62] Da Gesellschaftsbeschlüsse nach § 310 Abs. 4 SGB V in der Regel mit einfacher Mehrheit gefasst werden können, hat das BMG faktisch eine weitgehend alleinige Entscheidungsbefugnis.[63]

bb) Offene verfassungsrechtliche Fragen

Die gematik stellt eine in dieser Form einzigartige Institution dar: Es handelt sich um eine von der unmittelbaren Staatsverwaltung beherrschte beliehene Institution der gemeinsamen Selbstverwaltung in der Rechtsform einer GmbH. Diese Ungewöhnlichkeit wirft zahlreiche verfassungsrechtliche Fragen auf, die – soweit ersichtlich – bislang kaum thematisiert worden sind und hier nur angedeutet werden sollen. Ein wesentliches Problem liegt darin begründet, dass die gematik als GmbH in § 315 SGB V mit Rechtssetzungskompetenzen gegenüber Dritten, die nicht zu ihrem Gesellschafterkreis gehören, beliehen worden ist. Das ist in der Sache auch sinnvoll, da die Rahmenbedingungen, die alle Nutzer der Telematikinfrastruktur einhalten müssen, dadurch abstrakt-generell festgelegt werden. Selbst wenn man eine Beleihung Privater (hier: einer GmbH) zur Rechtssetzung grundsätzlich für verfassungsrechtlich zulässig hält, was keinesfalls unumstritten ist,[64] stellt sich aber die Frage, ob das Bundesministerium für Gesundheit als faktisch alleinentscheidungsbefugter Gesellschafter der gematik dadurch nicht die grundgesetzlich vorgesehenen Voraussetzungen für den Erlass von Rechtsverordnungen umgeht. Denn letztlich erlässt das BMG im Gewand der gematik untergesetzliche Rechtsnormen. Weitere Bedenken könnten sich aufgrund von Art. 87 Abs. 2 S. 1 GG ergeben. Die Vorschrift gibt vor, dass soziale Versicherungsträger als bundesunmittelbare „Körperschaften des öffentlichen Rechts" geführt werden. Daraus wird in der staatsrechtlichen Literatur teilweise die Unzulässigkeit von Beleihung sowie formeller Privatisierung bei hoheitlicher Aufgabenerfüllung im Sozialversicherungsrecht gefolgert.[65] Schließlich ist auch umstritten, ob und in welchem Umfang Art. 87 Abs. 2 GG einer Tätigkeit

---

[61] Durch Änderung des damaligen § 291b Abs. 2 SGB V mit dem TSVG (Fn. 60).

[62] Vgl. dazu *Schifferdecker* (Fn. 59), § 310 SGB V Rn. 7.

[63] Vgl. *Scholz* (Fn. 54), § 310 SGB V Rn. 4.

[64] Kritisch *Klaus Rennert*, Beleihung zur Rechtssetzung, JZ 2009, S. 976.

[65] Sehr pointiert *Martin Ibler*, in: Günter Dürig/Roman Herzog/Rupert Scholz (Hrsg.), Grundgesetz, 100. EL (2023), Art. 87 Rn. 199 f; anders aber *Peter Axer*, Der verfassungsrechtliche Schutz der Sozialversicherung in Organisation und Finanzen, SGb 2022, S. 453 (456).

der unmittelbaren Staatsverwaltung – hier des BMG – im Bereich der Sozialversicherung entgegensteht.[66] Vor dem Hintergrund dieser ungeklärten und nicht widerspruchsfreien verfassungsrechtlichen Gemengelage bleibt mit Spannung zu erwarten, wie die gematik zukünftig ausgestaltet werden wird. Die Digitalisierungsstrategie des BMG spricht von der Schaffung einer „Digitalagentur" und einer „umfassenden Neuaufstellung der Governance".[67]

b) Krankenkassen

Die Krankenkassen sind gesetzlich verpflichtet, ihren Versicherten eine ePA, die den in § 342 SGB V im Einzelnen definierten Anforderungen genügt, zur Verfügung zu stellen. Dabei können sie für die technische Umsetzung auf die von privaten Anbietern entwickelten und von der gematik zugelassenen Komponenten und Dienste zurückgreifen.[68] Die Versicherten sollen sich also nicht eigenständig für einen industriellen (privaten) Anbieter entscheiden und keine eigenen vertraglichen Beziehungen mit diesem eingehen müssen.[69] Vielmehr wird ihnen ein sozialrechtlicher Anspruch gegen ihre Krankenkasse – eine Körperschaft des öffentlichen Rechts[70] – verschafft. Gleichsam verlässt sich der Gesetzgeber nicht auf eine sinnvolle Ausgestaltung der ePA durch die Krankenkassen selbst, sondern legt gesetzlich detailliert fest, welche Anforderungen die ePA zu welchem Zeitpunkt mindestens erfüllen muss.[71] Auch die Pflicht zur umfassenden Information der Versicherten über die ePA weist der Gesetzgeber in § 343 SGB V den Krankenkassen zu. Ebenso sind die Krankenkassen nach § 341 Abs. 4 SGB V „für die Verarbeitung der Daten zum Zweck der Nutzung der elektronischen Patientenakte" datenschutzrechtlich verantwortlich. Die Zuweisung dieser Verantwortlichkeit ist aufgrund der weitgehenden Freistellung der gematik nicht frei von Kritik geblieben.[72] Schließlich müssen die Krankenkassen nach Maßgabe von § 342 Abs. 3, 4 SGB V eine Ombudsstelle einrichten und die Erfüllung von Updatepflichten sicherstellen.[73] Auf die Daten in der ePA dürfen die Krankenkassen – abgesehen von der engen Ausnahme in § 345 SGB V – selbst nicht zugreifen.[74] Sie finanzieren mittels ihrer Versichertengelder die gematik und die Telematikinfrastruktur insgesamt ganz überwiegend.[75] Sofern die Krankenkassen

---

[66] Vgl. dazu *Axer* (Fn. 65).
[67] BMG (Fn. 6), S. 29, 37.
[68] Vgl. § 325 Abs. 3 SGB V.
[69] Vgl. *Beyer* (Fn. 23), § 342 Rn. 4.
[70] § 4 Abs. 1 SGB V.
[71] Vgl. *Beyer* (Fn. 23), § 342 Rn. 6.
[72] *Buchholtz* (Fn. 11), § 341 Rn. 55 ff.; *Beyer* (Fn. 23), § 307 Rn. 12 ff.
[73] *Philipp Kircher*, in: Ulrich Becker/Thorsten Kingreen (Hrsg.), SGB V, 8. Aufl. 2022, § 363 Rn. 26.
[74] Vgl. *Deister* (Fn. 27), § 341 Rn. 8.
[75] Die Finanzierung der gematik richtet sich nach § 316 SGB V, diejenige der Telematikinfrastruktur nach §§ 376 ff. SGB V.

ihren gesetzlichen Pflichten nicht nachkommen, ist in § 342 Abs. 5 SGB V ein finanzieller Sanktionsmechanismus vorgesehen.[76]

c) Versicherte

Die Versicherten haben die Hoheit über die Verwaltung der ePA. Sie müssen – sofern sie eine solche nutzen wollen – eine ePA beantragen und den Registrierungsprozess bei ihrer jeweiligen Krankenkasse durchlaufen. Sie sind nach Maßgabe von § 337 SGB V konkret berechtigt, Daten in der ePA auszulesen, zu übermitteln, zu löschen und in geringem Umfang auch darüber hinaus zu verarbeiten.[77] Ferner können sie nach dem oben dargestellten System Zugriffsberechtigungen erteilen, Protokolldaten über Zugriffe einsehen[78] und die gesamte ePA anlasslos löschen lassen.[79] Schließlich können sie selbst Daten in die ePA einstellen und die Einstellung von Daten durch die Leistungserbringer nach Maßgabe von §§ 346–349 SGB V und durch die Krankenkasse nach §§ 350 f. SGB V veranlassen.

d) Leistungserbringer

Die ePA in ihrer gegenwärtigen Konzeption ist maßgeblich von der Mitwirkung der Leistungserbringer abhängig. Damit die ePA ihren Zweck erfüllen kann, müssen insbesondere Ärztinnen und Ärzte[80] im Behandlungsgeschehen die in der ePA eingestellten Daten bei Bedarf einsehen und in ihre Behandlungsentscheidung integrieren. Ferner müssen sie selbst ihre Unterlagen in die ePA einstellen, damit andere Behandler wiederum auf diese zugreifen können. Hier handelt es sich um einen neuralgischen Punkt der ePA in ihrer gegenwärtigen Ausgestaltung: Nur bei entsprechender ärztlicher Arbeit mit der ePA, können die erwünschten Erfolge eintreten. Gleichzeitig ergibt sich hier ein Spannungsverhältnis zwischen der Patientensouveränität auf der einen und der ärztlichen Sachkompetenz auf der anderen Seite, das sich konkret in der Frage manifestiert, in welchem Umfang den ärztlichen Leistungserbringern die Letztentscheidung über Einstellen und Verwenden von Daten zukommt. Die dabei ebenfalls aufgeworfenen haftungsrechtlichen Fragen sind an anderer Stelle ausführlich behandelt worden.[81]

---

[76] Dazu *Deister* (Fn. 27), § 342 Rn. 31 ff.

[77] Dazu *Deister* (Fn. 27), § 341 Rn. 8.

[78] § 309 SGB V.

[79] § 344 Abs. 3 SGB V.

[80] Im Folgenden soll dabei die Mitwirkung von Vertragsärztinnen und Vertragsärzten im Mittelpunkt stehen, wenngleich Zugriffe auch durch eine Vielzahl anderer Leistungserbringer gesetzlich vorgesehen sind. Ausführlich zu den verschiedenen Zugriffsberechtigungen *Deister* (Fn. 27), § 352 SGB V Rn. 4.

[81] Sehr überzeugende Darstellungen von *Götz Keilbar/Ole Ziegler*, Haftungsrechtliche Aspekte des Umgangs mit der elektronischen Patientenakte (ePA) – Chancen und Risiken eines „zentralen Bausteins" der Telematikinfrastruktur (Teil 1), MedR 2021, S. 346 und Haf-

Zu differenzieren ist im Ausgangspunkt zwischen dem Zugriff auf in der ePA bereits vorhandene Daten und der Pflicht der Leistungserbringer zur Befüllung der ePA mit noch nicht darin enthaltenen Daten.[82] Beides setzt freilich stets eine Einwilligung und technische Zugriffsfreigabe durch die Versicherten voraus.[83]

aa) Verarbeitung bereits vorhandener Daten

Gemäß § 352 Nr. 1 SGB V sind ärztliche Leistungserbringer nach Einwilligung und Zugriffsfreigabe durch die Versicherten zur umfassenden Verarbeitung – im Sinne von Art. 4 Nr. 2 DSGVO – von ePA-Daten befugt, können diese also u. a. auslesen, lokal speichern, verwenden und auch löschen. Die Verarbeitungsbefugnis besteht freilich gesetzlich nur, soweit dies für die Versorgung der Versicherten erforderlich ist. Es ist weder Befugnis noch Pflicht der Leistungserbringer, Daten, die nicht in diesem Sinne für die Behandlung eines Versicherten erforderlich sind, zu verarbeiten. Die Navigation innerhalb der ePA ist als Suche anhand von Metadaten – z. B. Name des Behandlers, Fachgebiet, Klassifikation (Attest, OP-Bericht usw.)[84] – ausgestaltet. Mithin ist gerade nicht gefordert, alle in der ePA enthaltenen Dokumente zu öffnen und zu lesen.[85] Gleichsam wird die Beurteilung der Erforderlichkeit im Einzelfall auch Einsichtnahmen in Dokumente notwendig machen, die sich im Nachhinein nicht als erforderlich erweisen.[86] Die ärztliche Entscheidung über die Erforderlichkeit für die Versorgung setzt damit auch der Entscheidungshoheit der Versicherten sachlich gerechtfertigte Schranken. Auf der anderen Seite können Versicherte – anhand des dargelegten feingranularen Berechtigungsmanagements – von vornherein Dokumente einer ärztlichen Erforderlichkeitsprüfung entziehen.

bb) Unterstützungspflicht nach §§ 346–348 SGB V

Im Mittelpunkt der Besorgnis der Leistungserbringer dürfte aber weniger ein zu geringer Umfang an Verarbeitungsrechten stehen, sondern eher eine drohende zusätzlich zeitliche Belastung durch die Arbeit mit der ePA.[87] Ärztliche Leistungserbringer sind nach § 346 Abs. 1 S. 1 SGB V verpflichtet, die Versicherten auf deren Verlangen bei der Verarbeitung medizinischer Daten in der ePA zu unterstützen, was nach S. 2 dieser Vorschrift die Übermittlung medizinischer Daten in die ePA umfasst und in Abs. 3 in Bezug auf eine Unterstützung bei der ersten Befüllung der ePA konkretisiert wird. §§ 347, 348 SGB V normieren – differenziert nach vertrags-

---

tungsrechtliche Aspekte des Umgangs mit der elektronischen Patientenakte (ePA) – Chancen und Risiken eines „zentralen Bausteins" der Telematikinfrastruktur (Teil 2), MedR 2021, S. 432.

[82] Vgl. *Keilbar/Ziegler* (Fn. 81), S. 346 (347).
[83] Vgl. §§ 352, 353 SGB V.
[84] Beispiele nach *Keilbar/Ziegler* (Fn. 81), S. 352.
[85] Detailliert zu den Anforderungen an die Suche *Keilbar/Ziegler* (Fn. 81), S. 433.
[86] Vgl. *Kircher* (Fn. 73), § 363 Rn. 31.
[87] Vgl. *Beyer* (Fn. 23), § 342 Rn. 11.

ärztlicher und Krankenhausversorgung – explizit einen Anspruch der Versicherten auf Übertragung und Speicherung von Behandlungsdaten.[88] Nach der Gesetzesbegründung geht es bei der Unterstützung durch die Leistungserbringer auf Basis von § 346 SGB V insbesondere um die Befüllung, Aktualisierung und Pflege der ePA.[89] Diese Unterstützungspflicht wird aber im Gesetz explizit auf medizinische Daten aus der konkreten aktuellen Behandlung beschränkt.[90] Die Unterstützungspflicht begründet also keine Pflicht zur Nacherfassung älterer bzw. fremder papiergebundener Daten und macht keine gesonderte Diagnostikleistung erforderlich.[91] Im Übrigen ist die Reichweite des aktuellen Behandlungskontexts einzelfallabhängig und mit gewissen Unschärfen behaftet. Unklar ist beispielsweise, ob alte und fremde Daten, auf die aktuelle Behandlungsentscheidungen gestützt werden, zu diesem Kontext gehören.[92] Jedenfalls setzt der aktuelle Behandlungskontext der Versichertenhoheit Grenzen: Ein darüber hinausgehendes Verlangen der Versicherten darf durch die Leistungserbringer zurückgewiesen werden.[93] Darüber hinaus wird in der Literatur eine Pflicht und Befugnis des Leistungserbringers angenommen, die einzustellenden Daten nach deren Versorgungsrelevanz zu filtern und nur die für eine künftige Versorgung „wesentlichen" bzw. „maßgeblichen" Daten einzustellen.[94] Der sachkundige Leistungserbringer habe insoweit eine „Einschätzungsprärogative", er sei an ein Verlangen des Versicherten dann nicht gebunden, wenn es sich auf nicht versorgungsrelevante Daten beziehe.[95] Das ergibt sich so zwar nicht aus dem Wortlaut von § 346 SGB V und noch weniger aus demjenigen von §§ 347, 348 SGB V, wird sich aber wohl mit einem Rückgriff auf einen Passus in der Gesetzesbegründung[96] sowie den Zweck der ePA und möglicherweise auch der Erforderlichkeit jeder Datenverarbeitung nach Maßgabe von § 352 SGB V[97] begründen lassen. Der zukünftigen Behandlung ist jedenfalls durch das „Fluten" der ePA mit irrelevanten Daten nicht geholfen.

Insgesamt wird deutlich, dass die proklamierte umfassende Patientensouveränität sich durchaus in einem Spannungsverhältnis mit der fachlichen ärztlichen Einschätzung befindet und letztlich nach überzeugend begründeter Auffassung zumindest bei der Auswahl einzustellender und zu verarbeitender Daten hinter letztere zurücktritt.

---

[88] Vgl. *Keilbar/Ziegler* (Fn. 81), S. 347.
[89] BT-Drs. 19/18793, S. 118.
[90] § 346 Abs. 1 S. 2, Abs. 3 S. 1 SGB V.
[91] Vgl. BT-Drs. 19/18793, S. 118 f.
[92] Dazu und dies bejahend *Deister* (Fn. 27), 346 Rn. 3 ff.
[93] *Keilbar/Ziegler* (Fn. 81), S. 349.
[94] Ebd., S. 351, ähnlich *Beyer* (Fn. 23), § 347 Rn. 7.
[95] *Keilbar/Ziegler* (Fn. 81), S. 351.
[96] BT-Drs. 19/18793, S. 121. Die dortigen Ausführungen beziehen sich allerding explizit nur auf die Auswahl nach Krankenhausbehandlung.
[97] Synonyme Verwendung von Erforderlichkeit im Sinne von § 352 SGB V und Versorgungsrelevanz bei *Beyer* (Fn. 23), § 342 Rn. 12.

Hinsichtlich des Umfangs technischer Zugriffsfreigabe und des Löschens von Daten kommt hingegen der Versichertentscheidung Vorrang zu.

II. Regelungs- und Umsetzungsdefizite

Vor dem Hintergrund des dargestellten Regelungssystems lassen sich verschiedene Defizite ausmachen, die dem Erreichen des angestrebten Regelungsziels abträglich sind. Diese lassen sich in gesetzestechnische Defizite (1.), versorgungssystembezogene Defizite (2.), Akzeptanzdefizite bei den Leistungserbringern, (3.) nutzungsbezogene Defizite (4.) und Vertrauensdefizite (5.) gliedern. Abschließend soll ein Blick auf den Vorschlag eines „Opt-Out-Modells" geworfen werden.

1. Gesetzestechnische Defizite

Die Regelungen zur ePA und zur Telematikinfrastruktur sind in Bezug auf Umfang, Systematik und Vokabular einer juristischen Auslegung nach den etablierten Methoden kaum noch zugänglich. Kritische Feststellungen dieser Art finden sich in verschiedenen Kommentierungen.[98] Beispielhaft und unvollständig: Systematik und Wortlaut der Sanktionsregelung in § 342 Abs. 5 SGB V sind in mehrfacher Hinsicht grob irreführend;[99] der Begriff des geeigneten Endgeräts und das Verhältnis von Nutzung über Smartphone und Desktopversion wird nicht nachvollziehbar geregelt;[100] § 342 SGB V enthält nach Wortlaut und Systematik unbedachte Ausnahmen von der Barrierefreiheit;[101] Verweise auf § 336 Abs. 2 SGB V in § 342 Abs. 2 SGB V sind unklar;[102] die Anzahl der notwendigen Einwilligungen bei Errichtung der ePA ist unklar;[103] es ist nicht geregelt, wie Krankenhäuser gegenüber Kassenärztlichen Vereinigungen einen Nachweis über den Anschluss an die ePA erbringen sollen und die Fristen für den Nachweis sind nicht nachvollziehbar geregelt[104]; es wurde aufgrund fehlerhafter rechtlicher Einschätzung auf einen explizit festgeschriebenen Beschlagnahmeschutz [105] verzichtet usw.

Die gesetzestechnischen Defizite dürften ihren Grund in einem eng bemessenen politischen Zeitplan für die Gestaltung der Rechtsnormen haben. Es wäre sicherlich verfehlt, die mangelnde Akzeptanz der ePA in der Bevölkerung auf fehlerhafte ge-

---

[98] *Seifert* (Fn. 2); *Kircher* (Fn. 73), § 363 Rn. 8; *Beyer* (Fn. 23), § 342 Rn. 7, 22, 33.
[99] Ausführlich *Deister* (Fn. 27), § 342 Rn. 31 ff.
[100] *Beyer* (Fn. 23), § 342 Rn. 31; *Deister* (Fn. 27), § 342 Rn. 6.
[101] *Deister* (Fn. 27), § 342 Rn. 7.
[102] *Beyer* (Fn. 23), § 342 Rn. 22.
[103] *Deister* (Fn. 27), § 342 Rn. 3.
[104] *Beyer* (Fn. 23), § 341 Rn. 11 f.
[105] *Tobias Solscheid*, Beschlagnahmeschutz und Beweisverwertung einer elektronischen Patientenakte („ePA"), MedR 2021, S. 795.

setzliche Verweise zu schieben. Dennoch führt eine politisch vorgegebene „Speed-Gesetzgebung" zu vermeidbaren späteren Umsetzungsproblemen.

2. Versorgungssystembezogene Defizite

In den vergangenen Jahrzehnten ist das deutsche Gesundheitswesen stetig in Richtung eines stärker gewinnorientierten Wirtschaftens und eines umfassenderen Wettbewerbs zwischen allen Beteiligten umgestaltet worden.[106] Dies zeigt sich unter anderem an einem steigenden Anteil gewinnorientierter privater Krankenhäuser, einem auf direkte Kostenkonkurrenz und Einsparung ausgerichteten stationären Vergütungssystem[107] sowie einer Vielzahl miteinander konkurrierender Krankenkassen, die nun jeweils über eigene ePA-Apps verfügen. Wenn vor diesem Hintergrund von Seiten der IT-Branche festgestellt wird, staatliche Gesundheitssysteme mit einer einzigen Krankenkasse und ohne freie Arztwahl wie in Skandinavien seien bedeutend einfacher zu digitalisieren,[108] ist das höchst plausibel. Selbst dann, wenn man Wettbewerb im Gesundheitswesen grundsätzlich für eine gute Idee hält, drängt sich angesichts des jahrzehntelangen Scheiterns der Selbstverwaltung in der gematik die Idee auf, zumindest Errichtung und Finanzierung der Digitalinfrastruktur stärker als eine unmittelbar staatliche Aufgabe auszugestalten[109] und damit auch aus der Sozialversicherung zu lösen. Auch eine große Vielzahl von Programmen und Komponenten unterschiedlicher privater Hersteller und Anbieter, die nicht immer miteinander kompatibel sind, schafft unnötige technische Herausforderungen.[110]

3. Akzeptanzdefizite bei den Leistungserbringern

Es ist bereits darauf hingewiesen worden, dass die ePA in ihrer jetzigen Ausgestaltung zwingend auf die aktive Mitwirkung insbesondere von Ärztinnen und Ärzten angewiesen ist. Gerade dort bestehen aber erhebliche Akzeptanzdefizite mit unterschiedlichen Ursachen.[111] Diese sind teilweise gut nachvollziehbar. Denn zunächst stellt sich die Nutzung der ePA aus ärztlicher Sicht als reiner Mehraufwand dar.[112] Es muss eine – häufig fehleranfällige – technische Infrastruktur in der Praxis ange-

---

[106] Ausführlich zur Ökonomisierung m.w.N. *Deister*, Zurück zur Struktur? Zur gegenwärtigen und zukünftigen Gewährleistung stationärer Gesundheitsversorgung, Die Verwaltung 54 (2021), S. 341 (359 ff.).

[107] Ausführlich zu beidem m.w.N. ebd.

[108] So *Melanie Wendling*, Geschäftsführerin des Bundesverbands Gesundheits-IT (btvig) zitiert in Aerzteblatt vom 7.9.2022, einsehbar unter www.aerzteblatt.de/nachrichten/137156/.

[109] In diese Richtung *Mark Langguth*, Interview vom 26.01.2022 auf E-HEALTH–COM, https://e-health-com.de/thema-der-woche/buzzword-bingo-vom-feinsten/.

[110] Ebd.

[111] Vgl. z.B. die im Aerzteblatt (Fn 108) wiedergebene Kritik.

[112] Vgl. *Langguth*, Mehr Ehrlichkeit in der Diskussion um Digitalisierung, Ärzte Zeitung vom 4.2.2022, S. 2.

schafft werden. Sodann muss eine zu diesem frühen Zeitpunkt typischerweise noch leere ePA befüllt werden. Hinzu treten Bedenken über neue Haftungsrisiken. All dies führt zu einer schleppenden Umsetzung in den Praxen, von denen nach Schätzung der gematik im Frühjahr 2022 ca. 40–60 % technisch an die ePA angeschlossen waren.[113] Hier wäre auch mit Blick in das europäische Ausland nach Modellen zu suchen, die einen größeren unmittelbaren Nutzen aus Sicht der Ärzteschaft bieten und ihnen keine doppelte Dokumentationsarbeit auferlegen.[114]

4. Nutzungsbezogene Defizite

Vielfach wird, unter anderem von Patientenorganisationen, die fehlende „Anwenderfreundlichkeit" der ePA als Grund für ihre mangelnde Akzeptanz angeführt.[115] Zu Recht wird an dieser Stelle auch die deutlich schlechtere Nutzungsmöglichkeit für ältere und multimorbide Menschen kritisiert.[116] Es ergibt sich ein mit dem Akzeptanzdefizit bei den Leistungserbringern vergleichbares Problem: Ein eher zeitaufwändiger Registrierungsprozess[117] führt erst zu einem deutlich späteren Zeitpunkt – im Krankheitsfall – zu einem versorgungsbezogenen Vorteil. Die Möglichkeiten einer nutzerfreundlicheren Ausgestaltung sind vielfältig und reichen von einer Integration von Buchungstools für Arzttermine bis hin zu einer indikationsspezifischen Beratung unter Einbeziehung der Patientenverbände.[118] Im Übrigen sind die verschiedenen Apps der Krankenkassen technisch laut Stiftung Warentest im Herbst 2022 noch recht fehleranfällig.[119]

5. Vertrauensdefizite durch versorgungsfremde Nutzung

Ziel der ePA ist die Verbesserung der Patientenversorgung. Vor diesem Hintergrund sind sämtliche Zugriffe zu anderen Zwecken – beispielsweise der Gefahrenabwehr oder zur Nutzung im Arbeitsverhältnis – auszuschließen. Sie sorgen potentiell für Vertrauensverluste. Umso erstaunlicher ist es, dass recht umfangreiche Zugriffsbefugnisse des Öffentlichen Gesundheitsdienstes und von Betriebsärzten Ein-

---

[113] *Charly Bunar*, Gekommen, um zu bleiben: ein Jahr elektronische Patientenakte (ePA), SozSich 2022, S. 96.

[114] Insoweit könnte das Österreichische Modell ein gutes Vorbild sein, vgl. die Darstellung bei *Krönke/Vanessa Aichstill*, Die elektronische Patientenakte und das europäische Datenschutzrecht, 2021, S. 29 ff.

[115] Vgl. *Martin Danner*, Geschäftsführer der BAG-Selbsthilfe, wiedergegeben unter https://www.epa-magazin.de/bag-selbsthilfe-patienten-muessen-nicht-gesteuert-sondern-staerker-befaehigt-werden; *Marcel Weigand*, 5 Punkte Plan für eine erfolgreiche ePA, Tagesspiegel Background vom 18.10.2021.

[116] *Danner* (Fn. 115).

[117] Vgl. *Stiftung Warentest* (Fn. 25), S. 88.

[118] *Danner*; *Wiegend* jeweils Fn. 115.

[119] *Stiftung Warentest* (Fn. 25), S. 88.

gang ins Gesetz gefunden haben.[120] Auch wenn diese – wie alle Zugriffe – einwilligungsabhängig sind, sollten sämtliche Verwendungsmöglichkeiten, die mit Nachteilen für das Arbeitsverhältnis der Versicherten einhergehen können – z. B. durch Kenntnis über Suchterkrankungen – streng ausgeschlossen werden. Gleichermaßen unglücklich ist es, dass ein expliziter Beschlagnahmeschutz aufgrund offenbar fehlerhafter strafrechtlicher Einschätzung des Gesetzgebers bislang fehlt.[121] Auch die Verwendung von ePA-Daten in Strafverfahren wäre deutlich akzeptanzhemmend. Es muss die Regel gelten, dass ePA-Zugriffe ausschließlich zur Verbesserung der Patientenversorgung genutzt werden können. Im Übrigen bestehen insbesondere von Seiten psychotherapeutischer Leistungserbringer Sorgen vor einem Missbrauch der in einer ePA gespeicherten Daten.[122] Auch das ist gut nachvollziehbar, schließlich weisen diese Unterlagen häufig ein besonders hohes Risiko für Erpressungen auf.[123] Deshalb könnte man überlegen, die psychotherapeutische Versorgung aus der ePA insgesamt auszugliedern.

III. Generallösung Opt-Out-Modell?

Die überblicksartige Darstellung verschiedener Umsetzungsdefizite hat die Unterkomplexität der verbreiten These, die ePA scheitere am strengen Datenschutz, aufgezeigt. Gleichwohl werden die dargestellten datenschutzrechtlichen Anweisungen des BfDI die Umsetzung der ePA jedenfalls nicht beschleunigt haben. Die Bundesregierung plant bekanntlich, der ePA durch Einführung eines „Opt-Out-Modells" zu größerer Verbreitung zu verhelfen. Ein solches Modell sieht vor, dass alle, die dem nicht widersprechen, automatisch eine ePA erhalten. Eine ePA nach dem „Opt-Out-Modell" wird in verschiedenen anderen europäischen Ländern bereits praktiziert und dürfte jedenfalls grundsätzlich DSGVO-konform umsetzbar sein.[124] Ein solches Modell würde sehr wahrscheinlich zu einem hohen Anteil an Versicherten mit ePA führen, was versorgungspolitisch zu begrüßen ist. Eine Erfolgsgarantie wäre es freilich nicht: auch diese ePA müsste aktiv befüllt, gepflegt und von den Leistungserbringern in der Praxis akzeptiert werden. Viele der oben skizzierten Probleme werden sich daher vermutlich auch mit einer „Opt-Out-Lösung" nicht von selbst erledigen. Eine zentrale Frage dürfte insbesondere sein, ob die ePA auch als „Opt-Out-ePA" grundsätzlich versichertengeführt bleibt oder ob auch ein automatisches Einstellen von Daten erfolgt, sofern dem nicht aktiv widersprochen wird.

Zusammengefasst kann die im Titel dieses Beitrags aufgeworfene Frage – Innovation für die Patientenversorgung oder gesetzgeberische Fehlkonstruktion? – im Frühjahr 2023 mit einem eindeutigen „sowohl als auch!" beantwortet werden.

---

[120] Dazu mwN *Deister* (Fn. 27), § 352 Rn. 11.
[121] Dazu *Solscheid* (Fn. 105), S. 795.
[122] Vgl. *Barbara Lubisch*, Psychotherapie und Digitalisierung, SozSich 2022, S. 103.
[123] Beispiele ebd. S. 104.
[124] Eingehende Untersuchung *Krönke/Aichstill* (Fn. 114).

Literatur

Axer, Peter: Der verfassungsrechtliche Schutz der Sozialversicherung in Organisation und Finanzen, SGb 2022, S. 453.

Bales, Stefan/*Holland*, Jana/*Pellens*, Hartmut: Zulassungsentscheidungen der gematik – Rechtsanspruch, Rechtsnatur, Rechtsschutz, GesR 2008, S. 9.

Bieresborn, Dirk: BSG – Grünes Licht für die elektronische Gesundheitskarte – Bahn frei für digitale Verarbeitung von Gesundheitsdaten?, jM 2022, S. 113.

Buchheim, Johannes: Die elektronische Patientenakte als Datenfundus für Pharmaindustrie und Gesundheitssektor, PharmR 2022, S. 546.

Deister, Sören: Zurück zur Struktur? Zur gegenwärtigen und zukünftigen Gewährleistung stationärer Gesundheitsversorgung, Die Verwaltung 54 (2021), S. 341.

Dochow, Carsten: Das Patienten-Datenschutz-Gesetz (Teil 2) – Die elektronische Patientenakte und erweiterte Datenverarbeitungsbefugnisse der Krankenkassen, MedR 2021, S. 13.

Eichenhofer, Johannes: Die elektronische Patientenakte – aus sozial-, datenschutz- und verfassungsrechtlicher Sicht, NVwZ 2021, S. 1090.

Hauck, Karl/*Noftz*, Wolfgang (Begr.): SGB V – Gesetzliche Krankenversicherung, Kommentar, Stand: EL 11/22 (Kommentierung der §§ 341 ff. SGB V von *Beyer*, Alexander).

Keilbar, Götz/*Ziegler*, Ole: Haftungsrechtliche Aspekte des Umgangs mit der elektronischen Patientenakte (ePA) – Chancen und Risiken eines „zentralen Bausteins" der Telematikinfrastruktur Teil 1, MedR 2021, S. 346.

v. Koppenfels-Spies, Katharina/*Wenner*, Ulrich (Hrsg.): SGB V – Gesetzliche Krankenversicherung, Kommentar, 4. Auflage 2022 (Kommentierung der §§ 341 ff. SGB V von *Deister*, Sören).

Krönke, Christoph/*Aichstill*, Vanessa: Die elektronische Patientenakte und das europäische Datenschutzrecht, 2021.

Lubisch, Barbara: Psychotherapie und Digitalisierung, SozSich 2022, S. 103.

Schlegel, Rainer/*Voelzke*, Thomas (Hrsg.): Juris Praxiskommentar-SGB V Stand: Juli 2023 (Kommentierung der §§ 341 ff. SGB V von *Buchholtz*, Gabriele).

Die elektronische Patientenakte (ePA) im europäischen Datenschutzrechtsvergleich

Kritik der deutschen ePA-Konzeption im Lichte der Patientenaktensysteme Österreichs, Estlands und Spaniens

Von *Christoph Krönke**

Mit der 2021 eingeführten elektronischen Patientenakte (ePA) soll die Gesundheitsversorgung in Deutschland in das digitale Zeitalter überführt werden, unter Beachtung aller datenschutzrechtlichen Vorgaben zur Wahrung größtmöglicher „Patientensouveränität". Im Vergleich mit ausgewählten Patientenaktensystemen anderer europäischer Staaten zeigt sich allerdings, dass der deutsche Gesetzgeber substanzielle datenschutzrechtliche Gestaltungsspielräume ungenutzt gelassen hat – und mithin auch wesentliche Vorteile aus der Hand gegeben hat, die mit der ePA für eine qualitativ hochwertige und allgemein verfügbare Gesundheitsversorgung hätten einhergehen können.

I. Die ePA – „Kernelement" digital unterstützter Gesundheitsversorgung in Deutschland oder „Computerspielerei"?

Seit dem 1. Juli 2021 ist es soweit: Den Ärzten und anderen Leistungserbringern in Deutschland sollte es nun möglich sein, auf Gesundheitsdaten in elektronischen Patientenakten (ePA) zuzugreifen, die den 73 Millionen gesetzlich[1] Versicherten hierzulande von Gesetzes wegen seit Anfang 2021 zur Verfügung gestellt werden müssen (§ 342 Abs. 1 SGB V). Der Gesetzgeber hatte die ePA in der Begründung zu dem Patientendaten-Schutz-Gesetz (PDSG) vom 14. Oktober 2020,[2] mit der die Regelungen über die ePA in das SGB V eingeführt wurden, nachgerade euphorisch als das „Kernelement" der digital unterstützten medizinischen und pflegeri-

---

* Der Beitrag wurde in dieser Form auch in der Neuen Zeitschrift für Sozialrecht (NZS), Heft 24/2021, S. 949–957 veröffentlicht und gibt wesentliche rechtliche Erkenntnisse einer Studie wieder, die der Verfasser gemeinsam mit Vanessa Aichstill, LL.M. (WU) für die Stiftung Münch angefertigt hat. Die genannte Studie wurde unter dem Titel „Die elektronische Patientenakte und das europäische Datenschutzrecht" selbständig im Verlag medhochzwei veröffentlicht. Alle zitierten URLs wurden zuletzt am 30. September 2022 abgerufen.

[1] Für die privaten Krankenversicherungen besteht keine entsprechende Verpflichtung. Sie bleiben im Folgenden daher ausgeblendet.

[2] Gesetz zum Schutz elektronischer Patientendaten in der Telematikinfrastruktur vom 14. Oktober 2020, BGBl. I 2020, S. 2115 ff.

schen Versorgung angekündigt.³ Ob der Gesetzgeber bei der Ausgestaltung der ePA allerdings tatsächlich aus dem Vollen geschöpft hat, wird aus gesundheitswissenschaftlichen Fachkreisen bezweifelt. In seinem Gutachten „Digitalisierung für Gesundheit" aus 2021 gelangt etwa der Sachverständigenrat zur Begutachtung der Entwicklung im Gesundheitswesen zu der eher ernüchternden Einschätzung, dass die „Chancen, die eine ePA den Versicherten bietet", unter den vom Gesetzgeber unter dem Eindruck datenschutzrechtlicher Vorgaben geschaffenen Bedingungen „wesentlich schwieriger zu realisieren" seien, und auch aus der Perspektive der Leistungserbringer blieben „einige wichtige Chancen der ePA ungenutzt".⁴ Insbesondere würden „unnötige Doppeluntersuchungen, Doppelvorhaltungen von Informationen sowie vielfältige Fehlermöglichkeiten an Schnittstellen [...] nicht minimiert" – mithin also wesentliche Vorzüge aus der Hand gegeben, die eine ePA mit sich bringen könnte. Vor diesem Hintergrund überrascht es kaum, dass der erhebliche Aufwand, den die Einführung der ePA allen Beteiligten abverlangt, von wichtigen Akteuren im Gesundheitswesen als nicht lohnend empfunden wird. So hat beispielsweise die Kassenärztliche Vereinigung Baden-Württemberg in einer Formulierungshilfe die ePA als aufgezwungenes „Computerspiel" abgetan, für das den Ärzten schlichtweg die Zeit fehle.⁵ In Anbetracht dieser Kritik stellt sich die Frage: Hat der deutsche Gesetzgeber hier ohne triftige Gründe wichtige Chancen vertan?

Dass ein effektives elektronisches Patientenaktensystem grundsätzlich einen überragend wichtigen Beitrag zu einer qualitativ hochwertigen und allgemein verfügbaren Gesundheitsversorgung leisten kann, dürfte außer Frage stehen. Ebenso fest steht, dass Deutschland auf diesem Feld keineswegs zu den Pionieren zählt. Dem deutschen Gesundheitswesen wurde mit Blick auf die Digitalisierung im Allgemeinen⁶ und die Implementierung elektronischer Gesundheitsakten im Besonderen⁷ nicht nur im internationalen, sondern auch im europäischen Vergleich regelmäßig signifikanter Nachholbedarf bescheinigt, zumal „der Diskurs über Digital Health in Deutschland stark von haftungs- und datenschutzrechtlichen Fragestellungen dominiert sei" und die „eigentlichen Chancen für die medizinische Versorgung durch die Digitalisierung" demgegenüber „eher in den Hintergrund gedrängt" würden.⁸ Eindrucksvoll bestätigt wird dieser Befund durch die jüngsten Anordnungen, mit denen der Bundesbeauftragte für den Datenschutz und die Informationssicherheit,

---

³ BT-Drucks. 19/18793, S. 3.

⁴ Dazu und zum Folgenden *SVR*, Digitalisierung für Gesundheit, 2021, S. 86.

⁵ Siehe dazu die Schnellinfo der KVBW vom 25. Juni 2021, der die Formulierungshilfe unter der Überschrift „Arztzeit oder Computerspiele" beigefügt war.

⁶ Im „Digital-Health-Index", der 2018 im Rahmen der „#SmartHealthSystems"-Studie der Bertelsmann Stiftung (Hrsg.) von *Thiel et al.* erstellt wurde, lag Deutschland gar abgeschlagen auf dem vorletzten 16. Platz, siehe https://www.bertelsmann-stiftung.de/de/publikationen/publikation/did/smarthealthsystems/.

⁷ *V. Amelung et al.*, Die elektronische Patientenakte – Fundament einer effektiven und effizienten Gesundheitsversorgung, 2017, S. 93 ff.

⁸ *Bertelsmann-Stiftung* (Fn. 6).

Ulrich Kelber, die Krankenkassen in Bezug auf die ePA belegt hat.[9] Dass gerade das Datenschutzrecht einer effektiv ausgestalteten elektronischen Patientenakte entgegenstehen soll, erscheint freilich einigermaßen bemerkenswert, denn in Europa gilt bereits seit geraumer Zeit und spätestens seit Inkrafttreten der Datenschutzgrundverordnung (DSGVO) ein harmonisiertes Datenschutzrecht. Und ein Blick in die europäische Nachbarschaft zeigt rasch, dass auch unter Geltung der DSGVO hochwirksame Patientenaktensysteme betrieben werden können. So beweist etwa *Österreich*, dessen Rechtsordnung der deutschen traditionell sehr nahesteht, mit seiner Elektronischen Gesundheitsakte (ELGA), wie ein solches System aussehen kann. Des Weiteren hat auch *Estland*, das selbst international regelmäßig als E-Health-Spitzenreiter gehandelt wird, in sein Health Information System (HIS) ein breit angelegtes Patientenaktensystem integriert. Und auch *Spanien*, das der Bundesrepublik Deutschland größenmäßig und mit Blick auf seine föderale Struktur näherkommt als kleinere, digitalaffine Staaten, hat mit der historia clínica (HC) eine allgemeine elektronische Patientenakte implementiert.

Vor diesem Hintergrund soll im Folgenden gezeigt werden, dass im Vergleich mit den Systemen der genannten europäischen Nachbarn – dazu sogleich im Überblick unter Punkt II. – in der Tat erhebliche datenschutzrechtliche Spielräume für alternative Gestaltungen der deutschen ePA bestehen. Konkret betrifft dies vor allem die *Einrichtung* und *Befüllung* der Patientenakte (III.) sowie den *Zugriff* darauf, d. h. die *Berechtigungen* der Leistungserbringer (IV.) und die *Steuerungsmöglichkeiten* der Patienten (V.). Der deutsche Gesetzgeber sollte diese Spielräume nutzen, um die ePA progressiver auszugestalten (VI.).

II. Überblick: Die Patientenaktensysteme in Deutschland, Österreich, Estland und Spanien

Bereits im Ausgangspunkt zeigen sich erste konzeptionelle Unterschiede zwischen den Patientenaktensystemen in Deutschland, Österreich, Estland und Spanien, die auf mögliche Umgestaltungsoptionen verweisen.

1. Die deutsche ePA (§§ 341 ff. SGB V)

Der gesetzlichen Definition in § 341 Abs. 1 SGB V folgend, ist die deutsche ePA eine versichertengeführte elektronische Akte, die den Versicherten von den Kranken-

---

[9] Vgl. dazu BfDI, Musterbescheid zur elektronischen Patientenakte (ePA), vom 9. September 2021, verfügbar unter https://www.bfdi.bund.de/SharedDocs/Downloads/DE/DokumenteBfDI/AccessForAll/2021/2021_Musterbescheid-Gesetzliche-Krankenkasse.pdf?__blob=publicationFile&v=3. Die Krankenkassen haben angekündigt, dagegen vorzugehen, vgl. https://www.handelsblatt.com/inside/digital_health/elektronische-patientenakte-kassen-richten-sich-gegen-datenschutzbeauftragten/27602886.html?ticket=ST-112019-qnEO1H9cqycpcZ4jdSN6-ap4.

kassen[10] auf Antrag zur Verfügung gestellt wird. Dabei gestaltet sich die Nutzung freiwillig. Auf Verlangen der einzelnen Versicherten werden die nach der gesetzlichen Ausgestaltung der ePA abbildbaren medizinischen Informationen (z. B. zu Befunden, Diagnosen, Therapiemaßnahmen, Früherkennungsuntersuchungen und Behandlungsberichten) für eine einrichtungs-, fach- und sektorenübergreifende Nutzung barrierefrei elektronisch bereitgestellt, um eine effektive Gesundheitsversorgung zu ermöglichen, insbesondere eine gezielte Unterstützung von Anamnese und Befunderhebung.[11]

2. Die österreichische ELGA (§§ 13ff. GTelG 2012)

Die österreichische ELGA ist nach der gesetzlichen Definition in § 2 Z 6 GTelG „ein Informationssystem, das allen berechtigten ELGA-Gesundheitsanbietern und ELGA-Teilnehmern ELGA-Gesundheitsdaten in elektronischer Form orts- und zeitunabhängig zur Verfügung stellt". Die Erstellung dieses sehr dezentral, auf eine Speicherung der Daten bei den Leistungserbringern angelegten Informationssystems und der Zugriff darauf beruht im Unterschied zur deutschen ePA auf einem Opt-out-Konzept. Das bedeutet, dass grundsätzlich alle Versicherten in Österreich Teilnehmer der ELGA sind und bleiben, bis sie ihren Widerspruch gegen die Teilnahme erklären. Die Abmeldequote fällt nach wie vor sehr gering aus.[12]

3. Das estnische HIS (§§ 59ff. TTKS)

Bei dem estnischen Health Information System (HIS) handelt es sich um eine nationale zentrale Datenbank mit allen Gesundheitsdaten von Patienten, welche allen professionellen Gesundheitsdiensteanbieter in Estland zur Verfügung gestellt wird (§ 59 TTKS[13]). Das HIS ist ein – ebenfalls auf einem Opt-out-Konzept basierendes – umfassendes e-Health-System, in welchem nicht nur Gesundheitsdaten (wie z.B. Medikationsverschreibungen) verarbeitet werden, sondern auch Videokonsultationen und Ferndiagnosen (Arzt-zu-Patient und Arzt-zu-Arzt) routinemäßig ermöglicht und sämtliche Terminbuchungen und Kommunikationsvorgänge online ausgeführt

---

[10] Der praktisch gewiss sehr bedeutsame Bereich der Privatversicherungen soll im Folgenden der Einfachheit wegen ausgeblendet werden. An dieser Stelle mag der Hinweis genügen, dass für Privatversicherungen gemäß § 362 SGB V sämtliche datenschutzrechtlichen Vorgaben gelten, wenn von diesen eGKs für Anwendungen nach § 334 Abs. 1 S. 2 SGB V verwendet werden.

[11] Vgl. dazu die Gesetzesbegründung, BT-Drucks. 19/18793, S. 112.

[12] Vgl. etwa *OEKONSULT gmbh*, ELGA-Studie, vom Januar 2014, S. 4 ff., verfügbar unter https://www.elga.gv.at/fileadmin/user_upload/Dokumente_PDF_MP4/Infomaterialien/ELGA_2014_01_Oekonsult.pdf.

[13] Health Services Organisation Act (Tervishoiuteenuste korraldamise seadus) vom 9. Mai 2001.

werden.[14] Das System ist dabei in die vergleichsweise umfassenden E-Government-Services Estlands integriert.

4. Die spanische HC (Art. 14ff. Ley 41/2002)

Die historia clínica ist nach gesetzlicher Definition ein Instrument zur angemessenen Unterstützung der Gesundheitsdiensteanbieter bei der Diagnose und Behandlung der Patienten, die – wie die Bezeichnung nahelegt – einen Zugang zur Krankengeschichte des Patienten ermöglicht (Art. 16 Abs. 1 Ley 41/2002). Das System ist dabei lediglich im Ausgangspunkt zentral, insbesondere durch die Formulierung von gesetzlichen Rahmenvorgaben, in der näheren Ausgestaltung dagegen weitgehend dezentral ausgestaltet. Es handelt sich – wiederum im Unterschied zur deutschen ePA – nicht um eine zentrale, patientengeführte elektronische Datei, sondern um ein System zur koordinierten Verwaltung der dezentral abgelegten Gesundheitsdaten der Patienten. Die HC basiert – wie das österreichische und das estnische System – auf einem Opt-out-Konzept.

III. Einrichtung und Befüllung der Patientenakten

Dieser Überblick deutet bereits an, dass ein erster wesentlicher Unterschied zwischen den Systemen schon in der Frage zutage tritt, ob die Patientenakten nur nach aktiver Einwilligung des Patienten oder gleichsam automatisch eingerichtet und befüllt werden. Dies hat erhebliche datenschutzrechtliche Relevanz. Die Verarbeitung personenbezogener Gesundheitsdaten ist aus datenschutzrechtlicher Sicht besonders delikat: Als Informationen „höchstpersönlicher Natur" mit (kontextbedingt) besonders hohem Schadens- und Diskriminierungspotenzial[15] und zudem sehr ausgeprägter Identifikationskraft unterliegt ihre Verarbeitung strikteren Vorgaben als die Verarbeitung regulärer personenbezogener Daten. Bereits mit der Einrichtung und dem Befüllen der elektronischen Patientenakte greifen mit Blick auf das „Ob" der Verarbeitung die (gegenüber Art. 6 DSGVO strengeren) Anforderungen des Art. 9 DSGVO, die nach einer qualifizierten Verarbeitungsgrundlage verlangen. Für die Modalitäten der Einrichtung und Nutzung der elektronischen Patientenakten – also das „Wie" der Einrichtung und Befüllung – sind außerdem die grundlegenden Verarbeitungsgrundsätze in Art. 5 DSGVO maßstäblich, unter Berücksichtigung der Schwere der mit der Verarbeitung von Gesundheitsdaten[16] verbundenen Risiken für die Betroffenen.

---

[14] *R. Thiel et al.*, #SmartHealthSystems Digitalisierungsstrategien im internationalen Vergleich, 2018, S. 102.
[15] Vgl. statt vieler etwa *E. Frenzel*, in: Paal/Pauly (Hrsg.), DS-GVO/BDSG Kommentar, 3. Aufl. 2021, Art. 9 DSGVO Rn. 6ff.
[16] Vgl. zur Bedeutung der Art der Daten für die Bestimmung des Verarbeitungsrisikos allgemein etwa *Martini* (Fn. 15), Art. 24 DSGVO Rn. 32b.

1. Deutschland: Striktes Einwilligungskonzept nach Maßgabe des Leitprinzips der „Patientensouveränität"

Die Einrichtung und die Nutzung der deutschen ePA erfolgt auf freiwilliger Basis (§ 341 Abs. 1 S. 2 SGB V). Wie bereits ausgeführt, handelt es sich bei der ePA – im Unterschied etwa zu arztgeführten Fallakten – um eine versichertengeführte elektronische Akte. Sie ist dabei unter das Banner größtmöglicher „Patientensouveränität"[17] gestellt und folgt einem strikten Opt-in-System. So findet insbesondere keine automatische Einspeisung von Informationen in die ePA statt. Die ePA basiert vielmehr von vornherein auf *Einwilligungen* in die Einrichtung, Befüllung und Weiterverarbeitung nach Maßgabe von Art. 6 Abs. 1 lit. a) bzw. Art. 9 Abs. 2 lit. a) DSGVO: Gemäß § 342 Abs. 1 SGB V erfolgt die Einrichtung der ePA „auf Antrag und mit Einwilligung des Versicherten", begleitet von einer umfassenden Information durch die Krankenkasse (§ 343 SGB V). Auch im Weiteren setzt jede Befüllung der ePA aus dem Wortlaut der weitgehend parallel strukturierten §§ 347 ff. SGB V („auf Verlangen") ersichtlich eine entsprechende Willensbetätigung der Patienten voraus,[18] jeweils auf der Grundlage einer entsprechenden obligatorischen Information in Bezug auf ihren gesetzlichen Befüllungsanspruch. Entsprechendes gilt für das Abrufen und sonstige Weiterverarbeiten der in der ePA gespeicherten Informationen (§§ 352 f. SGB V) sowie für das voraussetzungslose Löschen (§ 344 Abs. 3 SGB V) – dazu ausführlich unten in Punkt D. I.

2. Österreich, Estland und Spanien: Differenzierter Rückgriff auf gesetzliche Verarbeitungstatbestände

In Österreich, Estland und Spanien setzen die Gesetzgeber bei der Anlage und Befüllung der elektronischen Krankenakten demgegenüber – entsprechend der dort jeweils gewählten Opt-out-Konzeptionen – auf die *gesetzlichen* Verarbeitungsgrundlagen nach Art. 6 Abs. 1 lit. e) bzw. – vor allem – Art 9 Abs. 2 lit. g) bis j) DSGVO.

a) Österreich

Insbesondere in Österreich verweist der Gesetzgeber in § 13 Abs. 1 GTelG 2012 explizit auf die Bestimmungen des Art. 9 Abs. 2 lit. g) bis j) DSGVO. Bemerkenswert ist hier vor allem die deutliche und saubere Differenzierung zwischen der Anlage und Befüllung der ELGA einerseits nach Maßgabe von § 13 Abs. 1 und 3 GTelG 2012 und dem Abrufen und sonstigen Weiterverarbeiten der gespeicherten Gesundheitsdaten andererseits gemäß § 13 Abs. 2 und § 14 Abs. 2 GTelG 2012. Während das Abrufen und sonstige Weiterverarbeiten neben einwilligungsbasierten Zugriffen (§ 16 i.V.m. § 14 Abs. 2 Z 2 GTelG 2012) ausschließlich auf den Verarbeitungstatbestand des Art. 9 Abs. 2 lit. h) i.V.m. Abs. 3 DSGVO (d. h. die Verarbeitung zu Zwe-

---

[17] Siehe insbesondere BT-Drucks. 19/18793, S. 3, 82, 101 f., 109 f., 114, 118 und 130 f.
[18] Vgl. auch BT-Drucks. 19/18793, S. 120.

cken individueller Gesundheitsbelange, siehe § 14 Abs. 2 Z 1 GTelG 2012) bezogen wird – dazu später ausführlich unter IV. 2. –, wird die Einrichtung und Befüllung der ELGA zusätzlich auf die Verarbeitungstatbestände in Art. 9 Abs. 2 lit. g), i) und j) DSGVO gestützt, die primär *öffentliche (Gesundheits-)Interessen* im Blick haben.

Diese Differenzierung zwischen Anlegen und Befüllen einerseits und Abrufen bzw. sonstigem Weiterverarbeiten andererseits überzeugt: Die Anlage und die Befüllung der Patientenakten mit je möglichst vollständigen individuellen Gesundheitsdatenbanken schafft überhaupt erst die informationelle Basis für eine qualitativ hochwertige, allgemein zugängliche und selbstbestimmte (!) individuelle Gesundheitsversorgung, wie sie jedem elektronischen Patientenaktensystem vorschwebt. Ohne diese möglichst vollständige gesundheitsinformationelle Basis ist eine spätere wirksame Nutzung von im Rahmen konkreter Behandlungen und sonstiger Leistungserbringungen generierter Daten möglicherweise schon aus praktischen Gründen kaum möglich. Dies betrifft einerseits Verarbeitungen auf gesetzlicher Basis. Andererseits hat es der „datensouveräne" Patient im Nachhinein nicht mehr ohne Weiteres in der Hand, gesundheitsbezogene Daten, die für eine spätere Versorgung relevant werden, nachträglich auf Einwilligungsbasis einspeisen zu lassen und zu verwenden. Zu Recht benennt daher § 13 Abs. 1 GTelG 2012 die „Qualitätssteigerung diagnostischer und therapeutischer Entscheidungen sowie der Behandlung und Betreuung" (Z 1), die „Steigerung der Prozess- und Ergebnisqualität von Gesundheitsdienstleistungen" (Z 2), den „Ausbau integrierter Versorgung" (Z 3), die „Aufrechterhaltung einer qualitativ hochwertigen, ausgewogenen und allgemein zugänglichen Gesundheitsversorgung" (Z 4) sowie nicht zuletzt auch die „Stärkung der Patient/inn/en/rechte" (Z 5) als die für das Einspeichern von Gesundheitsdaten gemäß § 13 Abs. 3 GTelG 2012 relevanten „erheblichen öffentlichen Interessen" im Sinne von Art. 9 Abs. 2 lit. g) und i) GTelG 2012. Insgesamt spiegelt sich in der Wahl dieser Verarbeitungszwecke und -grundlagen der prononciert wirksamkeitsorientierte Ansatz des österreichischen Modells.

Diese Konstruktion dürfte – wie sich im Grundsatz bereits dem noch zur Datenschutzrichtlinie erarbeiteten Arbeitspapier der Artikel 29-Datenschutzgruppe zu elektronischen Patientenakten entnehmen ließ[19] – mit den Vorgaben der DSGVO grundsätzlich im Einklang stehen. Maßstäblich ist insoweit zunächst der Grundsatz der *Zweckfestlegung* (und der nachfolgenden Zweckbindung) gemäß Art. 5 Abs. 1 lt. b) DSGVO. Dieser verlangt, dass die Informationen nur „für festgelegte, eindeutige und legitime Zwecke erhoben werden" und „nicht in einer mit diesen Zwecken nicht zu vereinbarenden Weise weiterverarbeitet werden" dürfen. Die Bedeutung dieses Grundsatzes wird durch seine Verankerung in Art. 8 Abs. 2 S. 1 GR-Charta unterstrichen. Eine Speicherung personenbezogener Daten „auf Vorrat zu unbestimmten und noch nicht bestimmbaren Zwecken" ist somit nicht nur nach deut-

---

[19] Vgl. Artikel 29-Datenschutzgruppe, Arbeitspapier zur Verarbeitung von Patientendaten in elektronischen Patientenakten (EPA) – WP 131, 2007, S. 14.

schem Verfassungsrecht,[20] sondern auch unionsrechtlich[21] seit je her unzulässig – auch dann, wenn es – wie hier – um Verarbeitungen in Erfüllung einer öffentlichen Aufgabe geht.[22] Eine unzulässige „Vorratsgesundheitsdatenspeicherung" wird man in dem österreichischen Konzept gleichwohl nicht sehen können. Die Speicherung der in § 14 Abs. 3 GTelG 2012 aufgeführten Informationen dient in erster Linie dazu, ordnungsgemäße und qualitativ hochwertige, zum Zeitpunkt der Erhebung gewiss noch nicht im Einzelnen feststehende künftige Behandlungen und sonstige Maßnahmen nach § 14 Abs. 2 i.V.m. § 13 Abs. 2 GTelG 2012 überhaupt erst zu ermöglichen oder zumindest informationell zu unterstützen. Die spätere Verarbeitung erfolgt auf der Basis von Art. 9 Abs. 2 lit. h) DSGVO (individuelle Gesundheitsversorgung) bzw. einer Einwilligung des Patienten (dazu unten bei IV. sowie V.). Diese Zweckfestlegung in § 13 Abs. 1 und 3 GTelG 2012 wird man unter Berücksichtigung der jedem abstrakt-generellen Gesetz eigenen relativen Unschärfe genügen lassen, zumal damit die denkbaren Verarbeitungskontexte für alle Beteiligten hinreichend klar abgesteckt sind.[23] Dabei sollten insbesondere auch die spezifischen praktischen Bedürfnisse im medizinischen Bereich Berücksichtigung finden. So entspricht es dem Wesen gesundheitsbezogener Informationen, dass ihre Relevanz für eine spätere Versorgung vielfach noch nicht im Zeitpunkt ihrer Erhebung konkret absehbar ist, sondern sich erst nachträglich – dann aber oftmals mit besonderer Vehemenz – offenbart. In solchen Situationen kann es zur Gewährleistung einer hochwertigen und kosteneffizienten Gesundheitsversorgung essenziell sein, auf eine lückenlos dokumentierte Informationsbasis zurückgreifen zu können.

Auch die stets zu verlangende *Erforderlichkeit* der Datenspeicherung durfte der österreichische Gesetzgeber zumindest in Bezug auf reguläre Gesundheitsdaten (z. B. Befunde oder Medikationsdaten) prinzipiell unterstellen. In Anbetracht der typischerweise bestehenden Prognoseunsicherheiten hinsichtlich deren Relevanz für künftige Behandlungen muss der Datenschutzgesetzgeber im Grundsatz über entsprechende Prognosespielräume verfügen. Von diesen Spielräumen hat das GTelG 2012 durchaus differenziert Gebrauch gemacht, zumal § 13 Abs. 4 GTelG 2012 vor diesem Hintergrund für sensiblere Bilddaten eine Einzelfallprüfung durch den jeweiligen Gesundheitsdiensteanbieter verlangt.

Keine andere Bewertung ergibt sich aus dem *Gebot datenschutzfreundlicher Voreinstellungen* – sei es in unmittelbarer Anwendung des Art. 25 Abs. 2 DSGVO, sei es unter Rückgriff auf die in jener Bestimmung konkretisierten datenschutzrechtlichen Grundsätze. Die Anlage und Befüllung der ELGA nach Maßgabe des Opt-out-Modells österreichischer Provenienz lässt sich, wie gezeigt, auf der Basis des geltenden

---

[20] Vgl. dazu BVerfGE 125, 260 (317).

[21] Vgl. nur EuGH, Urteil Digital Rights Ireland, C-293/12 und C-594/12, EU:C:2014:238.

[22] A.A. und großzügiger offenbar *H. Wolff*, D. Grundprinzipien und Zulässigkeit der Datenverarbeitung, in: Neues Datenschutzrecht, 2017, Rn. 404.

[23] Vgl. zu diesem Maßstab in Bezug auf die Bestimmtheit der Zweckfestlegung etwa *T. Herbst*, in: Kühling/Buchner (Hrsg.), DS-GVO/BDSG Kommentar, 3. Aufl. 2020, Art. 5 DSGVO Rn. 35.

Datenschutzrechts, insbesondere der gesetzlichen Verarbeitungstatbestände und der allgemeinen Datenschutzgrundsätze, rekonstruieren. Ein über jene Vorgaben hinausweisender „Vorrang von Einwilligungslösungen" oder ein pauschaler „Vorrang des Opt-in" lässt sich dem geltenden Datenschutzrecht richtigerweise nicht entnehmen.

b) Estland

Die zumindest im Grundsatz ähnlichen Opt-out-Konzeptionen der Systeme in Estland und Spanien stützen sich auf vergleichbare Zwecke bei der Anlage und Befüllung der Patientenakten. Im estnischen Gesetz über die Organisation der Health Services verweist vor allem die Eingangsdefinition des HIS in § 59[1] TTKS auf die Qualität von Gesundheitsdienstleistungen, die Patientenrechte sowie den Schutz der öffentlichen Gesundheit. Das Abrufen und sonstige Zugriffsbefugnisse sind – wie im österreichischen Recht, wenn auch ohne explizite Hinweise auf die Verarbeitungstatbestände der DSGVO – getrennt davon in § 59³ TTKS geregelt.

c) Spanien

Die spanischen Regelungen über die HC definieren deren Ziele und die damit eingehenden öffentlichen Interessen zunächst in Art. 15 Ley 41/2002. Die Einbringung sämtlicher Informationen, die „für die wahrheitsgemäße und aktuelle Kenntnis des Gesundheitszustandes des Patienten als wesentlich erachtet werden" (Abs. 1), dient gemäß Abs. 2 der „Ermöglichung und Unterstützung der Gesundheitsversorgung" („facilitar la asistencia sanitaria"). Art. 16 Ley 41/2002 wiederholt diese Zwecksetzung und bezeichnet die HC als ein Instrument, das „grundsätzlich dazu dient, eine angemessene Versorgung des Patienten zu gewährleisten" („destinado fundamentalmente a garantizar una asistencia adecuada al paciente").

3. Wertender Vergleich

Vor allem die genauere Analyse der österreichischen Konzeption zeigt indes, dass die Patientensouveränität einerseits und die Wirksamkeit eines elektronischen Patientenaktensystems andererseits keineswegs gegeneinander ausgespielt werden dürfen. Der vermeintlich patientenautonomieaverse Rückgriff auf gesetzliche Verarbeitungstatbestände (und nicht die Einwilligung) zur Anlage und Befüllung von Patientenakten kann sich demnach mittel- und langfristig als Absicherung und Stärkung gerade auch der Patientenautonomie erweisen. Denn nur wer auf eine vollständige gesundheitsinformationelle Basis zurückgreifen kann, ist im Rahmen späterer Maßnahmen der Gesundheitsversorgung überhaupt in der Lage, eine möglichst informierte, selbstbestimmte Entscheidung über den weiteren Umgang mit der eigenen Gesundheit zu treffen. § 13 Abs. 1 Z 5 GTelG 2012 benennt daher nicht umsonst die „Stärkung der Patient/inn/en/rechte" als eines jener erheblichen öffentlichen Interessen, die für die Speicherung der im Einzelnen näher bezeichneten Gesundheitsdaten auf gesetzlicher Basis streiten. Umgekehrt wurde bei der rechtlichen Einordnung deutlich, dass das Selbstbestimmungsrecht der Patienten im Rahmen von Opt-out-Lösungen hinreichend respektiert und – wie es in Art. 9 Abs. 2 lit. g) bis j) DSGVO heißt – mit „angemessenen und spezifischen Maßnahmen" bedacht werden muss, damit die anfänglich defizitäre aktive Patientenbeteiligung an der Anlage und Befüllung elektronischer Patientenakten durch spätere Beteiligungs- und Sicherungselemente kompensiert werden kann. Die Belange der Patientensouveränität und der Wirksamkeit des Patientenaktensystems müssen und sollten vor diesem Hintergrund keineswegs als gegenläufige Prinzipien begriffen werden. In Anbetracht der dargelegten Vorzüge eines autonomiesichernd ausgestalteten Opt-out-Modells sowohl für die Wirksamkeit eines Patientenaktensystems als auch für die Stärkung der Patientenautonomie drängt sich der Schluss auf, dass die Implementierung eines solchen Modells den Bedürfnissen eines modernen Gesundheitssystems besser Rechnung trägt als ein striktes Opt-in-Modell, wie es nun in Deutschland vorgesehen ist.[24]

IV. Berechtigung einzelner Leistungserbringer zum Zugriff auf die Patientenakte

Die Berechtigung für den einzelnen Leistungserbringer zum Abruf von Informationen, die in einer elektronischen Patientenakte abgespeichert sind, setzt zunächst – wie schon die Einrichtung und Befüllung der Akte – einen Erlaubnistatbestand nach Art. 9 Abs. 2 DSGVO voraus. Als Verarbeitungsgrundlage kommt einerseits wiederum Art. 9 Abs. 2 lit. a) DSGVO (explizite Einwilligung) in Betracht, andererseits aber auch einwilligungsunabhängige gesetzliche Verarbeitungstatbestände. Für den Informationsabruf erscheint vor allem Art. 9 Abs. 2 lit. h) i.V.m. Abs. 3 DSGVO relevant (Belange der individuellen Gesundheit, insbesondere medizinische Diagnostik, Versorgung und Behandlung). Für sämtliche Verarbeitungstatbestände gilt auch an dieser Stelle, dass sie dem Erforderlichkeitsgrundsatz genügen müssen, d.h. ein Informationsabruf ist nur zulässig, wenn und soweit dies zur Erreichung der konkreten Verarbeitungszwecke erforderlich und kein milderes, gleich effektives Mittel greifbar ist;[25] eine wichtige Rolle spielt insoweit insbesondere die Frage, in welcher Funktion (z. B. als Arzt) und zu welchem konkreten Zweck (z. B. im Kontext einer Behandlung wegen Schwindelbeschwerden) ein Zugriffsberechtigter auf Informationen in der Patientenakte zugreifen möchte. Insgesamt kommt der Einwilligung dabei trotz des gesteigerten Risikos der Verarbeitung großer Mengen an Gesundheitsdaten kein Vorzug gegenüber den gesetzlichen Verarbeitungsgrundlagen zu, diese stehen auch mit Blick auf den Abruf von Gesundheitsdaten prinzipiell gleichberechtigt nebeneinander.[26]

---

[24] Vgl. im Ergebnis ebenso und zu Recht *SVR Gesundheit* (Fn. 4), S. 85 ff.

[25] Vgl. allgemein etwa *M. Albers/Veit*, in: Wolff/Brink (Hrsg.), BeckOK Datenschutzrecht Kommentar, Art. 6 DSGVO Rn. 16.

[26] Vgl. grundsätzlich *Frenzel* (Fn. 15), Art. 6 DSGVO Rn. 10.

Besondere Bedeutung dürfte im Kontext eines Berechtigungssystems (entweder unmittelbar gemäß Art. 25 Abs. 2 DSGVO oder als Ausfluss des allgemeinen Prinzips der Datenminimierung) dem Datenschutz durch Voreinstellung zukommen. Das Prinzip verpflichtet den Verantwortlichen, seine Voreinstellungen bereits so einzusetzen, dass die Datenverarbeitung nur für den jeweiligen Verarbeitungszweck erfolgt und nicht erforderliche Daten auch nicht verarbeitet werden.[27] Durch eine solche Anwendung werden Nutzer geschützt, die die datenschutzrechtlichen Implikationen nicht erfassen können oder sich nicht darüber Gedanken machen und somit eine eigene datenschutzfreundliche Einstellung nicht vornehmen. Das Ziel hierbei ist – um dies noch einmal zu betonen – kein genereller Opt-in-Zwang, sondern die Ermöglichung einer autonom getroffenen Entscheidung durch die Vermeidung von datenschutzfeindlichen Voreinstellungen.[28] Freilich verbirgt sich hinter dieser Vorschrift eine gewisse Lenkungsfunktion, denn die wenigsten Nutzer ändern die initialisierten, aber abänderbaren Konfigurationen.[29] Dabei muss die Zugänglichkeit der personenbezogenen Daten ebenso auf das erforderliche Maß zur Zweckerreichung beschränkt sein, auch für den Datenverarbeiter selbst.[30]

1. Deutschland und Österreich: Starre Gruppenzuordnungen auf unterschiedlicher Rechtsgrundlage

In Deutschland und Österreich ergeben sich aus den gesetzlichen Regelungen jeweils differenzierte *Berechtigungsgruppen*. So unterscheiden die *deutschen* Bestimmungen zwischen den Akteuren mit (1) umfassender, (2) beschränkter – auf Lesen, Speichern und Verwenden bestimmter Datenfelder (immerhin einschließlich medizinischer Informationen wie Befunde, Diagnosen, Therapiemaßnahmen etc.) – und (3) versorgungsunabhängiger Berechtigung sowie (4) Akteuren ohne Zugriffsberechtigung, siehe § 352 i.V.m. § 341 Abs. 2 SGB V. Diese Differenzierung trägt letztlich den datenschutzrechtlichen Grundsätzen der Erforderlichkeit und der Datenminimierung Rechnung: Umfassenden Zugriff auf sämtliche gespeicherten Informationen haben grundsätzlich allein diejenigen Akteure, die diesen ihrer Funktion nach typischerweise auch benötigen, namentlich Ärzte, Zahnärzte und Psychotherapeuten sowie deren berufsmäßigen Gehilfen und Personal zur Vorbereitung auf den Beruf; einschränkendes Merkmal ist freilich im konkreten Fall stets die Erforderlichkeit des Zugriffs für die jeweilige Behandlung. Von vornherein keinen umfassenden Zugriff billigt der Gesetzgeber demgegenüber etwa einem Apotheker aus der Berechtigungsgruppe 3 zu, der beispielsweise keinen Zugriff auf Daten aus einer elektronischen

---

[27] *Martini* (Fn. 15), Art. 25 DSGVO Rn. 2.
[28] *Martini* (Fn. 15), Art. 25 DSGVO Rn. 13 f.
[29] Vgl. Art. 29-Datenschutzgruppe, Stellungnahme 5/2009 zur Nutzung sozialer Online-Netzwerke – WP 163, 2009, S.8; *M. Hansen*, in: Simitis/Hornung/Spiecker gen. Döhmann (Hrsg.), Datenschutzrecht DS-GVO mit BDSG, 2019, Art. 25 DSGVO Rn. 41; *Martini* (Fn. 15), Art. 25 DSGVO Rn. 46.
[30] *Martini* (Fn. 15), Art. 25 DSGVO Rn. 52.

Zusatzanwendung i. S. v. § 345 Abs. 1 SGB V haben kann (z. B. aus einer Health-App).

Die *österreichischen* Regelungen sind in ähnlicher Weise nach Berechtigungsgruppen ausdifferenziert, sehen dabei zum Teil aber noch weitergehende Einschränkungen vor. So erhalten lediglich Ärzte, Einrichtungen der Pflege und Mitarbeiter der ELGA-Ombudsstelle sowie deren gesetzliche und bevollmächtigte Vertreter eine generelle Zugriffsberechtigung, wohingegen Zahnärzte nur auf medizinische Dokumente und Medikationsdaten und Apotheken ohnehin nur auf Medikationsdaten zugreifen können. Eine spezifische Zugriffsberechtigung besteht darüber hinaus noch für Gesundheitsdiensteanbieter der Primärversorgung und impfende Anbieter. Eine besondere Rolle spielen wiederum die Erforderlichkeit sowie der Verarbeitungskonnex des konkreten Informationsabrufs.

Ein wesentlicher Unterschied zwischen dem deutschen und dem österreichischen Modell bildet – wie schon mit Blick auf die Befüllung der Patientenakten – die maßgebliche *Rechtsgrundlage* individueller Zugriffe. Das strikte *deutsche* Einwilligungskonzept erfordert hier zusätzlich zu der schriftlichen Einwilligung zur Anlage und Einrichtung der ePA (1. Opt-in-Stufe) eine erneute Einwilligung in Bezug auf den behandelnden und grundsätzlich zugriffsberechtigten Gesundheitsdiensteanbieter, wenn dieser Informationen abrufen dürfen soll (2. Opt-in-Stufe). Sollte die Standardeinstellung der Dauer der Zugriffsberechtigung von einer Woche nicht geändert worden sein, wird jeweils nach Ablauf der Zeit eine erneute Einwilligung notwendig. Auch bei der Involvierung weiterer Leistungserbringungen in die bereits bestehende Behandlung müssen ggfs. multiple Einwilligungen eingeholt werden (3. Opt-in-Stufe), von der Freigabe zu Forschungszwecken ganz zu schweigen (4. Opt-in-Stufe). Ein solches kaskadenartiges Opt-in-Modell dürfte mehr zur Ermüdung denn zur Ermutigung des Patienten führen, Leistungserbringern Zugriff auf seine Patientenakte zu gewähren.[31]

In *Österreich* wird demgegenüber auf einen gesetzlichen, einwilligungsunabhängigen Verarbeitungstatbestand zurückgegriffen. Anders als bei der Befüllung der ELGA wird der Abruf von Informationen zwar nicht auf die Tatbestände des Art. 9 Abs. 2 lit. g) oder j) DSGVO gestützt, wohl aber auf die Basis für eine individuelle Gesundheitsversorgung nach Art. 9 Abs. 2 lit. h) i.V.m. Abs. 3 DSGVO (siehe § 14 Abs. 2 Z 1 GTelG). Anhaltspunkte für eine Unvereinbarkeit mit deren Vorgaben, insbesondere die Anforderungen des Art. 9 Abs. 3 DSGVO, sind nicht ersichtlich. Der Zugriff eines Gesundheitsdiensteanbieters kann konsequenterweise gesperrt werden.

---

[31] Dazu auch *SVR Gesundheit* (Fn. 4), *S. 86.*

2. Estland und Spanien: Gesetzliche Zugriffsberechtigung ohne relevante Gruppenbeschränkungen

Die Systeme in Estland und Spanien weisen im Unterschied zu den deutschen und österreichischen Konzepten keine gesetzlich definierten Gruppen mit unterschiedlichen Berechtigungen auf. In *Estland* hat gemäß § 59³ Abs. 2 TKKS grundsätzlich jeder „health care provider", d. h. gemäß § 4 TKKS alle als „health care providers" geltenden „health care professionals" (§ 3 Abs. 1 TKKS: „doctors", „dentists", „nurses" und „midwives") und „legal entities providing health services", zum Zwecke der Erbringung von (vertraglichen) Gesundheitsdienstleistungen Zugriff auf die Daten eines Patienten.

Ähnliches gilt für das *spanische* System. In Art. 16 Abs. 1 S. 2 Ley 41/2002 ist vorgesehen, dass die „medizinischen Fachkräfte des Zentrums, die den Patienten diagnostizieren oder behandeln, [...] Zugang zu den Krankenakten des Patienten als grundlegendes Instrument für die ordnungsgemäße Versorgung" haben. Daneben finden sich lediglich Restriktionen für Verwaltungs- und Managementpersonal und Gesundheitspersonal mit „Inspektions-, Evaluierungs-, Akkreditierungs- und Planungsfunktionen" (Art. 16 Abs. 4 und 5 Ley 41/2002), also Personen, die mit den einzelnen Patienten in keinem unmittelbaren gesundheitsbezogenen Kontext zu tun haben.

Was die Rechtsgrundlage für die Ausübung einer Zugriffsberechtigung betrifft, enthalten die estnischen und spanischen Regelungen zwar keine dem österreichischen Recht vergleichbare explizite Angabe. Es wird indes deutlich, dass auch sie die Verarbeitung auf den gesetzlichen, einwilligungsunabhängigen Tatbestand des Art. 9 Abs. 2 lit. h) i.V.m. Abs. 3 DSGVO stützen.

3. Wertender Vergleich

Ein Vergleich der unterschiedlichen Modelle macht zunächst – ganz ähnlich wie die Überlegungen zur Einrichtung der elektronischen Patientenakten unter Punkt III. – deutlich, dass die erfolgreichen Patientenaktensysteme Österreichs, Estlands und Spaniens in zulässiger Weise von gesetzlichen Zugriffsberechtigungen auf der Basis von Art. 9 Abs. 2 lit. h) i.V.m. Abs. 3 DSGVO Gebrauch machen. Die deutsche Einwilligungskaskade erscheint im Vergleich dazu als umständliche, ineffiziente Exotenregelung, die offenkundig alle Gestaltungsentscheidungen einer sehr formal interpretierten Patientensouveränität unterordnet.

Die Bildung von Berechtigungsgruppen wirkt demgegenüber im Grundsatz durchaus sinnvoll, zumal im Rahmen eines Opt-out-Modells: Sie wird den Grundsätzen der Erforderlichkeit und der Datenminimierung gerecht und sollte daher prinzipiell beibehalten werden. Die estnischen und spanischen Regelungen erscheinen im Vergleich extrem großzügige Zugriffsberechtigungen zu vergeben. Reflektiert werden sollte indes, ob die gesetzlichen Berechtigungsgruppen – wie derzeit im deutschen und österreichischen Modell jeweils vorgesehen – tatsächlich zwingend vorgegeben werden sollten, oder ob sie als dispositive, datenschutzfreundliche Voreinstellung lediglich den Ausgangspunkt bilden sollten, von dem der Patient kraft seiner Einwilligungsbefugnis bewusst abweichen darf. Zwar mag eine zwingende Vorgabe auf der Basis des Art. 9 Abs. 4 DSGVO noch rechtlich vertretbar sein;[32] einer richtig, d. h. nicht übermäßig paternalistisch verstandenen Patientensouveränität dürfte sie jedenfalls nicht entsprechen.

V. Steuerungsmöglichkeiten des Patienten

Für die Steuerung der Inhalte der einzelnen Patientenakte durch den Patienten erscheinen vor allem zwei datenschutzrechtliche Maßgaben von besonderer Relevanz. In einem *positiven* Sinne sollte der einzelne Patient, schon aufgrund seiner Einwilligungsbefugnis kraft Art. 9 Abs. 2 lit. a) DSGVO, grundsätzlich die Möglichkeit haben, explizit in jede Verarbeitung seiner Gesundheitsdaten einzuwilligen. Allerdings gestattet Art. 9 Abs. 4 DSGVO es den Mitgliedstaaten, dass sie „zusätzliche Bedingungen, einschließlich Beschränkungen, einführen oder aufrechterhalten, soweit die Verarbeitung von genetischen, biometrischen oder Gesundheitsdaten betroffen ist", d. h. die mitgliedstaatlichen Ausgestaltungen können die Erlaubnistatbestände des Art. 9 Abs. 2 DSGVO im Grundsatz modifizieren oder gar vollständig verdrängen, sofern und soweit dadurch das datenschutzrechtliche Schutzniveau angehoben wird.[33]

In einem *negativen* Sinne muss der Patient überdies gewisse Möglichkeiten haben, die Speicherung von Informationen ganz oder teilweise zu verhindern bzw. gespeicherte Informationen ganz oder teilweise zu sperren oder zu löschen, also Möglichkeiten zu einem vollständigen oder teilweisen Opt-out oder Blank-out, und zwar in differenzierter Weise.[34] Normative Ansatzpunkte sind einerseits der Erforderlichkeitsgrundsatz – ohne ausdifferenzierte Blank-out-Möglichkeiten lassen sich Zugriffe nicht sinnvoll auf das erforderliche Maß beschränken –, andererseits konzeptabhängige Vorgaben. Speziell für einwilligungsbasierte Systeme dürfte sich ein „Beschränkungsrecht" bereits aus dem allgemeinen Recht zum Widerruf der Einwilligung nach Art. 7 Abs. 3 DSGVO ergeben. Ein Gebot zur Differenzierung

---

[32] Vgl. ausdrücklich etwa *C. Dochow*, Das Patienten-Datenschutz-Gesetz (Teil 2): Die elektronische Patientenakte und erweiterte Datenverarbeitungsbefugnisse der Krankenkassen, MedR 2021, S. 13 (15).

[33] Vgl. grundsätzlich *D. Kampert*, in: Sydow (Hrsg.), Europäische Datenschutzgrundverordnung Kommentar, 2. Aufl. 2018, Art. 9 DSGVO Rn. 59 f.; *T. Petri*, in: Simitis/Hornung/Spiecker gen. Döhmann (Hrsg.), Datenschutzrecht DS-GVO mit BDSG, 2019, Art. 9 DSGVO Rn. 101.

[34] Diese Forderung besteht in der deutschen Datenschutzrechtswissenschaft bereits seit geraumer Zeit, wenn auch mit unterschiedlichen Begründungen – vgl. etwa *T. Weichert*, Die elektronische Gesundheitskarte, DuD 2004, S. 391 (400); *G. Hornung*, Die digitale Identität, 2005, S. 224 ff.; *C. Dochow*, Grundlagen und normativer Rahmen der Telematik im Gesundheitswesen, 2017, S. 1118 ff.; *J. Schütz/S. Schmitz/J. Ippach*, Die elektronische Patientenakte – Anforderungen aus Sicht des Datenschutzes, RDV 2019, S. 224 (230).

der Steuerungsmöglichkeiten ergibt sich dabei aus dem Freiwilligkeitsgrundsatz (Art. 7 Abs. 4 DSGVO), denn bei undifferenzierten Steuerungsmöglichkeiten nach dem Prinzip „Alles oder nichts" würde der Patient unter Druck gesetzt, im Interesse einer funktionierenden Patientenakte den Zugriff im Zweifel auf mehr Informationen zu gestatten, als ihm eigentlich lieb wäre. Bei Systemen, die auf einer automatischen Einrichtung und Befüllung auf gesetzlicher Grundlage basieren, wird man Opt-out- und Blank-out-Möglichkeiten als Ausgestaltungen des Widerspruchsrechts begreifen müssen. In Art. 21 DSGVO wird ein Widerspruchsrecht explizit rechtlich niedergelegt. Dieses wird als unbedingtes Recht nur bei bestimmten Verarbeitungen vorgesehen, etwa bei der Direktwerbung (Abs. 2 und 3). Nichtsdestotrotz wird man bei Opt-out-Systemen, die Gesundheitsinformationen auf der Basis des gesetzlichen Verarbeitungstatbestands nach Art. 9 Abs. 2 lit. g) DSGVO verarbeiten, als zwingend „angemessene und spezifische Maßnahmen zur Wahrung der Grundrechte und Interessen der betroffenen Person" jedenfalls eine im Grundsatz unbedingte Widerspruchsmöglichkeit einfordern müssen, die nur ausnahmsweise bei gegebenen zwingenden schutzwürdigen Gründen i. S. v. Art. 21 Abs. 1 DSGVO überwunden werden kann (z. B. in Notfällen).

1. Deutschland

Zumindest in seiner finalen Ausbaustufe ab dem 1.1.2022 soll das deutsche Patientenaktensystem es dem Einzelnen gestatten, von seinem eigenen Endgerät aus feingranular den Zugriff von Leistungserbringern auf Dokumente und Datensätze bzw. Gruppen von Dokumenten und Datensätzen zu steuern (§ 342 Abs. 2 Nr. 2 lit. b) SGB V) oder mittels der dezentralen Infrastruktur eines Leistungserbringers eine Einwilligung in den Zugriff zumindest mittelgranular auf Kategorien von Dokumenten und Datensätzen erteilen können (§ 342 Abs. 2 Nr. 2 lit. c) SGB V). Auch wenn die Möglichkeit bestehen soll, einem Vertreter die Befugnis zu erteilen, die Rechte des Vertretenen im Rahmen der Führung der Patientenakte – und damit auch die feingranulare Ansteuerung über ein Endgerät – innerhalb der erteilten Befugnis wahrzunehmen (§ 343 Abs. 1 S. 3 Nr. 19 SGB V), wurde die nur mittelgranulare Steuerungsmöglichkeit über die Infrastruktur der Leistungserbringer – wie bereits in der Einführung und in Teil 1[35] angedeutet – in Deutschland teilweise für datenschutzrechtswidrig befunden.[36] Bei allen Ansteuerungen sollen die für den betreffenden Leistungserbringer ggfs. ausgeblendeten Dokumente und Datensätze gänzlich verborgen bleiben. Ein vollständiger Opt-out unter Löschung sämtlicher In-

---

[35] In Teil 1 der für die Stiftung Münch (Hrsg.) angefertigten Studie von *Krönke/Aichstill*, Die elektronische Patientenakte und das europäische Datenschutzrecht, 2021, S. 7.

[36] Vgl. dazu *BfDI*, BfDI zu Folgen der Gesetzgebung des PDSG, DuD 2020, S. 640; s.a. *BfDI*, Stellungnahme zum PDSG vom 25.5. 2020, S. 12 f.; kritisch auch BRat, BT-Dr. 19/19365, S. 14 f.; BR-Drucksache 164/20, S. 17; *Bundespsychotherapeutenkammer*, Stellungnahme zum PDSG vom 19. Mai 2020; *Deutscher Caritasverband e.V.*, Stellungnahme zum PDSG vom 19. Mai 2020.

formationen schließlich ist gemäß § 344 Abs. 3 SGB V jederzeit möglich. Differenziertere Opt-out-Möglichkeiten sind in Deutschland angesichts des Einwilligungsmodells entbehrlich. Mit Blick auf die Zugriffsdauer wird der eingewilligte Zugriff im Sinne datenschutzfreundlicher Voreinstellung (Art. 25 Abs. 2 DSGVO) für eine Woche freigeschalten und kann weitergehend zwischen einen Tag und 18 Monate verkürzt bzw. verlängert werden; letztendlich soll in der Endphase sogar eine unbegrenzte Zeitspanne möglich sein. Im Leitfaden des Unternehmens gematik für die deutschen Krankenkassen wird technisch eine Zeitspanne auf bis zu 540 Tagen vorgenommen.

2. Österreich

Auch das österreichische ELGA-Portal erlaubt individuelle feingranulare Steuerungsmöglichkeiten in Form von Rechten auf ausdifferenzierte Ein- und Ausblendungen von ELGA-Gesundheitsdaten (§ 16 Abs. 2 lit. a) GTelG), auf Löschung von ELGA-Gesundheitsdaten (§ 16 Abs. 2 lit. a) GTelG) sowie das Recht einer zeitlichen Verkürzung von Zugriffsberechtigungen für ELGA-Gesundheitsdiensteanbieter (§ 16 Abs. 2 lit. b) GTelG), und zwar sowohl über ein Endgerät als auch bei der Ombudsstelle. Weitergehend kann auch ein Gesundheitsdiensteanbieter des besonderen Vertrauens mit dessen Einverständnis ernannt werden (§ 16 Abs. 2 lit. c) GTelG). Einschränkungen liegen in der österreichischen Variante besonders bei der e-Medikation durch die lediglich bestehende Ausblendemöglichkeit der gesamten Liste und beim Impfpass, der keinerlei Schaltungsmöglichkeiten zulässt. Der Impfpass ist jedoch eine eigene Anwendung, die nur im ELGA-Portal angesiedelt, jedoch kein förmlicher Bestandteil der ELGA davon ist.[37] Ferner besteht ein ausgebautes Vertretungsmodul. Die Zugriffsbeschränkungen bezüglich einzelner Informationen haben – wie in Deutschland – zur Folge, dass die Dokumente gänzlich verborgen werden.

Mit Blick auf die Opt-Out-Möglichkeiten ist das österreichische Modell sehr stark ausdifferenziert. Es gibt einerseits einen generellen Opt-out über die Benutzeroberfläche sowie über die ELGA-Ombudsstellen sowie einen situativen Opt-out beim Leistungserbringer vor Ort – so können gewissermaßen „in letzter Minute" noch einzelne Gesundheitsdiensteanbieter vom Zugriff ausgeschlossen werden. Eine weitere Besonderheit des differenzierten Opt-out in Österreich bezieht sich auf die besonderen Informationsrechte nach § 16 Abs. 2 Z 2 GTelG, wonach bei besonders sensiblen Daten, nämlich Daten betreffend HIV-Infektionen (a)), psychische Erkrankungen (b)), die in § 71a Abs. 1 GTG genannten genetischen Daten (c)) oder Schwangerschaftsabbrüche (d)), dezidiert auf die Datenaufnahme sowie das damit eingehende Recht auf einen Widerspruch informiert werden muss. Hinzuweisen ist erneut auf das Pilotprojekt eines elektronischen Impfpasses, der kein Bestandteil der ELGA ist, je-

---

[37] Siehe https://www.elga.gv.at/e-impfpass/e-impfpass/ sowie https://www.elga.gv.at/e-impfpass/faq-zum-e-impfpass/.

doch im ELGA-Portal eingegliedert wird. Ein Opt-out aus dieser Anwendung ist aufgrund des besonderen wichtigen öffentlichen Interesses nicht möglich – hier wird (auch) auf die COVID-19-Pandemie und die Bedeutung einer lückenlosen Dokumentation aller Impfungen für die Durchimpfungsrate der Bevölkerung verwiesen.[38] Mit Blick auf die – wie in Deutschland voreingestellte – Zugriffsdauer wird schließlich zwischen generellen Gesundheitsdiensteanbietern, Apothekern und den Gesundheitsdiensteanbietern des besonderen Vertrauens unterschieden. Ein allgemeiner Zugriff besteht für 28 Tage ab Identifikation, Apotheker erhalten hier nur zwei Stunden und der eigens gewählte Vertrauensanbieter kann bereits für ein Jahr zugreifen (§ 18 Abs. 6 und 7 GTelG).

3. Estland

In Estland existiert, ähnlich wie in Österreich, ein feingranulares Berechtigungsmanagement mit Möglichkeiten der Ein- und Ausblendungen sowie einzelner Sperrungen durch den Einzelnen über dessen Endgerät; sogar ein Gesundheitsdiensteanbieter kann zum Schutze des Lebens und der Gesundheit der Patienten einzelne Daten für bis zu sechs Monate ausblenden. Auch ein Vertretermodell ist in Estland vorgesehen. Mit Blick auf die Opt-out-Möglichkeiten kennt das estnische Modell einen generellen Opt-out sowie einen situativen Opt-out mittels Antrags beim Leistungserbringer. Auch in Estland hat ein Blank-out die vollständige Verbergung der betreffenden Daten zur Folge. Eine Voreinstellung der Zugriffsdauer besteht in Estland nicht.

4. Spanien

In Spanien gestalten zwar die einzelnen autonomen Gemeinschaften sowie die Centros de Salud Einzelheiten der Portale, jedoch sollen auch sie gemäß den Leitlinien des spanischen Gesundheitsministeriums entsprechende feingranulare Ein- und Ausblendefunktionen vorsehen.[39] In der Praxis ermöglichen die autonomen Gemeinschaften beispielsweise in der Region des Baskenlands und Madrids freilich kaum solche genauen Schaltungsmöglichkeiten. Grundsätzlich kann auch in den dezentralen spanischen Regelungen ein Vertretungssystem etabliert werden, beispielsweise in den Regelungen im Baskenland, mit ihrer kontinuierlichen Bezugnahme auf den Versicherten selbst oder die bevollmächtigte Person (Art. 12 Decreto 38/2012). Bemerkenswert ist das spanische Modell zunächst insofern, als es – soweit ersichtlich – auf einen generellen Opt-out verzichtet und der lückenlosen und umfas-

---

[38] Siehe https://www.elga.gv.at/e-impfpass/e-impfpass/ und https://www.elga.gv.at/e-impfpass/faq-zum-e-impfpass/.

[39] Vgl. dazu das Konzeptpapier des früheren spanischen Instituts für Gesundheitsinformationen (heute: Abteilung für Gesundheitsinformation und Evaluierung im spanischen Gesundheitsministerium) zum spanischen Electronic Health Record System, verfügbar unter https://www.mscbs.gob.es/organizacion/sns/planCalidadSNS/docs/HCDSNS_English.pdf.

senden Gesundheitsvorsorge somit einen sehr hohen Stellenwert zuspricht. Besonders hervorzuheben ist ferner auch, dass die zitierten Leitlinien des spanischen Gesundheitsministeriums die Verankerung eines Warnhinweises für Ausblendungen vorsehen und den Leistungserbringern mittels „Verschattung" angezeigt werden soll, dass in Ansehung nicht näher bezeichneter Daten eine Ausblendung vorgenommen wurde. Letzteres dürfte eine eigenständige Datenverarbeitung sein, die sich auf Art. 9 Abs. 2 lit. g) DSGVO stützen lässt. In ebendiese Richtung zielt schließlich auch ein in den Leitlinien ebenfalls vorgesehener Notfallmodus, denn durch einen einfachen Klick und Bestätigung eines Warnhinweises sollen die spanischen Gesundheitsdienstanbieter ohne weitere Anforderungen die Ausblendungen sichtbar machen können. In Ansehung der Zugriffsdauer wird in Spanien eine „angemessene Zeit" vorgegeben, mindestens 5 Jahre ab Entlassung (Art. 17 Abs. 1 Ley 41/2002).

5. Wertender Vergleich

Im Vergleich zeigt sich zunächst, dass eine feingranulare Steuerungsmöglichkeit ganz offensichtlich zum datenschutzrechtlichen „State of the Art" gehört. Dass diese Feinsteuerungsmöglichkeit in Deutschland lediglich über ein eigenes Endgerät eröffnet sein soll und nicht über ein Service-Terminal o. ä., erscheint auch angesichts der Modelle in Estland und Spanien unbedenklich, zumal sämtliche Konzepte ein Vertretermodul vorsehen und es Personen mit geringer technischer Affinität möglich sein wird, zumindest vertretungsweise feingranulare Zugriffsrechte auszuüben.

Auch auf einen Opt-out verzichtet keines der Vergleichsmodelle, auch wenn sich im Einzelnen deutliche Unterschiede ergeben. Das deutsche Modell erscheint hier wenig vergleichstauglich, da es als einziges System auf einem Einwilligungskonzept basiert. Als sehr ausgewogen erweist sich insbesondere das österreichische Modell mit seinem ausdifferenzierten Opt-out, der vor allem für die Einspeicherung von ganz besonders sensiblen Gesundheitsdaten ausnahmsweise auf eine explizite Willensbetätigung des Patienten hinwirkt. Nicht ganz unproblematisch erscheint insofern das spanische Modell, das keine generelle Opt-out-Möglichkeit kennt und an dieser Stelle kaum als Vorbild taugen dürfte.

Anders scheint uns der Weg zu bewerten zu sein, den das spanische Konzept in Bezug auf die Modalitäten des Blank-out gegangen ist. Für eine Gesundheitsversorgung ohne „Datenlücken" dürfte eine Verschattung ausgeblendeter Daten besonders wichtig sein. Ansonsten besteht ggfs. keine uneingeschränkte Möglichkeit für den Versorger, eine umfassende Diagnose auf Basis der Daten zu treffen.[40] Eine Verschattung würde es ermöglichen, dass der Leistungserbringer diese bei Bedarf im Behandlungsgespräch thematisieren könnte, etwa bei der Neuverordnung eines Medikamentes zur Überprüfung von potenziellen Wechselwirkungen. Auch der Notfallmodus erscheint uns erwägenswert, jedenfalls mit entsprechenden Absicherungen wie etwa einer besonderen Begründungs- und Protokollierungspflicht.

---

[40] *SVR Gesundheit* (Fn. 4), S. 89 ff.

Mit Blick auf die Zugriffsdauer erscheint ein Datenschutz durch Voreinstellungen angebracht. Die Vorgaben in Deutschland und Österreich dürften insoweit grundsätzlich den Vorzug vor den Modellen Estlands und Spaniens verdienen, die keine vergleichbaren Voreinstellungen kennen.

VI. Fazit

Im Vergleich mit den Ausgestaltungen der Patientenaktensysteme in Österreich, Estland und Spanien und unter dem Eindruck von deren datenschutzrechtlicher Einordnung und Bewertung drängen sich Regelungsoptionen auf, die das deutsche Patientenaktensystem dem Ziel einer effizienten und effektiven, gleichzeitig aber auch informationssicheren Gesundheitsversorgung deutlich näherbringen könnten. Dies betrifft zumal die Einrichtung und Befüllung der Patientenakten sowie das Zugriffsmanagement. Belässt es der Gesetzgeber bei der gegenwärtigen Ausgestaltung, droht die ePA nicht nur zu einer für alle Beteiligten aufwändigen „Computerspielerei" zu werden. Vielmehr könnten auch die enormen Chancen, die eine ePA gerade für die zum Leitprinzip des deutschen Konzepts erhobene Patientensouveränität mit sich bringen könnte, im Einwilligungsdickicht des SGB V verloren gehen.

Der Ausblick auf die deutsche ePA fällt gleichwohl positiv aus. Die an der gegenwärtigen Ausgestaltung der ePA geäußerte Kritik hat offenbar Gehör seitens der Bundesregierung gefunden. Der Koalitionsvertrag 2021–2025 „Mehr Fortschritt wagen – Bündnis für Freiheit, Gerechtigkeit und Nachhaltigkeit" zwischen SPD, Bündnis 90/Die Grünen und FDP enthält auf Seite 83 folgenden Vorsatz zur künftigen Umgestaltung der ePA und zur Nutzung von Gesundheitsdaten: „Wir beschleunigen die Einführung der elektronischen Patientenakte (ePA) und des ERezeptes sowie deren nutzenbringende Anwendung und binden beschleunigt sämtliche Akteure an die Telematikinfrastruktur an. Alle Versicherten bekommen DSGVO konform eine ePA zur Verfügung gestellt; ihre Nutzung ist freiwillig (optout). Die gematik bauen wir zu einer digitalen Gesundheitsagentur aus. Zudem bringen wir ein Registergesetz und ein Gesundheitsdatennutzungsgesetz zur besseren wissenschaftlichen Nutzung in Einklang mit der DSGVO auf den Weg und bauen eine dezentrale Forschungsdateninfrastruktur auf." Wie der Gesetzgeber den Opt-out umsetzt, ist damit zwar noch nicht entschieden. Wesentliche Gestaltungsoptionen zeigen sich indes – wie der vorliegende Beitrag gezeigt hat – bei einem Blick in das europäische Ausland.

Literatur

Albers, Marion: Art. 6 DSGVO, in: Wolff, Heinrich A./Brink, Stefan (Hrsg.), Beck'scher Online-Kommentar Datenschutzrecht, 41. Ed. (Stand 1.11.2021) 2021, München 2021.

Amelung, Volker E./*Binder*, Sebastian/*Bertram*, Nick/*Chase*, Daniela P./*Urbanski*, Dominika: Die elektronische Patientenakte – Fundament einer effektiven und effizienten Gesundheitsversorgung, in: Stiftung Münch (Hrsg.), Heidelberg 2017.

Artikel 29-Datenschutzgruppe (Hrsg.): Arbeitspapier zur Verarbeitung von Patientendaten in elektronischen Patientenakten (EPA) – WP 131, Brüssel 2007.

Dochow, Carsten: Das Patienten-Datenschutz-Gesetz (Teil 2): Die elektronische Patientenakte und erweiterte Datenverarbeitungsbefugnisse der Krankenkassen, MedR 2021, S. 13 ff.

Dochow, Carsten: Grundlagen und normativer Rahmen der Telematik im Gesundheitswesen, Baden-Baden 2017.

Frenzel, Eike M.: Art. 6 DSGVO, in: Paal, Boris P./Pauly, Daniel A. (Hrsg.), Datenschutz-Grundverordnung, Bundesdatenschutzgesetz (DSGVO/BDSG), 3. Aufl. 2021, München 2021.

Frenzel, Eike M.: Art. 9 DSGVO, in: Paal, Boris P./Pauly, Daniel A. (Hrsg.), Datenschutz-Grundverordnung, Bundesdatenschutzgesetz (DSGVO/BDSG), 3. Aufl. 2021, München 2021.

Hansen, Marit: Art. 25 DSGVO, in: Simitis, Spiros/Hornung, Gerrit/Spiecker gen. Döhmann, Indra (Hrsg.), Datenschutzrecht. DSGVO mit BDSG, 2019, Baden-Baden 2019.

Herbst, Tobias: Art. 5 DSGVO, in: Kühling, Jürgen/Buchner, Benedikt (Hrsg.), Datenschutz-Grundverordnung, BDSG. Kommentar, 3. Aufl. 2020, München 2020.

Hornung, Gerrit: Die digitale Identität, Baden-Baden 2005.

Kampert, David: Art. 9 DSGVO, in: Sydow, Gernot (Hrsg.), Europäische Datenschutzgrundverordnung Handkommentar, 2. Aufl. 2018, Baden-Baden u. a. 2018.

Martini, Mario: Art. 24 DSGVO, in: Paal, Boris P./Pauly, Daniel A. (Hrsg.), Datenschutz-Grundverordnung, Bundesdatenschutzgesetz (DSGVO/BSG), 3. Aufl. 2021, München 2021.

Martini, Mario: Art. 25 DSGVO, in: Paal, Boris P./Pauly, Daniel A. (Hrsg.), Datenschutz-Grundverordnung, Bundesdatenschutzgesetz (DSGVO/BDSG), 3. Aufl. 2021, München 2021.

OEKONSULT gmbh (Hrsg.): Wie halten es die ÖsterreicherInnen mit ELGA?, ELGA-Studie, Baden 2014.

Petri, Thomas: Art. 9 DSGVO, in: Simitis; Spiros/Hornung, Gerrit/Spiecker gen. Döhmann, Indra (Hrsg.), Datenschutzrecht. DSGVO mit BDSG, 2019, Baden-Baden 2019.

Sachverständigenrat zur Begutachtung der Entwicklung im Gesundheitswesen (SVR Gesundheit) (Hrsg.): Digitalisierung für Gesundheit. Ziele und Rahmenbedingungen eines dynamisch lernenden Gesundheitssystems, Bonn 2021, verfügbar unter https://www.svr-gesundheit.de/fileadmin/Gutachten/Gutachten_2021/SVR_Gutachten_2021.pdf.

Schütz, Joachim/*Schmitz*, Sonja/*Ippach*, Jan: Die elektronische Patientenakte – Anforderungen aus Sicht des Datenschutzes, RDV 2019, S. 224 ff.

Thiel, Rainer/*Deimel*, Lucas/*Schmidtmann*, Daniel/*Piesche*, Klaus/*Hüsing*, Tobias/*Rennoch*, Jonas/*Stroetmann*, Veli/*Stroetmann*, Karl/*Kostera*, Thomas: #SmartHealthSystems. Digitalisierungsstrategien im internationalen Vergleich, in: Bertelsmann Stiftung (Hrsg.), Gütersloh 2018.

Weichert, Thilo: Die elektronische Gesundheitskarte, DuD 2004, S. 391 ff.

Datenschutz und Datennutzung im digitalen Gesundheitswesen

Regulatorische und praktische Herausforderungen des verhältnismäßigen Ausgleichs am Beispiel der elektronischen Patientenakte

Von *Sarah Rachut*

I. Datennutzung als zentraler Baustein eines modernen Gesundheitswesens

Das deutsche Gesundheitssystem zählte in den vergangenen Jahren im internationalen Vergleich stets zu den am besten angesehenen:[1] eine flächendeckende Gesundheitsversorgung mit Spezialkliniken, eine exzellente medizinische Ausbildung sowie ein universeller Gesundheitsschutz mit niedrigen Zugangshürden. Hinzu kommen die Förderung und der Einsatz neuester Technologien zur immer besseren Behandlung von neuen und spezielleren Krankheitsbildern sowie ein Solidaritätssystem, das jeder und jedem eine angemessene Behandlung unabhängig von den individuellen finanziellen Umständen verspricht.

Trotz dieser Vorteile gegenüber den Gesundheitssystemen anderer Länder, zeigte sich im Rahmen der Covid-Pandemie, wie schnell auch ein etabliertes System an seine Grenzen stoßen kann. Unabhängig von den Debatten um die Privatisierung und Ökonomisierung der Kliniken, zu niedrige Löhne und den anhaltenden Personalmangel, wurde deutlich, dass ein Gesundheitssystem nur dann funktionieren kann, wenn alle Beteiligten wie präzise abgestimmte Zahnräder ineinandergreifen. Die Pandemie hat eine neue Dynamik in diese, bisher scheinbar gut funktionierenden Prozesse gebracht.

In einer solchen Situation zeigte sich, dass das Erheben von und der Umgang mit Daten entscheidend für Agilität und damit die Aufrechterhaltung der gesundheitlichen Versorgung ist. Das hiesige Gesundheitssystem war diesen Herausforderungen indes nicht gewachsen: Es mangelte an Infrastruktur, Kompetenz und ebenso klaren

---

[1] https://www.wissenschaft.de/gesundheit-medizin/das-deutsche-gesundheitssystem-im-europaeischen-vergleich/ (Dieser und alle folgenden Links wurden zuletzt am 11. Oktober 2023 abgerufen.); https://www.commonwealthfund.org/blog/2022/advancing-health-equity-learning-other-countries; *Klaus Koch/Christoph Schürmann/Peter Sawicki*, The German health care system in international comparison: a patient perspective, DtschArztebl Int, Jg. 107 Ausg. 24 (2010), S. 427 (433); https://www.spiegel.de/gesundheit/diagnose/gesundheitsversorgung-deutschland-belegt-weltweit-platz-20-a-1148313.html.

rechtlichen Vorgaben.[2] Blickt man in die Zukunft, wird deutlich, dass gerade, wenn es um die *Modernisierung des Gesundheitswesens* geht, Daten eine immer größere Rolle spielen werden. Damit das deutsche Gesundheitswesen weiterhin international mithalten kann und gegenüber weiteren Herausforderungen gewappnet ist, bedarf es eines *Paradigmenwechsels im Umgang mit Daten* – bezogen auf die Erhebung, Speicherung, Übermittlung und weitere Nutzung. Dem Interesse an einer umfassenden und möglichst unkomplizierten sowie rechtssicheren Datennutzung steht dabei das Schutzbedürfnis dieser mitunter besonders sensiblen Daten gegenüber. Der elektronischen Patientenakte (ePA) kommt hierbei eine zentrale Rolle zu, sodass im Folgenden an ihrem Beispiel die rechtlichen Herausforderungen im Spannungsfeld zwischen Datenschutz und Datennutzung beleuchtet werden. Hierzu wird zunächst die rechtstatsächliche Ausgangslage bei der Verarbeitung von Gesundheitsdaten und ihre Rolle im (verfassungs-)rechtlichen Kontext dargestellt (B.), bevor darauf aufbauend die Potentiale bei der Ausgestaltung der Datenverarbeitung im Rahmen der ePA näher betrachtet werden (C.).

II. Gesundheitsdaten als (verfassungs-)rechtlich relevante Kategorie

Bevor indes Überlegungen zu etwaigen Abwägungsentscheidungen angestellt werden können, bedarf es zunächst der Untersuchung der tatsächlichen und rechtlichen Gegebenheiten. Um welche Daten handelt es sich? Wie sind diese verfassungsrechtlich geschützt und welcher Spielraum ergibt sich dadurch für den Gesetzgeber?

1. Rechtstatsächliche Ausgangslage

Unter Daten im Gesundheitsbereich, gesundheitsrelevante Daten oder Gesundheitsdaten fallen in der Anwendungspraxis eine Vielzahl verschiedener Daten. Hierbei kann es sich sowohl um personenbezogene (bzw. personenbeziehbare) Daten i. S. d. Art. 4 Nr. 1 DSGVO als auch um Sachdaten handeln. Zudem können die zu verarbeitenden personenbezogenen Daten als *Gesundheitsdaten* dem weiteren Schutz des Art. 9 DSGVO unterfallen. Hierzu zählen nach Art. 4 Nr. 15 DSGVO solche Daten, die sich auf die körperliche oder geistige Gesundheit einer natürlichen Person, einschließlich der Erbringung von Gesundheitsdienstleistungen, beziehen und aus denen Informationen über deren Gesundheitszustand hervorgehen. Von den Gesundheitsdaten lassen sich die *Gesundheitsverwaltungsdaten* abgrenzen, die für die Patientenverwaltung sowie die Abrechnung von Leistungen relevant sind, jedoch keine unmittelbaren Rückschlüsse auf den Gesundheitszustand einer Person ermöglichen.[3]

---

[2] *BMWi*, Digitalisierung in Deutschland – Lehren aus der Corona-Krise, S. 3 f.

[3] *Anne Paschke*, Datenschutz im Medizinsektor, in: Specht/Mantz (Hrsg.), Handbuch Europäisches und deutsches Datenschutzrecht, 2019, § 13, Rn. 6.

Des Weiteren lassen sich im Gesundheitskontext verarbeitete Daten danach unterscheiden, *von wem*, in *welchem Kontext* bzw. zu *welchem Zweck* die Daten erhoben werden und wie die diesbezüglichen *Prozesse* gestaltet sind:

So können die Daten von den behandelnden Ärztinnen und Ärzten, weiteren in die Therapie einbezogenen Personen, den Krankenversicherungen, den Patienten selbst oder Dritten – jeweils selbst oder mittels entsprechender Geräte – stammen (Anamnese, Labor- oder radiologische Daten, weitere Befunde, Überweisungen, Rezepte oder Operationsdaten). Insbesondere bei der Einbeziehung von Daten, die von Dritten erhoben werden (z. B. durch die Anbieter von Fitnesstrackern) muss beachtet werden, dass diese vordergründig anderen Zwecken dienen und eine hohe Ungenauigkeit aufweisen können. Neben zertifizierten Gesundheitsapps gibt es zahlreiche nicht geprüfte Angebote, die mit der Überprüfung diverser Körperfunktionen werben.[4] So dürfte dem Anbieter einer Smartwatch die Genauigkeit der GPS-Daten für die eigenen Geschäftsziele wichtiger sein als die möglichst präzise Bestimmung der Herzfrequenz. Ebenso können Ungenauigkeiten auftreten, wenn Daten von den Patientinnen und Patienten selbst erhoben werden; entweder, weil ihnen dabei Fehler unterlaufen, die das Ergebnis verfälschen, oder weil sie mitunter dazu tendieren, bestimmte Daten „schönzureden bzw. -rechnen".[5]

Auch die durch die Behandelnden selbst erhobenen Daten können *unterschiedlichen Zwecken* dienen. Neben der Erfassung des gegenwärtigen Gesundheitszustandes gilt es mitunter den (eigenen) Therapieerfolg zu kontrollieren oder Daten zu Forschungszwecken zu generieren. Insbesondere im Bereich der Forschung besteht ein Bedarf an einer Vielzahl von Daten, deren Anforderung wiederum davon abhängig sind, was, von wem und in welchem Kontext erforscht werden soll. So sind in manchen Kontexten anonymisierte, statistische oder synthetische Daten ausreichend, während dies z. B. im Bereich der gezielten Erforschung seltener Krankheiten nicht möglich ist.[6] Neben der zukunftsgewandten allgemeinen bzw. speziellen medizinischen Forschung zielt die *Versorgungsforschung* auf die Untersuchung des medizinischen Alltags, die Organisation, die Steuerung und die Finanzierungsfragen der Kranken- und Gesundheitsversorgung ab. In diesem Kontext werden beispielsweise viele nicht personenbezogene Sachdaten benötigt.

---

[4] So wirbt Apple für die Apple Watch: „Mit der EKG-App können Patient:innen, die Symptome wie schnelle oder aussetzende Herzschläge haben oder Mitteilungen bei unregelmäßigem Herzrhythmus erhalten, ein EKG aufzeichnen und ihre Symptome festhalten. Diese realen Daten können Ärzt:innen helfen, besser und schneller über weitere Untersuchungen und Behandlungen zu entscheiden.", https://www.apple.com/de/healthcare/apple-watch/.

[5] Vgl. z.B. https://www.aerzteblatt.de/nachrichten/77800/Rauchentwoehnung-Probanden-machen-falsche-Angaben-in-klinischen-Studien.

[6] Vgl. u. a. *Dennis-Kenji Kipker/Peter Schaar*, EAID: Vernetzte medizinische Forschung und Datenschutz, ZD-Aktuell 2017, Heft 15, 04263; zur Begegnung dieses Problems aus statistischer Sicht s. *Katharina Schüller*, Statistik, Lügen und Geheimnisse, eStrategy 3/22, S. 70 ff.

Auch die *Prozesse* rund um die Datenerhebung und Übertragung können sich auf die Daten und deren Qualität auswirken: So macht es einen Unterschied, ob ein Datum allein durch die menschliche Wahrnehmung, durch Technikunterstützung oder vollautomatisiert erhoben wird, wie präzise die eingesetzte Technologie ist und ob die Daten durch Medienbrüche in ihrer Qualität gemindert werden.

Je nach Einordnung der konkreten Daten im gesundheitlichen Kontext können sich somit Unterschiede hinsichtlich der Datenqualität, der Vollständigkeit, der Verfügbarkeit sowie der Sensibilität ergeben, sodass sich die hieran anknüpfende rechtliche Bewertung sowie der (verfassungs-)rechtliche Schutz dieser Daten ebenso deutlich unterscheiden kann und diese Unterschiede im Einzelfall zu berücksichtigen sind.

2. Verarbeitung von Gesundheitsdaten als verfassungsrechtliches Schutzgut

Die Verarbeitung dieser vielfältigen Gesundheitsdaten liegt dabei nicht nur im individuellen Interesse des Patienten, sondern ist darüber hinaus ebenso von *allgemeingesellschaftlicher Bedeutung* und daher auch verschiedentlich national sowie auf EU-Ebene (verfassungs-)rechtlich geschützt.[7]

a) Schutz von Leben und Gesundheit

Leib und Leben natürlicher Personen werden durch *Art. 2 Abs. 2 GG*, der ebenso eine staatliche *Schutzpflicht* umfasst,[8] geschützt. Der darin enthaltene objektive Wertgehalt wirkt sich darüber hinaus auch auf andere Bereiche des Rechts aus, beispielsweise hinsichtlich erlaubter körperlicher Erziehungspraktiken, Produktwarnhinweisen oder den Arbeitsschutzvorgaben.[9] Auf EU-Ebene ergibt sich ein vergleichbar umfassender Schutz vor allem aus *Art. 3 Charta der Grundrechte der EU (GrCh)*[10] sowie entsprechenden Spezialregelungen (Art. 35 GrCh für die angemessene gesundheitliche Vorsorge und Behandlung, Art. 8 GrCh für den Schutz genetischer Daten sowie Art. 21 Abs. 1 und Art. 20 GrCh hinsichtlich Diskriminierung aufgrund gesundheitlicher Merkmale).[11]

---

[7] Zum Verhältnis von nationalem und unionalen Grundrechtsschutz im Bereich des Gesundheitsdatenschutzes *Christoph Krönke*, Opt-out-Modelle für die Elektronische Patientenakte aus datenschutzrechtlicher Perspektive, 2022, S. 21 f.

[8] St. Rspr., vgl. u. a. BVerfGE 39, 1, 42 ff.; *Helmut Schulze-Fielitz*, in: Dreier (Hrsg.), GG-Kommentar, 1. Bd., 3. Aufl. 2013, Art. 2 Abs. 2, Rn. 76 m. w. N.

[9] *Schulze-Fielitz* (Fn. 8), Rn. 79.

[10] Der Schutz von Leben und Gesundheit findet sich zudem in weitern internationalen Verträgen, wie Art. 3 AEMR und Art. 2 Abs. 1 EMRK.

[11] *Christian Calliess,* in: Calliess/Ruffert (Hrsg.), EUV/AEUV mit europäischer Grundrechtecharta. Kommentar, 6. Aufl. 2022, Art. 3 EU-GrCharta, Rn. 7.

b) Schutz medizinischer Forschung

Unter die durch Art. *5 Abs. 3 GG* geschützte Wissenschaftsfreiheit fallen als Teilbereiche sowohl die Forschung als auch die Lehre.[12] Die (medizinische) Forschung ist hierbei ebenfalls geschützt, wenn sie eine „geistige Tätigkeit [darstellt, die das Ziel verfolgt] in methodischer, systematischer und nachprüfbarer Weise neue Erkenntnisse zu gewinnen"[13]. *Art. 13 GrCh* manifestiert den Schutz der Forschungsfreiheit auf EU-Ebene.

c) Schutz medizinischer Innovation

Neben der Gewinnung neuer Erkenntnisse ist auch die weitere Dimension der medizinischen Innovation, also das diesbezügliche wirtschaftliche Streben, geschützt: Dies ergibt sich aus der Berufsfreiheit, *Art. 12 Abs. 1 GG bzw. Art. 15 GrCh*, dem Schutz auf Erwerb und dem Schutz des Eigentums, *Art. 14 Abs. 1 GG bzw. Art. 17 GrCh* und dem Schutz des Erworbenen, womit ein umfassender Schutz der gewerblichen Betätigung gewährleistet ist.[14]

d) Schutz von Privatheit, Datenschutz und informationelle Selbstbestimmung

Schließlich ergibt sich aus *Art. 7 und Art. 8 GrCh* sowie *Art. 2 Abs. 1. GG i.V.m. Art. 1 Abs. 1 GG* der Schutz von Privatheit und personenbezogenen Daten. Geschützt wird jeweils die Selbstbestimmung des Individuums,[15] nicht jedoch vor jeglicher Verarbeitung personenbezogener Daten.[16] Auch das Recht auf informationelle Selbstbestimmung als Ausprägung des allgemeinen Persönlichkeitsrechts bzw. das Recht auf „Datenschutz" wird daher nicht schrankenlos gewährt, sondern findet seine Grenzen in den *verfassungsimmanenten Schranken*, mithin den Grundrechten Dritter.[17] Etwaige Auswirkungen, die vermuten lassen, dass es sich bei Datenschutz vielmehr um eine Art „Supergrundrecht" handeln würde,[18] sind indes nicht verfassungsrechtlich angelegt, sondern Entwicklungen der Datenschutzrechtspraxis.[19]

---

[12] BVerfGE 35, 79.

[13] BVerfGE 35, 79 (113).

[14] Siehe etwa *Peter Axer,* in: Epping/Hillgruber (Hrsg.), BeckOK GG, 52. Ed. 2022, Art. 14, Rn. 27, 51 ff.

[15] *Martin Eifert,* in: Herdegen/Masing/Poscher/Gärditz (Hrsg.), Handbuch des Verfassungsrechts, 2021, § 18, Rn. 128.

[16] Zum Vergleich des Schutzniveaus in Deutschland und auf EU-Ebene *Martin Scheurer,* Spielerisch selbstbestimmt, 2019, S. 51 ff.

[17] *Dirk Heckmann/Anne Paschke,* in: Stern/Sodan/Möstl (Hrsg.), Das Staatsrecht der Bundesrepublik Deutschland, Bd. IV, 2022, § 103, Rn. 39.

[18] So z.B. gefordert von *Christoph Kranich,* in: Schmidt-Kühlewind (Hrsg.), Digitalisierung und Sozialrecht, 2022, S. 75 (76).

[19] Vgl. *Heckmann/Paschke* (Fn. 17), Rn. 39, 118 ff.

e) Schutz der gesundheitlichen Selbstbestimmung

Von dem Selbstbestimmungsrecht im Umgang mit Daten ist das generelle Selbstbestimmungsrecht der Patientinnen und Patienten hinsichtlich ihrer eigenen Gesundheit zu unterscheiden. Aufgrund der thematischen Nähe könnte hierbei zunächst an eine Ableitung dieses Schutzes aus Art. 2 Abs. 2 GG gedacht werden. Jedoch sprechen die besseren Argumente für eine Ableitung aus Art. 2 Abs. 1 i.V.m. Art. 1 Abs. 1 GG.[20] Als Ausprägung des allgemeinen Persönlichkeitsrechts wird im Ergebnis ein einheitlicher und umfassender Schutz der individuellen Selbstbestimmung erreicht, zeitgleich werden indes auch die Schranken synchronisiert. Andernfalls würde sich für das Selbstbestimmungsrecht, je nachdem, welchem Spezialgrundrecht es in der konkreten Situation am nächsten wäre, nicht nur ein uneinheitliches Schutzniveau ergeben, sondern wären auch zahlreiche Abgrenzungsprobleme die direkte Folge.

f) Fazit: Gesundheitsdatenschutz im Spiegel grundrechtlicher Abwägung

Erfolgt die Datenverarbeitung daher im gesundheitlichen Kontext, sind unterschiedliche verfassungsrechtlich geschützte Rechtspositionen betroffen und in Abwägung zu stellen. Hierbei gilt es nach dem *Prinzip der praktischen Konkordanz* darauf hinzuwirken, dass jedes Grundrecht zu optimaler Wirklichkeit gelangt, ohne, dass dabei ein Grundrecht auf Kosten eines anderen obsiegt.[21] Allein der Umstand, dass es sich bei den zu verarbeitenden Daten um besonders sensible Gesundheitsdaten handeln kann (s.o.), rechtfertigt kein absolutes Verbot der Verarbeitung. Vielmehr bedarf es stets einer austarierten Abwägung und einer entsprechenden *Neubestimmung des Verhältnisses von Datenschutz und Datennutzung*.[22]

3. Einfachgesetzliche Grundlagen der Verarbeitung von Gesundheitsdaten

Diese unionalen und verfassungsrechtlichen Leitlinien wurden durch den Gesetzgeber bereits in der Vergangenheit in einfachgesetzlicher Form konkretisiert.

---

[20] *Johannes Eichenhofer*, Die elektronische Patientenakte – aus sozial-, datenschutz- und verfassungsrechtlicher Sicht, NVwZ 2021, S. 1090 (1094).

[21] *Konrad Hesse*, Grundzüge des Verfassungsrechts der Bundesrepublik Deutschland, 1999, Rn. 72.

[22] Ausführlich *Heckmann/Paschke* (Fn. 17), Rn. 40 ff., 62 ff.

a) Gesetzlicher Gestaltungsspielraum und datenschutzrechtliche Ermächtigung

Die Kompetenz, das nationale Gesundheitswesen näher zu regulieren, entfällt jeweils für bestimmte Teile auf den Bund und die Länder, Art. 74 Abs. 1 Nr. 19 GG.[23] Den Gesetzgebern steht es dabei auch zu, im Rahmen der verfassungsrechtlichen Grenzen Datenverarbeitung mittels einer entsprechenden *rechtlichen Ermächtigungsgrundlage* zu erlauben und die hierfür notwendigen Rahmenbedingungen festzulegen,[24] *Art. 6 Abs. 1 lit. c und e, Abs. 3 bzw. Art. 9 Abs. 2 lit. b, g, h, i. (i.V.m. Abs. 3) DSGVO.*[25]

b) Tradierte Gesetzesgrundlagen und neue Ermächtigungen in der „Digital Health-Gesetzgebung"

Die Verarbeitung von Gesundheitsdaten stand zunächst nicht im Mittelpunkt des gesetzgeberischen Wirkens. Regelungen konzentrierten sich vielmehr auf den *analogen Prozess*, das Arzt-Patienten-Verhältnis und deren (vertragliche) Ausgestaltung, z.B. §§ 630a ff. BGB. Der politische und rechtswissenschaftliche Diskurs beschäftigte sich somit zwar ebenso mit Fragen von Einwilligung und Haftung, jedoch in einem anderen, analogen Kontext.

Mit den Bestrebungen zur Einführung der elektronischen Gesundheitskarte Anfang der 2000er Jahre stieg die Bedeutung von Daten im Gesundheitswesen zunehmend. Durch zahlreiche Neuerungen – eingeleitet durch das *Patientendaten-Schutz-Gesetz (PDSG)* 2020, über das *Digitale Versorgung und Pflege-Modernisierungs-Gesetz (DVPMG)* 2021 sowie weitere Anpassungen im Bereich des Digitalen Gesundheitswesens[26] – kann inzwischen von einer *Digital Health-Gesetzgebung* gesprochen werden.[27] Die ePA und weitere Anwendungen der Telematikinfrastruktur wurden in den letzten Jahren umfassend geregelt und angepasst, zahlreiche Ermächtigungen für Datenverarbeitungen aufgenommen und Prozesse definiert.[28] Sowohl

---

[23] Siehe für bestimmte Abgrenzungsproblematiken z.B. Bundestag, *Wissenschaftlicher Dienst*, Sachstand vom 31.06.2029 (WD 9–3000–043/19).

[24] So z.B. geschehen durch die Regulierung der elektronischen Fernprüfungen. Ausführlich zur datenschutzrechtlichen Ermächtigung und den Abwägungsentscheidungen, *Dirk Heckmann/Sarah Rachut*, E-Klausur und elektronische Fernprüfung. Rechtsfragen der Umstellung von Hochschulprüfungen auf zeitgemäße, digitale Prüfungsformate, 2022, S. 139 ff.

[25] Zur Abgrenzung s. *Luisa Lorenz*, Die „ePA für alle" zwischen Gesundheits- und Datenschutz (Teil 2), GuP 2023, S. 165 (172 f.).

[26] Z.B. die Gesundheits-IT-Interoperabilitäts-Governance-Verordnung (GIGV), s. hierzu *Sarah Rachut/Jonas Hacker*, Neue Strukturen für verbesserte Interoperabilität im Gesundheitswesen – die IOP-Governance-Verordnung (GIGV), jurisPR-ITR 3/2020, Anm. 2.

[27] Für einen Überblick über aktuelle regulatorische Trends s. Beitrag von *Michael Kolain/Jonas Lange*, S. 89–125.

[28] *Dirk Heckmann/Sarah Rachut*, in: Rehmann/Tillmanns (Hrsg.), E-Health / Digital Health, 2022, Kap. 3 E.

der aktuelle Bundesgesundheitsminister als auch sein Vorgänger haben das Vorantreiben der digitalen Transformation im Gesundheitswesen als eine ihrer zentralen Aufgaben betrachtet.[29]

c) Verbleibende Spielräume für Einwilligungskonzepte

Trotz der stärkeren Regulierung im Bereich Digital Health und der damit einhergehenden möglichen Datennutzung, ist *in vielen Bereichen* die *konkrete Datenverarbeitung (noch) nicht geregelt.* In diesen Fällen bleibt es damit bei den allgemeinen datenschutzrechtlichen Vorgaben von DSGVO, BDSG und etwaiger (Landes-)Spezialregelungen.[30] Als datenschutzrechtliche Rechtfertigung für die jeweilige Datenverarbeitung kommt daher insbesondere die *Einwilligung* nach Art. 6 Abs. 1 lit. a DSGVO, bzw. Art. 9 Abs. 2 lit. a DSGVO bei der Verarbeitung besonderer Kategorien personenbezogener Daten, in Betracht, wobei sich Schwierigkeiten hierbei aus dem *besonderen Verhältnis zwischen Arzt und Patient* sowie der *Eingrenzung des Verarbeitungszweckes*[31] ergeben können.

Neben der Herausforderung, die Patientinnen und Patienten umfassend aufzuklären, um so eine *informierte Entscheidung* dieser zu ermöglichen,[32] setzt die DSGVO voraus, dass die Einwilligung freiwillig erfolgt. Zwischen Behandelndem und Patient besteht indes ein faktisches Ungleichgewicht, und auch wenn dieses nicht mit den von der DSGVO thematisierten Fällen (Staat und Bürger bzw. Arbeitgeber und Arbeitnehmer) vollständig vergleichbar ist, kann nicht ignoriert werden, dass dennoch ein faktisches Ungleichgewicht und damit ein gewisses Abhängigkeitsverhältnis besteht. Diesbezüglich muss zumindest dafür sensibilisiert werden, dass in einem solchen Fall die *Freiwilligkeit der Einwilligung* kritisch betrachtet werden muss.[33] Denn die theoretische Möglichkeit den Arzt oder die Ärztin zu wechseln, sich weitere Meinungen einzuholen oder ausführliche Gespräche zu führen, besteht in der Praxis nicht ohne Weiteres.

---

[29] https://netzpolitik.org/2020/jens-spahn-hat-es-eilig/; https://www.handelsblatt.com/politik/deutschland/gesundheit-lauterbach-will-elektronische-patientenakte-radikal-umbauen/28680024.html.

[30] Z. B. Art. 27 Bayerisches Krankenhausgesetz.

[31] *Kipker/Schaar* (Fn. 6); *Markus Spitz/Kai Cornelius*, Einwilligung und gesetzliche Forschungsklausel als Rechtsgrundlagen für die Sekundärnutzung klinischer Daten zu Forschungszwecken, MedR 2022, S. 191.

[32] Zu den Schwierigkeiten im Forschungskontext *Spitz/Cornelius* (Fn. 31), S. 191 (192 ff.); ablehnend zu den aktuellen Bestrebungen des „Broad Consent" *Wiebke Fröhlich/Indra Spiecker gen. Döhmann*, Die breite Einwilligung (Broad Consent) in die Datenverarbeitung zu medizinischen Forschungszwecken – der aktuelle Irrweg der MII, GesR 2022, S. 346.

[33] Vgl. Erwägungsgrund 43 der DSGVO; *Julian Albrecht/Owen Mc Grath/Steffen Uphues*, Aufsichtsklausuren aus dem Homeoffice. Datenschutzrechtliche Zulässigkeit der Online-Aufsicht von Studierenden, ZD 2021, S. 80 (82 f.); *Krönke* (Fn. 7), S. 32.

Unabhängig davon, ob eine Datenverarbeitung im Einzelfall aufgrund einer erteilten Einwilligung rechtlich zulässig und (z. B. durch die Möglichkeit der jederzeitigen Widerrufbarkeit) praktikabel wäre, herrscht in der Praxis insbesondere aufgrund der *widersprüchlichen Informationen über die datenschutzrechtlichen Anforderungen* große Skepsis und eine daraus resultierende Zurückhaltung bei der – für ein modernes Gesundheitswesen so dringend benötigten – Datenverarbeitung.[34] Dem kann der Gesetzgeber dadurch entgegenwirken, dass er die ihm zur Verfügung stehenden *regulatorischen Spielräume* nutzt und entsprechende Konzepte vorgibt. Eine in diesem Zusammenhang normierte Einbindung des Patienten wäre gerade nicht an den Anforderungen der Einwilligung nach der DSGVO zu messen, sondern vielmehr *Ausdruck der Verhältnismäßigkeit* der auf die entsprechenden Öffnungsklauseln gestützten Rechtsgrundlage der Datenverarbeitung. Im Rahmen zukünftiger Regulierung gilt es daher, Datenschutz und Datennutzung innerhalb des vorgegebenen Rahmens in ein angemessenes Verhältnis zu bringen, bestehende *technische und organisatorische Möglichkeiten* auszuschöpfen, und so ein digitales Gesundheitswesen, welches Patientinnen und Patienten in den Mittelpunkt stellt, zu ermöglichen.

*4. Datenschutzrechtliche Interessenabwägung
im Kontext von Digital Health*

Zentrale Voraussetzungen für das Gelingen von Digital Health ist damit eine ausgewogene *Interessenabwägung anhand der verfassungsrechtlichen Leitprinzipien* (s. S. 68 ff.). Diese Abwägung ist nicht nur aufgrund der mitunter besonderen Sensibilität der Daten und der Vielzahl von betroffenen Grundrechten von einiger Komplexität; hinzukommt, dass sich der Umgang mit Daten und deren gesellschaftliche, wirtschaftliche, politische und auch individuelle Bedeutung seit dem Volkszählungsurteil des BVerfG 1983[35] maßgeblich verändert hat. Der vor circa 40 Jahren aufgestellte Leitsatz, dass jeder und jede „grundsätzlich selbst über die Preisgabe und Verwendung [sämtlicher] seiner persönlichen Daten zu bestimmen"[36] habe, ist im Lichte unseres *heutigen Datenverständnisses* und -umgangs neu zu interpretieren bzw. fortzuentwickeln. Einen Absolutismus, wonach jedes, mitunter unbedeutende personenbeziehbare Datum im Zweifel nur nach einer Einwilligung verarbeitet werden darf, ist angesichts der dargestellten vielfältigen verfassungsrechtlich geschützten Interessen im Kontext von Datenverarbeitungen mit der Rechtsordnung nicht vereinbar. Vielmehr unterliegen die Interessen an Datenschutz und die an einer Datennutzung dem verfassungsrechtlichen Abwägungsgebot.

---

[34] Vgl. *Heckmann/Paschke* (Fn. 17), Rn. 118 ff.
[35] BVerfGE 65, 1.
[36] BVerfGE 65, 1 (42).

Die vor diesem Hintergrund neu zu justierende datenschutzrechtliche Interessenabwägung hat durch den parlamentarischen Gesetzgeber zu erfolgen.[37] Nur so kann gewährleistet werden, dass dem gefundenen Ausgleich eine entsprechende Debatte vorangegangen ist, dieser dem demokratisch legitimierten Volkswillen entspringt, und somit den Anforderungen der auf dem *Rechtsstaatsprinzip* fußenden *Wesentlichkeitstheorie*[38] Rechnung getragen wird.

III. Datenschutz und Datennutzung der elektronischen Patientenakte

Die weiterhin aktuelle Diskussion um die Ausgestaltung der elektronischen Patientenakte (ePA) zeigt, wie schwierig sich das Austarieren der verschiedenen Interessen gestalten kann. Konkret machen der Umwandlungsprozess zu einem Opt-out-Modell und der Streit um das Berechtigungsmanagements in der ePA deutlich, dass der Gestaltungsspielraum zwar grundsätzlich groß ist, sich die (politische) Kompromissfindung indes langwierig gestaltet und daher zu Rechtsunsicherheiten führen, die letztlich dem eigentliche Ziel, der Schaffung von funktionierenden, resilienten und vertrauenswürdigen Datenverarbeitungsstrukturen, abträglich sind.[39]

1. Die ePA als Herzstück des Gesundheitsdatenmanagements

Die digitale Transformation des Gesundheitswesens umfasst den Aufbau einer komplexen vernetzten Infrastruktur, deren systemimmanente Voraussetzung das Vorhandensein und stetige Verarbeiten von Daten ist. Die vielfach betonten Vorteile von Digital Health können mithin nur dann zum Tragen kommen, wenn die ePA ihrer Aufgabe als „Herzstück"[40] des gesamten Gesundheitsdatenmanagements gerecht wird.[41] Sie soll für die benötigte Interoperabilität sorgen, als zentraler Speicherort für sämtliche digitale Gesundheitsdaten fungieren und Verfahrensstandards in sich vereinen, welche für einen reibungslosen Import und Export der Daten sorgen.[42]

---

[37] Zum Spannungsfeld der Politik zwischen Datennutzung und Datenschutzrecht *Heckmann/Paschke* (Fn. 17), Rn. 97 ff., 108 ff.

[38] Zu Folgen der Wesentlichkeitstheorie für komplizierte Abwägungsfragen in digitalen Kontexten *Heckmann/Rachut* (Fn. 24), S. 60 ff. sowie S. 145 ff.

[39] Zu den negativen Konsequenzen von Rechtsunsicherheiten aufgrund eines Auseinanderdriftens von Recht und Wirklichkeit *Sarah Rachut*, Recht ohne Wirklichkeit?, OdW 4/2023, S. 191 ff.

[40] https://background.tagesspiegel.de/gesundheit/bmg-definiert-epa-als-herzstueck-der-digitalisierung.

[41] Hier nimmt sie eine ähnlich bedeutende Rolle ein, wie die elektronische Gerichtsakte für die digitale Justiz oder die elektronische Behördenakte für die öffentliche Verwaltung.

[42] *Heckmann/Rachut* (Fn. 28), Rn. 6.

Trotz großer Befürwortung in der Bevölkerung[43] ist es indes nicht gelungen, der ePA seit ihrem Start im Jahr 2020 bundesweit zum Einsatz zu verhelfen.[44]

2. Freiwilligkeit der ePA-Nutzung: opt-in oder opt-out?

Das Freiwilligkeitsprinzip der ePA wurde seit Beginn des Regulierungsprozesses stets betont und findet sich auch als zentrales Element im aktuellen Koalitionsvertrag wieder.[45] Der Nutzen der ePA und weiterer Digital Health Anwendungen soll jedoch durch eine Umstellung der ePA hin zu einem Opt-out-Modell statt der bisherigen Opt-in-Variante gelingen.[46] Diese Bestrebung wird in der *Fachöffentlichkeit grundsätzlich begrüßt*,[47] fraglich ist jedoch, ob die für die Opt-out-Lösung notwendigen rechtlichen Anpassungen mit dem Freiwilligkeitsprinzip vereinbar sind.

a) Freiwilligkeit: verfassungsrechtliche Notwendigkeit oder gesetzgeberische Weichenstellung?

Betrachtet man die verschiedenen Ausgestaltungsmöglichkeiten der ePA, so kann man diese anhand des *Grades der Freiwilligkeit* ordnen: von opt-in über opt-out bis zu einer verpflichtenden Nutzung[48]. Auch wenn die Opt-out-Lösung nicht mit einem absoluten Zwang gleichzusetzen ist, erhofft man sich durch die Passivität der Masse deutlich höhere Nutzungszahlen. Rein faktisch kann ein Opt-out-Modell für manche Versicherte daher einer Nutzungspflicht gleichkommen. Diese Vorgaben zur Nutzung der ePA greifen in das (informationelle) Selbstbestimmungsrecht der Versicherten ein. Bei einem reinen Opt-in-Modell, ist ein solcher Eingriff hingegen ausgeschlossen: Dieser bedürfte der aktiven Zustimmung der jeweiligen Person und kann daher nicht simultan in ihr Recht auf Selbstbestimmung eingreifen.[49]

---

[43] https://www.bah-bonn.de/presse/bah-gesundheitsmonitor/presse-detailseite/fast-drei-viertel-befuerworten-elektronische-patientenakte/.

[44] Die Nutzerzahlen beliefen sich Anfang 2022 sich auf ca. 380.000; aktuell sind etwas über 700.000 ePAs angelegt (https://www.bundestag.de/presse/hib/kurzmeldungen-959634); immer wieder mussten angekündigte Schritte wie das Roll-out oder der Start des E-Rezepts verschoben werden, vgl. https://www.handelsblatt.com/inside/digital_health/krankenkasse-tk-weit-vorne-bei-elektronischer-patientenakte/28055328.html; https://ztg-nrw.de/blog/2022/01/10/elektronische-patientenakte-braucht-noch-zeit-bis-zum-finalen-rollout/.

[45] *SPD/Bündnis 90 Die Grünen/FDP*, Mehr Fortschritt wagen, Koalitionsvertrag 2021–2025, 2021, S. 65.

[46] *SPD/Bündnis 90 Die Grünen/FDP* (Fn. 45), S. 65.

[47] Vgl. https://background.tagesspiegel.de/gesundheit/sehnsuechtiges-warten-auf-die-patientenakte-2-0; https://www.bundesaerztekammer.de/presse/aktuelles/detail/aerztetag-plaediert-fuer-opt-out-verfahren-bei-elektronischer-patientenakte.

[48] Eine solche Nutzpflicht besteht etwa für die elektronische Gesundheitskarte, s. zu dessen verfassungs- und datenschutzrechtlichen Einordnung BSG, Urt. v. 20.01.2021 – B 1 KR 7/20 R; hierzu auch *Davor Šušnjar*, jurisPR-SozR 8/2022 Anm. 2.

[49] BVerfG, NJW 2021, 1300 m. Anm. *Sarah Rachut*, jurisPR-ITR 5/2021, Anm. 5.

Wie gezeigt (s. S. 70), ergibt sich aus Art. 2 Abs. 1 i. V. m. Art. 1 Abs. 1 GG indes kein absolutes Abwehrrecht gegen staatliche Datenverarbeitung, sondern es bedarf vielmehr eines interessengerechten Ausgleichs. Die vollkommene Freiwilligkeit der Nutzung (i. S. v. opt-in) ist verfassungsrechtlich somit nicht vorgegeben, ein gewisser Grad (z. B. mittels opt-out) kann jedoch notwendig sein, um die Grenzen der Verhältnismäßigkeit zu wahren. So ist beispielsweise im ebenso zur öffentlichen Daseinsfürsorge zählenden Bereich der digitalen Verwaltung anerkannt, dass es ein aufgedrängtes E-Government gegenüber den Bürgerinnen und Bürgern nicht geben darf.[50]

Zudem gilt es die Maßgabe des *Art. 3 GG* zu beachten: Der Staat darf Personen(-gruppen) *nicht ungerechtfertigt benachteiligen*. Die Verpflichtung (staatliche) Leistungen nur dann in Anspruch nehmen zu können, wenn man bestimmte digitale Technologien verwendet, deren Benutzung mangels individueller Kompetenz, Infrastruktur bzw. Lebensumständen nicht jedem ohne Weiteres möglich ist,[51] lässt sich verfassungsrechtlich nicht rechtfertigen. Die nun angestrebte Opt-out-Lösung ist mit einer solchen verpflichtenden Nutzung jedoch nicht vergleichbar. Zwar würde hierdurch – im Gegensatz zur Opt-in-Variante – in das Recht auf informationelle Selbstbestimmung eingegriffen, ein solcher Eingriff lässt sich indes prinzipiell mit den durch die ePA verfolgten Zwecke der besseren und effizienteren gesundheitlichen Versorgung verfassungsrechtlich rechtfertigen. Das Opt-out-Modell kann in diesem Zusammenhang Mittel zur Herstellung einer verfassungsmäßigen, da verhältnismäßigen Lösung sein.

b) Freiwilligkeit als Bestandteil datenschutzrechtlicher Einwilligung

Das Prinzip der Freiwilligkeit ist im Kontext von Datenverarbeitung vor allem im Rahmen der Einwilligung relevant. Art. 4 Abs. 1 Nr. 11 i. V. m. Art. 7 Abs. 4 DSGVO legt fest, dass eine datenschutzrechtliche Einwilligung stets freiwillig zu erfolgen hat und knüpft hieran hohe Anforderungen.[52] Gleichwohl kann dieses Begriffsverständnis der Freiwilligkeit nicht auf die (verfassungs-)rechtliche Einordnung der ePA übertragen werden. Denn die hohen Anforderungen an die datenschutzrechtliche Einwilligung sind in diesem Zusammenhang Ausdruck des Selbstbestimmungs-

---

[50] *Dirk Heckmann*, Grundrecht auf IT-Abwehr? – Freiheitsrechte als Abwehrrechte gegen aufgedrängtes E-Government, MMR 2006, S. 3; *Dirk Heckmann*, in: Heckmann/Paschke, Juris Praxiskommentar Internetrecht, 7. Aufl. 2021, Kap. 5, Rn. 199 ff.; erst wenn bestimmte Rahmenbedingungen erfüllt sind (z. B. hinsichtlich der IT-Sicherheit) sind bestimmte ausschließlich digitale Verwaltungsdienstleistungen denkbar, s. *Jonas Botta*, „Digital First" und „Digital Only" in der öffentlichen Verwaltung, NVwZ 2022, S. 1247 (1249 ff.).

[51] https://initiatived21.de/app/uploads/2021/08/digital-skills-gap_so-unterschiedlich-digitalkompetent-ist-die-deutsche-bevlkerung.pdf.

[52] Vgl. *Jonas Maurer*, Herausforderungen der Digitalisierung: Die datenschutzrechtliche Einwilligung von Geschäftsunfähigen und beschränkt Geschäftsfähigen, AnwZert ITR 7/2022, Anm. 3 sowie *Eike Michael Frenzel*, in: Paal/Pauly (Hrsg.), DS-GVO BDSG, 3. Aufl. 2021, Art. 7, Rn. 18 ff.; siehe zudem Erwägungsgründe 42 und 43 der DSGVO.

schutzes des Betroffenen und tragen vor allem zur *Gewährleistung der Autonomie im privatrechtlichen Kontext* bei. Etwaige Ungleichgewichte, die die tatsächliche Möglichkeit des Einzelnen betreffen, die Einwilligung in die Datenverarbeitung nicht zu erteilen, und die daraus resultierenden Nachteile wurden durch den unionalen Gesetzgeber im Vorfeld bedacht und mithilfe des Instituts der freiwilligen informierten Einwilligung ausgeglichen. Anders ist dies jedoch, wenn die Datenverarbeitung auf andere Erlaubnistatbestände der DSGVO, etwa eine staatliche Rechtsgrundlage, oder die Erfüllung von öffentlichen Aufgaben wie die Gesundheitsversorgung, Art. 6 Abs. 1 lit. e, c. bzw. Art. 9 Abs. 2 lit. i DSGVO, gestützt wird. Typischerweise treffen in diesen Kontexten das Interesse des Einzelnen an Privatsphäre und Schutz seiner personenbezogenen Daten auf ebenso schützenswerte Gemeinschaftsinteressen (wie ein effizientes und gutes öffentliches Gesundheitssystem).[53] Die Wahrung der Interessen der Betroffenen wird hier durch den Verhältnismäßigkeitsgrundsatz, an dem sich sowohl eine etwaige Rechtsgrundlage, als auch das weitere staatliche Handeln messen lassen müssen, sichergestellt.

c) Freiwilligkeit und Akzeptanzstiftung

Regulierungsvorhaben können in der Praxis indes nur dann Wirkung entfalten, wenn sie auch auf eine entsprechende Akzeptanz stoßen.[54] Unter Akzeptanz wird hierbei im Allgemeinen die Eigenschaft einer Innovation beschrieben „bei ihrer Einführung positive Reaktionen der davon Betroffenen zu erreichen."[55] Im Rahmen staatlicher Regulierung bedeutet dies, dass die getroffenen Regelungen nicht nur die *geltende Werteordnung abbilden* müssen um auf eine hohe Akzeptanz zu stoßen, sondern ebenso, dass die konkrete Ausgestaltung eines regulatorischen Vorgehens über den Erfolg entscheiden kann. Hierbei ist entscheidend, dass der Bereich der Akzeptanz nicht nur die (volle) Zustimmung, sondern ebenso Einschätzungen des gerade (noch) Vertretbaren bzw. (noch) Anerkennungswürdigen – mithin Bereiche des Konsenses und des Dissenses umfasst.[56]

Dass die Nutzung einer Innovation (hier der ePA) freiwillig ist, die Einrichtung durch opt-out zwar angelegt aber nicht zwingend ist, stellt daher einen wichtigen akzeptanzstiftenden Aspekt und damit nicht zu vernachlässigenden (Erfolgs-)Faktor dar.

---

[53] Zu den verschiedenen verfassungsrechtlich geschützten Rechtspositionen s. S. 68 ff.

[54] Vgl. hierzu die vielzitierte Aussage von *Böckenförde*, Recht, Staat, Freiheit, 1. Aufl. 1991, S. 112: „Der freiheitliche, säkularisierte Staat lebt von Voraussetzungen, die er selbst nicht garantieren kann".

[55] *Günter Endruweit/Gisela Trommsdorff/Nicole Burzan*, Wörterbuch der Soziologie, 3. Aufl. 2014, S. 15.

[56] *Thomas Würtenberger*, Die Akzeptanz von Verwaltungsentscheidungen, 1996, S. 62.

d) Erfahrungen mit und Bedenken gegen die Opt-out-Lösung

Das Opt-out-Prinzip wurde in der öffentlichen Debatte zuletzt vor allem im Bereich des Organspendewesens thematisiert. Hierbei steht ebenfalls die zentrale Frage im Raum, wie weit von staatlicher Seite (unterschwellig) in das *Selbstbestimmungsrecht* einer Person eingegriffen werden kann.[57] Wie bei der ePA, die erst bei einer flächendeckenden Verwendung und hohen Nutzungszahlen ihr Potential entfalten kann, hat die Gemeinschaft ein großes Interesse daran, dass ausreichend Personen sich zu Lebzeiten für eine postmortale Organspende entscheiden. Der Bedarf an transplantierbaren Organen kann zurzeit nicht ansatzweise gedeckt werden und oftmals beträgt die Wartezeit für ein Spenderorgan mehrere Monate oder Jahre.[58] Aus diesem Grund wird regelmäßig angeregt zu einem Opt-out-Modell zu wechseln. Jeder und jede wäre somit zunächst Organspender, sollte er oder sie dem nicht widersprechen. Spanien, das diese Variante seit Jahren praktiziert, zählt europaweit zu den Ländern mit den meisten Organspendern.[59] Dem Schutz des Selbstbestimmungsrechts der einzelnen Person steht auch in diesem Fall die staatliche Pflicht zum Schutz von Leben und Gesundheit aus Art. 2 Abs. 2 GG gegenüber.[60]

Obwohl dieses Spannungsverhältnis durch den Gesetzgeber zugunsten einer verhältnismäßig ausgestalteten Opt-out-Lösung aufgelöst werden könnte,[61] hat man sich bisher dagegen entschieden und stattdessen auf weichere Anreize zurückgegriffen.[62] Dabei ist es in einem *Sozialstaat* nicht fremd, die eigenen Interessen oder Bedürfnisse zugunsten der Gemeinschaft oder anderer bedürftiger Personen zurückzustellen.[63] Nichtsdestotrotz ergeben sich im Vergleich zur einer Opt-out-Lösung bei der ePA

---

[57] Zur verfassungsrechtlichen Beeinflussung durch sog. Nudging *Luisa Lorenz*, Die „ePA für alle" zwischen Gesundheits- und Datenschutz (Teil 1), GuP 2023, S. 132 (147 ff.).

[58] Aktuell warten mehr als 8700 als transplantabel eingestufte Personen auf ein Organ, während im Jahr 2021 gerade einmal 933 postmortale Organspenden zur Verfügung standen, vgl. https://www.organspende-info.de/zahlen-und-fakten/statistiken/.

[59] Spanien ist seit über 30 Jahren Spitzenreiter in Sachen Organspende und wird im internationalen Vergleich nur von den USA geschlagen; 22% der Organspenden innerhalb der Europäischen Union sowie 5% der weltweiten Organtransplantationen haben ihren Ursprung in Spanien, wobei die spanische Bevölkerung lediglich 10,6% der EU- und 0,6% der Weltbevölkerung auf sich vereint, vgl. https://www.vozpopuli.com/actualidad/espana-sigue-siendo-lider-mundial-trasplantes-supera-estados-unidos.html.

[60] Ausführlich *Bettina Spilker*, Postmortale Organspende auf verfassungsrechtlichem Prüfstand, ZRP 2014, S. 112.

[61] *Spilker* (Fn. 60), S. 114.

[62] Siehe z.B. Gesetz zur Stärkung der Entscheidungsbereitschaft bei der Organspende v. 16.03.2020, BGBl. 2020 Teil I Nr. 13, S. 497; Medienkampagnen, z.B.: https://www.organspende-info.de/die-kampagne/.

[63] So gibt es bspw. eine strafbewehrte Rechtspflicht zur Hilfe in einem Unglücksfall, § 323c StGB; darüber hinaus aber auch die sozialverträgliche Abstufung der individuellen Steuerlast (z.B. durch EKSt.-Progression, Kinderfreibeträge etc.). bzw. die (Nicht-)Gewährung verschiedener Leistungen (z.B. BAföG) nach Höhe des Einkommens und familiärer Umstände.

auch deutliche Unterschiede: So geht es bei der Entscheidung zur Organspende nicht nur um das Selbstbestimmungsrecht der einzelnen Person. Unabhängig davon, ob man einen Unterschied in der Gewichtung hinsichtlich der Selbstbestimmung über „bloße" digitale Daten gegenüber analogen Organen machen würde, sind bei der Regulierung der Organspende weitere Dimensionen zu beachten. Neben einem Eingriff in die (negative) Religionsfreiheit, Art. 4 Abs. 1 GG[64] wirft der Umgang mit dem Thema Organspende auch *ethische Fragen* auf. Es ist ein deutlich größeres Opfer, seinem Leichnam Organe entnehmen zu lassen, in den Trauerprozess der Hinterbliebenen und den Beisetzungsprozess einzugreifen und in der entsprechend medizinisch notwendigen Art und Weise mit dem Körper zu verfahren. Zugleich stellt die postmortale Organspende einen Dienst an der Gemeinschaft dar, ohne zugleich etwas zurückzuerhalten. Hingegen profitieren von der ePA alle Versicherten, die die ePA nutzen unmittelbar. Zugleich wird gegen die Opt-out-Lösung bei der Organspende angeführt, dass Personen möglicherweise in Unkenntnis der Rechtslage und ihrer Möglichkeit zum Widerspruch letztlich zu einer Organspende verpflichtet würden. Die hierbei in Kauf genommenen Nachteile lassen sich nicht mit denen bei der ePA vergleichen. Im letzten Fall bestünde lediglich die Gefahr, dass die ePA mittels der den Akteuren im Gesundheitswesen bereits bekannten personenbezogenen Daten eingerichtet werden würde. Eine aktive (Weiter-)Nutzung der ePA, ohne dass dies der Patient mitbekommen würde, scheint indes ausgeschlossen. Selbst dann wären die Risiken, jedoch nicht mit denen der ungewollten Organspende vergleichbar.

e) Verfassungs- und unionsrechtliche Zulässigkeit
einer Opt-out-Lösung bei der ePA

Die im Rahmen der Organspende getroffene Entscheidung gegen eine Opt-out-Lösung kann im Ergebnis nicht auf die ePA übertragen werden und steht insbesondere aus rechtlicher Perspektive der angestrebten Umgestaltung zu einem Opt-out-Modell nicht entgegen. Ausschlaggebend dafür, dass die ePA-Regelungen verfassungskonform bzw. mit Unionsrecht vereinbar sind, ist nicht, ob es sich um ein Opt-out- oder Opt-in-Modell handelt, sondern vielmehr wie die ePA konkret ausgestaltet wird. Die geplanten Regelungen müssen sich anhand des Verhältnismäßigkeitsgrundsatzes sowie des Prinzips der praktischen Konkordanz messen lassen. Daneben sind die allgemeinen datenschutzrechtlichen Vorgaben (z.B. aus Art. 5, 25 DSGVO) zu beachten.[65]

Für die Regulierungsgestaltung bedeutet dies insbesondere, dass verschiedene Opt-out-Modi gegeneinander abzuwägen sind.[66] Eingriffe in das Recht auf informationelle Selbstbestimmung sind hierbei auf das verhältnismäßige, insbesondere er-

---

[64] *Spilker* (Fn. 60), S. 114 f.
[65] Dies kommt nicht zuletzt auch im Wortlaut der Öffnungsklauseln zum Ausdruck, z.B.: „den Wesensgehalt des Rechts auf Datenschutz wahrt", Art. 9 Abs. 2 lit. g DSGVO.
[66] Ausführlich *Krönke* (Fn. 7), S. 26 ff.

forderliche und angemessene Maß zu beschränken. Ein Anspruch der Versicherten auf ein bestimmtes oder das datensparsamste System ergibt sich dadurch jedoch nicht,[67] vielmehr steht dem Gesetzgeber im Rahmen seiner *Einschätzungsprärogative* ein weiter Ermessensspielraum zu.[68] Hinsichtlich der konkreten Ausgestaltung bestünde beispielsweise die Möglichkeit, zwischen der Einrichtung und dem Befüllen der ePA zu unterscheiden. Während die Einrichtung automatisch erfolgen könnte, hinge das Befüllen wieder vom Zutun des Patienten ab, oder würde nur künftige, nicht auch vergangene Behandlungen umfassen. Weitere *Modifikationen* könnten im Bereich des Berechtigungsmanagements und der Möglichkeit die konkreten Inhalte zu steuern (etwa durch den Versicherten oder ebenso Dritte) vorgenommen sowie durch technisch-organisatorische Vorgaben ergänzt werden. Auch die Möglichkeiten des Widerspruchs oder des Befüllens der Akten können unterschiedlich ausgestaltet werden.[69] Bei all diesen Optionen, die dem Recht auf informationelle Selbstbestimmung zu weiterer Geltung verhelfen, dürfen indes die gegenläufigen grundrechtlichen Interessen nicht vernachlässigt werden. So kann sich aus Art. 2 Abs. 2 GG das Bedürfnis nach einer möglichst umfassend gefüllten ePA ohne viele Zwischenschritte oder aus Art. 5 Abs. 3 GG nach vollständigen Datensätzen ergeben.[70]

Zahlreiche *andere europäische Länder* wie Estland, Österreich oder Spanien setzen – teilweise seit mehreren Jahren – erfolgreich das Opt-out-Modell in ihren elektronischen bzw. digitalen Patientenakten ein[71] und zeigen, dass dies (unions-)rechtkonform gelingen kann.

3. Berechtigungsmanagement bei der Nutzung der ePA

Den Regulierungsprozess der ePA begleitet seit 2020 die Diskussion um die Zulässigkeit des normierten Berechtigungsmanagementsystems.[72] Hierbei wird u. a. angeführt, dass die zunächst zur Verfügung stehenden grobgranularen Berechtigungseinstellungen nicht mit den (unions-)rechtlichen Vorgaben vereinbar seien.[73]

---

[67] *Dirk Heckmann*, Gutachterliche Stellungnahme für den Gesundheitsausschuss des Deutschen Bundestages, BT-Ausschussdrs. 19(14)165(25), Rn. 19; *Sarah Rachut*, jurisPR-ITR 5/2021, Anm. 5.

[68] *Bernd Grzeszick*, in: Dürig/Herzog/Scholz (Hrsg.), Grundgesetz-Kommentar, Stand Januar 2022, Art. 20, Rn. 116; *Bernhard Schlink*, in: Badura/Dreier (Hrsg.), FS-BVerfG, Bd. II, S. 465.

[69] *Krönke* (Fn. 7).

[70] Zu den grundrechtlichen Implikationen ebenso *Krönke* (Fn. 7), S. 47 f.

[71] Einen rechtsvergleichenden Überblick enthält der Beitrag von *Christoph Krönke*, S. 45–64.

[72] S. hierzu auch den Beitrag von *Sören Deister*, S. 28–32.

[73] https://www.bfdi.bund.de/SharedDocs/Downloads/DE/DokumenteBfDI/AccessForAll/2021/2020_Anschreiben-LfDs-PDSG.pdf?__blob=publicationFile&v=4.

a) Technisch-organisatorische Notwendigkeit eines Berechtigungsmanagements

Die Einrichtung eines Berechtigungssystems an sich ist dabei keine ePA-spezifische Anforderung. Vielmehr bedürfen alle entsprechenden Systeme – egal, ob digital oder analog – einer solchen technisch-organisatorischen Vorkehrung. Verschiedene Personengruppen müssen auf bestimmte Daten Zugriff haben, andere benötigen diesen nicht; manche benötigen lediglich Leseberechtigungen, andere Änderungshandhabe. Das Konzept des Berechtigungsmanagements ist somit Ausfluss komplexer oder besonders sensibler Systeme, dient deren Funktionalität sowie der Einhaltung etwaiger (Daten-)Schutzvorschriften.

b) Gesetzliche Stufenlösung des grob- und feingranularen Berechtigungsmanagements

Für die ePA sah das 2020 verabschiedete PDSG die mehrstufige Einführung eines solchen Berechtigungsmanagementsystems vor.[74] Ab dem 01.01.2021 standen auf der ersten Umsetzungsstufe zunächst nur rudimentäre Funktionen bereit, beschränkt auf die wesentlichen Gesundheitsdaten der Versicherten und verbunden mit einem grobgranularen Berechtigungsmanagement. Die stufenweise Einführung diente nicht nur einem umsetzbaren, da schrittweisen Aufbau, sondern über die Roll-out-Phase in einzelnen Testkreisen auch der Erprobung. Im Rahmen des grobgranularen Berechtigungsmanagements hatten die Versicherten zunächst die Möglichkeit, den Zugriff der Behandelnden auf sämtliche Daten, auf Daten i. S. d. § 341 Abs. 2 Nr. 1 SGB V (medizinische Informationen über den Versicherten für eine einrichtungsübergreifende, fachübergreifende und sektorenübergreifende Nutzung) oder § 341 Abs. 2 Nr. 6 SGB V (Gesundheitsdaten, die durch den Versicherten zur Verfügung gestellt werden) zu erstrecken oder keine Berechtigung zu erteilen. Ein bloßes „Alles oder Nichts"-Prinzip bestand daher auch zu diesem Zeitpunkt nicht. Weiter musste die ePA bereits die Möglichkeit bereithalten, Leistungserbringern zeitlich und inhaltlich eingrenzbare Zugriffsberechtigungen auf Daten zu erteilen, diese auszuweiten, oder erteilte Zugriffsberechtigungen jederzeit wieder einzuschränken bzw. vollständig zu entziehen. Die hierbei bestehenden Optionen wurden ebenfalls stufenweise erweitert. Durch die Krankenkassen war in diesem Anfangsstadium zudem darauf hinzuweisen, dass bestimmte Feinjustierungen noch nicht vorgenommen werden konnten, § 342 Abs. 2 Nr. 1 lit. g SGB V.

Ab dem 01.01.2022 konnten auf der nächsten Umsetzungsstufe weitere Daten (§ 341 Abs. 2 Nr. 2–5, 7, 8, 11 SGB V) in der ePA gespeichert werden. Nun musste es den Versicherten ermöglicht werden, den Zugriff von Leistungserbringern sowohl auf spezifische Dokumente und Datensätze als auch auf Gruppen von Dokumenten

---

[74] Ausführlich *Heckmann/Rachut* (Fn. 28), Rn. 21 ff.

und Datensätzen der ePA zu ermöglichen bzw. einzuschränken (feingranulares Berechtigungsmanagement).

Diese Vorgaben wurden mittlerweile durch das DVPMG hinsichtlich der Abgabe, Änderung sowie des Widerrufs einer elektronischen Erklärung zur Organ- und Gewebespende ergänzt.[75] Weitere Neuregelungen umfassen Möglichkeiten zur Datenspende zu Forschungszwecken, § 363 SGB V, sowie den Auf- bzw. Ausbau des elektronischen Medikationsplans und der elektronischen Patientenkurzakte, § 359 SGB V.

Schließlich regelt § 352 SGB V die Zugriffsmöglichkeiten differenzierend nach der jeweiligen Berufsgruppe und damit ihrer Rolle im jeweiligen Behandlungskontext. Außerdem steht es den Versicherten jederzeit frei, die Berechtigung für einen Behandelnden nicht zu erteilen, oder bestimmte Dokumente aus der ePA löschen zu lassen.[76]

c) Datenschutzdebatte um das Berechtigungsmanagement

Von unterschiedlicher Seite, u. a. durch den Bundesbeauftragten für den Datenschutz und die Informationsfreiheit (BfDI), wurde gefordert, dass bereits auf der ersten Umsetzungsstufe ein feingranulares Berechtigungsmanagement etabliert werden sollte,[77] und dieses zudem über alle Geräte ermöglicht werden müsste.[78] Hierbei wurde ausgeführt, dass dies aus Gründen der Transparenz notwendig sei[79] und insbesondere materiell-rechtliche Gründe, die die Einräumung eines zeitlich gestaffelten Berechtigungskonzepts zumindest inhaltlich rechtfertigen könnten, nicht ersichtlich seien. Es wurde befürchtet, dass sich ein widerrechtliches Verfahren etablieren würde, das im Nachhinein möglicherweise nicht mehr rückgängig gemacht werden könne.[80] Bei dieser Kritik wird indes übersehen, dass das Recht auf informationelle Selbstbestimmung ebenso wenig wie Art. 16 Abs. 1 AEUV oder das europäische Datenschutzrecht einen Anspruch auf ein bestimmtes technisches System verleiht.[81] Vielmehr gilt: „Schafft man ein neues Kommunikationssystem, das zur im Einzelfall unerwünschten Preisgabe personenbezogener Daten führen würde, genügt es, dass

---

[75] *Heckmann/Rachut* (Fn. 28), Rn. 27.

[76] *Carsten Dochow*, Das Patienten-Datenschutz-Gesetz (Teil 2): Die elektronische Patientenakte und erweiterte Datenverarbeitungsbefugnisse der Krankenkassen, MedR 2021, S. 13 (15).

[77] Bspw. https://www.bfdi.bund.de/DE/Infothek/Pressemitteilungen/2020/20_BfDI-zu-PDSG.html m.w.N.; s. zu den verschiedenen Stimmen der in der Rechtswissenschaft den Beitrag von Deister, S. 30.

[78] https://www.bfdi.bund.de/SharedDocs/Downloads/DE/DokumenteBfDI/Stellungnahmen/2020/StgN_Patientendaten-Schutz-Gesetz.pdf?__blob=publicationFile&v=2; https://www.sueddeutsche.de/wirtschaft/elektronische-patientenakte-datenschutz-kelber-1.5405824.

[79] Antrag Bündnis90/Die Grünen v. 12.5.2020, BT-Drs. 19/19137, S. 3.

[80] BR-Drs. 164/20, S. 17.

[81] *Heckmann/Rachut* (Fn. 28), Rn. 130.

ein alternativer Kommunikationsrahmen angeboten wird, der diese Preisgabe ausschließt, auch wenn damit zugleich bestimmte Vorteile der Kommunikation nicht mehr verbunden sind. Es gibt keinen grundrechtlich fundierten Anspruch auf ein aus Sicht des Betroffenen optimales Kommunikationssystem."[82] In der Debatte gerät der Umstand, dass es sich beim Recht auf informationelle Selbstbestimmung primär um ein Abwehr- und nicht ein Leistungsrecht handle, zunehmend in den Hintergrund.[83] Das im SGB V vorgesehene Berechtigungsmanagement und, die dezidierten Einwilligungsregelungen (§§ 337 Abs. 3, 339, 352, 353 Abs. 1 SGB V) wahren die verfassungsrechtlichen Grenzen und schufen, auch während des grobgranularen Berechtigungsmanagements, einen verhältnismäßigen Rahmen. Dies gilt auch für den Umstand, dass manche Einstellungen nur mittels bestimmter Endgeräte vorgenommen werden konnten bzw. können.[84] Die Versicherten verfügten als Betroffene der Datenverarbeitung nach den gesetzlichen Vorgaben stets über die entsprechende Datenhoheit[85] – insbesondere vor dem Hintergrund, dass es sich aktuell bei der ePA noch um eine reine Opt-in-Variante handelt.[86]

d) Rechtstatsächlicher Status Quo

Die Krankenversicherungen als Anbieter der ePA sahen sich zu Beginn des Jahres 2021 in einer Zwickmühle: Einerseits waren sie durch § 342 Abs. 1 SGB V zum Angebot der ePA entsprechend der gesetzlichen Vorgaben verpflichtet, andererseits drohte der BfDI als zuständige Aufsichtsbehörde genau für diesen Fall entsprechende Aufsichtsmaßnahmen an,[87] da er eine ePA mit lediglich grobgranularem Berechtigungsmanagement für unzulässig hielt.[88] Die Möglichkeit, die ePA bereits zum 01.01.2021 mit einem feingranularen Berechtigungsmanagements auszustatten und somit die gesetzlichen Vorgaben „überzuerfüllen", war innerhalb der verbliebenen wenigen Monate nach Verabschiedung des PDSG ebenfalls nicht möglich. Gesetzgeber und (Datenschutz-)Aufsichtsbehörde hatten die Krankenversicherungen damit in eine für sie unlösbare Situation gebracht.[89] Trotz der geäußerten Bedenken des BfDI entschieden sich alle Krankenversicherungen, die ePA wie geplant ab 2021 mit dem grobgranularen Berechtigungsmanagement anzubieten. Infolgedessen erteilte der BfDI vier Krankenkassen per Bescheid eine Anweisung, das Zugriffsma-

---

[82] *Heckmann/Rachut* (Fn. 28), Rn. 130.
[83] So bereits *Heckmann* (Fn. 67), S. 12.
[84] Zu diesem mittelgranularen Berechtigungsmanagement siehe *Heckmann* (Fn. 67), S. 10.
[85] Ausführlich hierzu *Heckmann/Rachut* (Fn. 28), Rn. 131 ff.; *Rachut* (Fn. 49).
[86] Zur Umgestaltung in ein Opt-out-Modell s. S. 79 f.
[87] https://www.bfdi.bund.de/SharedDocs/Downloads/DE/DokumenteBfDI/AccessForAll/2021/2020_Anschreiben-LfDs-PDSG.pdf?__blob=publicationFile&v=4.
[88] https://www.bfdi.bund.de/SharedDocs/Downloads/DE/DokumenteBfDI/Stellungnahmen/2020/StgN_Patientendaten-Schutz-Gesetz.pdf;jsessionid=47B80F451B1F827CE1B1C171CB56FCAE.intranet242?__blob=publicationFile&v=5.
[89] Zur generellen Problematik des Datenschutzrechts in der Rechtsanwendung s. S. 72 f.

nagement der ePA so auszugestalten, dass das feingranulare Management der Daten zum 01.01.2022 vollumfänglich ermöglicht würde.[90] Das Bundesamt für Soziale Sicherung wandte sich in der Funktion der Rechtsaufsichtsbehörde wiederum an die betroffenen Krankenkassen und hielt eine gerichtliche Klärung im Falle der weiteren angedrohten Schritte des BfDI für geboten.[91] Nachdem durch Zeitablauf mittlerweile das feingranulare Berechtigungsmanagement entsprechend des Stufenplans gesetzliche Vorgabe geworden ist, verbleibt es bei der Frage der rechtlichen Zulässigkeit des Vorgehens des BfDI, die auch nachträglich noch durch die Gerichte beantwortet werden kann. Allerdings könnten sich durch die Pläne der Regierung, die ePA künftig als Opt-out-Modell gestalten zu wollen (s. S. 74 ff.), wiederum neue Reibungspunkte ergeben. Angesichts der durch den BfDI vertretenen Rechtsauffassung zum stufenweisen Berechtigungsmanagement bei einer ePA mittels Opt-in-Modells ist es fraglich, ob er sich den obigen Ausführungen zur Rechtskonformität einer etwaigen Opt-out-Lösung anschließt.

IV. Ausblick

Die zeitnahe Etablierung der ePA als Herzstück des modernen Gesundheitswesens sowie der Abbau der bestehenden Rechtsunsicherheiten hinsichtlich der zulässigen Datenverarbeitung sind als zentrale Weichenstellung für die Zukunft des deutschen Gesundheitssystems anzusehen. Dies ist nicht nur Voraussetzung, um sich im internationalen Vergleich zu bewähren, sondern vor allem, um sicherzustellen, dass eine flächendeckende Gesundheitsversorgung der Bevölkerung künftig überhaupt adäquat gewährleistet werden kann. Die bestehenden und aufkommenden Herausforderungen einer immer älter werdenden Bevölkerung, die noch nicht vollständig absehbaren Folgen der Corona-Pandemie und ein chronischer Personalmangel in den pflegenden und heilenden Berufen, machen funktionierende umfassende Datenverarbeitungsprozesse unerlässlich. Auf rechtspolitischer Ebene gibt es zunehmend Bestrebungen, Daten auch im Gesundheitsbereich nutzbar zu machen.[92] Der aktuelle Koalitionsvertrag sieht ein eigenes Gesundheitsdatennutzungsgesetz vor, das im Dezember 2023 schließlich verabschiedet wurde,[93] die Digitalstrategie der Bundesregierung strebt eine 80 %-ige ePA-Nutzung bis 2025 an[94] und auch das BMG widmet

---

[90] https://www.sueddeutsche.de/gesundheit/gesundheit-datenschutzbehoerde-und-kassen-streiten-ueber-e-patientenakte-dpa.urn-newsml-dpa-com-20090101-210909-99-146283.

[91] https://www.bundesamtsozialesicherung.de/fileadmin/redaktion/Datenschutz_Datensicherheit/20201119_Rundschreiben_PDSG_ePA.pdf.

[92] Vgl. https://background.tagesspiegel.de/gesundheit/forderung-nach-recht-auf-datennutzung; *Wissenschaftsrat*, Digitalisierung und Datennutzung für Gesundheitsforschung und Versorgung, 2022, S. 14.

[93] *SPD/Bündnis 90 Die Grünen/FDP* (Fn. 45), S. 65; Gesetzentwurf der Bundesregierung, Gesetz zur verbesserten Nutzung von Gesundheitsdaten v. 08.09.2023 BR-Drs. 434/23.

[94] https://digitalstrategie-deutschland.de/.

sich aktuell einer eigenen Digitalisierungsstrategie.[95] Zudem initiierte das Ministerium im Sommer 2023 das Gesetz zur Beschleunigung der Digitalisierung des Gesundheitswesens, das auch die Umstellung der ePA auf opt-out zum Gegenstand hat[96] und zusammen mit dem GDNG Enge 2023 verabschiedet wurde. Entscheidend wird hierbei zudem sein, ob es gelingt, die nationale ePA und die dazugehörige Infrastruktur mit den Vorgaben auf EU-Ebene unkompliziert zu vereinen. Aktuelle Bestrebungen der EU zielen zunächst darauf ab, ein Format für den grenzüberschreitenden Austausch von ePA-Daten zu ermöglichen. Die EU-Datenstrategie sieht zudem die Schaffung spezifischer Datenräume zum sicheren und vertrauensvollen Datenaustausch vor. Im Mai 2022 wurde von Seiten der EU-Kommission ein entsprechender Entwurf zur Schaffung eines Europäischen Raums für Gesundheitsdaten mit der Vision des Aufbaus einer europäischen Gesundheitsunion vorgestellt.[97] Hierbei geht es letztlich nicht nur um die Gewährleistung von Datenschutz und die Förderung der Datennutzung, sondern auch darum, bestehenden und drohenden Abhängigkeiten von anderen Ländern wie den USA und China[98] entgegenzuwirken. Das Etablieren eines verhältnismäßigen Verständnisses von Datenschutz und Datennutzung im digitalen Gesundheitswesen wird damit nicht viel weniger als der Garant europäischer Werte. Indes zeigt der Blick auf die bisherigen Entwicklungen, dass bloße Absichtserklärungen und Zielsetzungen nicht reichen. Vielmehr müssen effizientere Prozesse gefunden werden, die die komplexen Abwägungsentscheidungen im Zusammenhang mit der Nutzung von Gesundheitsdaten auf ein rechtssicheres Fundament stellen, um die Potentiale eines digitalen Gesundheitswesens tatsächlich nutzbar zu machen.[99] Bei aller Betonung der datenschutzrechtlichen Aspekte dürfen die ebenso verfassungs- und unionsrechtlich geschützten Interessen an einer Datennutzung nicht in den Hintergrund geraten.

---

[95] https://www.bundesgesundheitsministerium.de/themen/digitalisierung/digitalisierungsstrategie.html.
[96] Gesetzentwurf der Bundesregierung, Entwurf eines Gesetzes zur Beschleunigung der Digitalisierung des Gesundheitswesens zuletzt v. 08.09.2023 BR-Drs. 435/23.
[97] Vgl. Vorschlag für eine Verordnung des Europäischen Parlaments und des Rates über den europäischen Raum für Gesundheitsdaten vom 03.05.2022, COM(2022) 197 final, S. 2.
[98] Vgl. https://www.heise.de/meinung/eHealth-Experte-Von-Tech-Giganten-aus-China-und-USA-abhaengiger-als-wir-denken-7223939.html.
[99] Mit einer Forderung für eine bessere Datenbasis auch *Dirk Heckmann*, Praktische Konkordanz von Gesundheitsschutz und Freiheitsrechten, in: Heinemann, Stefan/Matusiewicz, David (Hrsg), Reth!ink Healthcare, 2021, Rn. 16 ff.

Literatur

Botta, Jonas: „Digital First" und „Digital Only" in der öffentlichen Verwaltung, NVwZ 2022, S. 1247–1253.

Bundesministerium für Wirtschaft und Energie: Digitalisierung in Deutschland – Lehren aus der Corona-Krise. Gutachten des Wissenschaftlichen Beirats beim Bundesministerium für Wirtschaft und Energie (BMWi), Berlin 2021.

Dochow, Carsten: Das Patienten-Datenschutz-Gesetz (Teil 2): Die elektronische Patientenakte und erweiterte Datenverarbeitungsbefugnisse der Krankenkassen, MedR 2021, S. 13–15.

Eichenhofer, Johannes: Die elektronische Patientenakte – aus sozial-, datenschutz- und verfassungsrechtlicher Sicht, NVwZ 2021, S. 1090–1094.

Fröhlich, Wiebke/*Spiecker gen. Döhmann*, Indra: Die breite Einwilligung (Broad Consent) in die Datenverarbeitung zu medizinischen Forschungszwecken – der aktuelle Irrweg der MII, GesR 2022, S. 346–353.

Heckmann, Dirk: Grundrecht auf IT-Abwehr? Freiheitsrechte als Abwehrrechte gegen aufgedrängtes E-Government, MMR 2006, S. 3–7.

Heckmann, Dirk/*Paschke*, Anne: § 103 Datenschutz, in: Stern, Klaus/Sodan, Helge/Möstl, Markus (Hrsg.), Das Staatsrecht der Bundesrepublik Deutschland im europäischen Staatenverbund, Bd. IV, München 2022.

Heckmann, Dirk/*Rachut*, Sarah: Kapitel 3 E. Elektronische Patientenakte und elektronische Gesundheitskarte, in: Rehmann, Wolfgang A./Tillmanns, Christian (Hrsg.), E-Health/Digital Health, München 2022.

Kipker, Dennis-Kenji/*Schaar*, Peter: EAID: Vernetzte medizinische Forschung und Datenschutz, ZD-Aktuell 2017, Heft 15, 04263.

Krönke, Christoph: Opt-out-Modelle für die Elektronische Patientenakte aus datenschutzrechtlicher Perspektive, Gütersloh 2022.

Paschke, Anne: Datenschutz im Medizinsektor, in: Specht, Louisa/Mantz, Reto (Hrsg.), Handbuch Europäisches und deutsches Datenschutzrecht, München 2019.

Rachut, Sarah: Elektronische Patientenakte (ePA): Freiwilligkeitsprinzip der ePA-Nutzung steht Betroffenheit des Beschwerdeführers in Form der Verletzung seines Rechts auf informationelle Selbstbestimmung entgegen, jurisPR-ITR 5/2021, Anm. 5.

Rachut, Sarah: Recht ohne Wirklichkeit?, OdW 2023, S. 191–208.

Šušnjar, Davor: Datenschutz bei der Nutzung der elektronischen Gesundheitskarte, jurisPR-SozR 8/2022, Anm. 2.

Württemberger, Thomas: Die Akzeptanz von Verwaltungsentscheidungen, Wiesbaden 1996.

B. Weitere regulatorische Trends und deren Bewertung

ePA, DiGA, SaMD & Co. – Regulatorische Trends und Entwicklungen einer datengetriebenen Medizin*

Von *Michael Kolain* und *Jonas Lange*

I. Einleitung

1. Einführung in die Welt der datengetriebenen Medizin

Bei der Bewertung des Potentials einer „datengetriebenen Medizin" scheiden sich seit jeher die Geister – der Forderung „die Chancen des digitalen Wandels [zu] ergreifen"[1] stehen zahlreiche ungeklärte ethische, rechtliche und gesellschaftspolitische Fragen gegenüber[2]. Es ist Aufgabe einer integrierten Rechtsetzung im Bereich der Digital- und Gesundheitspolitik, die widerstreitenden Interessen und Perspektiven in einen konstruktiven Ausgleich zu bringen und bis auf die technische Umsetzungsebene rechtssicher durchzudeklinieren. Wissenschaft und Gesetzgebung sind dazu aufgerufen, dem öffentlichen Gut der Gesundheit – auf dem, frei nach Arthur Schopenhauer, immerhin „neun Zehntel unseres Glückes" beruhen – auch im digitalen Zeitalter den passenden rechtlichen und technologischen Rahmen zur Seite zu stellen.

Übergreifende Zielvorstellung im Bereich eHealth ist es, die vorhandenen Datenpunkte im Gesundheitswesen besser zusammenführen und neue Informationen über die individuelle sowie kollektive Gesundheit mithilfe komplexer Softwareanwendungen ergebnisorientiert aufbereiten zu können. In Deutschland liegen Gesund-

---

* Stand dieses Beitrags ist der 5. November 2023.

[1] https://www.bundesgesundheitsministerium.de/ministerium/meldungen/2019/gesundheitsministerkonferenz.html [Abruf: 21.2.2023].

[2] Siehe beispielsweise die Begleitung des LfDI Rheinland-Pfalz im Bereich der Telemedizin mit der Grundaussage „Aus datenschutzrechtlicher Sicht stehen der Nutzung telemedizinischer Anwendungen im Bereich Gesundheit und Pflege grundsätzlich keine Bedenken entgegen, sofern dabei das informationelle Selbstbestimmungsrecht der Betroffenen angemessen berücksichtigt wird.", https://www.datenschutz.rlp.de/de/themenfelder-themen/telemedizin/ [Abruf: 21.2.2023]. In der Zwischenzeit hat die Bundesregierung zwei Gesetzesentwürfe aus dem BMG beschlossen und in das parlamentarische Verfahren überführt: Das Digitalgesetz (DigiG) soll u.a. die Vorgaben zur elektronischen Patientenakte (ePA) reformieren, während das Gesundheitsdatennutzungsgesetz (GDNG) den Fokus auf die Weiterverarbeitung (anonymisierter) Gesundheitsdaten durch die Forschung legt, siehe https://www.bundesgesundheitsministerium.de/presse/pressemitteilungen/bundeskabinett-beschliesst-digitalgesetze-fuer-bessere-versorgung-und-forschung-im-gesundheitswesen.

heitsdaten einzelner Patient:innen und die Auswertungen der behandelnden Ärzt:innen bislang weitgehend in digitalen Silos verteilt: als Behandlungsdokumentation in den Aktenschränken verschiedener Arztpraxen und in Arztbriefen, als Abrechnungsdaten bei den Krankenkassen oder aggregiert in medizinischen Studien von Forschungseinrichtungen und der Industrie. Was aus Sicht des Persönlichkeitsschutzes der behandelten Menschen durchaus sachgerecht erschien[3], erweist sich in einer digitalen Lebenswelt mit mannigfaltigen Datenpunkten über die menschliche Gesundheit möglicherweise als Bremsklotz für eine passgenaue individuelle Gesundheitsvorsorge und eine evidenzbasierte Gesundheitspolitik. Nicht nur die globale Covid-19-Pandemie, in der die Bewertung komplexer Messwerte und Kennzahlen fast zum Volkssport mutierte, sondern auch die Fortschritte im Bereich lernfähiger Softwareanwendungen, die ein Stück weit selbsttätig aus riesigen Datensätzen neue Erkenntnisse über medizinische Wirkungszusammenhänge und Heilungsmöglichkeiten extrahieren können, machen deutlich: Auf dem Weg in eine „datengetriebene Medizin" müssen Gesellschaft, Wissenschaft und Politik vielfältige Herausforderungen passgenau bewältigen und einen am Gemeinwohl orientierten Kompromiss zwischen den verschiedenen Interessen und Perspektiven finden.

In das allenfalls unscharf umrissene, weite Feld der „datengetriebenen Medizin" lassen sich vielfältige rechts- und digitalpolitische Entwicklungen einordnen, die in Deutschland und der EU in den letzten Jahren im Bereich eHealth eine zentrale Rolle gespielt haben. Sie reichen von der 2021 in Deutschland gestarteten elektronischen Patientenakte (ePA),[4] über die unter dem Schlagwort „Apps auf Rezept" bekannt gewordenen und seit 2020 gesetzlich verankerten „Digitalen Gesundheitsanwendungen" (DiGAs), bis hin zu in Krankenhäusern eingesetzter Diagnose-Software (Software as a Medical Device, SaMD), erstrecken sich aber auch auf vernetzte softwaregetriebene Produkte, wie Fitnessarmbänder, oder Implantate, wie mit dem Smartphone verbundene „smarte" Herzschrittmacher[5].

Viele der Software- und Hardwareanwendungen im Bereich der datengetriebenen Medizin zeichnen sich dadurch aus, dass sie zum einen in der Phase der Produktentwicklung und -anpassung auf vielfältige Gesundheitsdaten angewiesen sind, um einen bestmöglichen Output für die medizinische Versorgung zu gewährleisten. Zum anderen generieren solche Anwendungen im klinischen Einsatz oder Heimge-

---

[3] Immerhin war in Zeiten der medizinischen „Zettelwirtschaft" klar vorgezeichnet, welche:r Akteur:in über welches Wissen verfügt und es lag großteils in der Hand des Einzelnen, individuell Verschwiegenheitspflichten für eine Weitergabe aufzuheben oder eigene Dokumente an Leistungserbringer:innen weiterzugeben.

[4] Das Bundesgesundheitsministerium (BMG) hat dazu eine neue Digitalstrategie vorgestellt und plant auch Änderungen an Konzept und Ausrollen der ePA, siehe https://www.bundesgesundheitsministerium.de/presse/pressemitteilungen/digitalisierungsstrategie-vorgelegt-09-03-2023.html [Abruf: 1.4.2023].

[5] Ähnlich einem Herzschrittmacher können etwa auch stimulierende Gehirn-Computer-Schnittstellen elektronische Impulse setzen, um Symptome von Krankheiten wie Parkinson oder Epilepsie zu lindern, vgl. *Mario Martini/Carolin Kemper*, Cybersicherheit von Gehirn-Computer-Schnittstellen, Int. Cybersecur. Law Rev. 3 (2022), S. 191 (196).

brauch wiederum selbst neue Gesundheitsdatensätze, die – jedenfalls theoretisch – gleichsam erneut als Forschungs- oder Trainingsdaten zur Entwicklung neuer medizinischer Software Verwendung finden können. Um die Feinheiten technischer Innovationen im Bereich eHealth sachgerecht zu strukturieren, sind Gesundheits-, Technologie- und Datenrecht nicht nur rechtssystematisch gemeinsam zu betrachten, um rechtsdogmatische Widersprüche zu vermeiden, sondern sie müssen zugleich auch die interdisziplinären Grundlagen und Implikationen reflektieren, um den technischen Fortschritt gleichsam in ihr Normprogramm aufzusaugen.

Abb. 1: Kreislauf der datengetriebenen Medizin.

2. Kreislauf der datengetriebenen Medizin

Der Verarbeitungszyklus von Gesundheitsdaten lässt sich unter den (Ideal-)Bedingungen einer datenzentrierten Medizin plastisch als eine Art „Datenkreislauf" umschreiben. Der „Kreislauf der datengetriebenen Medizin" lässt sich in fünf wesentliche Phasen der Datennutzung unterteilen. Zunächst erfolgt die Erhebung eines Datums[6] im gesundheitlichen Kontext, etwa im Rahmen einer ärztlichen Behandlung oder bei Verwendung einer digitalen Gesundheitsanwendung (II.). Dieses Datum wird anschließend in einem IT-System (etwa in der ePA des Patienten oder durch die Praxissoftware der Leistungserbringerin) gespeichert (III.). Von dort aus lassen sich die Daten einer Person gemeinsam mit anderen Datensätzen für andere Zwecke als die individuelle Behandlung, etwa für Forschungszwecke, akkumulieren (IV.). Mithilfe großer Datensätze mit gesundheitlichen Informationen vieler Menschen lassen sich dann im besten Fall neue Diagnose- und Therapieansätze entwi-

---

[6] Zum Begriff des „Datums" und seinem Verhältnis zu „Informationen" siehe *Martini/Michael Kolain et al.*, Datenhoheit – Annäherung an einen offenen Leitbegriff, MMR-Beil. 6/2021, S. 3 (3 f.) m. w. N.

ckeln (V.). Diese fließen ggf. in die Entwicklung softwarebasierter Produkte ein, die später auf dem Markt erscheinen und sich für die Anwendung am jeweiligen Patienten personalisieren (VI.) lassen. Die (personalisierten) Apps ermöglichen es wiederum, neue Gesundheitsdaten zu gewinnen: Der Kreislauf schließt sich und beginnt von vorn.

Freilich durchläuft nicht jedes Gesundheitsdatum – selbst wenn die technischen und rechtlichen Voraussetzungen gegeben sind – exakt diese fünf Phasen der Datennutzung.[7] Gerade im System der gesetzlichen (geschweige denn privaten) Krankenversicherung mit unterschiedlichen Akteuren, rechtlichen Vorgaben und institutionellen Zuständigkeiten ergeben sich zahlreiche Eigenheiten. Das Bild des „Datenkreislaufs" dient vor diesem Hintergrund also in erster Linie der Versinnbildlichung, welche Formen der Verarbeitung das Schlagwort der „datenzentrierten Medizin" beispielhaft unter seinem terminologischen Dach vereint und wie diese zueinander in Verbindung stehen (können). Letztlich dient er dem Beitrag als Richtschnur, um die verschiedenen rechtlichen und regulatorischen Themenbereiche zu strukturieren.

Dem Gesetzgeber kann diese Struktur eine Grundlage dafür bieten, um Regulierungsbedarfe zu erkennen und einzelne Maßnahmen systematisch aufeinander abzustimmen. Denn ein „Regulierungswildwuchs", wie er zurzeit schon im Bereich des – zudem unionsrechtlich überspannten – Sozial(datenschutz)rechts zu beobachten ist, konterkariert im schlimmsten Fall den Versuch, den Bereich einer „datengetriebenen Medizin" durch klare und praxistaugliche Vorgaben rechtlich einzuhegen.

3. Zielsetzung und Fokus des Beitrags

Die fünf Verarbeitungsszenarien eines „Kreislaufs der datengetriebenen Medizin" (Abb. 1) nimmt der Beitrag als Ausgangspunkt, um einen Überblick über die unterschiedlichen gesetzlichen Vorgaben an eine Datenverarbeitung im Gesundheitskontext zu vermitteln. Der Beitrag nähert sich der Frage an, welche rechtlichen, organisatorischen und technischen Hürden die medizinische Praxis nehmen muss, um die digitalen Erkenntnisse aus ePA, DiGA und sonstigen Medizinprodukten interessengerecht und zielgerichtet in Diagnostik und Forschung zu nutzen.

Bei der Suche nach Antworten gehen wir sowohl auf geltendes Recht – wie die DSGVO oder den Data Governance Act – ein, stellen aber auch die vielfältigen Neuerungen vor, die sich pro futuro aus aktuellen Reformvorschlägen der EU-Kommission für Digitalgesetze (u. a. KI-Verordnung, Data Act, European Health Data Space) abzeichnen. Welche Anforderungen gibt das Recht für elektronische Patientenakten, digitale Gesundheitsanwendungen, softwaregestützte Medizinprodukte, Datenintermediäre sowie europäische Datenräume vor? Neben der systematischen

---

[7] Es lassen sich sicherlich auch weitere Formen der Datenverarbeitung dem Kontext der „datengetriebenen Medizin" zuordnen. Die Aufzählung erhebt insoweit keinen Anspruch auf Vollständigkeit, sondern dient in erster Linie dazu, die unterschiedlichen Rechtsfragen und Regulierungsansätze zu strukturieren.

Darstellung des Regelungsinhalts der einzelnen Gesetzgebungsvorhaben mit Bezug zur datengetriebenen Medizin nehmen wir die Frage in den Fokus, wie sich die unterschiedlichen Rechtsgebiete, die jeweils einzelne Aspekte der datengetriebenen Medizin regeln, systematisch zusammendenken und in einen kohärenten Rechtsrahmen überführen lassen.

So viel vorweg: Dieses Unterfangen wird sich als herausfordernd erweisen, da die einzelnen Rechtsakte unterschiedliche rechtsdogmatische, terminologische und systematische Ansatzpunkte wählen. Für Normadressat:innen erweist es sich deshalb als große Herausforderung, die rechtlichen Vorgaben für ihre Produkte, Verarbeitungsvorgänge und Dienstleistungen zu verstehen und umzusetzen.

Als Ausweg aus dem unklaren Verhältnis zwischen den einzelnen Rechtsakten, deren Schnittmengen, Reichweiten und Anwendungsbereiche nicht trennscharf sind, schlagen wir eine „Systematisierung von unten" vor – und zwar über die technische Standardisierung. Über das Regelungsinstrument der „harmonisierten Standards", das sich als Ausdruck des *New Legislative Frameworks* in vielen der Rechtsakte der EU wiederfindet, lassen sich die rechtlichen Vorgaben bis hin zu Designstandards für Produkte und Dienstleistungen herunterbrechen. Bei der Überführung der harmonisierten Standards in konkrete technische Lösungen wirken oftmals Expert:innen aus den Unternehmen und externe Dritte mit, die Recht, Standards und Technik überblicken. Als Ausdruck einer „Systematisierung von unten" entstehen im Zusammenspiel der unterschiedlichen gesetzlichen Domänen des Produkt-, Infrastruktur- und Daten(raum)rechts kohärente technische Standards, die im Ergebnis rechtskonforme Geschäftsmodelle begünstigen. Dafür bedarf es aber sowohl Anpassungen im Prozess und Selbstverständnis der Legistik, als auch im Umgang der EU-Kommission und der zuständigen Aufsichtsbehörden mit den Regulierungsinstrumenten der harmonisierten Standards und gemeinsamen Spezifikationen.

Im Bereich der Datenerhebung (II.) beleuchtet der Beitrag zunächst die allgemeinen datenschutzrechtlichen Voraussetzungen, um Gesundheitsdaten zu erheben und zu analysieren (II. 1.). Ein Anwendungsfall sind medizinische Apps, die Patienten zur Diagnose und Therapie einsetzen. Den Rechtsrahmen für solche digitalen Gesundheitsanwendungen bilden die sozialrechtlichen Vorgaben für DiGAs (II. 2.) ebenso wie das Medizinprodukterecht (II. 3.). Nutzen App-Entwickler:innen maschinelles Lernen oder andere Formen der Künstlichen Intelligenz, müssen sie pro futuro auch die europäische KI-Verordnung berücksichtigen (II. 4.). Eine dauerhafte Speicherung bereits erhobener Patientendaten (III.) erfolgt etwa in der elektronischen Patientenakte (III. 1.). Ferner hat die Europäische Union mit dem Data Governance Act (DGA) Voraussetzungen für Datenvermittlungsdienste geschaffen (III. 2.). Der Beitrag geht der Frage nach, ob die deutsche ePA einen Datenvermittlungsdienst im Sinne des DGA darstellt (III. 3.).

Einen rechtlichen Rahmen für die Akkumulation medizinischer Datenbestände (IV.) könnten einerseits die sozialrechtlichen Datentransparenzvorschriften bieten (IV. 1.), die die Weitergabe von Daten aus der ePA an die Forschung regeln. Andererseits könnte eine wirksame Anonymisierung (IV. 2.) die rechtskonforme Sammlung von medizinischen Daten für verschiedenste Zwecke erlauben. Der Beitrag beschreibt die Hürden, die einer wirksamen Anonymisierung im Gesundheitsbereich derzeit noch im Wege stehen. Anschließend widmet sich die Untersuchung den nationalen und unionalen Gesetzesvorhaben (V.), welche Forscher:innen die datengetriebene medizinische Forschung erleichtern sollen. Auf nationaler Ebene sind dies insbesondere die Pläne für ein Forschungsdatengesetz und ein Gesundheitsdatennutzungsgesetz (V. 1.). Die Kommission hat darüber hinaus Entwürfe eines Datengesetzes (V. 2. a)) und einer Verordnung für den Europäischen Gesundheitsdatenraum (EHDS-E, V. 2. b)) vorgelegt. Der EHDS-E sieht erste Regeln für die Datennutzung zur Personalisierung (VI.) vor, die der Beitrag kurz aufzeigt. Abschließend legen wir unser Konzept einer „Systematisierung von unten" näher dar (VII.), das darauf abzielt, Datennutzern im Medizinsektor pro futuro das rechtssichere Navigieren durch den Normendschungel zu erleichtern.

II. Datenerhebung im gesundheitlichen Kontext

Ob beim Arztbesuch oder bei der Selbstvermessung per Gesundheits-App: Tagtäglich erheben Leistungserbringer:innen im Gesundheitswesen oder Patient:innen selbst Daten, aus denen sich Informationen über den individuellen Gesundheitszustand herleiten lassen. Die Verarbeitung dieser Gesundheitsdaten muss dabei stets auf einer datenschutzrechtlichen Grundlage erfolgen, die sich insbesondere aus den Bestimmungen der DSGVO ergeben kann (1.). Setzen Ärzt:innen bzw. Patient:innen für die Diagnose oder Therapie auf softwarebasierte Produkte, sind die Anforderungen an digitale Gesundheitsanwendungen (2.) zu erfüllen, um in das Regime der Abrechnung mit gesetzlichen Krankenkassen zu fallen; soweit es sich etwa um eine Gesundheits-App handelt, sind grundsätzlich auch die Regeln des Medizinprodukterechts (3.) einzuhalten. Produkte, die lernfähige Softwareanwendungen implementieren, sollen nach dem Willen der Kommission künftig auch einer spezifischen KI-Regulierung unterfallen (4.).

1. Erlaubnis zur Verarbeitung personenbezogener Gesundheitsdaten

Erfassen Ärzt:innen Informationen über ihrer Patient:innen in Form von (digitalen) Daten, kann sich eine Pflicht zur Verarbeitung von Patientendaten aus vertraglichen oder versicherungsrechtlichen Dokumentationspflichten ergeben. So sehen etwa die Vorschriften über den Behandlungsvertrag (§ 630a Abs. 1 BGB) – Patient:innen und Behandelnde schließen ihn in aller Regel konkludent durch das Begeben in die Praxis und den folgenden Behandlungsbeginn ab[8] – vor, dass die Dokumentation der Behandlung in einer Patientenakte erfolgt (§ 630f BGB).

---

[8] *Volker Lipp*, in: Adolf Laufs/Christian Katzenmeier/ders. (Hrsg.), Arztrecht, 8. Aufl. 2021, III. Rn. 20.

Zwar *verpflichtet* die Norm die behandelnde Person, die Dokumentation durchzuführen. Eine *Befugnis* zur Datenverarbeitung ergibt sich aus ihr selbst aber nicht.[9] Da es sich bei den Patient:innendaten regelmäßig um personenbezogene Daten (Art. 4 Nr. 1 DSGVO) handelt, bedarf es vielmehr einer Verarbeitungsbefugnis auf Grundlage der horizontalen Vorschriften der in Deutschland unmittelbar geltenden DSGVO.[10] So gestattet Art. 6 Abs. 1 lit. b DSGVO etwa, personenbezogene Daten zu verarbeiten, sofern dies erforderlich ist, um den Vertrag durchzuführen. Auch eine zur Durchführung des Behandlungsvertrags erforderliche Verarbeitung lässt sich im Grundsatz auf diese Vorschrift stützen.

Möchte eine im Gesundheitswesen beschäftigte Person aber besonders sensible Daten, wie etwa Gesundheits- oder genetische Daten, verarbeiten, richtet sich die Frage, ob eine Verarbeitung erlaubt ist, nach Art. 9 DSGVO: Nach dessen Abs. 1 ist die Verarbeitung sensibler Daten grundsätzlich verboten, in den Fällen des Abs. 2 aber ausnahmsweise nicht untersagt. Für Gesundheitsdaten gelten also strengere Regelungen für eine Verarbeitung durch verantwortliche Stellen. Die DSGVO definiert Gesundheitsdaten als Daten, die sich auf die körperliche oder geistige Gesundheit beziehen (Art. 4 Nr. 15 DSGVO). Der Terminus ist dabei im Grundsatz weit zu verstehen, sodass auch körperliche Leistungsdaten wie Puls- und Blutdruckwerte mit einzubeziehen sind.[11] Unabhängig davon, ob Ärzt:innen bzw. das Pflegepersonal Blutdruckwerte klassisch mit einem manuellen Messgerät erfassen und händisch in die ePA eintragen oder ob Radiolog:innen Röntgen- bzw. CT-Aufnahmen des Brustkorbs mittels KI-Anwendungen etwa auf durch Covid-19 hervorgerufene Lungenläsionen[12] untersuchen: Wann immer Leistungserbringer:innen Gesundheitsdaten von Patient:innen verarbeiten, bedürfen sie dazu einer Verarbeitungserlaubnis aus Art. 9 Abs. 2 DSGVO.

Eine Datenanalyse u. a. zur Gesundheitsvorsorge, der medizinischen Diagnostik und der Behandlung im Gesundheitsbereich gestattet Art. 9 Abs. 2 lit. h DSGVO, so-

---

[9] Vgl. etwa *Carsten Dochow*, in: ders./Bert-Sebastian Dörfer/Bernd Halbe et al. (Hrsg.), Datenschutz in der ärztlichen Praxis, 2019, S. 35.

[10] Die DSGVO verfolgt das Prinzip des Verbots mit Erlaubnisvorbehalt, sodass die Verarbeitung personenbezogener Daten grundsätzlich verboten ist, es sei denn sie ist ausdrücklich erlaubt (Art. 6 Abs. 1 DSGVO), *Benedikt Buchner/Thomas Petri*, in: Jürgen Kühling/Buchner (Hrsg.), DS-GVO/BDSG, 3. Aufl. 2020, Art. 6 DSGVO Rn. 11; *Albert Ingold*, in: Gernot Sydow/Nikolaus Marsch (Hrsg.), DS-GVO/BDSG, 3. Aufl. 2022, Art. 7 DSGVO Rn. 8. Den Begriff des „Verbots mit Erlaubnisvorbehalt" für die vorliegende Konstellation, in der nicht eine administrative Stelle die Erlaubnis in wenigen Fällen gesondert erteilt, (dogmatisch) ablehnend *Marion Albers/Raoul-Darius Veit*, in: Heinrich Amadeus Wolff/Stefan Brink/Antje von Ungern-Sternberg (Hrsg.), BeckOK Datenschutzrecht, Stand: 1.8.2023, Art. 6 DSGVO Rn. 11.

[11] *Eike Michael Frenzel*, in: Boris P. Paal/Daniel A. Pauly (Hrsg.), DS-GVO/BDSG, 3. Aufl. 2021, Art. 9 DSGVO Rn. 15.

[12] *Stephanie Harmon/Thomas Sanford et al.*, Artificial Intelligence for the detection of COVID-19 pneumonia on chest CT using multinational datasets, Nat Commun 11 (2020), 4080; *Annette Feldmann*, Dortmunder Ärzte spüren mit KI Lungenschäden durch Covid-19 auf, RuhrNachrichten.de vom 20.12.2020.

weit die Verarbeitung für diese Zwecke erforderlich ist. Die Verarbeitung kann eine verantwortliche Stelle aber nicht unmittelbar auf Art. 9 Abs. 2 lit. h DSGVO stützen. Denn zum einen beinhaltet die Norm eine Öffnungsklausel, die der deutsche Gesetzgeber etwa allgemein mit § 22 Abs. 1 Nr. 1 lit. b BDSG, aber auch mit spezifischen datenschutzrechtlichen Regelungen der Sozialgesetzbücher ausgefüllt hat: So lassen sich bspw. die Regelungen, wonach Vertragsärzte der gesetzlichen Krankenversicherung verpflichtet sind, für die Abrechnung relevante Leistungsdaten aufzuzeichnen (§ 294 SGB V) und an die Krankenversicherungen zu übermitteln (§ 295 Abs. 1 SGB V), auf diese Öffnungsklausel stützen.[13] Zum anderen gestattet es Art. 9 Abs. 2 lit. h DSGVO, personenbezogene Daten auf Grundlage „eines Vertrags mit einem Angehörigen eines Gesundheitsberuf" zu verarbeiten: Sofern ein Behandlungsvertrag zustande gekommen ist, können Ärzt:innen Gesundheitsdaten auch direkt unter Rückgriff auf diese Variante des Erlaubnistatbestands verarbeiten.[14]

Sollen Patientendaten über die ärztliche Individualversorgung hinaus indes (auch) anderen Zwecken zugutekommen, bedarf es dafür spezifischer Erlaubnistatbestände. Weitere Ausnahmen vom grundsätzlichen Verarbeitungsverbot für Gesundheitsdaten greifen etwa bei öffentlichen Gesundheitsbelangen (Art. 9 Abs. 2 lit. i DSGVO)[15], bei wissenschaftlicher Forschung und statistischen Zwecken (Art. 9 Abs. 2 lit. j DSGVO)[16] oder im Falle einer ausdrücklichen Einwilligung der betroffenen Person (Art. 9 Abs. 2 lit. a DSGVO)[17].

Unabhängig von der Art der Verarbeitung sind zusätzlich immer die Grundsätze des Art. 5 DSGVO zu beachten. So legt etwa der Zweckbindungsgrundsatz (Art. 5 Abs. 1 lit. b DSGVO) fest, dass der Verantwortliche einzelne Daten in der Regel nur zu einem anderen Zweck, der mit dem ursprünglichen Erhebungszweck vereinbar ist, weiterverarbeiten darf.[18] Der Grundsatz der Speicherbegrenzung (Art. 5

---

[13] Vgl. *Thilo Weichert*, in: Kühling/Buchner (Fn. 10), Art. 9 DSGVO, Rn. 60.

[14] *Marian Arning/Tobias Born*, in: Nikolaus Forgó/Marcus Helfrich/Jochen Schneider (Hrsg.), Betrieblicher Datenschutz, 3. Aufl. 2019, Kap. 2 Rn. 34.

[15] Anders als bei Art. 9 Abs. 2 lit. h DSGVO setzt lit. i ein öffentliches Interesse an der Verarbeitung der Gesundheitsdaten voraus.

[16] Der Unionsgesetzgeber möchte den Forschungsbegriff der DSGVO weit verstanden wissen (ErwGrd. 159 S. 2 DSGVO). Nach Stimmen in der Literatur soll dieser auch privat finanzierte Forschung einbeziehen, sofern diese sich nach wesentlichen Grundsätzen freier wissenschaftlicher Methodik richtet, vgl. *Martini/Matthias Hohmann*, Der gläserne Patient: Dystopie oder Zukunftsrealität?, NJW 2020, S. 3573 (3576). Wissenschaftliche Forschung könnte aber dann nicht (mehr) vorliegen, wenn der Erkenntnisgewinn wirtschaftlichen Interessen untergeordnet ist, wie etwa bei der bloßen unternehmerischen Produktentwicklung, vgl. *Weichert*, Die Forschungsprivilegierung in der DS-GVO, ZD 2020, S. 18 (19).

[17] Die Einwilligung in die Verarbeitung ist nicht deckungsgleich mit der Einwilligung in die Behandlung i. S. d. § 630d BGB. Sollen beide Einwilligungen mithilfe eines Schriftstücks erfolgen, muss die Formulierung so gewählt sein, dass die beiden Einwilligungssachverhalte klar voneinander getrennt sind (Art. 7 Abs. 2 S. 1 DSGVO).

[18] Vgl. dazu umfassend *Gabriele Buchholtz/Rainer Stentzel*, in: Sibylle Gierschmann/Katharina Schlender/Stentzel et al. (Hrsg.), DSGVO, 2018, Art. 5 Rn. 31 ff.

Abs. 1 lit. e DSGVO) begrenzt die Dauer, während der die verarbeitende Person die Daten speichern darf: Speichern darf er oder sie nur, solange dies erforderlich ist, um den konkreten Erhebungszweck zu erreichen. Allerdings sehen beide Grundsätze Ausnahmen für wissenschaftliche Forschungszwecke vor: Der Unionsgesetzgeber hat die Weiternutzung von Daten, die ein Verantwortlicher im Behandlungskontext erhoben hat, für Forschungszwecke bewusst privilegiert.[19]

Einen möglichen Ansatzpunkt, um konkret nachzuweisen, dass eine Gesundheitsanwendung die datenschutzrechtlichen Anforderungen der DSGVO einhält, böten die Vorschriften über die Zertifizierung (Art. 42 DSGVO). Konkret enthält Art. 42 Abs. 1 DSGVO eine Aufforderung u. a. an Mitgliedstaaten, Aufsichtsbehörden und EU-Kommission, die Entwicklung datenschutzspezifischer Zertifizierungsverfahren und von Datenschutzsiegeln zu fördern. Solche Auditverfahren gehen für Verarbeiter mit dem Vorteil einher, ihre Datenverarbeitungsregime von unabhängigen Stellen überprüfen zu lassen und so etwa Haftungsgefahren zu verringern.[20] Für Hersteller:innen und Anbieter:innen verbindet sich mit einer Zertifizierung der Anreiz, mit der – wenn auch nur indiziell wirkenden – Bestätigung der Datenschutzkonformität ihrer Produkte werben zu können; Kund:innen, welche die Software erwerben, könnten durch die unabhängige Bestätigung der Konformität ihre Haftungsrisiken minimieren.[21] Trotz großen Interesses aus der unternehmerischen Praxis ist die Entwicklung und Genehmigung von Zertifizierungsstandards zuletzt nur langsam vorangeschritten.[22] Für den Bereich der Auftragsdatenverarbeitung hat die Landesbeauftragte für Datenschutz und Informationsfreiheit NRW jüngst erstmals in Deutschland und der EU einem privaten Unternehmen Kriterien für die Datenschutz-Zertifizierung genehmigt.[23] Im Bereich der datengetriebenen Medizin gibt es indes noch keine Datenschutzsiegel oder -zertifikate, auf die sich Verantwortliche stützen könnten. Die datenschutzrechtliche Praxis wäre gut beraten, die zu Verfügung stehenden Instrumente in interdisziplinären Kraftakten staatlicher und privater Akteure künftig stärker mit Leben zu füllen.

---

[19] Ebd., Art. 5 Rn. 34; *Martini/Hohmann* (Fn. 16), S. 3576.

[20] *Nicolas Raschauer*, in: Sydow/Marsch (Fn. 10), Art. 42 DSGVO Rn. 2 ff.

[21] *Matthias Bergt/Paulina Pesch*, in: Kühling/Buchner (Fn. 10), Art. 42 DSGVO Rn. 4.

[22] Vgl. *Frederick Richter*, Zertifizierung unter der DS-GVO, ZD 2020, S. 84 (86 f.).

[23] *LDI NRW*, LDI NRW genehmigt erste deutsche Kriterien für Datenschutz-Zertifizierung, https://www.ldi.nrw.de/ldi-nrw-genehmigt-erste-deutsche-kriterien-fuer-datenschutz-zertifizierung [Abruf: 29.11.2022]; siehe auch *EuroPriSe*, EuroPriSe Cert GmbH is the first private company in the EU with certification criteria approved by the competent supervisory authority, https://www.euprivacyseal.com/EPS-en/news/n/12278/europrise-cert-gmbh-is-the-first-private-company-in-the-eu-with-certification-criteria-approved-by-the-competent-supervisory-authority [Abruf: 29.11.2022].

2. Digitale Gesundheitsanwendungen

Um digitale Gesundheitsanwendungen (sog. DiGAs) in den Leistungskatalog der gesetzlichen Krankenversicherungen aufzunehmen, hat das Digitale-Versorgung-Gesetz (DVG)[24] Sonderregelungen für die DiGA in das SGB V eingeführt. Der Gesetzgeber hat u. a. ein Anspruch der Versicherten auf Versorgung mit DiGAs (§ 33a Abs. 1 SGB V) geschaffen, der unter dem Schlagwort „Apps auf Rezept" eine gewisse mediale Verbreitung gefunden hat.[25] Spezialregelungen für die – notwendigerweise stattfindende – Verarbeitung personenbezogener Daten durch DiGAs hat das DVG indes nicht statuiert.

DiGA definiert der Gesetzgeber als jedes Medizinprodukt der Risikoklassen I oder IIa[26], dessen Hauptfunktion auf digitalen Technologien beruht und das u. a. dazu dient, Krankheiten zu erkennen, zu überwachen, zu behandeln oder zu lindern (§ 33a Abs. 1 S. 1 SGB V).[27] Patient:innen können den Anspruch auf eine DiGA gegenüber ihrer Versicherung geltend machen, wenn die gewünschte DiGA im DiGA-Verzeichnis des Bundesinstituts für Arzneimittel und Medizinprodukte (BfArM)[28] geführt ist und die Verwendung entweder ärztlich angeordnet oder von der Krankenkasse genehmigt ist (§ 33a Abs. 1 S. 2 SGB V). Um eine App in das DiGA-Verzeichnis aufnehmen zu lassen, muss der Hersteller u. a. nachweisen, dass Sicherheits-, Funktionstauglichkeits- und Qualitätsanforderungen für Medizinprodukte erfüllt sind, aber auch, dass Anforderungen an Datenschutz und Datensicherheit gewährleistet sind und dass die DiGA positive Versorgungseffekte generiert (§ 139e Abs. 2 S. 2 SGB V).

Die Regelungen des SGB V zu DiGAs und DiGA-Verzeichnis konkretisiert die Digitale Gesundheitsanwendungen-Verordnung (DiGAV) des Bundesgesundheitsministeriums.[29] So enthält etwa § 3 Abs. 1 DiGAV eine Verschränkung zum Rechtsgebiet der Medizinprodukte (dazu sogleich III.): Eine medizinprodukterechtliche CE-Kennzeichnung gilt grundsätzlich als Nachweis dafür, dass eine Anwendung die erforderlichen Sicherheits- und Funktionstauglichkeitserfordernisse erfüllt. In der DiGAV finden sich auch besondere datenschutzrechtliche Bestimmungen: § 4 DiGAV gestattet die Verarbeitung durch DiGAs nur auf Grundlage einer Einwilli-

---

[24] Gesetz für eine bessere Versorgung durch Digitalisierung und Innovation (Digitale-Versorgung-Gesetz – DVG) vom 9. 12. 2019, BGBl. I S. 2562.

[25] Vgl. etwa *Britta Beeger/Thiemo Heeg*, Holpriger Start für die „Apps auf Rezept", FAZ vom 29. 7. 2021, S. 25.

[26] § 33a Abs. 2 SGB V, vgl. zu den Risikoklassen die Ausführungen unten unter 3.

[27] Neben dem Hauptanwendungsfeld Gesundheits-Apps sind somit grundsätzlich auch andere Formen von Software umfasst, vgl. auch *Alexandra Jorzig/Lukas Kellermeier*, Besondere datenschutzrechtliche Anforderungen an Gesundheitsapps auf Rezept (DiGA), MedR 2021, S. 976 (976).

[28] Vgl. dazu § 139e SGB V und die konkretisierenden Vorschriften der § 20 ff. DiGAV.

[29] Digitale Gesundheitsanwendungen-Verordnung vom 8. 4. 2020 (BGBl. I S. 768), die zuletzt durch Artikel 3 des Gesetzes vom 20. 12. 2022 (BGBl. I S. 2793) geändert worden ist. Eine entsprechende Verordnungsermächtigung findet sich in § 139e Abs. 9 SGB V.

gung und nur zu bestimmten Zwecken (§ 4 Abs. 1 S. 1 DiGAV). Neben dem bestimmungsgemäßen Gebrauch und dem Nachweis positiver Versorgungseffekte ist die Verarbeitung etwa in engen Grenzen[30] auch zur Weiterentwicklung der App erlaubt.[31]

Als Hemmschuh eines hohen Schutzniveaus der Nutzer:innen einer DiGA erweist es sich indes, dass ein Verstoß gegen die Vorgaben des § 4 DiGAV für sich genommen keinen Datenschutzverstoß darstellt, sondern lediglich die Aufnahme in das DiGA-Verzeichnis hindert.[32] Denn der Verordnungsgeber wollte mit § 4 Abs. 2 DiGAV gerade keinen besonderen Erlaubnistatbestand i. S. d. Art. 9 Abs. 2 lit. h DSGVO schaffen, sondern primär für verschreibungsfähige DiGA die zulässige Datenverarbeitung auf die ausdrückliche Einwilligung des Art. 9 Abs. 2 lit. a DSGVO beschränken.[33] Dies ist gesetzessystematisch konsequent, stellt die Vollzugspraxis zwischen den unterschiedlichen Aufsichtsbehörden aber vor erhebliche Herausforderungen. Denn sofern klare Spezifikationen für Gesundheits-Apps bereits auf der Grundlage der DSGVO fehlen, drohen die Vorgaben im Bereich des Medizinprodukterechts und aus der DiGAV die Komplexität – und damit Rechtsunsicherheit – in der Praxis weiter zu erhöhen.

3. Medizinprodukterecht

Die Medizinprodukte-Verordnung[34] etabliert nicht nur für digitale Gesundheitsanwendungen, sondern für alle Medizinprodukte Regelungen zum Inverkehrbringen, der Bereitstellung auf dem Markt und der Inbetriebnahme (Art. 1 Abs. 1 MP-VO). Unter den weiten Produktbegriff des Medizinprodukterechts fallen (neben sämtlichen Instrumenten, Apparaten etc.) auch Softwareanwendungen. Ob es sich bei einem konkreten Produkt auch um ein *Medizin*produkt handelt, hängt maßgeblich von der Zweckbestimmung des Herstellers ab: Erklärt etwa der Anbieter eines Fitnessarmbands, dass das Produkt für Menschen bestimmt ist und den in Art. 2 Nr. 1 MP-VO genannten Zwecken dienen soll, zu denen u. a. der Diagnose, Verhütung, Überwachung, Vorhersage, Prognose und Behandlung von Krankheiten zählen, liegt ein Medizinprodukt vor – sonst nicht.[35] Daneben sind bestimmte Anwendungen vom Anwendungsbereich der MP-VO vollständig ausgenommen, insbesondere Arz-

---

[30] So muss die darauf bezogene Einwilligung gesondert erfolgen (§ 4. Abs. 2 S. 2 DiGAV).
[31] Es gilt insoweit das Kopplungsverbot des Art. 7 Abs. 4 DSGVO, vgl. dazu *Jorzig/Kellermeier* (Fn. 27), S. 982.
[32] *Jorzig/Kellermeier* (Fn. 27), S. 982 f.
[33] *Kristina Schreiber/Bernadette Gottwald*, Gesundheits-Apps auf Rezept, Die neue Datenschutzprüfung im Digitale-Versorgung-Gesetz, ZD 2020, S. 385 (388).
[34] Verordnung (EU) 2017/745 des Europäischen Parlaments und des Rates vom 5. April 2017 über Medizinprodukte, zur Änderung der Richtlinie 2001/83/EG, der Verordnung (EG) Nr. 1223/2009 und zur Aufhebung der Richtlinien 90/385/EWG und 93/42/EWG des Rates, ABl. L 117/1 (im Folgenden: MP-VO).
[35] Die Rechtsprechung sieht aber eine Willkürkontrolle vor, vgl. BGH, MPR 2014, S. 60 (61).

neimittel sowie In-vitro-Diagnostika, welche die eigenständige In-vitro-Diagnostika-Verordnung (VO 2017/746) reguliert.[36]

Datenverarbeitende Software kann im Medizinproduktekontext in drei Facetten eine Rolle spielen. Sie ist entweder Bestandteil eines medizinischen Apparats (sog. *embedded software*). Als Beispiel kann eine Software dienen, die fest in einem CT-Gerät verbaut ist, Informationen verarbeitet und auf dem integrierten Bildschirm des Geräts darstellt. Software kann ein Hersteller aber auch alleinstehend ohne Hardware (sog. *standalone software*) ausliefern. Für solche alleinstehende Medizinprodukte-Software hat sich der Terminus *Software as a Medical Device* (SaMD) herauskristallisiert. Darunter fallen etwa medizinische Bildauswertungsprogramme, die sich auf Praxisrechnern installieren lassen, aber auch eine DiGA, etwa zur Behandlung depressiver Erkrankungen. Drittens kann Software im Medizinproduktekontext auch bloßes Zubehör zu einem Medizinprodukt sein.[37] Eine solche Zubehör-Software kann etwa Software sein, die lediglich die Hardware eines Produkts steuert (etwa das Display einer elektrischen Waage) und weder einen medizinischen Zweck erfüllt noch selbst Informationen generiert.[38]

Für sämtliche Softwaretypen gelten sowohl die materiellen Anforderungen, welche die MP-VO allgemein für „Produkte"[39] aufstellt, als auch die softwarespezifischen Sicherheits- und Leistungsanforderungen, die sich aus Art. 5 Abs. 2 i. V. m. Anhang I Abschnitt 17 MP-VO ergeben. So muss Software nicht nur zu wiederholbaren und zuverlässigen Ergebnissen kommen, sondern auch eine Leistung entsprechend ihrer bestimmungsgemäßen Verwendung gewährleisten (Anhang I Abschnitt 17.1 MP-VO) und nach dem Stand der Technik entwickelt sein (Anhang I Abschnitt 17.2 MP-VO).

Die MP-VO fußt gesetzesdogmatisch auf einem risikobasierten Ansatz. Die Regelungsdichte orientiert sich dabei jeweils an den möglichen Folgen potenziell risikoreicher Handlungen – die konkreten, ausdifferenzierten Vorgaben an ein Produkt hat der Gesetzgeber an das konkret vermutete Risiko angepasst.[40] Die MP-VO kategorisiert Medizinprodukte vor diesem Hintergrund in vier Risikoklassen (I, IIa, IIb, III) mit jeweils aufsteigendem Risiko, an die sie unterschiedliche Anforderungen

---

[36] Vgl. Art. 1 Abs. 6 MP-VO.

[37] Zubehör ist jeder Gegenstand, der bestimmungsgemäß zusammen mit einem Medizinprodukt Verwendung findet und entweder dessen Zweckbestimmung ermöglicht oder die medizinische Funktion gezielt unterstützt (Art. 2 Nr. 2 MDR).

[38] *Medical Device Coordination Group*, MDCG 2019–11 – Guidance on Qualification and Classification of Software in Regulation (EU) 2017/745 – MDR and Regulation (EU) 2017/746 – IVDR, 2019, S. 5.

[39] Unter dem Sammelbegriff „Produkte" fasst die MP-VO u. a. Medizinprodukte und Zubehör zusammen (Art. 1 Abs. 4 MP-VO).

[40] *Ulrich Gassner*, Dimensionen der Risikoregulierung im Medizinproduktrecht, MPR 2020, S. 162 (167).

knüpft. So fällt Software[41], die zur Unterstützung bei Diagnose- und Therapieentscheidungen dient oder physiologische Prozesse überwachen soll, grundsätzlich in die Klasse IIa. Droht bei Parameteränderung eine Gesundheitsverschlechterung bzw. unmittelbare Gefahr, ist die Klasse IIb einschlägig. Kann die Entscheidung der Software gar den Tod oder eine irreversible Gesundheitsverschlechterung verursachen, ist das Produkt in die Klasse III einzuordnen (Anhang VIII Regel 11 MP-VO).

Die risikobasierte Klassifizierung hat u. a. Auswirkungen auf das Konformitätsbewertungsverfahren, das Hersteller durchführen müssen, bevor sie ihr Produkt in den Verkehr bringen (Art. 52 MP-VO). Mit diesem Instrument bewertet grundsätzlich der Hersteller selbst, also in einem rein internen Compliance-Verfahren, ob sein Produkt mit den Vorschriften der MP-VO übereinstimmt. Bei den Klassen IIa, IIb und III ist hingegen stets die Mitwirkung einer staatlichen autorisierten Prüforganisation erforderlich, der sog. Benannten Stelle.[42] Sobald das herstellende Unternehmen das Konformitätsbewertungsverfahren erfolgreich durchgeführt hat, darf es das Produkt mit einem CE-Zertifikat versehen. Allerdings muss es dann auch sicherstellen, dass es neben der MP-VO auch andere Vorschriften, die die CE-Kennzeichnung vorsehen, erfüllt (Art. 20 Abs. 6 MP-VO). In der Praxis verbinden sich damit erhebliche Herausforderungen, insbesondere für kleine und mittlere Unternehmen.

Die Konformität mit den Anforderungen der MP-VO muss der Hersteller aber weder gleichsam aus dem hohlen Bauch noch notwendigerweise unter kostspieliger Mitwirkung externer Beratungsfirmen bewerten, sondern kann sich für den Nachweis auch auf technische Standards berufen. Bei den sog. harmonisierten Normen i. S. d. Art. 8 Abs. 1 UAbs. 1 MP-VO handelt es sich um Europäische Normen (EN), auf deren Fundstelle ein entsprechender Eintrag im Amtsblatt der Europäischen Union verweist. Sie stimmen inhaltlich regelmäßig auch mit korrespondierenden ISO- und DIN-Normen überein.[43] Erfüllt das Produkt einen technischen Stan-

---

[41] Zu beachten ist aber Anhang VIII Abschnitt 3.3 S. 1 MP-VO, wonach Software, die ein Produkt steuert oder dessen Anwendung beeinflusst, derselben Klasse zugerechnet wird wie das Produkt. Für solche abhängige Software können daher auch weitere Klassifizierungsregeln maßgeblich sein.

[42] Bei der Klasse I kann der Hersteller in der Regel selbst die Konformität erklären; bei sterilen Produkten, wiederverwendbaren chirurgischen Instrumenten und Geräten mit Messfunktion ist aber ebenfalls die Mitwirkung der Benannten Stelle (Art. 53 ff. MP-VO) in begrenztem Maße erforderlich (Art. 52 Abs. 7 MP-VO). In diesem Rahmen hat der Hersteller der Benannten Stelle etwa sämtliche Informationen, die diese zur Durchführung der Konformitätsbewertung benötigt, auf Verlangen zur Verfügung zu stellen (Art. 53 Abs. 4 MP-VO). Nach Abschluss des Verfahrens stellt die Benannte Stelle eine Konformitätsbescheinigung aus (Art. 56 MP-VO). Die Benannte Stelle kann dabei etwa die Zweckbestimmung auf bestimmte Patientengruppen beschränken oder den Hersteller zur Durchführung von Studien über die klinische Nachbeobachtung verpflichten (Art. 56 Abs. 3 MP-VO).

[43] So übernimmt etwa die DIN unverändert sämtliche EN, während die ISO und das CEN parallel über die Einführung als EN- und ISO-Norm abstimmen, vgl. *Deutsches Institut für Normung*, Europäische Normen, https://www.din.de/de/din-und-seine-partner/din-in-der-welt/din-in-europa/europaeische-normen [Abruf: 30.11.2022].

dard, der im Amtsblatt veröffentlicht ist (harmonisierte Norm), wird die Konformität des Produkts mit den Anforderungen der MP-VO vermutet. Ferner kann die Kommission auch eigene sog. gemeinsame Spezifikationen erlassen, wenn es keine geeigneten harmonisierten Normen gibt (Art. 9 MP-VO) – sie muss dafür dann selbst die notwendige Übersetzungsleistung zwischen gesetzlichen Vorgaben und technischen Designentscheidungen übernehmen oder beauftragen.

4. KI-Regulierung

Mit dem Entwurf eines Gesetzes über Künstliche Intelligenz (engl. Artificial Intelligence Act – im Folgenden: KI-VO-E)[44] hat die Kommission eine weitere produktbezogene Regulierung vorgeschlagen. Ihre Vorgaben werden auch Auswirkungen auf KI-basierte Medizinprodukte zeitigen.

Auch der KI-VO-E folgt im Grundsatz einem risikobasierten Ansatz. Er unterscheidet im Wesentlichen zwischen gänzlich verbotenen KI-Anwendungen (Art. 5 KI-VO-E), Hochrisiko-KI-Systemen, die einem Konformitätsbewertungsverfahren unterfallen (Art. 6 KI-VO-E) und KI-Systemen, die Transparenzanforderungen erfüllen müssen. Nicht erfasste risikoarme KI-Systeme unterfallen grundsätzlich nicht der KI-Regulierung.[45]

Doch welche Technologien künftig als „System der Künstlichen Intelligenz" in den Anwendungsbereich der Verordnung fallen sollen, ist noch nicht ausgemacht. Die terminologischen Schwierigkeiten beruhen insbesondere darauf, dass weder in Wissenschaft noch Legistik bislang eine allgemeingültige, disziplinübergreifende Definition für KI-Systeme existiert.[46] Grob umreißen lässt sich Künstliche Intelligenz allenfalls als diejenige Disziplin der Informatik, die versucht, Computern menschenähnliche Fähigkeiten beizubringen.[47] Der Kommissionsentwurf hat unter „Systeme der Künstlichen Intelligenz" neben Konzepten maschinellen Lernens auch „Logik- und wissensgestützte Konzepte" und „statistische Ansätze" gefasst (Art. 3 Abs. 1 i. V. m. Anhang I KI-VO-E). Kritiker bemängeln, dass die Definition aufgrund dieser weitreichenden Formulierung zu umfassend und damit nicht sachgerecht sein könnte, da logische Konzepte nahezu jedem – auch händisch programmiertem – Computerprogramm zugrunde liegen:[48] Statt einer KI-Regulierung käme es zu

---

[44] Vorschlag für eine Verordnung des Europäischen Parlaments und des Rates zur Festlegung harmonisierter Vorschriften für Künstliche Intelligenz (Gesetz über Künstliche Intelligenz) und zur Änderung bestimmter Rechtsakte der Union, COM(2021) 206 final. Das Trilog-Verfahren läuft – Stand November 2023 – auf Hochtouren und wird voraussichtlich bis Anfang 2024 abgeschlossen sein.

[45] *Hanna Hoffmann*, Regulierung der Künstlichen Intelligenz, K&R 2021, S. 369 (370).

[46] Zum Vorschlag „lernfähige Softwarenanwendungen" als rechtlichen Grundterminus vorzusehen, siehe *Martini*, Blackbox Algorithmus, 2019, S. 113 ff.

[47] Vgl. ähnlich *Elaine Rich*, Artificial Intelligence, 1983, S. 1.

[48] *David Bomhard/Marieke Merkle*, Europäische KI-Verordnung – Der aktuelle Kommissionsentwurf und praktische Auswirkungen, RDi 2021, S. 276 (277); ähnlich *Gerald Spindler*,

horizontalen Vorschriften für jegliche Softwareanwendungen.[49] Der Rat hat diese Kritik in Teilen aufgenommen und den Anwendungsbereich in seinem Kompromissvorschlag (KI-VO-E-Rat)[50] ausschließlich auf Anwendungen mit gewissem Grad an selbstständiger Weiterentwicklung verengt: Umfasst sein sollten explizit nur Techniken des maschinellen Lernens sowie logik- und wissensgestützte Komponenten, sofern diese als Output Vorhersagen, Empfehlungen oder Entscheidungen generieren, die den Bereich, mit dem die KI interagiert, beeinflussen (Art. 3 Abs. 1 KI-VO-E-Rat). ErwGrd. 6 KI-VO-E-Rat stellt überdies klar, dass Systeme, die ausschließlich von Menschen programmierte Wenn-Dann-Regeln nutzen, nicht als KI-System gelten sollen. Das EU-Parlament hat sich für seine Definition weitgehend auf die Vorarbeiten der OECD gestützt.[51]

Den KI-VO-E-Rat dürften Stimmen, die bei einem weitgefassten *scope* der KI-Regulierung vor allem Innovations- und Wettbewerbsnachteile fürchten, im Hinblick auf die Beschränkung des Anwendungsbereichs begrüßen. Hält man sich indes vor Augen, dass auch von klassischer Software wie einem Betriebssystem teilweise erhebliche Risiken für die Privatsphäre der Nutzer:innen ausgehen können, stellt sich die Frage, ob anstelle der Beschränkung der Regulierung auf besondere Technologien nicht grundsätzlich eine über KI-Systeme hinausgehende, technologieneutrale, risikobasierte IT-Regulierung sinnvoll sein könnte.[52] Der risikobasierte Ansatz lässt es regulatorisch durchaus zu, die niedrigste Stufe weitgehend von regulatorischen Vorgaben freizuhalten, und dann nach Risikograd – und unabhängig von der konkreten Form der Programmierung, Lernfähigkeit oder Modellierung – zu differenzieren. Ein weiter Anwendungsbereich vermeidet jedenfalls tendenziell, dass findige Rechtsberater:innen und Legal Teams großer IT-Konzerne Schlupflöcher finden, um potenziell riskante Anwendungen aus dem Anwendungsbereich der KI-VO zu befreien, während kleine und mittlere Unternehmen (KMU) und Start-ups, die mit innovativen KI-Methoden arbeiten, mit der vollen Regulierungsbandbreite konfrontiert wären.

Der Vorschlag der EU-Kommission für eine Verordnung zur Regulierung der Künstlichen Intelligenz (KI-VO-E), CR 2021, S. 361 (363).

[49] Vgl. zu der Frage, ob eine horizontale Regulierung für IT-Systeme vor dem Hintergrund tradierter Marktzulassungsregimes sinnvoll sein könnte, *Kolain*, Zulassungsverfahren für Künstliche Intelligenz: Über IT-Regulierung, Impfstoffe und Covid-Tests, netzpolitik.org vom 27.4.2021, abrufbar unter https://netzpolitik.org/2021/zulassungsverfahren-fuer-kuenstliche-in telligenz-ueber-it-regulierung-impfstoffe-und-covid-tests/ [Abruf: 26.7.2023].

[50] Vorschlag für eine Verordnung des Europäischen Parlaments und des Rates zur Festlegung harmonisierter Vorschriften für künstliche Intelligenz (Gesetz über künstliche Intelligenz) und zur Änderung bestimmter Rechtsakte der Union – Allgemeine Ausrichtung vom 25.11.2022, Dok.-Nr. 14954/22.

[51] Vgl. *Luca Bertuzzi*, KI-Gesetz: Parlament einigt sich auf OECD-Definition, https://www.euractiv.de/section/digitale-agenda/news/ki-gesetz-parlament-einigt-sich-auf-oecd-definition/ [Abruf: 1.4.2023].

[52] Vgl. *Kolain* (Fn. 49); vgl. zur Möglichkeit, den Entwurf als „Software-Verordnung" zu verstehen, auch *Bomhard/Merkle* (Fn. 48), S. 277. Zum sog. Hiroshima AI Process der G7 Staaten für einen internationalen Code of Conduct für KI-Entwickelnde https://digital-strategy.ec.europa.eu/en/library/g7-leaders-statement-hiroshima-ai-process [Abruf: 5.11.2023].

Ob der Unionsgesetzgeber die vom Rat vorgeschlagene Beschränkung der KI-System-Definition umsetzt, wird gleichwohl erst der Abschluss der Trilog-Verhandlung zeigen.

Sofern Medizinprodukte aufgrund der eingesetzten Techniken dem Anwendungsbereich der Verordnung unterfallen, gelten sie grundsätzlich als Hochrisiko-KI. Denn wenn sie nach der MP-VO ein Konformitätsbewertungsverfahren unter Beteiligung einer Benannten Stelle durchlaufen müssen, gelten sie schon qua des Verweises auf die MP-VO in Anhang II Nr. 11 KI-VO-E als Hochrisiko-KI i. S. d. Art. 6 Abs. 1 KI-VO-E.

Materiell müssen Hochrisiko-KI-Systeme verschiedene Anforderungen erfüllen, z. B. ein Risikomanagementsystem vorhalten und Regelungen zu Daten-Governance und Transparenz erfüllen (Art. 8 ff. KI-VO-E). In formeller Hinsicht müssen Hersteller von Risiko-KI – ähnlich wie im Medizinprodukterecht – ein Konformitätsbewertungsverfahren (Art. 19, 43 KI-VO-E) durchlaufen, bevor sie ihr System in Betrieb nehmen. Dieser Prüfprozess ist grundsätzlich wie in der MP-VO entweder als interne Kontrolle oder unter Beteiligung einer staatlich autorisierten Organisation ausgestaltet – letztere bezeichnet der KI-VO-E als „notifizierte Stelle".

Bei KI-Medizinprodukten, die schon aufgrund ihrer Regulierung durch die MP-VO als Hochrisiko-KI gelten, müssen Hersteller[53] die besonderen Anforderungen des KI-VO-E in dem nach der MP-VO erforderlichen Konformitätsbewertungsverfahren mitprüfen (Art. 24, 43 Abs. 3 KI-VO-E). Dies bietet Anbietern von KI-Medizinprodukten zwar in verfahrensformeller Hinsicht Erleichterungen bei der Zertifizierung. Da MP-VO und KI-VO-E aber in materieller Hinsicht nicht hinreichend klar erkennbar aufeinander abgestimmt sind, sind Widersprüchlichkeiten nicht ausgeschlossen und Doppelprüfungen vorgezeichnet.[54]

Dass der Anwender nach Abschluss des Verfahrens eine CE-Kennzeichnung anbringen[55] darf, sieht auch der KI-VO-E vor (Art. 49 KI-VO-E). Ebenso verschränkt die KI-VO – im Einklang mit dem sog. New Legislative Approach der EU[56] – die

---

[53] Der KI-VO-E kennt grundsätzlich den Terminus des „Anbieters" (Art. 3 Nr. 2 KI-VO-E). Art. 24 KI-VO-E stellt klar, dass Hersteller von Medizinprodukten, wenn diese eine Hochrisiko-KI gemeinsam mit dem Medizinprodukt in Verkehr bringen, dieselben Pflichten treffen, die die KI-VO-E dem Anbieter auferlegt.

[54] Vgl. dazu etwa *Maria Heil*, Die neue KI-Verordnung (E) – Regulatorische Herausforderungen für KI-basierte Medizinprodukte-Software, MPR 2022, S. 1 (8 ff.).

[55] Bei Software kann die CE-Kennzeichnung etwa im Startscreen, im Hilfe-Bereich der Software oder in der mitgelieferten Gebrauchsanweisung erfolgen, vgl. für Medizinprodukte *Astrid Schulze*, Schritte zum CE-Zeichen für Medizinprodukte, johner-institut.de vom 17.7. 2019, abrufbar unter https://www.johner-institut.de/blog/regulatory-affairs/ce-zeichen-so-bestehen-sie-das-ce-audit/ [Abruf: 1.3.2023].

[56] Dazu *Martin Ebers*, Standardisierung Künstlicher Intelligenz und KI-Verordnungsvorschlag, RDi 2021, S. 588; *Kolain/Gergana Baeva/Katharina Buchsbaum*, Wie können Regulierung und Standards zu vertrauenswürdiger KI beitragen?, ZVKI-Fachinformation vom

Sphären der Rechtsetzung und Standardisierung strukturell: Eine Konformitätsvermutung sieht der KI-VO-E im Gleichklang mit der MP-VO bei harmonisierten Normen (Art. 40 KI-VO-E) und gemeinsamen Spezifikationen (Art. 41 KI-VO-E) vor.

III. Dauerhafte Datenspeicherung

Regelungen zur dauerhaften Speicherung von Gesundheitsdaten finden sich auf nationaler Ebene etwa in den Vorschriften über die ePA sowie auf unionaler Ebene im Data Governance Act (DGA).

1. Elektronische Patientenakte

Mit dem Patientendatenschutzgesetz (PDSG)[57] hat der Bundesgesetzgeber im Herbst 2020 Regelungen über die ePA in das SGB V eingefügt und damit der dauerhaften elektronischen Speicherung von „Informationen, insbesondere zu Befunden, Diagnosen, durchgeführten und geplanten Therapiemaßnahmen sowie zu Behandlungsberichten" (§ 341 Abs. 1 S. 3 SGB V) den regulatorischen Boden bereitet. Die Einrichtung der digitalen Akte ist für Versicherte gleichwohl nicht verpflichtend: Sie wird nur auf freiwilligen Antrag des Versicherten von der Krankenkasse bereitgestellt (§ 341 Abs. 1 S. 1 und 2 SGB V). Als Beweggrund für die dauerhafte Speicherung nennt das Gesetz insbesondere „Zwecke der Gesundheitsversorgung, insbesondere zur gezielten Unterstützung von Anamnese und Befunderhebung" (§ 341 Abs. 1 S. 3 SGB V). Darüber lassen sich als Ziele definieren, die „Qualität, Wirtschaftlichkeit und Transparenz sowie die Qualitätskontrolle der Behandlung zu verbessern und zu ermöglichen, dass es leichter fällt, auf die Krankenhistorie des Patienten zuzugreifen, als im analogen Zeitalter der Aktenordner und Faxgeräte"[58]. Damit eine ePA dem Leitbild der „Souveränität" der Patient:innen über eigene Gesundheitsdaten entspricht, sollte es möglich sein, „bestimmte Dokumente an[zu]fordern und Zugangsrechte beschränken"[59] zu können.

Mit dem Digitalgesetz (DigiG), dessen Entwurf das das Kabinett am 30. August 2023 beschlossen hat, will die Bundesregierung die Nutzung der ePA als „Austauschplattform zwischen Leistungserbringern und dem Versicherten" (vgl. BT-Drs. 20/9048, S. 2) ab 2025 nicht mehr allein der aktiven Entscheidung der Patient:innen überlassen – sondern auf ein Opt-Out-Modell umsteigen. Wer der ePA-Nutzung nicht aktiv widerspricht, für den richtet die gesetzliche Krankenkasse eine ePA ein, in die bestimmte Datenkategorien – etwa Medikationsdaten oder Laborbefunde –

28.7.2022, S. 6 ff., abrufbar unter https://www.zvki.de/storage/ publications/Essay_Regulierung+Standards_ZVKI.pdf [Abruf: 1.3.2023].

[57] Gesetz zum Schutz elektronischer Patientendaten in der Telematikinfrastruktur (Patientendaten-Schutz-Gesetz – PDSG) vom 14.10.2022, BGBl. I S. 2115.

[58] *Kolain/Ramak Molavi*, Zukunft Gesundheitsdaten, 2019, S. 22.

[59] Ebd.

automatisiert einfließen, sofern die Versicherten auch hiergegen keinen Widerspruch eingelegt haben. Weitere „Informationsobjekte und andere Daten", die automatisiert in die ePA einfließen müssen, sofern kein Widerspruch erfolgt ist, soll das BMG per Rechtsverordnung mit Zustimmung des Bundesrats erweitern können (§ 342 Abs. 2c SGB V-E, BT-Drs. 20/9048, S. 25). Die finale Fassung des DigiG wird freilich erst nach Ende des parlamentarischen Verfahrens im Deutschen Bundestag feststehen.

2. Data Governance Act

Der Unionsgesetzgeber hat den Data Governance Act[60] aus der Taufe gehoben, um den unionsweiten Datenaustausch zu erleichtern und das Vertrauen in die gemeinsame Datennutzung zu stärken. Die Verordnung ist bereits in Kraft getreten und gilt ab dem 24. September 2023 (Art. 38 DGA), ein nationales Umsetzungsgesetz befindet sich derzeit (Stand: Anfang November 2023) noch in der Ressortabstimmung (offen ist insbesondere noch die nationale Aufsichtsstruktur). Der DGA ist gleichsam eine Reaktion der Union auf das „Marktversagen" der Datenmärkte, welches sich aus dem relativ geringen Transaktionsvolumen ablesen lässt.[61] Der DGA soll dabei helfen, Netzwerkeffekten und der Monopolisierung auf dem Datenmarkt entgegenzuwirken.[62]

Als eine mögliche Lösung, um Vertrauen in neue Formen des Datenaustausches zu schaffen, hat der Gesetzgeber sog. Datenintermediäre ausgemacht:[63] Bei solchen (in der Terminologie des DGA „Datenvermittlungsdienst"[64] genannten) Mittlern handelt es sich um Dienste, mit deren Hilfe „durch technische, rechtliche oder sonstige Mittel Geschäftsbeziehungen zwischen einer unbestimmten Anzahl von betroffenen Personen oder Dateninhabern einerseits und Datennutzern andererseits hergestellt werden sollen, um die gemeinsame Datennutzung [...] zu ermöglichen" (Art. 2 Nr. 11 DGA). Kernaufgabe der Dienste ist also die Vermittlung zwischen Dateninhabern und Datenempfängern.[65] Der Datenvermittlungsdienst ist lediglich ein neutraler Intermediär, der zwar die technische Infrastruktur zur Verfügung stellt, die Daten aber nicht zu eigenen Zwecken nutzt (ErwGrd. 33 S. 3 DGA). Die im DSA

---

[60] Verordnung (EU) 2022/868 des Europäischen Parlaments und des Rates vom 30. Mai 2022 über europäische Daten-Governance und zur Änderung der Verordnung (EU) 2018/1724 (Daten-Governance-Rechtsakt), ABl. L 152/1.

[61] *Moritz Hennemann/Lukas von Ditfurth*, Datenintermediäre und Data Governance Act, NJW 2022, S. 1905 (1906). Kritisch zur aktuellen Regulierung des „Datenmarkts" durch die EU etwa *Malte Engeler*, Der Konflikt zwischen Datenmarkt und Datenschutz, NJW 2022, S. 3398 ff.

[62] Ebd.

[63] Vgl. dazu auch die Ausführungen von *Brauneck/Schmalhorst* in diesem Werk.

[64] Die engl. Sprachfassung spricht von „data intermediation service".

[65] Deshalb sind Dienste, die Daten sammeln, um selbst Lizenzen für die gesammelten Datensätze zu vergeben, ohne dass ein Vertrag zwischen Dateninhaber und Datennutzer zustande kommt, von der Definition explizit ausgenommen, Art. 2 Nr. 11 lit. a DGA.

etablierte Rolle lässt sich daher als eine als eine gesetzliche Annäherung an das in Deutschland diskutierte Modell der Datentreuhänder einstufen.[66]

Aus der regulatorischen Vogelperspektive betrachtet will der Unionsgesetzgeber mit dem DGA eine Infrastrukturschicht in die europäische Datenökonomie einziehen, die bislang noch fehlt: Datenintermediäre, die kein Eigeninteresse an den gesammelten Informationen haben dürfen, sollen sich auf dem Markt herausbilden und dadurch einen Anreiz und das notwendige Vertrauen für Bürger:innen und Unternehmen schaffen, ihre Datenbestände freigiebiger mit anderen Akteuren zu teilen. Durch das Einziehen einer neutralen, unabhängigen und klar regulierten institutionellen Schicht zwischen denjenigen, die Daten bereitstellen und erlangen wollen, will die EU implizit auch die Macht großer Internetplattformen gegenüber anderen Marktakteuren und strukturell unterlegenen Verbraucher:innen beschränken. Ob dies in der Praxis aber tatsächlich gelingt und gleichsam Datenintermediäre wie Pilze aus dem Boden schießen, ist derzeit noch offen. Es muss sich erst noch zeigen, ob der DGA eine solche Entwicklung befeuert oder am Ende ein zu starres Raster etabliert hat, das im Ergebnis aufgrund des Aufwands in der Praxis weitgehend ungenutzt bleibt.

Wer Datenvermittlungsdienste nach dem DGA anbietet, unterliegt einem formellen Anmeldeverfahren bei der zuständigen Behörde des Mitgliedstaats ihrer (Haupt-)Niederlassung (Art. 11 Abs. 1, 2 DGA). Jede An- und Abmeldung registriert die Kommission in einem öffentlichen Register der Anbieter von Datenvermittlungsdiensten (Art. 11 Abs. 10, 14 DGA). Ferner sieht Art. 12 DGA weitere materielle Anforderungen vor, die u. a. die Zweckbestimmung oder aber Maßnahmen zur Verhinderung rechtswidriger Übertragungen betreffen.[67]

Das Kapitel IV regelt hingegen den sog. Datenaltruismus, worunter der Gesetzgeber die „freiwillige gemeinsame Nutzung von Daten auf der Grundlage der Einwilligung betroffener Personen zur Verarbeitung der sie betreffenden personenbezogenen Daten oder [die] Erlaubnis anderer Dateninhaber zur Nutzung ihrer nicht personenbezogenen Daten, ohne hierfür ein Entgelt zu fordern oder zu erhalten (…) für Ziele von allgemeinem Interesse gemäß dem nationalen Recht" versteht (Art. 2 Nr. 16 DGA). Auch beim Datenaltruismus gibt es Regelungen für Intermediäre: Juristische Personen, die sich der Förderung von Zielen von allgemeinem Interesse verschrieben haben, können sich unter gewissen Voraussetzungen als anerkannte datenaltruistische Organisation eintragen lassen (Art. 18 ff. DGA). Dies hat u. a. zur Folge, dass die Organisation von den Anforderungen an Datenvermittlungsdienste befreit ist. Die Regelungen zum Datenaltruismus sollen also letztlich sog. Datenspenden

---

[66] *Daniel Tolks*, Die finale Fassung des Data Governance Act – Erste Schritte in Richtung einer europäischen Datenwirtschaft, MMR 2022, S. 444 (446); jedenfalls als „Unterfall solcher Dienste" erachten die Datentreuhand *Louisa Specht-Riemenschneider/Aline Blankertz et al.*, Die Datentreuhand – Ein Beitrag zur Modellbildung und rechtlichen Strukturierung zwecks Identifizierung der Regulierungserfordernisse für Datentreuhandmodelle, MMR-Beil. 6/2021, S. 25 (32).

[67] *Tolks* (Fn. 66), S. 446.

ohne kommerzielles Interesse erleichtern. Im Gesundheitskontext ist es dann etwa möglich, dass gemeinnützige Organisationen proaktiv Daten sammeln, um die Forschung an bestimmten seltenen Krankheiten voranzutreiben.

Neben den Regelungen für Datenintermediäre und Datenaltruismus sieht der DGA in Kapitel II zusätzlich Bestimmungen zur Weiterverwendung geschützter Daten öffentlicher Stellen vor. Ähnlich wie bei „offenen Daten", deren Verwendung bereits die Open-Data-Richtlinie[68] regelt, will der Unionsgesetzgeber damit auch die Rahmenbedingungen für die Weiterverwendung solcher Daten schaffen, die mithilfe öffentlicher Gelder generiert oder gesammelt wurden und die aus verschiedenen Gründen geschützt sind.[69]

3. ePA-Anbieter als Datenvermittlungsdienst?

Anbieter der ePA sind strukturell betrachtet ebenfalls eine Art Datenintermediär und könnten als solcher unter die Bestimmungen des Data Governance Acts fallen. Bei der Einstufung als Datenvermittlungsdienst nach dem DGA ist aber bereits zweifelhaft, ob der ePA-Anbieter tatsächlich Geschäftsbeziehungen[70] zwischen Patient:innen als Dateninhaber:innen und Ärzt:innen als Datennutzer:innen „herstellt" oder ob diese sich nicht vielmehr – vergleichbar mit einer Cloud-Lösung – *inter alia* auf die gemeinsame Nutzung der ePA im Rahmen bereits bestehender Behandlungsverträge verständigen. Denn wer nur technische Werkzeuge zur gemeinsamen Datennutzung bereitstellt, die nicht der Herstellung geschäftlicher Beziehungen dienen, stellt ausdrücklich keinen Datenvermittlungsdienst dar (ErwGrd. 28 DGA). Darüber hinaus stellt Art. 2 Nr. 11 lit. d DGA klar, dass Datenvermittlungsdienste von öffentlichen Stellen, zu denen auch die gesetzlichen Krankenkassen als Körperschaften des öffentlichen Rechts gehören, keine Datenvermittlungsdienste sind, sofern diese sie ohne die Absicht anbieten, Geschäftsbeziehungen herzustellen. Im Ergebnis fallen die Grundfunktionen der ePA, welche die gesetzlichen Krankenkassen bereitstellen und faktisch von IT-Dienstleistern einkaufen, nicht in den Anwendungsbereich des DGA für Datenvermittlungsdienste.

Allerdings sieht § 363 Abs. 1 SGB V für Patient:innen die Möglichkeit vor, die Daten aus ihrer elektronischen Gesundheitsakte für Forschungszwecke freizugeben.

---

[68] Richtlinie (EU) 2019/1024 des Europäischen Parlaments und des Rates vom 20. Juni 2019 über offene Daten und die Weiterverwendung von Informationen des öffentlichen Sektors, ABl. L 172/56.

[69] *Tolks* (Fn. 66), S. 445. Vgl. zum Spannungsfeld zwischen Open Data und finanziellen Zwängen der Kommunen *Martini/David Wagner/Dietrich Haußecker*, Das Datennutzungsgesetz als digitalpolitischer Ordnungsrahmen für die Monetisierung kommunaler Daten, NVwZ-Extra 11/2022, S. 1, 2 f.

[70] Der Terminus *commercial relationship* der englischen Fassung ist überdies ein Indiz, dass der Gesetzgeber vor allem ökonomisch motivierte Datennutzungsverträge im Sinn hatte. Bei der ePA in der derzeitigen Ausgestaltung dürfte demgegenüber primär der Austausch von Daten für individuelle Gesundheitszwecke im Vordergrund stehen.

Diese Regelung zur „Datenspende" ist somit eine nationale Regelung, die im Wesentlichen dem Konzept des Datenaltruismus entspricht.[71] Sollte eine ePA-Anbieterin sich als anerkannte datenaltruistische Organisation eintragen wollen, müsste diese u. a. ohne Erwerbszweck handeln und die Datenaltruismus-Tätigkeiten funktionell getrennt von sonstigen Aufgaben ausführen. Einer näheren Betrachtung bedürfte in dem Zusammenhang auch die Rolle des Forschungsdatenzentrums nach § 303d SGV als öffentliche Stelle, die als Dreh- und Angelpunkt zwischen Gesundheitssystem und Forschungseinrichtungen fungieren soll (dazu sogleich IV. 1.).

Festhalten lässt sich jedoch, dass die ePA samt Möglichkeit zur „Datenspende" an die Forschung, nicht dem Idealtypus der im DGA vorgezeichneten Akteur:innen entspricht und deshalb nicht in den Anwendungsbereich der Verordnung fallen.

IV. Datenakkumulation

Eng verknüpft mit der dauerhaften Datenspeicherung mittels App oder ePA ist die Datenakkumulation, also der strukturierte Prozess, um verschiedene Einzelinformationen zu einem großen Datensatz zusammenzufügen. Solche Datensätze sind für die medizinische Forschung sehr wertvoll, da sich aus ihnen etwa bislang unbekannte statistische Korrelationen, etwa durch KI-gestützte Mustererkennung, ziehen lassen.[72] Soweit Verarbeiter personenbezogene Gesundheitsdaten akkumulieren möchten, bedürfen sie dazu einer datenschutzrechtlichen Erlaubnis auf Grundlage des Art. 9 Abs. 2 DSGVO. Auf Basis der Öffnungsklauseln hat der Bundesgesetzgeber Vorschriften zur „forschungskompatiblen ePA" (I.) in §§ 303a ff. SGB V eingefügt. Je nach Kontext der Verarbeitung lassen sich die Vorschriften etwa auf Art. 9 Abs. 2 lit. h DSGVO, der die individuelle Gesundheitsversorgung und damit zusammenhängende Systeme im Gesundheitsbereich wie die ePA betrifft, sowie auf Art. 9 Abs. 2 lit. j i. V. m. Art. 89 DSGVO, der die Forschung mit Gesundheitsdaten betrifft, stützen.[73] Sind Gesundheitsdaten jedoch anfänglich anonym oder erfolgreich anonymisiert (II.) und weisen somit keinen Personenbezug auf, findet die DSGVO *a priori* keine Anwendung, sodass Forscher für das Sammeln dieser Daten keiner datenschutzrechtlichen Erlaubnis bedürfen.

1. Forschungskompatible ePA

Mit dem Digitale-Versorgung-Gesetz (DVG) hat der Gesetzgeber nicht nur Regelungen für die DiGA eingeführt, sondern auch weitere Reformen angestoßen. Dar-

---

[71] *Tolks* (Fn. 66), S. 447.
[72] Vgl. etwa *Yannick Frost*, Künstliche Intelligenz in Medizinprodukten und damit verbundene medizinprodukte- und datenschutzrechtliche Herausforderungen, MPR 2019, S. 117 (118).
[73] *Kühling/Roman Schildbach*, Die Reform der Datentransparenzvorschriften im SGB V, NZS 2020, S. 41 (45).

unter fällt etwa eine grundlegende Reform der Datentransparenzvorschriften in §§ 303a ff. SGB V, die Regelungen zur Weitergabe von Datenbeständen der Krankenkassen an die Forschung vorsehen.[74] Mit dem Entwurf für ein Gesundheitsdatennutzungsgesetz (GDNG) will die Bundesregierung nun weitere Reformschritte vornehmen, insbesondere auf ein Opt-Out-Modell bei der Weitergabe an die Forschung umstellen (vgl. BT-Drs. 20/9046).

Sollen gewisse Daten nach Maßgabe des § 363 Abs. 1 SGB V für Forschungszwecke freigegeben werden, setzt das verschiedene Abläufe in Gang. Zunächst pseudonymisiert die Krankenkasse die freigegebenen Daten und versieht sie mit einer Arbeitsnummer. In einem zweiten Schritt übermittelt sie die pseudonymisierten Daten samt Arbeitsnummer an das Forschungsdatenzentrum[75] nach § 303d SGB V sowie die Arbeitsnummer und das Lieferpseudonym an die Vertrauensstelle[76] nach § 303c SGB V.[77] Die Vertrauensstelle erstellt aus den Lieferpseudonymen periodenübergreifende Pseudonyme (also für das Lieferpseudonym jeder Person periodenübergreifend stets ein gleichbleibendes Pseudonym), aus dem sich semantisch weder auf das Lieferpseudonym noch auf die Identität der Person schließen lässt (§ 303c Abs. 2 SGB V). Die periodenübergreifenden Pseudonyme und dazugehörigen Arbeitsnummern übermittelt die Vertrauensstelle dann wiederum an das Forschungsdatenzentrum, sodass dieses die freigegebenen Daten stets mit zuvor übermittelten Daten verknüpfen, aufbereiten und an antragsberechtigte Stellen weiterleiten kann. Die Vertrauensstelle löscht sodann die Daten, die zu einer Re-Identifikation führen können.[78] § 363 Abs. 8 SGB V stellt überdies klar, dass neben dem aufgezeigten Weg der „Datenspende" über das Datentransparenzverfahren Patient:innen ihre Daten auch auf der „alleinigen Grundlage einer informierten Einwilligung" der Forschung zur Verfügung stellen können.[79]

Doch auch ohne ausdrückliche Erklärung sieht § 303b Abs. 1 SGB V die Übermittlung spezifischer Daten, etwa Alter, Geschlecht, Wohnort, Kosten- und Leistungsdaten oder Vitalstatus, für begünstigte Zwecke (wie etwa der Forschung, § 303e Abs. 2 Nr. 4 SGB V) vor. Ähnlich wie bei der Datenspende sieht das Gesetz auch in diesem Fall die Übertragung – vermittelt durch den Spitzenverband Bund der Krankenkassen – von pseudonymisierten Daten an das Forschungsdatenzentrum

---

[74] Vgl. dazu etwa *Kolain/Molavi* (Fn. 58), S. 36 ff.; *Kühling/Schildbach* (Fn. 73), S. 41; *Weichert*, „Datentransparenz" und Datenschutz, MedR 2020, S. 539.

[75] Die Aufgaben des Forschungsdatenzentrums nimmt das BfArM wahr (§ 2 Abs. 2 DaTraV).

[76] Die Vertrauensstelle ist beim Robert-Koch-Institut angesiedelt und räumlich, technisch, organisatorisch und personell vom Forschungsdatenzentrum getrennt (§ 2 Abs. 1 DaTraV).

[77] Vgl. § 363 Abs. 3 SGB V.

[78] *Kolain/Molavi* (Fn. 58), S. 37, vgl. zu den Komplikationen effektiver Pseudonymisierung ebd. S. 54 ff.

[79] Vgl. dazu und zur Problematik der „breiten Einwilligung" in ganze Forschungsbereiche *Johannes Buchheim*, Die elektronische Patientenakte als Datenfundus für Pharmaindustrie und Gesundheitssektor, PharmR 2022, S. 546 (552).

sowie von Lieferpseudonymen an die Vertrauensstelle vor (§ 303b Abs. 3 SGB V). Gegen diese Form der Übermittlung wenden sich zwei von der Gesellschaft für Freiheitsrechte (GFF) unterstützte Eilanträge bzw. Klagen vor den Sozialgerichten Berlin und Frankfurt:[80] Die Kläger:innen kritisieren, dass die vorgesehene Form der Pseudonymisierung keinen ausreichenden Schutz vor der Reidentifizierung böte und das Gesetz überdies keine Widerspruchsmöglichkeit vorsehe.[81] Das SG Frankfurt hat der betreffenden Krankenkasse die Übermittlung der Daten des Antragstellers im Eilverfahren vorläufig untersagt.[82]

Das Forschungsdatenzentrum, das bei dem BfArM organisatorisch angegliedert ist, erweist sich bei näherem Hinsehen – trotz des Vermittlungszwecks zwischen Bereitstellenden und Forschung – nicht als Datenvermittlungsdienst im Sinne des DGA. Denn als Dienst einer öffentlichen Stelle, der nicht die Herstellung von Geschäftsbeziehungen zum Zweck hat, fällt es aus der Definition des Art. 2 Nr. 11 DGA heraus. Das Konzept des Forschungsdatenzentrums (FDZ), das neben dem FDZ für Gesundheitsdaten beim Robert-Koch-Institut etwa auch beim FDZ der Statistischen Ämter der Länder oder beim Forschungsdaten- und Servicezentrum der Bundesbank Anwendung findet, stand gleichwohl Pate für einen anderen Regelungsbereich des DGA: Die Bestimmungen zur Weiterverwendung geschützter Daten im Besitz öffentlicher Stellen des Kapitel II des DGA haben sich die deutschen Forschungsdatenzentren als bewährtes Beispiel für eine solche Regelung ausdrücklich zum Vorbild genommen.[83]

2. Anonymisierung

Neben der Pseudonymisierung, wie sie bei den Regeln zum Forschungsdatenzentrum zum Einsatz kommt, kommt auch die vollständige Anonymisierung von personenbezogenen Daten als möglicher Weg zur Datenakkumulation in Betracht. Die Anonymisierung bietet gegenüber der Pseudonymisierung den Vorteil, dass erfolgreich anonymisierte Daten, aus denen sich keine Informationen zu einer bestimmten oder bestimmbaren natürlichen Person mehr herleiten lassen, als Daten ohne Personenbe-

---

[80] Die Verfahren werden bei dem SG Frankfurt a. M. unter den Az. S 25 KR 932/22 ER (Eilverfahren) und S 25 KR 1222/22 DS (Hauptsacheverfahren) sowie bei dem SG Berlin unter den Az. S 220 SF 12/22 DS ER (Eilverfahren) und S 220 SF 13/22 DS (Hauptsacheverfahren) geführt.

[81] Siehe https://freiheitsrechte.org/ueber-die-gff/presse/pressemitteilungen-der-gesellschaft-fur-freiheitsrechte/pm-gesundheitsdaten [Abruf: 21.2.2023]. Vgl. aber zur Möglichkeit eines Widerspruchs auf Grundlage der DSGVO *Martini/Hohmann et al.*, Digitale-Versorgung-Gesetz – Widerspruch nicht ganz ausgeschlossen, netzpolitik.org vom 3.12.2019, abrufbar unter https://netzpolitik.org/2019/ein-bisschen-widerspruch-digitale-versorgung-gesundheitsdaten/ [Abruf: 21.2.2023].

[82] SG Frankfurt a. M., ZD 2023, S. 167 m. Anm. *Luisa Lorenz/Hans-Hermann Schild*.

[83] *Andreas Hartl/Anna Ludin*, Recht der Datenzugänge – Was die Datenstrategien der EU sowie der Bundesregierung für die Gesetzgebung erwarten lassen, MMR 2021, S. 534 (535); *Europäische Kommission*, Impact Assessment Report, SWD(2020), 25.11.2020, S. 13.

zug nicht der DSGVO unterliegen.[84] Da beim Anonymisieren die Verzweigungen der Originaldatensätze bewusst „getrimmt" werden, geht damit in aller Regel auch ein Verlust an Aussagekraft einher.

Ob der Anonymisierungsprozess als solcher, der ja im Ausgangsstadium personenbezogene Daten nutzt, aus denen er sodann die Informationen mit Personenbezug herausfiltert, eine Verarbeitung im Sinne des Art. 4 Nr. 2 DSGVO handelt, ist gleichwohl umstritten.[85] Da der Verarbeitungsbegriff der DSGVO jeglichen Umgang mit personenbezogenen Daten erfasst und die Anonymisierung eine Veränderung dieser Daten darstellt, spricht indes viel dafür, dass der Prozess der Anonymisierung einer Rechtsgrundlage bedarf.[86]

Schwierigkeiten bereitet überdies die Frage, wie sich eine rechtssichere dauerhafte Anonymisierung ohne jede Reidentifikationsgefahr technisch in einer Organisation umsetzen lässt, die vielfältige Datenbestände verarbeitet. Denn ein Personenbezug kann nach Maßgabe der DSGVO bereits dann bestehen, wenn ein Dritter über das notwendige Wissen verfügt, das die Gefahr der Identifizierung des Betroffenen mit verhältnismäßigem Aufwand wahrscheinlich macht.[87] Gerade Gesundheitsinformationen sind häufig so individuell, dass insbesondere bei Verknüpfung mit Big-Data-Datensätzen stets mit Rückschlüssen auf die betroffene Person zu rechnen ist.[88] Aus diesem Grund lässt sich aus der technischen Durchführung der Anonymisierung nicht stets auf die rechtliche Einstufung als „anonymes Datum" schließen.[89]

Weder der Unionsgesetzgeber der DSGVO noch die Aufsichtsbehörden haben bislang konkrete Vorgaben dazu gemacht, welche technischen oder organisatorischen Maßnahmen genügen, damit eine Deanonymisierung durch einen konkreten Verantwortlichen unverhältnismäßig oder ausgeschlossen ist. Es bleibt deshalb ein offenes Rätsel des Datenschutzrechts, was ein Verantwortlicher konkret tun muss, um zu gewährleisten, dass bei ihm kein personenbezogenes Datum (mehr) vorliegt. Dadurch entsteht ein enormes Maß an Rechtsunsicherheit.

Eine Möglichkeit, Daten auf hinreichende Anonymität zu prüfen, zeichnet das zweigeteilte Anyonymitätsbewertungsverfahren (*Anonymity Assessment*) von *Ko-*

---

[84] Vgl. ErwGrd. 26 S. 5, 6 DSGVO. Pseudonymisierte Daten gelten demgegenüber als personenbezogene Daten, da sie sich durch Verknüpfung mit zusätzlichen Informationen wieder einer natürlichen Person zuordnen lassen (ErwGrd. 26 S. 3 DSGVO).

[85] Vgl. zum Meinungsstand *Gierschmann*, Gestaltungsmöglichkeiten durch systematisches und risikobasiertes Vorgehen – Was ist schon anonym?, ZD 2021, S. 482 (484).

[86] So auch der *BfDI*, Positionspapier zur Anonymisierung unter der DSGVO unter besonderer Berücksichtigung der TK-Branche, 29.6.2020, S. 5.

[87] *Martini/Hohmann* (Fn. 16), S. 3574 weisen darauf hin, dass Verantwortliche bei der Bewertung des Reidentifikationsrisikos womöglich auch Hackerangriffe berücksichtigen müssen.

[88] Ebd.

[89] *Kolain/Christian Grafenauer/Ebers*, Anonymity Assessment – A Universal Tool for Measuring Anonymity of Data Sets Under the GDPR with a Special Focus on Smart Robotics, 2021, S. 29.

lain/Grafenauer/Ebers vor.⁹⁰ Dieses sieht sowohl eine objektive Anonymitätsbewertung (*Objective Anonymity Score*), die das objektive Restrisiko einer Identifizierung mit statistischen Mitteln nach dem derzeitigen Stand der Technik erfasst, als auch eine subjektive Anonymitätsbewertung (*Subjective Anonymity Score*) vor, die wiederum individuelle Kriterien wie Zeit und Kosten der Deanonymisierung mit einbezieht.⁹¹ Auch die *Stiftung Datenschutz* hat jüngst einen Praxisleitfaden und Ansatzpunkte für *Codes of Conducts* (Art. 40 DSGVO) im Bereich der Anonymisierung vorgestellt.⁹² Ohne eine klare Positionierung der Aufsichtsbehörden zu den Schwellenwerten einer erfolgreichen Anonymisierung – etwa operationalisiert durch einen Zertifizierungsmechanismus nach Art. 42 DSGVO⁹³ – oder eine Entscheidung des Europäischen Gerichtshofs (EuGH), ist jedoch fraglich, ob die Methodiken aus der Wissenschaft den Praxistest bestehen und die Rechtsunsicherheit beseitigen können.

V. Datenauswertung im Forschungskontext

Große Datensätze, die qualitativ hochwertige Patientendaten aggregieren, könnten der medizinischen Forschung etwa dabei helfen, durch lernfähige Softwareanwendungen bislang unbekannte Korrelationen zu entschlüsseln. So ließen sich neuartige Zusammenhänge in der Diagnostik und bislang unbekannte Behandlungsmethoden entdecken. Denn Gesundheitsdatensätze lassen sich etwa auch dazu nutzen, Nebenwirkungen von Medikamenten aufzuspüren.⁹⁴ Auch wenn in der Medizin seit jeher in großer Vielzahl Daten erhoben werden, wie etwa Röntgenaufnahmen und Blutbilder, haben Forscher bislang selten hinreichenden Zugriff auf Datensätze in der Größenordnung, die sie für repräsentative Studien benötigen.⁹⁵ Um diesen Zustand zu bessern, bestehen sowohl auf nationaler Ebene (1.) als auch auf Unionsebene (2.) Pläne, den Datenzugang für Forschende zu vereinfachen.

---

⁹⁰ Vgl. ebd., S. 8 ff.

⁹¹ Ebd., S. 29.

⁹² https://stiftungdatenschutz.org/praxisthemen/anonymisierung [Abruf: 21.2.2023].

⁹³ *Kolain/Grafenauer/Ebers* (Fn. 89), S. 30.

⁹⁴ *Specht-Riemenschneider/Alexander Wehde*, Forschungsdatenzugang – Rahmenbedingungen, Prinzipien und Leitlinien für einen privilegierten Zugang zu Daten für Forschung und Wissenschaft, ZGI 2022, S. 3.

⁹⁵ Zwar sieht etwa die Öffnungsklausel des Art. 9 Abs. 2 lit. j DSGVO datenschutzrechtliche Privilegien für die wissenschaftliche Forschung vor, von der der Bundesgesetzgeber mit § 27 BDSG auch Gebrauch gemacht hat. Es finden sich auch in anderen Gesetzen vereinzelt „Forschungsklauseln", die der Forschung Auskunft oder Zugriff gewähren, etwa § 5a NetzDG oder § 303e SGB V. Allgemeine sektorübergreifende Regelungen für den Zugang zu Daten seitens der Wissenschaft gibt es indes bislang nicht, vgl. *Specht-Riemenschneider/Wehde* (Fn. 94), S. 4.

1. Pläne auf nationaler Ebene

Auf Bundesebene hat die Regierungskoalition in ihrem Koalitionsvertrag[96] für die laufende Legislaturperiode zwei Gesetzesvorhaben vereinbart, die den Forschungszugang zu (Gesundheits-)Daten verbessern sollen. So sieht er zum einen ein Gesundheitsdatennutzungsgesetz vor, das es der Forschung vereinfachen soll, Gesundheitsdaten „in Einklang mit der DSGVO" zu nutzen.[97] Im Zusammenhang mit dem Gesetz möchte die Bundesregierung auch eine dezentrale Forschungsdateninfrastruktur aufbauen. Ganz in diesem Sinne sieht das Bundesministerium für Gesundheit in seiner im März 2023 präsentierten Digitalisierungsstrategie vor, Dateninfrastrukturen „durch verbindliche Interoperabilitätsvorgaben unter Nutzung international anerkannter Standards"[98] zu vernetzen und zu harmonisieren. Im Hinblick auf den Datenschutz soll es nach dem Wunsch des BMG eine einheitliche federführende Datenschutzaufsicht für sämtliche länderübergreifende Forschung im Gesundheitsbereich geben.[99]

Als weiteren Baustein auf dem Weg zur besseren Verfügbarkeit gesundheitsbezogener Daten für die Wissenschaft sieht der Koalitionsvertrag den Entwurf eines Forschungsdatengesetzes vor, das den Zugang zu Daten für die öffentliche wie private Forschung „umfassend verbessern sowie vereinfachen" soll.[100] Bislang ist der Datenzugang in Deutschland auf die Forschungsdatenzentren und im medizinischen Bereich auf den Zugang zu Daten des Forschungsdatenzentrum beim BfArM nach § 303e SGB V beschränkt.[101] Möchte der Gesetzgeber ein allgemeines Forschungsdatenzugangsgesetz schaffen, muss er die unterschiedlichsten und häufig konfligierenden Interessen berücksichtigen und miteinander versöhnen. Denn dem Zugangsinteresse der Forschung stehen nicht nur die Datenschutzrechte der Patient:innen, sondern auch Urheberrechte, etwa von Studienautoren, bzw. Geschäftsgeheimnisse von Hersteller:innen und datenverarbeitenden Unternehmen gegenüber.

Konkrete Vorschläge für die mögliche regulatorische Ausgestaltung des Forschungsdatenzugangs unterbreiten *Specht-Riemenschneider/Wehde*. Sie plädieren für ein gestuftes Regulierungssystem, das sich aus einem grundrechtsunmittelbaren

---

[96] SPD, Bündnis 90/Grüne, FDP, Koalitionsvertrag 2021–2025, 7.12.2021.

[97] Ebd., S. 67.

[98] *Bundesministerium der Gesundheit*, Gemeinsam digital – Digitalisierungsstrategie für das Gesundheitswesen und die Pflege, 2023, S. 25.

[99] *Bundesministerium der Gesundheit*, Pressemitteilung: Bundesgesundheitsminister legt Digitalisierungsstrategie vor, https://www.bundesgesundheitsministerium.de/presse/pressemitteilungen/digitalisierungsstrategie-vorgelegt-09-03-2023.html [Abruf: 30.3.2023]. Siehe dazu nun den Vorschlag der Bundesregierung in § 5 des Entwurfs für ein Gesundheitsdatennutzungsgesetz (GDNG-E), BT-Drs. 20/9046, S. 16.

[100] SPD, Bündnis 90/Grüne, FDP (Fn. 96), S. 18.

[101] Vgl. *Specht-Riemenschneider/Wehde* (Fn. 94), S. 4. Der GDNG-E sieht neben der Umstellung auf ein Opt-Out-Verfahren bei der Weitergabe von Gesundheitsdaten aus der ePA an das Forschungsdatenzentrum auch eine Erweiterung der Zugriffsberechtigten auf alle natürlichen und juristischen Personen vor.

Datenzugangsanspruch, „echten" Forschungsklauseln, Regeln für Open Data, Transparenz- und Berichtspflichten sowie aus Datenzugangsgewährungserlaubnissen zusammensetzt.[102] Für den Gesundheitssektor schlagen sie ein „gemischtes System originärer Forschungsklauseln mit zentralen Datenspeichern, dezentral-zentralen Datenspeichern (…) und gänzlich dezentralen Datenspeichern"[103] vor. Wann und mit welchem Inhalt das Forschungsdatengesetz in der laufenden Legislaturperiode als Referentenentwurf in die öffentliche sowie parlamentarische Debatte Einzug finden wird, ist derzeit noch offen. Das insoweit federführende Bundesministerium für Bildung und Forschung hat ein öffentliches Konsultationsverfahren zum Forschungsdatengesetz gestartet, um sich ein möglichst umfassendes Bild von den konkreten Bedarfen der Praxis einzuholen.[104] Um Datenzugänge für die Forschung zu ermöglichen, hatte die Bundesregierung im EU-Rat auch vorgeschlagen, ein eigenes Kapitel im Data Act (Datengesetz-E, dazu sogleich II. 1.) vorzusehen, konnte dafür aber keine Mehrheit erzielen; immerhin stieß sie damit einen Prozess an, der in der allgemeinen Ausrichtung des Rates eine Öffnungsklausel für nationale Forschungsdatenzugänge auf die Daten aus vernetzten Produkten vorsieht.

2. Entwürfe der Europäischen Kommission

Auch die EU-Kommission schickt sich an, die datengetriebene Forschung durch verbesserte regulatorische Rahmenbedingungen zu unterstützen. Zu diesem Zweck hat sie sowohl den Verordnungsentwurf eines Datengesetzes (a)) als auch den Entwurf einer Verordnung über einen europäischen Gesundheitsdatenraum (*European Health Data Space*, im Folgenden: EHDS-E)[105] (b)) initiativ in den Gesetzgebungsprozess eingespeist. Während das legislative Schicksal des EHDS-E noch offen ist, haben sich Kommission, Parlament und Rat in den Trilog-Verhandlungen zum Datengesetz bereits auf einen Kompromisstext (Datengesetz-E)[106] geeinigt. Eine baldige Verabschiedung des Verordnungstexts sowie dessen Veröffentlichung im Amtsblatt steht damit zu erwarten.

---

[102] *Specht-Riemenschneider/Wehde* (Fn. 94), S. 8.

[103] Ebd., S. 10.

[104] https://www.bmbf.de/bmbf/shareddocs/kurzmeldungen/de/2023/03/230306-forschungsdatengesetz.html [Abruf: 30.3.2023].

[105] Vorschlag für eine Verordnung des Europäischen Parlaments und des Rates über den europäischen Raum für Gesundheitsdaten, COM(2022) 197 final.

[106] Proposal for a Regulation of the European Parliament and of the Council on harmonised rules on fair assess to and use of data (Data Act) – Analysis of the final compromise text in view to agreement, EU-Dok. Nr. 11284/23.

a) Datengesetz (*Data Act*)

Mit dem *Data Act* bezweckt die Union, Hindernisse für den Binnenmarkt für Daten abzubauen, indem sie festlegt, wer unter welchen Bedingungen und auf welcher Grundlage berechtigt ist, auf Daten zuzugreifen.[107]

Konkret sieht der Entwurf etwa in Art. 4 Abs. 1 Datengesetz-E ein Recht der Nutzenden – sie können etwa Besitzer, Mieter oder Leasingnehmer sein (Art. 2 Nr. 5 Datengesetz-E) – auf Zugang zu Daten vor, die sie bei der Nutzung eines vernetzten Produkts oder verbundenen Diensts erzeugt haben. „Vernetztes Produkt" meint jeden Gegenstand, der Daten über seine Umgebung erfassen und über einen öffentlichen elektronischen Kommunikationsdienst übermitteln kann (Art. 2 Nr. 2 Datengesetz-E), während der „verbundene Dienst" ein digitaler Dienst wie etwa Software ist, der mit dem Produkt unmittelbar verknüpft ist und den das Produkt für seine Tätigkeiten benötigt (Art. 2 Nr. 3 Datengesetz-E). Ein solches Produkt können etwa Fitnessgeräte ohne medizinische Zweckbestimmung (sog. Enhancement-Wearables), aber ausdrücklich auch Medizin- und Gesundheitsprodukte sein (ErwGrd. 14 S. 3 Datengesetz-E). Ausnahmen vom Zugangsrecht bestehen etwa bei Geschäftsgeheimnissen (Art. 4 Abs. 3 Datengesetz-E) oder mangelnder datenschutzrechtlicher Grundlage (Art. 4 Abs. 5 Datengesetz-E), weil etwa personenbezogene Daten Dritter betroffen sind.

Der Datengesetz-E geht indes auch über persönlichkeitsrelevante Aspekte des Datenteilens hinaus. Entstehen bei der Nutzung eines Produkts nicht-personenbezogene Daten, soll der Dateninhaber diese künftig nur noch auf Basis eines Vertrags mit dem Nutzer verwenden (Art. 4 Abs. 6 Datengesetz-E). Generiert oder speichert ein physisches Produkt Nutzerdaten, muss der Dateninhaber daher, wenn er diese Daten etwa zur Marktanalyse oder Produktentwicklung nutzen möchte, nach Inkrafttreten des Datengesetzes auch bei anonymen Daten eine Vereinbarung mit den einzelnen Nutzer:innen abschließen.

Für die Forschung wird das Zugangsrecht der Nutzenden insoweit interessant, als diese nach Art. 5 Datengesetz-E auch die Weitergabe an einen Dritten verlangen können. Dritter kann neben einem Unternehmen explizit auch eine Forschungseinrichtung oder gemeinnützige Organisation sein (ErwGrd. 29 S. 1 Datengesetz-E), sodass Nutzende die Wissenschaft auf dieser Basis explizit mit einer „Datenspende" bedenken können. Als Empfänger kommen aber auch Datenvermittlungsdienste oder datenaltruistische Organisationen i. S. d. DGA in Betracht.[108]

Eine besondere Pflicht, private Daten an Behörden „wegen außergewöhnlicher Notwendigkeit" weiterzugeben, regelt Kapitel V Datengesetz-E. Eine solche Notsituation sieht die Kommission dann gegeben, wenn die Daten zur Bewältigung eines öffentlichen Notstands notwendig sind (Art. 15 Abs. 1 lit. a Datengesetz-E). Ein öffentlicher Notstand liegt wiederum in einer Ausnahmesituation vor, die sich negativ

---

[107] ErwGrd. 4 Datengesetz-E.
[108] Dazu oben III. 2.

auf die Union oder einen Mitgliedstaat auswirken kann und die u. a. das Risiko schwerwiegender Folgen für die Lebensbedingungen oder die wirtschaftliche Stabilität birgt (Art. 2 Nr. 10 Datengesetz-E). Unter diese Definition des öffentlichen Notstands ließe sich – was kein Zufall sein dürfte – der Ausbruch der Corona-Pandemie in Europa Anfang 2020 subsumieren: Die Kommission wollte mit dem Verordnungsvorschlag explizit „Lehren aus der COVID-19-Pandemie und den Vorteilen von im Bedarfsfall leichter zugänglicher Daten"[109] ziehen. Im Ergebnis entsteht erstmals ein originärer adhoc-Zugangsanspruch öffentlicher Stellen gegenüber der Privatwirtschaft.[110]

Außerhalb des öffentlichen Notstands kann eine außergewöhnliche Notwendigkeit gegeben sein, wenn eine öffentliche Stelle aufgrund fehlender nicht personenbezogener Daten gehindert ist, ihre gesetzlich vorgesehene Aufgabe zu erfüllen und sie die Daten auch nicht anderweitig, etwa auf dem Markt zu Marktpreisen, einholen kann (Art. 15 Abs. 1 lit. b Datengesetz-E). Im Rahmen der außergewöhnlichen Notwendigkeit kann die befasste Behörde die Daten auch an im öffentlichen Interesse handelnde Forschungsinstitutionen weiterleiten, damit diese mit ihrer Expertise bei der Bewältigung der Situation unterstützen können (Art. 21 Datengesetz-E). Eine weitere Nutzung für andere (Forschungs-)Zwecke ist untersagt (Art. 21 Abs. 3 i. V. m. Art. 19 Datengesetz-E).

Im Vergleich zur Kommissionfassung sieht die finale Trilog-Fassung weitere Einschränkungen bei der Pflicht zur Datenweitergabe im Ausnahmefall vor: KMU sind nunmehr von der Auskunftspflicht ausgenommen, soweit kein öffentlicher Notstand vorliegt (Art. 15 Abs. 2 Datengesetz-E). Ebenfalls in Abweichung zur Kommissionsfassung müssen öffentliche Stellen auch im Fall eines öffentlichen Notstands nachweisen, dass sie die notwendigen Daten nicht auf andere Weise rechtzeitig und unter gleichwertigen Bedingungen beschaffen konnten (Art. 15 Abs. 1 lit. a Datengesetz-E).

Mit Regeln zur Interoperabilität europäischer Datenräume (Art. 28 Datengesetz-E) möchte der Unionsgesetzgeber darüber hinaus sicherstellen, dass der EU-weite Fluss von Daten nicht an unterschiedlichen Systemen, inkompatiblen Formaten und Schnittstellen scheitert. Hier kommt erneut die Sphäre der technischen Standardisierung ins Spiel: Erfüllen Datenraumbetreiber harmonisierte Normen, greift die Rechtsvermutung, dass sie mit den Interoperabilitätsanforderungen in Einklang stehen (Art. 28 Abs. 3 Datengesetz-E). Die Kommission soll gleichermaßen wiederum

---

[109] COM(2022) 68 final, Begründung S. 8.

[110] Kritik daran kommt u. a. von der DIHK, vgl. *Deutscher Industrie- und Handelskammertag*, Stellungnahme zum Vorschlag für eine Verordnung über harmonisierte Vorschriften für einen fairen Datenzugang und eine faire Datennutzung (Datengesetz), 13. 5. 2022, S. 11 ff.: So sei das Teilen von Daten auf freiwilliger Basis, etwa auf Grundlage steuerlicher Anreize, gegenüber den in Art. 15 ff. vorgesehenen Regelungen grundsätzlich vorzugswürdig. Ferner seien die Rechtsbegriffe „außergewöhnliche Notwendigkeit", „öffentliche Notlage" und „andere Ausnahmesituation" allesamt wenig konkret. Es bedürfe daher einer gesetzgeberischen Konkretisierung, in welchem zeitlichen und inhaltlichen Umfang Daten weiterzugeben seien.

gemeinsame Spezifikationen erlassen können, sofern keine einschlägigen harmonisierten Normen zur Verfügung stehen (Art. 28 Abs. 5 Datengesetz-E).

b) Europäischer Gesundheitsdatenraum

Mit dem Vorschlag zum europäischen Gesundheitsdatenraum wagt die Kommission einen ersten Aufschlag für einen bereichsspezifischen Datenraum im europäischen Binnenmarkt. Diese Idee der Datenräume („data spaces") stammt aus der europäischen Datenstrategie[111] und soll später auf andere Bereiche (etwa Umwelt- oder Energiedaten) skaliert werden. Der Datenraum soll einerseits Einzelpersonen den Zugriff auf bzw. die Kontrolle über personenbezogenen Gesundheitsdaten erleichtern (Primärnutzung), aber auch den grenzüberschreitenden Datenaustausch sowie die Weiterverwendung für Forschungs- und gemeinnützige Zwecke (Sekundärnutzung) verbessern.[112] Der EHDS-E sieht zu diesem Zweck sektorspezifische Regelungen vor, welche die EU-Kommission als Erweiterung der horizontalen Regelungen des DGA und des Datengesetz-E versteht.[113] Harmonisierte Regeln und Datenumgebungen im Gesundheitsbereich sollen zudem auch dazu beitragen, die Entwicklung und Nutzung datengetriebener Gesundheitsdienste im Binnenmarkt zu verbessern. Regelungssystematisch untergliedert sich der Entwurf grob in die folgenden Bereiche: Vorschriften zur Primärnutzung von Daten, die insbesondere Patient:innen die Kontrolle über ihre Gesundheitsdaten ermöglichen sollen; Vorschriften zur Sekundärnutzung von Daten, welche die Bereitstellung von Daten für „andere Zwecke mit gesellschaftlichem Nutzen" wie etwa der Forschung regeln; Vorschriften zur Verbesserung des Binnenmarkts durch einen einheitlichen Rechtsrahmen für die ePA (ErwGrd. 1 EHDS-E). Weitere Kapitel regeln etwa die Einrichtung eines Ausschusses für den Gesundheitsdatenraum (sog. EHDS-Ausschuss) sowie die Ermächtigung der Kommission, delegierte Rechtsakte zu erlassen.

Die für die Forschung relevanten Regelungen über die Sekundärnutzung verpflichten einerseits Dateninhaber, gesammelte Gesundheitsdaten bereitzustellen – dazu zählen etwa die ePA (Art. 33 EHDS-E). Dateninhaber im Sinn der EHDS-E ist jede natürliche oder juristische Person, die im Gesundheits- und Pflegesektor bzw. der Gesundheitsforschung tätig und berechtigt – etwa nach der DSGVO – oder verpflichtet ist, Gesundheitsdaten zur Verfügung zu stellen (Art. 2 Abs. 2 lit. y EHDS-E). Die „Zugangsstellen für Gesundheitsdaten" gewähren Antragsstellern als vermittelnde Instanz Zugang zu Daten für näher spezifizierte Zwecke – wie etwa der öffentlichen Gesundheit, wissenschaftlichen Forschung, aber auch zum Training, der Erprobung oder Bewertung von KI-Systemen und Medizinprodukten (Art. 34 EHDS-E). Explizit ausgeschlossen ist die Sekundärnutzung der Daten etwa zum Schaden einer natürlichen Person, für Werbezwecke, zur Entwicklung

---

[111] COM(2022) 197 final, Begründung S. 1.
[112] Vgl. ebd.
[113] Ebd., S. 5.

schädlicher Produkte oder zur Änderung von Versicherungsprämien (Art. 35 EHDS-E). Die Regelungen des DGA zu Datenaltruismus ergänzt Art. 40 EHDS-E sektorspezifisch für den Gesundheitsbereich.

Der EHDS-E soll systematisch neben die Vorschriften der DSGVO treten, die insoweit unberührt bleiben und ebenso anzuwenden sind. Für den Bereich der Primärnutzung möchte die Kommission den Patient:innen gleichwohl mit Art. 3 EHDS-E ein zusätzliches sektorales Auskunftsrecht an die Hand geben, das über den datenschutzrechtlichen Auskunftsanspruch des Art. 15 DSGVO hinausgeht. Für den Bereich der Sekundärnutzung stellt ErwGrd. 37 S. 2 EHDS-E klar, dass der EHDS-E insoweit als Rechtsgrundlage für die Verarbeitung auf Grundlage der Öffnungsklauseln des Art. 9 Abs. 2 lit. g, h, i, j DSGVO gelten soll. Der Datenantragsteller soll ferner eine Rechtsgrundlage im Sinne des Art. 6 DSGVO nachweisen müssen (ErwGrd. 37 S. 3 EHDS-E). Die Privatsphäre der betroffenen Patient:innen soll nach dem Willen der Kommission regelmäßig dadurch geschützt sein, dass eine Anonymisierung der Daten[114] stattfindet (ErwGrd. 49 S. 2 EHDS-E). Wenn der Datennutzer personenbezogene Gesundheitsdaten benötigt, weil diese für die geplante Verarbeitung erforderlich sind, soll die Zugangsstelle die Daten pseudonymisieren (ErwGrd. 49 S. 4 EHDS-E). Der Bayerische Landesbeauftragte für den Datenschutz *Petri* sieht gleichwohl datenschutzrechtliche Defizite: So sehe der Verordnungsentwurf etwa nicht einmal in Ausnahmefällen ein Widerspruchsrecht vor, sodass selbst nach dem Gendiagnostikgesetz (GenDG) besonders geschützte genetische Daten weiterzuleiten seien.[115] Dass die DSGVO Anwendung finde, helfe dabei wenig, da Art. 6 Abs. 1 UAbs. 1 lit. c DSGVO für den Fall der Übermittlung zur Erfüllung einer rechtlichen Pflicht kein Widerspruchsrecht vorsehe.[116]

Um die Übertragbarkeit personenbezogener Gesundheitsdaten zu erleichtern, sieht der Entwurf zusätzliche Regelungen zur Harmonisierung und Interoperabilität von elektronischen Patientenakten und den dazugehörigen Diensten, sog. EHR-Systemen, vor. Unter elektronischer Patientenakte bzw. EHR (*Electronic Health Record*) versteht der Entwurf nicht nur die in Deutschland von den Krankenkassen angebotenen zentralen ePAs, sondern jede Sammlung elektronischer Gesundheitsdaten einer natürlichen Person, sofern diese im Gesundheitssystem für Gesundheitszwecke Verwendung findet (Art. 2 Abs. 2 lit. m EHDS-E). EHR-Systeme sind demnach jegliche Software oder Geräte, die nach dem Willen des Herstellers elektronische Patientenakten anzeigen, bearbeiten, speichern, im- und exportieren oder konvertieren (Art. 2 Abs. 2 lit. n EHDS-E). Demgegenüber sind sog. Wellness-Anwendungen (Art. 2 Abs. 2 lit. o EHDS-E), die nicht zur Verwendung im Gesundheitssystem be-

---

[114] Zu dem Problem, dass eine wirksame Anonymisierung bei Gesundheitsdaten kaum möglich ist, siehe oben IV. 2.

[115] *Petri*, Die primäre und sekundäre Nutzung elektronischer Gesundheitsdaten, DuD 2022, S. 413 (418).

[116] Ebd.

stimmt sind und die Nutzer etwa lediglich zum Messen ihres sportlichen Erfolgs nutzen, keine EHR-Systeme.

Für EHR-Systeme legt Anhang II EHDS-E grundlegende Anforderungen an Interoperabilität und Sicherheit fest, deren Erfüllung Hersteller mit einer Konformitätserklärung erklären müssen (Art. 17 Abs. 1 lit. d i. V. m. Art. 26 EHDS-E). Erklären Hersteller von Medizinprodukten und Hochrisiko-KI-Systemen, dass ihre Produkte mit EHR-Systemen operabel sind, müssen sie ebenfalls die Anforderungen an die Interoperabilität aus Anhang II Abschnitt 2 EHDS-E nachweisen (Art. 14 Abs. 2 und 3 EHDS-E). Der deutsche Gesetzgeber will bei der nationalen Umsetzung offenbar besonders schnell sein und hat – parallel zur Beratung des EHDS-E im EU-Rat – mit den Entwürfen für DigiG und GDNG bereits synchronisierte nationale Reformgesetze für die Primär- und Sekundärnutzung von Gesundheitsdaten vorgelegt.

VI. Personalisierung

Am Ende des „Datenkreislaufs" der datengetriebenen Medizin steht die Personalisierung, also die an den konkreten Patienten angepasste Maßnahme (bspw. Therapie). Auf Basis persönlicher Faktoren von Patienten, wie etwa Geschlecht, Alter und Vorerkrankungen, lässt sich häufig eine wirksame, maßgeschneiderte Behandlungslösung finden, die einem „one size fits all"-Ansatz überlegen ist. Es gehört seit jeher zur Aufgabe von Ärzt:innen, jede:r Patient:in die passende und individuelle beste Therapie zu empfehlen.

Der EHDS-E sieht daher in Art. 34 Abs. 1 lit. h EHDS-E auch die Datenweitergabe für Zwecke der „Bereitstellung einer personalisierten Gesundheitsversorgung" als geeigneten Zweck an. Anhand der bereitgestellten Daten anderer Patient:innen können Ärzt:innen etwa vergleichend bewerten, welche Therapien bei ähnlichen Parametern am erfolgreichsten waren und die Therapie der von ihnen zu behandelnden Person daran orientieren.

Eine Personalisierung außerhalb des regulierten Gesundheitswesens – etwa durch Apps, die keine DiGA sind, oder unzertifizierte Wearables – ist jedoch datenschutz- wie auch verbraucherschutzrechtlich mit Vorsicht zu genießen.[117]

VII. Systematisierung „von unten"

Der Überblick über die Vielzahl an gesetzlichen Neuerungen und regulatorischen Initiativen, die sich um die Frage drehen, unter welchen Voraussetzungen einzelne Akteure gesundheitsbezogene Daten generieren, auswerten, akkumulieren, speichern und weitergeben dürfen, lässt bereits erahnen: Wer sensible Gesundheitsdaten verarbeitet, sieht sich einem komplexen Regelungsgefüge ausgesetzt. Neben der blo-

---

[117] Vgl. etwa *Victoria Seeliger*, Qualitätskriterien für Gesundheits-Apps – Eine Analyse der bisherigen Rechtslage, GuP 2022, S. 91 (97 f.).

ßen Fülle der Rechtsakte, ihrer Detailtiefe und terminologischen Unbestimmtheit zum jetzigen Zeitpunkt, erweist sich ein Befund als besonders problematisch: Die Normgefüge der einzelnen Rechtsakte sind sowohl in materieller als auch formeller Hinsicht allenfalls teilweise aufeinander abgestimmt und bleiben in Bezug auf spezifische Verarbeitungssituationen häufig unkonkret.

Dadurch droht in der Praxis eine Entwicklung, die im schlimmsten Fall verhindert, dass Forschung, Ärzt:innen und Industrie das volle Potenzial datengetriebener Medizin heben können. Dadurch setzen sich innovative Ansätze, die womöglich das Leben von Patient:innen retten oder deren Gesundheitszustand verbessern könnten, im europäischen Binnenmarkt nicht durch – und schwappen später aus anderen Rechtsräumen mit geringen Schutzniveaus zu uns herüber. Der EU steht es deshalb besser zu Gesicht, durch eine Kombination aus horizontalen und sektorspezifischen Rechtsakten die Grundlage für eine nachhaltige und faire Datenökonomie zu legen, die dem individuellen Bedürfnis nach Privatsphäre angemessen Rechnung trägt. Dann wird im besten Fall „eHealth made in Europe" zum Markenkern für Lösungen, die Schutzinteressen der beteiligten Akteure – von Ärzt:innen über Pharmakonzerne bis hin zu Universitätskliniken und eben den einzelnen Patient:innen – durch technisch ausgefeilte Lösungen in Balance bringt. Dass weder der Staat noch private Unternehmen in der Lage sein sollten, den Einzelnen in seiner Persönlichkeit und im Hinblick auf seine gesundheitliche Verfassung vollständig zu katalogisieren, ihm aufgrund des überlegenen Wissens paternalistische Vorstellungen über ein „gutes Leben" aufzudrängen oder ihn heimlich zu vermessen und durch verhaltenspsychologisch wirksame Mittel zu lenken, ist Ausdruck der Menschenwürde.[118]

Um der bestehenden Rechtsunsicherheit zu begegnen, kann aber auch eine umfangreiche und ebenenübergreifende Deregulierung für den Bereich der Gesundheitsanwendungen keine sinnvolle Lösung sein. Denn die Sicherheit der Patient:innen ist sowohl in gesundheitlicher, als auch in persönlichkeitsrechtlicher Hinsicht grundrechtlich geschützt. Der Staat ist aufgerufen, den Einzelnen vor illegitimen Übergriffen aus dem Gesundheitswesen oder der Privatwirtschaft effektiv abzuschirmen. Vielmehr sollten die beteiligten Akteure ihre Anstrengungen darauf lenken, die abstrakten Vorgaben mit geeigneten Instrumenten bis zur Anwendungsebene herunterzubrechen – wie es in Europa etwa auch im Bereich der Zulassung zum Straßenverkehr oder im Arzneimittelrecht durch eine jahrzehntelange Rechtsentwicklung im Zusammenspiel aller gesellschaftlicher Stakeholder gelungen ist.[119] So ist im Jahre 2023 hinreichend geklärt, welche Vorgaben zu erfüllen sind, um einen Neuwagen, einen Impfstoff oder bestimmte Lebensmittel auf den Markt zu bringen – durch kluge Regulierung kann dies bei Anwendungen einer datengetriebenen Medizin in einigen Jahr(zehnt)en ähnlich sein.

---

[118] Dazu aus grundrechtsdogmatischer Sicht im Einzelnen *Quirin Weinzierl*, Dissertation Speyer, 2023 (i.E.).

[119] Dazu *Kolain* (Fn. 49).

Ein sinnvoller und niedrigschwelliger Weg, um die rechtlichen Vorgaben für eine datengetriebene Medizin zu systematisieren und einander inhaltlich anzugleichen, stellt eine Ausweitung bzw. verstärkte Nutzung des Konzepts der harmonisierten Normen dar. Die spätere Entwicklung und staatliche Anerkennung von Standards sollten die an der Gesetzgebung beteiligten Institutionen – ähnlich wie bei der Verankerung von Verordnungsermächtigungen oder der Befugnis delegierter Rechtsakte – als regulatorische Instrumente stets *en détail* mitdenken.

Das heißt konkret, erstens, dass die Standardisierungsorganisationen einerseits in der Lage sein müssen, jedenfalls ein Mindestmaß an Repräsentativität, Diversität und Interessenausgleich abzubilden.[120] Zivilgesellschaftliche und wissenschaftliche Akteure spielen in der Standardisierungswelt bislang noch keine tragende Rolle; oftmals fehlt ihnen der (auch finanzielle) Anreiz, sich intensiv an der Arbeit in DIN, CEN und ISO zu beteiligen. Neben den Standardisierer:innen mit engem Fokus, die etwa im Bereich KI, Blockchain oder Medizinprodukte eine detaillierte Expertise aufweisen, wird es zunehmend auch Standardisierungs-Generalist:innen geben müssen. Deren Kenntnisse lägen dann eher auf der Systematisierung zwischen verschiedenen Standardisierungsdömanen und dem generellen Zusammenspiel zwischen rechtlichen und technischen Normen. Ihnen wäre es aufgrund ihrer Kompetenzen dann auch möglich, Inkohärenzen in den materiell-rechtlichen Vorgaben zu identifizieren und ggf. nach technischen Ansatzpunkten Ausschau zu halten, um diese auf der Designebene zu überbrücken. Auf diese Weise ließen sich Unklarheiten im Zusammenspiel der Gesetze überwinden, indem auf Ebene der Standards einheitliche Lösungen entstehen, die den abstrakten Vorgaben konkret Rechnung tragen. Langfristig entsteht ein lebendiger Dialog zwischen Informatik, Recht, Philosophie und Ingenieurswissenschaften über die konkrete Umsetzung von „Ethical Design" oder „Security and Privacy by Design". Zweitens bedarf es eines klaren Verfahrens, nach dem die EU-Kommission entscheidet, ob beauftragte oder aus Eigeninitiative ergangene technische Standards den notwendigen Mindestanforderungen genügen, um im Amtsblatt veröffentlicht zu werden. Es bedarf also klarer Vorgaben dafür, unter welchen Voraussetzungen eine technische Norm in den Rang der „harmonisierten Standards" erhoben werden darf und wann es wegen geringen Schutzniveaus oder fehlender Grundrechtskonformität durch das Raster fällt. Nichts anderes gilt für „gemeinsame Spezifikationen", welche die EU-Kommission auf eigene Rechnung erstellen und verabschieden kann. Neben einer normativen Analyse, nach welchem Maßstab die EU-Kommission darüber entscheidet, ob Industriestandards den europarechtlichen Vorgaben hinreichend entsprechen, bedarf es auch klarer Verfahren und Ausschreibungsmodalitäten, um ggf. „gemeinsame Spezifikationen" schnell und mit hoher Qualität auf den Weg zu bringen.

Drittens muss bereits im legistischen Prozess ein klares Verständnis darüber herrschen, wie weit die technische Standardisierung in einzelnen Bereichen schon fort-

---

[120] Dafür ist entscheidend, dass „alle Interessen am ‚runden Tisch der Standardisierung' vertreten sind und Gehör finden", s. *Kolain/Baeva/Buchsbaum* (Fn. 56), S. 10.

geschritten ist und inwiefern sie sich dazu eignet, über eine Referenz in einem Rechtsakt zur Konkretisierung rechtlicher Vorgaben herangezogen zu werden.[121] Dafür bedarf es interdisziplinärer Arbeitsgruppen, die über Ebenen und Sektoren hinweg an den rechtlichen Grundlagen für eine rechtskonforme Datenökonomie arbeiten, und in konkrete Regulierungsvorschläge und -ansätze überführen. Wenn die aktuelle Bundesregierung ein „Zentrum für Legistik" plant, um die Aus- und Weiterbildung von Legist:innen (auch vor dem Hintergrund der Digitalisierung von Recht und Gesellschaft) weiter zu professionalisieren und systematisieren, ist das ein erster Schritt in die richtige Richtung.[122] Auch das angekündigte „Dateninstitut" könnte einen wichtigen Beitrag dazu leisten, die Sphären der Rechtssetzung, Gesetzesinterpretation und technischen Standardisierung besser zusammenzuführen.[123]

So erstrebenswert es auch ist, möglichst gute und klare Gesetze zu verabschieden: Die Aufteilung exekutiver Aufgaben auf verschiedene Ressorts und die Notwendigkeit politischer Kompromisse im Gesetzgebungsprozess werden auch auf absehbare Zeit dazu führen, dass Gesetze eher schnell verfasst und reformiert als gründlich systematisiert werden. Die hier vorgeschlagene Systematisierung „von unten" hat einen besonderen Reiz. Denn für unterschiedlichste Anwendungsszenarien könnten maßgeschneiderte Leitfäden entstehen, die Forschung und Industrie klare Parameter für eine rechtssichere Datenverarbeitung im Medizinbereich bieten. Zwar vermag Standardisierung bestehende materiell-rechtliche Widersprüche nicht gänzlich aufzuheben: Wesentliche Entscheidungen, etwa über Ver- und Gebote, kann nur der Gesetzgeber treffen. Sofern die Rechtsordnung bestimmte Handlungsweisen aber grundsätzlich erlaubt, kann Standardisierung indes dabei helfen, die Vorgaben der unterschiedlichen Rechtsakte so auszulegen und miteinander in Einklang zu bringen, dass sie Rechtsanwender:innen eine Art Checkliste für rechtskonforme Technikgestaltung bietet. Die Standards bieten dann eine Orientierung in der Umsetzung, die sich allein aus der Gesetzesinterpretation nicht ergäben. Im besten Fall sind sie die Klammer, die verschiedene Zulassungsregimes und Rechtsgebiete substanziell miteinander verknüpft. Eine besondere Rolle werden dabei nicht nur die zuständigen Aufsichtsbehörden spielen, sondern auch Standardisierungsorganisationen, Branchenverbände und zivilgesellschaftliche sowie wissenschaftliche Expertise.

Der Staat ist gut beraten, seine Rechtssetzung in diese Richtung noch stärker zu planen und weiterzudenken. Es greift zu kurz, ein Gesetz durch politische Kompromisse auf den Weg zu bringen – und die Implementierung weitgehend unzureichend

---

[121] Für den Bereich Robustheit (Art. 15 KI-VO-E) ist es etwa für KI-Systeme mehr als fragwürdig, ob die Erkenntnisse aus der Grundlagenforschung derzeit geeignet sind, auf konkrete Anwendungsfälle heruntergebrochen zu werden. Vgl. dazu EU Joint Research Center, Analysis of the preliminary AI standardisation work plan in support of the AI Act, Publications Office of the European Union, Luxembourg, 2023, S. 13 ff.

[122] Vgl. https://www.bmj.de/DE/Themen/RechtssetzungBuerokratieabbau/Legistik/Zentrum_fuer_Legistik.html [Abruf: 17.6.2023].

[123] Vgl. https://www.bmi.bund.de/DE/themen/it-und-digitalpolitik/it-des-bundes/dateninstitut/dateninstitut-artikel.html [Abruf: 17.6.2023].

ausgestatteten Aufsichtsbehörden, einzelnen Standardisierungsbestrebungen oder für betroffene Unternehmen sehr kostspieligen Beratungsunternehmen zu überlassen. Vielmehr sollten der Unionsgesetzgeber sowie die nationalen Gesetzgeber eine „Übersetzung von Recht in Technik" noch stärker unterstützen. Der Prozess der Legistik muss interdisziplinär gedacht werden und sich allmählich mit Leben füllen – im Bereich des Technikrechts darf die Formulierung von Gesetzentwürfen dann nicht mehr allein in Hand von Jurist:innen liegen.

Einerseits bedarf es einer möglichst weitgehenden horizontalen – also spezifisch für den einzelnen Rechtsakt –, aber auch vertikalen – also rechtsaktübergreifenden – Standardisierung, die eine staatliche Anerkennung einzelner Standards in den maßgeblichen Rechtsakten ermöglicht. Harmonisierte Standards ließen sich im Gesundheitskontext etwa für (kontextspezifische) rechtskonforme Datenverarbeitung nach der DSGVO, rechtskonforme Medizinprodukte, rechtskonforme Hochrisiko-KI, aber auch allgemein für rechtskonforme Apps, Clouds, Personalisierung, (Mindest-)Vorgaben für IT-Sicherheit, Interoperabilität und Datenübermittlung nutzen. Das geplante Dateninstitut und die zur Gesundheitsagentur umzubauende Gematik können einen wichtigen Beitrag leisten, den letzten Meter zwischen rechtlicher Norm und technischem Standard zu schließen.

Andererseits sollte der Staat zivilgesellschaftliche, wirtschaftliche und von Standardisierungsorganisationen getriebene Initiativen stärker fördern und den Nachwuchs von technikaffinen Jurist:innen sowie rechtsaffinen Techniker:innen noch besser ausbilden. Sie müssen nicht nur in Richtung IT-Unternehmen, sondern auch der medizinischen Forschung übersetzungsfähig sein. Denn es wird nur dann gelingen, eine menschenzentrierte und grundrechtskonforme digitale Transformation des Gesundheitswesens zu begünstigen, wenn Recht, Technik und Medizin eine gemeinsame Sprache finden und an einem Strang ziehen. Die Zukunftsvision sollte es sein, dass die Zulassung einer KI-gesteuerten Gesundheitsapp so klar strukturiert vonstattengeht, wie eine Zulassung eines Impfstoffs im EU-Binnenmarkt.

Die Gesetzgebung in Berlin und Brüssel läuft auf Hochtouren, um das Gesundheitswesen zu digitalisieren und den Erkenntniswert gesundheitsbezogener Datenanalysen noch stärker in die medizinische Forschung und Praxis einfließen zu lassen. Es ist zu erwarten, dass sich der „Datenkreislauf" allmählich mit rechtlichen und standardisierten Vorgaben für jeden der Abschnitte füllen wird, während sich bestehende Lücken der Rechtssicherheit allmählich schließen. So wie heutzutage kaum Zweifel daran bestehen, wie ein Kraftfahrzeug gebaut und instandgehalten werden muss, um rechtmäßig am Straßenverkehr teilnehmen zu können, sollte auch die „datengetriebene Medizin" eines Tages so klar durchdekliniert sein, dass sich Produkte und Leistungen gleichsam nach Schema F ausformen lassen. Den neuen Regelwerken Leben einzuhauchen, wird bis dahin der noch größere Kraftakt als die Verständigung auf neue Rechtsakte. Doch die Mühen hätten sich gelohnt, wenn dadurch ein digitales Gesundheitswesen entsteht, das die divergierenden Interessen ausgleicht und neue Technologiestandards etabliert. Es wäre letztlich ein Dienst an der Freiheit – denn „wer gesund ist, hat Hoffnung und wer Hoffnung hat, hat alles".

Literatur

Gierschmann, Sibylle/*Schlender*, Katharina/*Stentzel*, Rainer/*Veil*, Winfried (Hrsg.): Kommentar Datenschutz-Grundverordnung, Köln, 2018.

Hennemann, Moritz/*Ditfurth*, Lukas von: Datenintermediäre und Data Governance Act, NJW 2022, S. 1905.

Jorzig, Alexandra/*Kellermeier*, Lukas: Besondere datenschutzrechtliche Anforderungen an Gesundheitsapps auf Rezept (DiGA), MedR 2021, S. 976.

Kolain, Michael/*Baeva*, Gergana/*Buchsbaum*, Katharina: Wie können Regulierung und Standards zu vertrauenswürdiger KI beitragen?, ZVKI-Fachinformation vom 28.7.2022, https://www.zvki.de/storage/publications/Essay_Regulierung+Standards_ZVKI.pdf (2.1.2023).

Kolain, Michael/*Grafenauer*, Christian/*Ebers*, Martin: Anonymity Assessment – A Universal Tool for Measuring Anonymity of Data Sets Under the GDPR with a Special Focus on Smart Robotics, 2021.

Kolain, Michael/*Molavi*, Ramak: Zukunft Gesundheitsdaten, Wegweiser zu einer forschungskompatiblen elektronischen Patientenakte, Berlin, Nov 2019.

Kühling, Jürgen/*Buchner*, Benedikt (Hrsg.): Datenschutz-Grundverordnung / BDSG, Kommentar, 3. Aufl., München, 2020.

Kühling, Jürgen/*Schildbach*, Roman: Die Reform der Datentransparenzvorschriften im SGB V, NZS 2020, S. 41.

Martini, Mario/*Hohmann*, Matthias: Der gläserne Patient: Dystopie oder Zukunftsrealität?, Perspektiven datengetriebener Gesundheitsforschung unter der DS-GVO und dem Digitale-Versorgung-Gesetz, NJW 2020, S. 3573.

Martini, Mario/*Hohmann*, Matthias/*Kolain*, Michael: Digitale-Versorgung-Gesetz – Widerspruch nicht ganz ausgeschlossen, netzpolitik.org vom 3.12.2019, https://netzpolitik.org/2019/ein-bisschen-widerspruch-digitale-versorgung-gesundheitsdaten/ (2.1.2023).

Paal, Boris P./*Pauly*, Daniel A. (Hrsg.): Datenschutz-Grundverordnung, 3. Aufl., München, 2021.

Petri, Thomas: Die primäre und sekundäre Nutzung elektronischer Gesundheitsdaten, DuD 2022, S. 413.

Schreiber, Kristina/*Gottwald*, Bernadette: Gesundheits-Apps auf Rezept, Die neue Datenschutzprüfung im Digitale-Versorgung-Gesetz, ZD 2020, S. 385.

Specht-Riemenschneider, Louisa/*Wehde*, Alexander: Forschungsdatenzugang, Rahmenbedingungen, Prinzipien und Leitlinien für einen privilegierten Zugang zu Daten für Forschung und Wissenschaft, ZGI 2022, S. 3.

Tolks, Daniel: Die finale Fassung des Data Governance Acts, Erste Schritte in Richtung einer europäischen Datenwirtschaft, MMR 2022, S. 444.

Weichert, Thilo: „Datentransparenz" und Datenschutz, MedR 2020, S. 539.

Digitale Pflegeanwendung (DiPA) als neuer Baustein einer Digitalisierung des Gesundheitswesens

Vereinbarkeit der Neuregelungen mit Art. 3 Abs. 1 GG?

Von Friederike Malorny[*]

Durch das Digitale-Versorgung-und-Pflege-Modernisierungs-Gesetz (DVPMG) wurden im Juni 2021 Änderungen im Elften Sozialgesetzbuch (SGB XI) vorgenommen, in dessen Rahmen unter anderem § 40a in das SGB XI eingefügt wurde. Damit wurde das Gesundheitswesen neben den bisherigen digitalen Gesundheitsanwendungen (DiGAs) um die digitalen Pflegeanwendungen (DiPAs) erweitert. Das SGB XI gewährt dem Pflegebedürftigen[1] – unter bestimmten Voraussetzungen – nun einen Leistungsanspruch auf Versorgung mit digitalen Pflegeanwendungen. Welche Voraussetzungen das Gesetz vorsieht und inwieweit diese im Einklang mit Art. 3 Abs. 1 GG stehen, untersucht der folgende Beitrag.

I. Einführung

§ 2 Abs. 1 SGB XI regelt, dass die Leistungen der Pflegeversicherung den Pflegebedürftigen helfen sollen, trotz ihres Hilfebedarfs ein möglichst selbständiges und selbstbestimmtes Leben zu führen, das der Würde des Menschen entspricht. Ausdruck dieser Selbstbestimmung kann der Wunsch sein, so lange wie möglich in den eigenen vier Wänden zu wohnen. Bei der Realisierung eines solchen Wunsches, können digitale Elemente der Pflege eine große Rolle spielen. Im Kontext der Technisierung der Pflege wird deswegen auch von einem „Empowerment der Pflegebedürftigen"[2], also ihrer Emanzipation gesprochen. Gleichzeitig hat ein digitale(re)s Gesundheitswesen das Potential, eine effiziente und qualitativ gute Versorgung sicherzustellen, während die Herausforderungen an das Gesundheitswesen wachsen, vor allem angesichts steigender Zahlen an Pflegebedürftigen einerseits und sin-

---

[*] Die Autorin ist Juniorprofessorin für Bürgerliches Recht, Arbeitsrecht und Sozialrecht an der Universität Münster.

[1] Im Folgenden wird zur besseren Lesbarkeit zufällig entweder das generische Femininum, das generische Maskulinum oder die movierte Form verwendet. Jeweils sind Personen aller Geschlechter gleichermaßen umfasst und gleichberechtigt angesprochen.

[2] *Jan Basche*, Die Zukunft der Pflege, RDG 2020, S. 66 (72).

kender Zahlen an Pflegekräften andererseits.³ Der Gesetzgeber unterstützt Modellvorhaben zur Erprobung von Telepflege daher auch mit zusätzlichen Mitteln.⁴

In diesem Zusammenhang wird im Folgenden untersucht, welche Rolle digitale Pflegeanwendungen (DiPAs) als Baustein für ein digitale(re)s Gesundheitswesen spielen. Unter welchen Voraussetzungen besteht ein Anspruch des Pflegebedürftigen auf Versorgung nach § 40a Abs. 1 SGB XI? Ist diese Neuregelung mit Art. 3 Abs. 1 GG vereinbar?

II. Definition der digitalen Pflegeanwendung (DiPA)

Das Gesetz definiert digitale Pflegeanwendungen in § 40a Abs. 1 SGB XI. Demnach sind solche Anwendungen als DiPA einzuordnen, die wesentlich auf digitalen Technologien beruhen und von den Pflegebedürftigen oder in der Interaktion von Pflegebedürftigen, Angehörigen und zugelassenen ambulanten Pflegeeinrichtungen genutzt werden, um Beeinträchtigungen der Selbständigkeit oder der Fähigkeiten des Pflegebedürftigen zu mindern und einer Verschlimmerung der Pflegebedürftigkeit entgegenzuwirken, soweit die Anwendung nicht wegen Krankheit oder Behinderung von der Krankenversicherung oder anderen zuständigen Leistungsträgern zu leisten ist. Welche formellen und materiellen Anspruchsvoraussetzungen sich hieraus ergeben, wird nachfolgend näher beleuchtet.

III. Formelle Anspruchsvoraussetzungen

Ein Anspruch der Versicherten auf Versorgung mit einer DiPA ist nur für solche Anwendungen möglich, die nach § 40a Abs. 2 S. 1 SGB XI durch das Bundesinstitut für Arzneimittel und Medizinprodukte (BfArM) in das Verzeichnis nach § 78a Abs. 3 SGB XI aufgenommen wurden. Hierbei handelt es sich – wie auch bei dem DiGA-Verzeichnis nach § 139e Abs. 1 SGB V – um eine konkretisierende Positivliste.⁵

Das Zulassungsverfahren für DiPAs gleicht in vielen Teilen dessen der DiGAs, wobei es sich gem. § 78a Abs. 5 S. 1 SGB XI ebenfalls um ein „Fast-Track-Verfahren" handelt, in welchem der pflegerische Nutzen nachgewiesen werden muss (§ 78a

---

³ *Michael Hüther/Susanna Kochskämper*, IW Köln, Pressekonferenz, 10.09.2018, https://www.iwkoeln.de/fileadmin/user_upload/Presse/Presseveranstaltungen/2018/IW-Koeln_Pressekonferenz_Pflege_Statement_20180906.pdf [Abruf: 4.10.2023]; *Statista*, https://de.statista.com/statistik/daten/studie/172651/umfrage/bedarf-an-pflegekraeften-2025/ [Abruf: 4.10.2023].

⁴ Aus Mitteln des Ausgleichsfonds der Pflegeversicherung werden zehn Millionen Euro im Zeitraum von 2022 bis 2024 zur Verfügung gestellt (§ 125a S. 1 SGB XI), ausführlicher dazu *Tilmann Dittrich/Carsten Dochow*, Digitalisierung in ambulanter und stationärer Pflege – Telematikinfrastruktur und Telepflege (Teil 2), SRa 2022, S. 49 (54).

⁵ S. etwa *Julian Braun*, Digitale Pflegeanwendungen in der gesetzlichen Pflegeversorgung, NZS 2021, S. 710 (712).

Abs. 4 S. 3 Nr. 3 SGB XI). Die Entscheidung hierüber erfolgt auf Antrag des DiPA-Herstellers innerhalb von 3 Monaten durch das BfArM. Bei positivem Nutzennachweis wird die DiPA in das DiPA-Verzeichnis aufgenommen und ist erstattungsfähig.[6]

Damit die Kosten der DiPA erstattet werden können, hat der Pflegebedürftige bei der Pflegekasse einen *Antrag* auf Versorgung mit der digitalen Pflegeanwendung zu stellen, wobei § 40a Abs. 2 S. 2 SGB XI die Anforderungen nach § 33 Abs. 1 S. 1 SGB XI konkretisierend ausgestaltet.[7]

Zu einer gesonderten Prüfung durch den Leistungsträger kann es bei *digitalen Anwendungen mit Doppelfunktion* kommen, also solchen, die sowohl von § 33a SGB V als auch § 40a Abs. 1 SGB XI umfasst sind. In einem solchen Fall überprüft der adressierte Leistungsträger, ob der Anspruch gegenüber der Krankenkasse oder der Pflegekasse geltend gemacht werden kann und bewilligt abschließend entweder eine digitale Gesundheitsanwendung oder eine digitale Pflegeanwendung (§ 40a Abs. 3 S. 1 SGB XI). Eine gesonderte Prüfung ist in Fällen der Pflege aus der Ferne jedoch unwahrscheinlich, da *telemedizinische Anwendungen* zwar auch einen unwesentlichen Bestandteil einer DiGA ausmachen können, rein *telemedizinische Plattformen* hingegen nicht umfasst sind.[8]

IV. Materielle Anspruchsvoraussetzungen

Die *materiellen Anspruchsvoraussetzungen* für eine Versorgung des Pflegebedürftigen mit einer DiPA sind in § 40a SGB XI geregelt und werden im Folgenden einzeln erörtert.

1. Sachlicher Anwendungsbereich

Die Eröffnung des *sachlichen Anwendungsbereichs* hat zwei Voraussetzungen: Erstens muss die Anwendung wesentlich auf digitalen Technologien beruhen und zweitens muss sie genutzt werden, um Selbständigkeits-/ oder Fähigkeitsbeeinträchtigungen des Pflegebedürftigen zu mindern und einer Verschlimmerung der Pflegebedürftigkeit entgegenzuwirken.

---

[6] *Tilmann Dittrich*, Digitalisierung in ambulanter und stationärer Pflege (Teil 1), SRa 2021, S. 275 (278).

[7] Zum Verfahren über die Aufnahme einer digitalen Pflegeanwendung im DiPA-Verzeichnis sowie dem Rechtsschutz gegen Entscheidungen des BfArM s. *Braun* (Fn. 6), S. 714 ff.

[8] Dazu etwa Bundesinstitut für Arzneimittel und Medizinprodukte, https://www.bfarm.de/SharedDocs/Downloads/DE/Medizinprodukte/diga_leitfaden.pdf?__blob=publicationFile [Abruf: 4.10.2023], S. 17.

a) Wesentliches Beruhen auf digitalen Technologien

Das Merkmal des *wesentlichen Beruhens* digitaler Pflegeanwendungen auf digitalen Technologien verdeutlicht, dass der Ausgangspunkt für die Bestimmung von DiPAs rein digitale Helfer sind, die entweder auf mobilen Endgeräten oder als browserbasierte Webanwendung angewendet werden können.[9] Umfangreiche Hardwareausstattungen sollen laut Gesetzesbegründung gerade nicht umfasst werden, damit eine Abgrenzung zwischen digitalen Pflegeanwendungen einerseits und Pflegehilfsmitteln mit digitalen Bestandteilen andererseits möglich bleibt.[10]

Zugleich hebt die Gesetzesbegründung explizit hervor, dass im Einzelfall eine Überschneidung jedoch nicht ausgeschlossen ist, so wie es parallel auch bei DiGAs und Hilfsmitteln der Fall ist.[11] Im Ergebnis bleibt es demnach bei einer Einzelfallentscheidung, sodass digitale Anwendungen sowohl in den Bereich der digitalen Pflegeanwendungen als auch in die Pflegehilfsmittel fallen können.[12]

Wie lassen sich in diesem Kontext hardware-gestützte Telepflege-Anwendungen einordnen, mit deren Hilfe Pflegekräfte etwa die Vitalfunktionen von Pflegebedürftigen aus der Ferne überwachen? Die Anwendung selbst ist ein solcher digitaler Helfer, nutzbar auf einem mobilen Endgerät. Allerdings ist für die Vitaldatenerhebung ebenfalls der Einsatz von Hardware erforderlich, beispielsweise etwa ein digitales Blutdruckmessgerät oder ein EKG.[13] Fraglich ist daher, ob hardware-gestützte Telepflege-Anwendungen *wesentlich* auf digitalen Technologien beruhen.

Ausgehend vom *Wortlaut* spricht dieser für eine Einordnung als digitale Pflegeanwendung: Laut Duden bedeutet *wesentlich* gerade, „den Kern einer Sache ausmachend"[14]. Bei hardware-gestützter Telepflege ist genau das der Fall: Ohne eine Plattform, die Pflegekräfte und Pflegebedürftige per Video miteinander verbindet und die Datenübermittlung ermöglicht, ist eine Pflege aus der Ferne unmöglich. Die digitale Anwendung ist mithin Kern der Sache. Zugleich bedeutet *wesentlich* aber gerade nicht *ausschließlich*, d.h. neben der Software kann eine digitale Pflegeanwendung *auch* Hardware wie Geräte oder Sensoren beinhalten. Zwar ist diese Hardware für die Erreichung des Zwecks der Anwendung – häusliche Pflege aus der Ferne – notwendig, besitzt aber insoweit nur eine untergeordnete Bedeutung.[15]

Eine solche Auslegung wird auch durch das *Telos der Norm* gestützt. Nach der Gesetzesbegründung sollen alltägliche Gebrauchsgegenstände nicht von dem Leis-

---

[9] BT-Drs. 19/27652, S. 143.

[10] Ebd.

[11] Ebd.

[12] Ebenso *Braun* (Fn. 6), S. 711: „(d)igitale Anwendungen (können) auch in beide Produktbereiche fallen".

[13] *MedKitDoc, Das MedKit*, https://medkitdoc.de/unsere-plattform [Abruf: 4.10.2023].

[14] *Duden*, „wesentlich", https://www.duden.de/rechtschreibung/wesentlich [Abruf: 4.10.2023].

[15] Vgl. *Braun* (Fn. 6), S. 711.

tungsanspruch umfasst sein,[16] da die Sozialversicherungsgemeinschaft gerade nicht solche Gegenstände finanzieren soll, welche „zum allgemeinen Lebensbedarf oder zu den Kosten der normalen Lebenshaltung gehören"[17]. Im Rahmen von Hilfs- und Pflegehilfsmittel nach § 33 SGB V und § 40 SGB XI wird unter anderem der Leitgedanke betont, dass nur Mittel *gezielter* Krankheitsbekämpfung durch die Sozialversicherung finanziert werden sollen.[18]

Im Gegensatz zu einfachen Fitnessarmbändern – deren Datennutzung laut Gesetzesbegründung vom Leistungsanspruch des § 40a Abs. 1 SGB XI ausgeschlossen sein soll[19] – überzeugt es, die eingesetzte Hardware bei der Telepflege nicht als Gebrauchsgegenstände des täglichen Lebens anzusehen. Zwar mag die Pflege mit diesen Medizingeräten für die Betroffenen Teil ihres Alltags sein, jedoch sind sie keine alltäglichen Gegenstände: Sie sind im Gegensatz zu Smartwatches und Fitnessarmbändern weder gewöhnlich noch in einem Haushalt üblich und werden auch von Produzentenseite nicht in erster Linie für die Verwendung von Gesunden hergestellt.[20] Ihre Funktionsfähigkeit ist gerade darauf gerichtet, verschiedene Vitalparameter der Pflegebedürftigen zu messen, um mit deren Hilfe die erforderliche Pflege gewährleisten zu können.[21] Dies entspricht auch dem eigentlichen Sinn der Norm, den pflegerischen Nutzen zu steigern.[22] Und gerade diesen Nutzen zu erbringen, ist Teil der sozialen Absicherung des Risikos der Pflegebedürftigkeit, welches primäre Aufgabe der sozialen Pflegeversicherung ist (vgl. § 1 Abs. 1, 4 SGB XI).

In anderen Worten: Die im Rahmen der digitalen Anwendung der Telepflege eingesetzte Hardware sichert den Erfolg der häuslichen Pflege und damit das Ziel eines möglichst autonomen Lebens der Pflegebedürftigen, wie es in § 2 Abs. 1 SGB XI festgelegt wird. Die Zweckbestimmung dieser Medizingeräte – letztlich die Emanzipation Pflegebedürftiger[23] – liegt darin, den Bedürfnissen nach einer möglichst mi-

---

[16] BT-Drs. 19/27652, S. 143.

[17] Im Zusammenhang mit der Abgrenzung zu Pflegehilfsmitteln: BSG, BeckRS 2003, 40153 Rn. 14.

[18] S. im Zusammenhang mit § 33 SGB V etwa *Stefan Nolte*, in: Anne Körner/Stephan Leitherer/Bernd Mutschler (Hrsg.), Kasseler Kommentar zum Sozialversicherungsrecht, 88. EL (2015), § 33 SGB V Rn. 21.

[19] BT-Drs. 19/27652, S. 143.

[20] Im Zusammenhang mit der Abgrenzung von Gebrauchsgegenständen des täglichen Lebens zu Hilfsmitteln: BSG, BeckRS 2009, 72863 Rn. 11.

[21] *MedKitDoc, Das MedKit*, https://medkitdoc.de/unsere-plattform [Abruf: 4.10.2023].

[22] Für eine weite Auslegung mit Hilfe des Nutzens für Pflege unter Einschluss von entsprechenden Gegenständen des täglichen Lebens plädieren im Zusammenhang mit Hilfs- und Pflegehilfsmitteln: *Christian Dierks/Sebastian Retter/Julia Pirk*, Rechtsgutachten – Möglichkeiten der Kostenerstattung technischer Assistenzsysteme (AAL) für pflegebedürftige Verbraucherinnen und Verbraucher nach geltendem Recht sowie Entwicklung von konkreten Handlungsempfehlungen, 2019, https://www.vzbv.de/sites/default/files/downloads/2020/02/12/20200211_01340_rechtsgutachten_aal.pdf [Abruf: 4.10.2023], S. 8.

[23] Vgl. *Basche* (Fn. 3), S. 72.

nimalinvasiven häuslichen Pflege gerecht zu werden.[24] Schon die Konzeption der genannten Medizingeräte führt dazu, dass gesunde Anwender durch sie keine pflegerische Unterstützung erhalten können.[25] Im Ergebnis sprechen diese *teleologischen Argumente* ebenfalls dafür, hardware-gestützte Telepflege, welche zur Verwirklichung der Pflege aus der Ferne eingesetzt wird, als „wesentlich auf digitalen Technologien beruhend" einzuordnen.

b) Nutzung gem. § 40a Abs. 1 SGB XI

Einsatz und Nutzen der Anwendung muss es zudem sein, Beeinträchtigungen der Selbständigkeit oder Fähigkeiten des Pflegebedürftigen zu mindern und einer zunehmenden Pflegebedürftigkeit entgegenzuwirken. Beide Aspekte sind Ausdruck der verfassungsrechtlich in Art. 1 Abs. 1 GG verankerten Menschenwürde, welche eine spezialgesetzliche sozialrechtliche Ausprägung in der Selbstbestimmung Pflegebedürftiger gem. § 2 Abs. 1 SGB XI gefunden hat.[26]

Auch dieser Nutzen kann durch eine Telepflege-Anwendung zur Unterstützung der häuslichen Pflege aus der Ferne im Einzelfall generiert werden. Aus Sicht der Pflegebedürftigen können pflegerische Betreuungsmaßnahmen, die mittels digitaler Anwendung auch aus der Ferne erbracht werden können, – je nach Einzelfall – zu mehr Selbstbestimmung führen. Zudem erhalten Pflegebedürftige auch teilweise die Hoheit über ihre eigene Tagesplanung zurück, da sie nicht auf die Zeiteinteilung der Pflegekräfte angewiesen sind und Wartezeiten umgehen können, indem sie sich etwa mühsame Krankentransporte ersparen oder nicht auf die im Stau steckende oder zeitlich überlastete Pflegekraft warten müssen. Auch eine qualitative Steigerung wird durch die Telepflege ermöglicht, da Pflegekräfte in direkten Austausch z.B. mit Ärztinnen treten können, um die Medikamentengabe anzupassen und somit eine optimale Therapie zu gewährleisten. All diese Maßnahmen führen dazu, dass sowohl die Beeinträchtigungen der Selbständigkeit gemindert als auch der Verschlimmerung der Pflegebedürftigkeit entgegengewirkt werden.

2. *Persönlicher Anwendungsbereich*

a) Pflegebedürftige in ambulanter Pflege

Die Voraussetzungen für die Eröffnung des persönlichen Anwendungsbereichs ergeben sich ebenfalls aus § 40a Abs. 1 SGB XI. Hiernach muss die digitale Tech-

---

[24] Vgl. im Zusammenhang mit Hilfs- und Pflegehilfsmitteln *Dierks/Retter/Pirk* (Fn. 23), S. 15.

[25] Vgl. im Zusammenhang mit der Einordnung als Hilfsmittel LSG Niedersachsen-Bremen, NZS 2020, S. 33.

[26] Dazu, dass sich der programmatische Satz des § 2 SGB XI in Teilbereichen schon aus Art. 1 Abs. 1 GG ergibt, etwa *Peter Udsching*, in: Andreas Spickhoff (Hrsg.), Medizinrecht, 4. Aufl. 2022, § 2 SGB XI Rn. 1.

nologie entweder *durch Pflegebedürftige* – also Versicherte des Pflegegrades I (§ 28a Abs. 1 Nr. 9 SGB XI) oder Versicherte mit höherem Pflegegrad (§ 28 Abs. 1 Nr. 16 SGB XI) – oder in der *Interaktion* von *Pflegebedürftigen, Angehörigen* und zugelassenen *ambulanten Pflegeeinrichtungen* genutzt werden.[27] Der *Wortlaut* verdeutlicht damit zweierlei: Erstens lässt sich ihm entnehmen, dass auch digitale Anwendungen umfasst sind, die überwiegend von den Pflegekräften oder den pflegenden Angehörigen eingesetzt werden und der Einsatz nicht per se durch den Pflegebedürftigen selbst stattfinden muss.[28] Zweitens lässt sich nicht ableiten, dass diese Pflegekraft oder der pflegende Angehörige selbst in persona vor Ort sein muss. Damit ist hardware-gestützte Telepflege, die der Pflegebedürftige durch Zuhilfenahme von Dritten anwendet, um Pflegeleistungen ambulanter Pflegeeinrichtungen aus der Ferne zu erhalten, vom persönlichen Anwendungsbereich des § 40a Abs. 1 SGB XI umfasst.[29]

Die Nutzung im Rahmen einer Interaktion der genannten drei Personengruppen stellt einen wesentlichen *Unterschied* zu den *digitalen Gesundheitsanwendungen* dar, deren Anwendung darauf abzielt von den Versicherten selbst genutzt zu werden.[30] Auch für Anbieter digitaler Pflegeanwendungen eröffnet sich ein größerer Spielraum, da diese – anders als bei digitalen Gesundheitsanwendungen – gerade nicht die Klassifizierung als Medizinprodukt i. S. d. Art. 2 Nr. 1 Medical Device Regulation (MDR) erlangen müssen, um von Versicherten als Versicherungsleistung in Anspruch genommen werden zu können.[31]

b) Pflegebedürftige in stationärer Pflege

Vom persönlichen Anwendungsbereich sind hingegen Personen in stationären Pflegeeinrichtungen nicht umfasst. Das ergibt sich e contrario aus dem *Wortlaut*, der ausschließlich von ambulanten Pflegeeinrichtungen spricht. Da der Leistungsanspruch der Pflegebedürftigen des § 40a SGB XI im ersten Titel des dritten Abschnitts des vierten Kapitels des SGB XI geregelt ist, der unter der amtlichen Überschrift „Leistungen bei häuslicher Pflege" steht, sprechen auch *systematische Gründe* dafür, dass der Teil der stationären Pflege ausgenommen ist.[32]

Gründe für diese Unterscheidung seitens des Gesetzgebers sind nicht verständlich, da auch stationäre Pflegeeinrichtungen mit dem Pflegekräftemangel einerseits

---

[27] Zugelassene ambulante Pflegeeinrichtungen sind solche, die mit den Pflegekassen einen Versorgungsvertrag abgeschlossen haben (vgl. § 72 Abs. 1 Satz 1 SGB XI).
[28] *Braun* (Fn. 6), S. 711; *Victoria Seeliger*, Qualitätskriterien für Gesundheits-Apps – Eine Analyse der bisherigen Rechtslage, GuP 2022, S. 91 (93).
[29] Vgl. auch BT-Drs. 19/27652, S. 143; *Braun* (Fn. 6), S. 710.
[30] S. *Philipp Kircher*, in: Ulrich Becker/Thorsten Kingreen (Hrsg.), SGB V, 8. Aufl. 2022, § 33a Rn. 12; *Braun* (Fn. 6), S. 711; *Dittrich* (Fn. 7), S. 276.
[31] Dazu etwa *Dittrich* (Fn. 7), S. 276.
[32] Ebenso *Braun* (Fn. 6), S. 712.

und dem steigenden Pflegebedarf andererseits zu kämpfen haben.[33] Auch hier könnten DiPAs genutzt werden, um den oben skizzierten Entwicklungen entgegenzuwirken und für einen effektiveren und in der Qualität verbesserten Gesundheitsschutz in der Pflege zu sorgen.

Das gilt umso mehr, bedenkt man Folgendes: Die Leistungen der Pflegeversicherung sollen nach den Wertungen des § 2 Abs. 1 S. 1 SGB XI unterstützen, dass Pflegebedürftige trotz ihres Hilfebedarfs möglichst selbständig und selbstbestimmt Leben können. Zum einen spricht das zwar dafür, dass im Grundsatz die häusliche Pflege der stationären Pflege vorzuziehen ist. Das ergibt sich auch aus § 3 SGB XI. Ist eine häusliche Pflege hingegen nicht möglich, werden die Betroffenen also in der stationären Pflegeeinrichtung gepflegt, bedeutet das zum anderen aber typischerweise einen viel stärken Eingriff in die Autonomie der Pflegebedürftigen. Sie können regelmäßig deutlich weniger selbstbestimmt agieren und ihren Alltag gestalten.

Der Leitgedanke, den Pflegebedürftigen eine größtmögliche Selbstbestimmung zu ermöglichen, ist daher nicht damit vereinbar, gerade denjenigen, die deutlich intensiver in ihrer Autonomie beeinträchtigt sind, einen Versorgungsanspruch mit DiPAs zu verwehren. Auch hier kann der Einsatz von Technologie zu mehr Selbstbestimmtheit führen, beispielsweise durch eine DiPA, die mit Hilfe von Gedächtnisübungen dementielle Entwicklungen begleitet oder die Mobilität der Pflegebedürftigen verbessert, vielleicht auch spielerisch.[34] Derartige Angebote gibt es natürlich auch in stationären Einrichtungen, aber dort regelmäßig im Rahmen starrer Routinen, die mit einer solchen Einrichtung typischerweise einhergehen. Mit den DiPAs würde der Pflegebedürftige wieder selbstbestimmter in seiner Zeiteinteilung sein, also weniger abhängig vom engen Korsett der Pflegeeinrichtung.

c) Unvereinbarkeit mit Art. 3 Abs. 1 GG

Aufgrund des unterschiedlichen Versorgungsumfangs für ambulante und stationäre Pflegebedürftige drängt sich die Frage auf, ob die Regelung mit dem Gleichheitssatz aus Art. 3 Abs. 1 GG vereinbar ist.[35]

Art. 3 Abs. 1 GG gebietet es, alle Menschen vor dem Gesetz gleich zu behandeln. Das hieraus folgende Gebot, wesentlich Gleiches gleich und wesentlich Ungleiches ungleich zu behandeln[36], gilt für ungleiche Belastungen und ungleiche Begünstigungen[37]. Zunächst ist also zu fragen, was hier zu vergleichen ist: Worin besteht der im Wesentlichen gleiche Sachverhalt? Zwar kann argumentiert werden, die ambulante

---

[33] S. etwa *Statista* (Fn. 4).

[34] Beispiele nach *Dittrich* (Fn. 7), S. 277.

[35] Dazu auch *Braun* (Fn. 6), S. 712; *Friederike Malorny*, Hardware-gestützte Telepflege 2.0. – Einordnung als digitale Pflegeanwendung (DiPA)?, NZS 2022, S. 443 (446).

[36] Vgl. BVerfGE 123, 1 (19); BVerfGE 129, 49 (68); BVerfGE 145, 20 (86 f.).

[37] Vgl. BVerfGE 79, 1 (17); BVerfGE 126, 400 (416); BVerfGE 129, 49 (68); BVerfGE 145, 20 (86 f.).

Pflege sei ihrem Wesen nach gerade etwas anderes als die stationäre Pflege, sodass gerade nicht wesentlich Gleiches gegeben ist. Eine solche Sichtweise übersieht aber, dass der eigentlich zu vergleichende Sachverhalt doch folgende Tatsache ist: In beiden Fällen geht es um pflegebedürftige Menschen – Menschen, die ihren Alltag nicht mehr selbst bewältigen können und Hilfe benötigen, also im gewissen Maße von anderen Menschen abhängig sind. Darin liegt das verbindende Element. Das übergeordnete Ordnungselement – die Vergleichbarkeit – folgt damit aus dem Merkmal der Pflegebedürftigkeit. Und darin, dass Pflegebedürftige in der stationären Pflege – im Gegensatz zur häuslichen – keinen Versorgungsanspruch auf DiPAs haben, ist auch eine Ungleichbehandlung, eine Differenzierung i. S. d. Art. 3 Abs. 1 GG zu sehen.

Dabei verwehrt Art. 3 Abs. 1 GG dem Normgeber nicht jede Differenzierung.[38] Differenzierungen müssen jedoch stets durch Sachgründe gerechtfertigt sein, die dem Ziel und dem Ausmaß der Ungleichbehandlung angemessen sind.[39] Dabei gilt ein verfassungsrechtlicher Prüfungsmaßstab, der stufenlos und am Grundsatz der Verhältnismäßigkeit orientiert ist und dessen Inhalte und Grenzen sich nicht abstrakt, sondern nur nach den jeweils betroffenen unterschiedlichen Sach- und Regelungsbereichen bestimmen lassen.[40] Aus dem allgemeinen Gleichheitssatz ergeben sich je nach Regelungsgegenstand und Differenzierungsmerkmalen unterschiedliche Anforderungen, die von gelockerten Bindungen des Gesetzgebers, die auf das Willkürverbot beschränkt sind, bis hin zu strengen Verhältnismäßigkeitserfordernissen reichen können.[41] Eine strengere Bindung des Normgebers kann sich aus den jeweils betroffenen Grundrechten ergeben.[42] Zudem verschärfen sich die verfassungsrechtlichen Anforderungen, je weniger die Merkmale, an welche die gesetzliche Differenzierung anknüpft, für den Einzelnen verfügbar sind oder je mehr sie sich denen des Art. 3 Abs. 3 GG annähern.[43]

Im Fall der Pflegebedürftigen ist vor allem die Menschenwürde betroffen. Nach der Objektformel soll der Mensch gerade nicht als Sache, als Nummer eines Kollektivs behandelt werden, ihm jede eigene geistig-moralische Existenz genommen werden.[44] „Menschenwürde bedeutet Selbstbestimmung auf der Grundlage des Eigenwertes jedes Menschen."[45] Pflegebedürftige – egal in welcher Art der Pflege – sind in dieser Hinsicht besonders schutzwürdig. Ihnen die Selbstbestimmung, die Autonomie so weit wie möglich zu bewahren, sie zu stärken, ist damit letztlich Aus-

---

[38] BVerfGE 130, 240 (253).
[39] BVerfGE 130, 240 (253).
[40] Vgl. BVerfGE 110, 274 (291); BVerfGE 117, 1 (30); BVerfGE 123, 1 (19).
[41] Vgl. BVerfGE 110, 274 (291); BVerfGE 117, 1 (30); BVerfGE 123, 1 (19).
[42] Vgl. BVerfGE 138, 136 (180 f.); BVerfGE 145, 20 (86 f.).
[43] Vgl. BVerfGE 138, 136 (180 f.); BVerfGE 145, 20 (86 f.).
[44] S. nur *Christian Starck*, in: Peter Michael Huber/Andreas Voßkuhle (Hrsg.), Grundgesetz, 8. Aufl. 2023, Art. 1 Rn. 17.
[45] Ebd., Art. 1 Rn. 11.

druck der Menschenwürdegarantie. Bedenkt man, dass die Menschenwürdegarantie nach Art. 79 Abs. 3 GG der Verfassungsänderung entzogen ist,[46] spricht bereits das für eine strenge Verhältnismäßigkeitsprüfung. Hinzu kommt, dass Pflegebedürftige das Merkmal der häuslichen oder stationären Pflege im Regelfall nicht beeinflussen können. Pflegebedürftige in stationärer Pflege können aufgrund des Grads oder der Art ihrer Pflegebedürftigkeit regelmäßig gerade nicht in der häuslichen Pflege versorgt werden. Dieses Merkmal ist für sie typischerweise also weniger verfügbar.

§ 40a SGB XI steht damit im Einklang mit Art. 3 Abs. 1 GG, wenn im Rahmen einer Gesamtabwägung ein angemessenes Verhältnis zwischen Eingriffsschwere auf der einen und dem Gewicht des kollidierenden Grundrechts auf der anderen Seite gewahrt ist,[47] wobei insgesamt ein strenger, verschärfter Maßstab anzulegen ist.

Der Menschenwürde der Pflegebedürftigen gegenüber stehen vor allem fiskalische Interessen, insbesondere die Belastung der Versichertengemeinschaft der Pflegekasse. Auch bei der Beschränkung der DiPAs auf ambulante Pflegebedürftige ist zu vermuten, dass der Gesetzgeber sich gerade vor dem Hintergrund einer möglichen finanziellen Überlastung für diese Typisierung der Leistungsempfänger entschieden hat. Bei Einführung der DiPAs schätzte er die entstehenden Ausgaben für die Versorgung von 90.000 Leistungsempfängerinnen für das Jahr 2022 auf ca. 30 Millionen Euro und nahm an, dass nach einer Einführungsphase von 4 Jahren ca. 10 % der ambulant versorgten Pflegebedürftigen DiPAs in Anspruch nehmen werden.[48] Damit ist ab 2025 eine jährliche finanziellen Belastung von ca. 130 Millionen Euro zu prognostizieren.[49] Gleichzeitig ist jedoch nicht bezifferbar, in welcher Höhe die Einführung von DiPAs an anderer Stelle zu einer Kostenreduktion führt, beispielsweise durch Förderung der Autonomie der Pflegebedürftigen, längerer häuslicher Pflege und den Wegfall von Fahrtkosten.[50]

Ob dieses fiskalische Interesse geeignet ist, einen möglichen Sachgrund für die oben herausgearbeitete Differenzierung darzustellen, ist stark in Zweifel zu ziehen. Gegen die allgemeine Rechtfertigung einer Ungleichbehandlung aufgrund fiskalischer Interessen spricht einerseits, dass der Gesetzgeber mit Verweis auf sein Interesse der Ausgabenreduktion jede ungleiche Leistungsgewährung begründen könnte. Ausschließlich fiskalische Rechtfertigungen sind aus diesem Grund untauglich.[51] Andererseits werden jedoch (verfassungsrechtliche) Leistungsansprüche faktisch durch Ressourcenknappheit relativiert.[52] Dies gilt insbesondere für sozialversiche-

---

[46] Ebd., Art. 1 Rn. 14.
[47] Zum Verhältnismäßigkeitsgrundsatz jüngst BVerfGE 157, 30 (192).
[48] BT-Drs. 19/27652, S. 7.
[49] Ebd.
[50] Ebd.
[51] *Ferdinand Wollenschläger*, in: Huber/Voßkuhle (Fn. 45), Art. 3 Abs. 1 Rn. 157.
[52] *Otto Depenheuer*, Vorbehalt des Möglichen, in: Josef Isensee/ Paul Kirchhof (Hrsg.), Handbuch des Staatsrechts der Bundesrepublik Deutschland, Bd. XII: Normativität und Schutz der Verfassung, 3. Aufl. 2014, § 269 Rn. 35; im Kontext eines Grundrechts auf Ge-

rungsrechtliche Ansprüche, die beispielsweise für den Fall der gesetzlichen Rente unter einen spezifischen Möglichkeitsvorbehalt gestellt werden.[53] Im Sozialversicherungsrecht besitzt der Gesetzgeber daher grundsätzlich im Rahmen des Art. 3 Abs. 1 GG einen weiten Spielraum[54], Typisierungen der Leistungsempfänger vorzunehmen, um so den personellen Anwendungsbereich zu begrenzen.[55] Diese Möglichkeit wird jedoch eingeschränkt, sofern hierdurch freiheitsrechtliche Positionen verkürzt werden.[56]

Einfachgesetzlich wird das Knappheitsproblem u. a. durch das Wirtschaftlichkeitsgebot gem. § 12 Abs. 1 SGB V in der gesetzlichen Krankenversicherung adressiert und findet seine Ausgestaltung für die Pflegeversicherung in § 29 SGB XI.[57] Wichtig ist hierbei allerdings, dass – während für die gesetzliche Krankenversicherung gem. § 12 Abs. 1 S. 1 SGB V die Leistungen „ausreichend, zweckmäßig und wirtschaftlich" sein müssen – das Kriterium der Bedarfsdeckung („ausreichend") keine Entsprechung in § 29 SGB XI findet, wodurch der Leistungsumfang begrenzt wird und maßgeblich die Erhaltung der Leistungsfähigkeit der Pflegekassen garantiert werden soll.[58]

Einer möglichen Beschränkung durch fiskalische Interessen steht – wie oben bereits herausgearbeitet – die Selbstbestimmung der Pflegebedürftigen auf Grundlage des Eigenwertes jedes Menschen gegenüber, welche direkt aus dem grundrechtlich garantierten Schutz der Menschenwürde gem. Art. 1 Abs. 1 GG folgt[59]: Pflegebedürftige, unabhängig ob in ambulanter oder stationärer Pflege, sind besonders schutzwürdig. Ihre Selbstbestimmung und Autonomie so weit wie möglich zu bewahren, ist letztlich Ausdruck der Menschenwürdegarantie.

Das gilt für die stationäre Pflege sogar erst recht: Zwar ist mit § 3 SGB XI einfachgesetzlich der Vorrang der häuslichen Pflege vor der stationären normiert, „damit die Pflegebedürftigen möglichst lange in ihrer häuslichen Umgebung bleiben können" (§ 3 S. 1 SGB XI). Diese Regelung ist jedoch ebenfalls Ausdruck der Men-

---

sundheit: *Lino Munaretto*, Vorbehalt des Möglichen, 2022, S. 365 f., s. auch S. 432: „(Öffentliche Gesundheitssysteme) sind immer auch Resultat einer anspruchsvollen Kompromissfindung".

[53] Ebd., § 269 Rn. 53.

[54] BVerfGE 113, 167 (215).

[55] Siehe hierzu im Ganzen: *Bodo Pieroth*, in: Hans Jarass/ders. (Begr.), Grundgesetz, 17. Aufl. 2022, Art. 3 Abs. 1 Rn. 70.

[56] BVerfGE 89, 365 (376).

[57] *Martin Ebach*, in: Josef Berchtold/Stefan Huster/Martin Rehborn (Hrsg.), Gesundheitsrecht, 2. Aufl. 2018, § 29 SGB XI Rn. 6.

[58] Ebd., § 29 SGB XI Rn. 2; *Gerhard Dalichau*, SGB XI, Sozialgesetzbuch XI, Soziale Pflegeversicherung, 2. Aufl. 2018, § 29 SGB XI Rn. 22.

[59] In diesem Zusammenhang *Bernd Schlüter*, Grundrechtsbeschränkungen für Pflegebedürftige?, ZRP 2004, S. 75 (77): „Die Freiheitsgrundrechte konstituieren i.V. mit Art. 1 GG einen Anspruch auf menschenwürdige Pflege als erforderlichen Leistungsinhalt und werden durch die Gesetze konkretisiert".

schenwürdegarantie: Es sind zunächst alle Möglichkeiten der häuslichen Pflege auszuschöpfen, bevor zum Mittel der stärker eingreifenden stationären Pflege gegriffen wird.

Der Grund ist klar: Pflegebedürftige in stationärer Pflege werden stärker in ihrer Autonomie eingeschränkt. Sie sind also gerade schutzwürdiger. Damit ihre Selbstbestimmung so weit wie möglich aufrechterhalten bleiben kann, müssen daher erst recht alle Möglichkeiten ausgeschöpft werden, die dazu beitragen. Dazu aber zählt gerade auch die Versorgung mit DiPAs: Auch hier können sie eingesetzt werden, damit Pflegebedürftige eigenständiger agieren können – in körperlicher und mentaler Hinsicht[60] – oder den Fachkräftemangel (jedenfalls in gewisser Weise) zu kompensieren, sodass möglicherweise eine (etwas) intensivere, qualitativ hochwertigere Pflege möglich ist.

Die hohe Bedeutung der durch die Differenzierung betroffenen Menschenwürde einerseits und die typischerweise schwierige Verfügbarkeit des Differenzierungsmerkmals der häuslichen Pflege andererseits führt zu derart strengen Anforderungen an einen tauglichen Sachgrund, dass allein das fiskalische Interesse der Versichertengemeinschaft nicht gewichtig genug ist, um die skizzierte Differenzierung zu rechtfertigen. Das gilt umso mehr, bedenkt man, dass noch gar nicht bezifferbar ist, in welchem Ausmaß Kosten im Gegenzug reduziert werden, indem DiPAs eingesetzt werden.

d) Zwischenergebnis

Es liegt eine nicht verfassungsrechtlich zu rechtfertigende Ungleichbehandlung von wesentlich Gleichen vor, sodass § 40a SGB XI gegen Art. 3 Abs. 1 GG verstößt und die Versorgungsleistung mit DiPAs auf die Pflegebedürftigen in stationärer Pflege zu erstrecken ist.

3. Kein Ausschluss nach § 40a Abs. 1 SGB XI

Nach § 40a Abs. 1 SGB XI sollen die Pflegekassen gegenüber anderen Leistungsträgern nur subsidiär zur Leistung verpflichtet werden. Demnach entfällt ein Anspruch, sofern wegen Krankheit oder Behinderung eine Leistung durch die Krankenversicherung oder anderen zuständigen Leistungsträgern vorrangig ist.

V. Höhenmäßige Anspruchsbegrenzung nach § 40b S. 1 SGB XI

Der Anspruch auf ergänzende Unterstützungsleistung nach § 39a SGB XI sowie auf Versorgung mit digitalen Pflegeanwendungen nach § 40a SGB XI ist gem. § 40b

---

[60] S. dazu auch *Dittrich* (Fn. 7), S. 277.

S. 1 SGB XI auf *50 Euro im Monat* begrenzt. Die konkrete Aufteilung zwischen beiden Leistungsansprüchen obliegt dem Spitzenverband Bund der Pflegekassen, nach Anhörung der Vereinigungen der Träger der Pflegeeinrichtungen auf Bundesebene und der maßgeblichen Spitzenorganisationen der Hersteller von digitalen Pflegeanwendungen innerhalb von drei Monaten nach Aufnahme der jeweiligen digitalen Pflegeanwendung in das DiPA-Verzeichnis (§§ 40b S. 2, 78a Abs. 1 S. 5 SGB XI).[61]

Ob dieser festgelegte Höchstbetrag von monatlich 50 Euro ausreichend ist, um eine umfassende pflegerische Unterstützungsleistung anzubieten, die zugleich hohe Anforderungen an Qualität und Sicherheit erfüllt, ist zweifelhaft.[62] Das zeigt insbesondere der Vergleich mit den DiGAs, für dessen Gebrauch Krankenkassen beispielsweise bei einer Nutzung von 90 Tagen bis zu 600 Euro erstatten.[63] In diesem Punkt hat sich der Gesetzgeber gegen eine Anpassung der Pflegebranche an den Medizinsektor entschieden.[64]

VI. Fazit

Die Einführung der DiPA ist ein guter erster Baustein, um die Pflege digitaler zu gestalten und Chancen sowohl für Pflegende als auch Pflegebedürftige zu nutzen. Der Gesetzgeber hat diese Möglichkeiten durch die Regelungen gesehen, jedoch fehlt der Neuregelung ein wesentliches Element: Der Gleichheitssatz fordert eine Ausweitung des Anwendungsbereichs auch auf die stationäre Pflege. De lege ferenda wäre außerdem eine höhere Erstattungssumme wünschenswert, um größere technologische Gesamtlösungen nicht von vornherein unwirtschaftlich zu machen, sondern – im Gegenteil – Anreize zu setzen. Ziel muss es sein, dem Anspruch auf eine möglichst selbstständige und selbstbestimmte Lebensführung von pflegebedürftigen Personen durch DiPAs zur Geltung zu verhelfen, ohne zu hohe Markteintrittsbarrieren für ihre Anbieter zu schaffen. Gerade hinsichtlich der steigenden Zahlen an Pflegebedürftigen bei gleichzeitig sinkenden Zahlen an Pflegekräften wäre es verheerend, die Chancen der Digitalisierung ungenutzt zu lassen.

---

[61] *Braun* (Fn. 6), S. 712.

[62] Kritisch mit Blick auf die Beschränkung äußerte sich etwa der Spitzenverband Digitale Gesundheitsversorgung: https://www.aerzteblatt.de/nachrichten/121404/Vorgaben-fuer-digitale-Pflegeanwendungen-in-der-Kritik [Abruf: 4.10.2023].

[63] *Stefanie Stoff-Ahnis*, Digitale Gesundheitsanwendungen – Das erste Jahr aus Sicht der Gesetzlichen Krankenversicherung, MedR 2022, S. 285 (286).

[64] Dieser fehlenden Anpassung beider Branchen kritisch gegenüberstehend: *Dietmar Wolff*, Das Digitale Versorgung und Pflege-Modernisierungs-Gesetz, Chancen und Risiken für die Pflege, https://www.finsoz.de/sites/default/files/pressemeldungen/ck_482020_dw_s4_einzel_pdf.pdf [Abruf: 4.10.2023].

Literatur

Basche, Jan: Die Zukunft der Pflege, RDG 2020, S. 66.

Becker, Ulrich/*Kingreen,* Thorsten (Hrsg.): SGB V – Gesetzliche Krankenversicherung Kommentar, 8. Auflage, München 2022.

Berchtold, Josef/*Huster,* Stefan/*Rehborn,* Martin (Hrsg.): Gesundheitsrecht, 2. Auflage, München 2018.

Braun, Julian: Digitale Pflegeanwendungen in der gesetzlichen Pflegeversorgung, NZS 2021, S. 710.

Dalichau, Gerhard: SGB XI, Sozialgesetzbuch XI, Soziale Pflegeversicherung, 2. Auflage, München 2018.

Dittrich, Tilmann: Digitalisierung in ambulanter und stationärer Pflege – Digitale Gesundheitsanwendungen und Pflegeanwendungen (Teil 1), SRa 2021, S. 275.

Dittrich, Tilmann/*Dochow,* Carsten: Digitalisierung in ambulanter und stationärer Pflege – Telematikinfrastruktur und Telepflege (Teil 2), SRa 2022, S. 49.

Huber, Peter Michael/*Voßkuhle,* Andreas (Hrsg.): Grundgesetz Kommentar, 8. Auflage, München 2023.

Isensee, Josef/*Kirchhof,* Paul (Hrsg.): Handbuch des Staatsrechts der Bundesrepublik Deutschland, Bd. XII, 3. Auflage 2014.

Jarass, Hans/*Pieroth,* Bodo (Begr.): Grundgesetz für die Bundesrepublik Deutschland Kommentar, 17. Auflage, München 2022.

Körner, Anne et al. (Hrsg.): Kasseler Kommentar SGB V, 121. Auflage, München 2023.

Malorny, Friederike: Hardware-gestützte Telepflege 2.0 – Einordnung als digitale Pflegeanwendung (DiPA)?, NZS 2022, S. 443.

Munaretto, Lino: Der Vorbehalt des Möglichen – Öffentliches Recht in begrenzten Möglichkeitsräumen, Tübingen 2022.

Schlüter, Bernd: Grundrechtsbeschränkungen für Pflegebedürftige?, ZRP 2004, S. 75.

Seeliger, Victoria: Qualitätskriterien für Gesundheits-Apps – Eine Analyse der bisherigen Rechtslage, GuP 2022, S. 91.

Spickhoff, Andreas (Hrsg.): Medizinrecht, 4. Auflage, München 2022.

Stoff-Ahnis, Stefanie: Digitale Gesundheitsanwendungen – Das erste Jahr aus Sicht der Gesetzlichen Krankenversicherung, MedR 2022, S. 285.

Zulassung KI-basierter Clinical Decision Support Systems unter der Medical Device Regulation

Von *Simone Kuhlmann*[1]

I. Einleitung

Ärztliches Entscheiden ist Dreh- und Angelpunkt jeglichen ärztlichen Tuns. Von der ärztlichen Entscheidung hängt ab, ob es einer medizinischen Intervention bedarf, welcher Intervention es bedarf und wie diese Intervention im Einzelnen ausgestaltet ist. Seit den 1970er Jahren werden zur Unterstützung solcher Entscheidungen zunehmend sog. computergestützte Clinical Decision Support Systeme (CDSS) – zu Deutsch Entscheidungsunterstützungssysteme – herangezogen.[2] Hierbei handelt es sich um Computersysteme, die vor allem Ärzte, aber auch andere an der Versorgung beteiligte Berufe[3] bei Entscheidungsaufgaben in dem Moment, in dem sie anfallen, insb. aber am Ort der Versorgung unterstützen sollen.[4] Ihr Ziel ist es, medizinisches Wissen in Abhängigkeit zu individuellen Patientendaten darzustellen[5] oder aufzubereiten und so neues Wissen zu generieren, um daraus in einem zweiten Schritt Handlungs- und Entscheidungsempfehlungen ableiten zu können. Neben einer Standardisierung der Behandlung von Patientinnen zur Vermeidung von Über- oder Unterbehandlungen bieten sie den Vorteil, medizinisches Wissen kontextbezogen schnell verfügbar machen zu können, was vor allem angesichts der stetig anwachsenden

---

[1] Die Autorin dankt Herrn Florian Lucks, studentischer Mitarbeiter am Zentrum für Recht in der digitalen Transformation, für die stete Diskussionsbereitschaft bei der Erstellung des Beitrags.

[2] *R. Sutton/D. Pincock/D. Baumgart et al.*, An overview of clinical decision support systems: benefits, risks, and strategies for success, npj Digit Med 2020, 3:17; zur Historie von CDSS vgl. *R. Greenes*, Clinical Decision Support. The Road to Broad Adoption, 2. Aufl. 2014, S. 49 ff.

[3] Z. B. Pflege, Logopäden, Psychologinnen.

[4] *E. Berner/T. La Lande*, Overview of Clinical Decision Support Systems, in: Clinical Decision Support Systems, Theory and Practice, 2016, S. 1; *P. Börm*, Leitlinienbasierter Clinical Decision Support – Anforderungen an evidenzbasierte Entscheidungsunterstützungssysteme, OP-Journal 2021, 37, S. 28.

[5] Zu den darstellenden Systemen gehören vor allem Dokumentations- und Monitoringsysteme bspw. auf Intensivstationen, vgl. hierzu *J. Steinwendner*, Klinische Entscheidungsunterstützungssysteme: von der Datenrepräsentation zur künstlichen Intelligenz, in: Innovation und Innovationsmanagement im Gesundheitswesen, 2020, S. 687 f.

142   Simone Kuhlmann

Fülle von Erkenntnissen zu einzelnen Erkrankungen und deren Entstehung und Behandlung für die Versorgung von nicht unerheblicher Bedeutung ist.[6]

Ein wachsender Anteil von CDSS basiert heute auf Verfahren Künstlicher Intelligenz (KI).[7] Davon verspricht man sich neben einer Entlastung des medizinischen Personals eine präzisere und individualisiertere Diagnostik und Therapieauswahl und damit insgesamt eine verbesserte medizinische Versorgung. Gleichwohl werden mit dem Einsatz KI-basierter CDSS aufgrund ihrer Funktionsweisen und ihrer Opazität Risiken assoziiert, was die Frage der Bedingungen ihrer Zulassung für die medizinische Versorgung aufwirft. Der Beitrag identifiziert und analysiert daher nach einer knappen technischen Einführung und Beschreibung der Anwendungsfelder (II.) die spezifischen Risiken des Einsatzes KI-basierter CDSS (III.), leitet darauf basierend spezifische Anforderungen für den Einsatz solcher Systeme in der medizinischen Versorgung her (IV.) und untersucht, inwieweit diese bereits durch den bestehenden Rechtsrahmen der Medical Device Regulation (MDR) abgesichert werden (V.).

II. KI-basierte CDSS in der medizinischen Versorgung

KI-basierte Systeme meinen nach dem heutigen Stand vor allem Systeme, die mittels statistischer Verfahren, wie maschineller Lernverfahren, entwickelt worden sind. Sie dienen etwa der Klassifikation bzw. Bestimmung einer Kategorie (bspw. zur Detektion suspekter Gebiete bzw. *regions-of-interest* in MRT/CT-Scans etwa im Bereich der Krebs- oder Schlaganfall-Diagnostik) oder zur Regression, also der Vorhersage eines quantitativen Zahlenwerts (z. B. eines Laborwerts oder zur Prognose eines Krankheitsverlaufs). Zu den in der Medizin eingesetzten Methoden maschinellen Lernens gehören neben Cluster-Analysen und *Support Vector Machines Deep Learning*, *Neuronale Netze*, *Nearest Neighbor Classifiers* sowie *Lineare* und *Logistic Regression*.[8]

---

[6] *Steinwendner* (Fn. 5), S. 690.

[7] *Sutton/Pincock/Baumgart et al.* (Fn. 2); Stellungnahme der Zentralen Ethikkommission (ZEKO) bei der Bundesärztekammer zur Entscheidungsunterstützung ärztlicher Tätigkeit durch Künstliche Intelligenz, Deutsches Ärzteblatt, Jg. 118, Heft 33–34, 23.8.2021, A3; *I. Schneider*, Diskriminierungsgefahren und Regulationsansätze bei der medizinischen Nutzung von KI, Zeitschrift für medizinische Ethik 2021, S. 327 (330).

[8] *S. Stoppacher/P. Müllner*, Software als Medizinprodukt, in: Anforderungen an Medizinprodukte, 2021, S. 169; *L. Pechmann/M. Mildner/T. Suthau/M. Leucker*, Regulatorische Anforderungen an Lösungen der künstlichen Intelligenz im Gesundheitswesen, in: Künstliche Intelligenz im Gesundheitswesen, 2022, S. 184 f.; zu den verschiedenen Methoden im Detail siehe *B. Ozaydin/J. Hardin/D. Chhieng*, Data Mining and Clinical Decision Support Systems, in: Clinical Decision Support Systems, Theory and Practice, 2016, S. 51 ff.

Der Unterschied zu herkömmlichen sog. wissensbasierten CDSS[9] liegt darin, dass KI-basierte Systeme nicht auf formalisierten, in Regeln verfassten medizinischen Erkenntnissen und Annahmen – häufig beschrieben in eindeutigen *If-Then*-Regeln – basieren,[10] die auf jahrzehntelang entstandenes Expertenwissen in diesem Bereich fußen, wie es etwa in medizinischen Leitlinien ärztlicher Fachgremien oder Fachverbände niedergelegt ist. Also, wenn der Laborwert p > x ist und zusätzlich Symptome a und b vorliegen, dann weist das auf die mögliche Diagnose Y oder Z hin. Stattdessen agieren KI-basierte Systeme anhand von Regeln, die sie durch Auswertung von Daten erlernt haben.[11] Medizinische Kenntnisse und Annahmen werden also nicht mehr von Programmierern in klare Handlungsanweisungen gecodet, sondern es werden Modelle mithilfe einer Menge von für die zu bewältigende Aufgabenstellung relevanten, existierenden medizinischen Beispielsdatensätzen trainiert, die dann für neue Daten Vorhersagen und Annahmen treffen können.[12] Entsprechend werden sie als „nicht wissensbasierte CDSS" bezeichnet.[13]

Das Problem dieser Systeme ist, dass die gelernten Regeln lediglich auf Korrelationen basieren. Sie erkennen keine kausalen Zusammenhänge, d. h. konkrete Beziehungen zwischen Ursache und Wirkung, selbst wenn diese vorliegen.[14] Das gehäufte Auftreten von Retinopathie bei Diabetespatientinnen bspw. kann, muss aber nicht auf einen kausalen Zusammenhang zwischen diesen Erkrankungen hindeuten. Hinzu kommt, dass die Systeme – je nach verwendeter Methode (Neuronales Netz, Deep Learning) – sehr komplex sind und das Wie und Warum des Zustandekommens des von ihnen ausgeworfenen Outputs vom Menschen nicht oder nur noch begrenzt nachvollzogen werden kann (sog. Black-Box-Problematik).[15] Insbesondere bei

---

[9] Vgl. allgemein zu den unterschiedlichen Formen von CDSS *Steinwendner* (Fn. 5), S. 686; *Börm* (Fn. 4), S. 29; zur Taxonomie der verschiedenen CDSS vgl. auch *J. Osheroff/ J. Teich/D. Levick et al.*, Improving outcomes with clinical decision support, an implementer's guide, Healthcare Information and Management Systems Society (HIMSS), 2012.

[10] *S. Spooner*, Mathematical Foundations of Decision Support Systems, in: Clinical Decision Support Systems, Theory and Practice, 2016, S. 37; *Ozaydin/Hardin/Chhieng* (Fn. 8), S. 46.

[11] Vgl. *G. Marakas*, Decision Support Systems in the 21st century, 1999; *Berner/La Lande* (Fn. 4), S. 5; *Börm* (Fn. 4), S. 29.

[12] *Ozaydin/Hardin/Chhieng* (Fn. 8), S. 48; vgl. dazu auch allgemein *J. Kleesiek/J. Murray/ C. Strack/G. Kaissis/R. Braren*, Wie funktioniert maschinelles Lernen?, Der Radiologe 2020, S. 24 (25 f.).

[13] *Spooner* (Fn. 10), S. 36 f.; *Börm* (Fn. 4), S. 29.

[14] *S. Hänold/N. Schlee/D. Antweiler/K. Beckh*, Die Nachvollziehbarkeit von KI-Anwendungen in der Medizin. Eine Betrachtung aus juristischer Perspektive mit Beispielszenarien, MedR 2021, S. 516 (518).

[15] Vgl. hierzu Bericht der Enquete-Kommission Künstliche Intelligenz – Gesellschaftliche Verantwortung und wirtschaftliche, soziale und ökologische Potenziale, BT-Drs. 19/23700, S. 64; Stellungnahme ZEKO (Fn. 7), A 3. *U. Gassner/U. Juknat*, in: E-Health Digital Health, 2022, Kap. 3 Rn. 374; *J. Bjerring/J. Busch*, Artificial Intelligence and Patient-Centered Decision-Making, Philosophy & Technology 2021, S. 349 (353 ff.); *bitkom*, Blick in die Black-

künstlichen neuronalen Netzen (KNN), die regelmäßig eine Million von optimierten Parametern aufweisen und daher besonders gute Ergebnisse hervorbringen, ist für den Menschen i.d.R. nicht mehr begreiflich, welche Merkmale bzw. hochdimensionalen Kombinationen von Merkmalen für das Ergebnis entscheidend sind.[16] Das schränkt jedoch die Möglichkeit der Validierung solcher Systeme ein und begründet letztendlich eine gewisse Skepsis diesen gegenüber. Zumal auch nur bedingt nachvollzogen werden kann, ob der Output des Systems wirklich das aussagt, wie wir ihn interpretieren. Nichtsdestotrotz werden zunehmend solche Systeme aufgrund ihrer Vorzüge und Potentiale gegenüber herkömmlichen wissensbasierten CDSS entwickelt. Sie ermöglichen es, nicht nur bislang unbekannte statistische Zusammenhänge bspw. von Erkrankungen zu identifizieren, die dann ggfs. weiter erforscht werden können.[17] Durch ihre Fähigkeit, mit einer großen Menge an personalisierten Patientendaten zu operieren, erlauben sie zudem eine deutlich präzisere und individualisierte Diagnostik sowie Therapieauswahl und damit eine Verbesserung der Versorgung insgesamt.[18] Insbesondere dort, wo Versorgungslücken etwa durch Fachärztemangel bestehen, könnten solche Systeme helfen, weil sie auch von Nicht-Fachärztinnen bedient werden könnten.[19] Hinzu kommt, dass derartige Systeme besser mit Unsicherheiten umgehen können[20] und – sofern gewollt – in der Lage sind, fortlaufend zu lernen und sich anzupassen. Anders als bei herkömmlichen, wissensbasierten Systemen müssen die vielen Regeln, aus denen ein solches System besteht, also nicht mühsam entsprechend dem sich weiterentwickelnden medizinischen Wissen fortlaufend aktualisiert werden.

KI-basierte CDSS kommen bereits sowohl zur Diagnostik, im therapeutischen Bereich als auch zur Erstellung von klinischen Prognosen zur Anwendung, wobei vor allem letzteres aus medizinethischer Sicht nicht unumstritten ist.[21] Denn hierbei geht es um die Berechnung von Wahrscheinlichkeiten für unerwünschte medizinische Zwischenfälle (bspw. kardiovaskuläre Ereignisse oder postoperative Komplikationen[22]) oder die Überlebensdauer von Patienten, die etwa an einer Krebserkrankung

---

box. Nachvollziehbarkeit von KI-Algorithmen in der Praxis, 2019, S. 12; *Börm* (Fn. 4), S. 29; *Spooner* (Fn. 10), S. 37.

[16] Vgl. dazu im Detail *Kleesiek/Murray/Strack/Kaissis/Braren* (Fn. 12), S. 26 und S. 29.

[17] Stellungnahme ZEKO (Fn. 7), A 4.

[18] Vgl. Stellungnahme der ZEKO (Fn. 7), A 1 f.

[19] Z.B. erlaubt ein vom EU-finanzierten Projekt IScan entwickelter KI-basierter Netzhautscanner die Diagnostik Diabetischer Retinopathie ohne besonderes Fachwissen und Gerätetechnik, so dass er sowohl für die hausärztliche Versorgung als auch für Apotheken als geeignet gilt, https://cordis.europa.eu/article/id/425627-ai-powered-retinal-scanner-picks-up-early-signs-of-diabetes/de (zuletzt abgerufen am 16.2.2023).

[20] *Ozaydin/Hardin/Chhieng* (Fn. 8), S. 48.

[21] Stellungnahme ZEKO (Fn. 7), A 2; siehe weitere Beispiele für CDSS bei *Ozaydin/Hardin/Chhieng* (Fn. 810), S. 47 f.; *C. Johner*, Regulatorische Anforderungen an Medizinprodukte, in: Die Zukunft der Medizin, 2019, S. 367.

[22] Vgl. bspw. die seit 2021 zugelassene Software *x-c-bleeding*, die Muster von Nachblutungen oder Nierenversagen nach Herzoperationen erkennt und Alarm schlägt, bevor schwere

leiden, auf Basis von vorliegenden Falldaten von anderen Patientinnen.[23] Dabei können Krankheitsverläufe – abhängig von zahlreichen Variablen (z. B. Krankenhausumgebung, persönliches Umfeld) – individuell stark variieren, was die Berücksichtigung solcher Prognosen bei Therapieentscheidungen fraglich macht. Im Gegensatz dazu werden vor allem Diagnostik-unterstützende CDSS sowohl vor dem Hintergrund ihres Potentials, finanzielle und personelle Ressourcen zu schonen, als auch ihrer Präzision als echter Gewinn für den klinischen Alltag angesehen.[24] So haben Studien insbesondere bei Aufgaben, bei denen es um die Detektion von Abweichungen und Auffälligkeiten in Bildern oder anderen Messdaten geht (z. B. Arrhythmie-Detektion im EKG[25], Erkennung von MS-Läsionen am Gehirn anhand von MRT-Scans, Detektion von diabetischer Retinopathie auf Basis von Netzhaut-Scans[26], Hautkrebs-Screening[27]), gezeigt, dass ihre Ergebnisse mit denen von Ärzten vergleichbar oder z. T. sogar besser als diese sind.[28] CDSS, die im therapeutischen Bereich zum Einsatz kommen, dienen hingegen in der Regel dazu, die Therapie mit dem individuell höchsten Nutzen für die jeweilige Patientin zu identifizieren.[29] Dies können Systeme sein, die anhand von Patientinnendaten die für den Patienten individuell wirksamste Therapie bestimmen (z. B. Therapie mit einem CRT-D oder mit einem ICD bei Herzinsuffizienz[30]; Bestrahlungsplan; Dosisberechnung) oder die die Präzision von invasiven Eingriffen erhöhen (z. B. durch Verbesserung der endoskopischen Navigation durch präzise Identifikation erkrankten Gewebes[31]; Berechnung des Einstichwinkels eines chirurgischen Instruments). Insgesamt muss jedoch festgehalten werden, dass all diese Systeme für die Lösung einer bestimmter (Teil-)Aufgabe ent-

---

Komplikationen eintreten, PM des Berlin Institute of Health v. 8.7.2021, https://www.bihe alth.org/de/aktuell/kuenstliche-intelligenz-auf-der-intensivstation (zuletzt abgerufen am 16.2. 2023).

[23] Stellungnahme ZEKO (Fn. 7), A 2.
[24] *Gassner/Juknat* (Fn. 15), Kap. 3 Rn. 353 ff.
[25] *A. Hannun/P. Rajpurkar/M. Haghpanahi/G. Tison/C. Bourn/M. Turakhia/A. Ng*, Cardiologist-level arrhythmia detection and classification in ambulatory electrocardiograms using deep neural network, Nat Med 2019; 25(1), S. 65 ff.
[26] *V. Gulshan/L. Peng/M. Coram et al.*, Development and Validation of a Deep Learning Algorithm for Detection of Diabetic Retinopathy in Retinal Fundus Photographs, JAMA. 2016, 316(22), S. 2402–2410.
[27] *A. Esteva/B. Kuprel/R. Novoa/J. Ko/S. Swetter/H. Blau/S. Thrun*, Dermatologist-level classification of skin cancer with deep neural networks, Nature 2017, S. 115 ff.
[28] Mit weiteren Bespielen *Sutton/Pincock/Baumgart et al.* (Fn. 2), S. 6; *Gassner/Juknat* (Fn. 15), Kap. 3 Rn. 353 ff.; Stellungnahme ZEKO (Fn. 7), A 3.
[29] *B. Zippel-Schultz/D. Müller-Wieland/A. Remppis et al.*, Künstliche Intelligenz in der Kardiologie, Herzschr Elektrophys 2021, S. 89 (94).
[30] *M. Cikes/S. Sanchez-Martinez/B. Claggett et al.*, Machine Learning-based phenogrouping in heart failure to identify responders to cardiac resynchronization therapy, Eur J Heart Fail. 2019, 21 (1), S. 74–85.
[31] Stellungnahme ZEKO (Fn. 7), A 2; siehe exemplarisch *C. Cantwell/Y. Mohamied/ K. Tzortzis et al.*, Rethinking multiscale cardiac electrophysiology with machine learning and predictive modelling, Computers in Biology and Medicine 2019, S. 339–351.

wickelt worden sind (z. B. Detektion von MS-Läsionen anhand von MRT-Scans, Detektion von Hautläsionen anhand von Fotos, Identifikation von Arrhythmien im EKG, etc.). Ihr Einsatz für ein anderes – wenn auch ähnlich gelagertes – Problem kommt daher bislang nicht in Betracht.[32]

III. Risiken des Einsatzes KI-basierter CDSS

Die Anwendungsbereiche von KI-basierten CDSS machen deutlich, wie entscheidend eine gute Performance dieser Systeme für Patientinnen ist. Denn auch, wenn sie keine unmittelbare Wirkung auf den Patienten haben, weil es sich – jedenfalls nach aktuellem Stand – letztendlich um Entscheidungsunterstützungssysteme handelt, die Ärztinnen lediglich Vorschläge oder eine Orientierungshilfe bietet, kann ein fehlerhafter Output eines solchen Systems existenziell für den Patienten sein, zumindest aber zu einer nicht unerheblichen gesundheitlichen Beeinträchtigung führen, etwa wenn ein nicht passender Therapieansatz empfohlen wird oder Areale fälschlicherweise als krankes Gewebe identifiziert und daraufhin chirurgisch entfernt werden. Das gilt insbesondere vor dem Hintergrund, dass zum einen Untersuchungen zeigen, dass Ärztinnen verstärkt unhinterfragt auf Vorschläge von automatisierten Entscheidungssystemen vertrauen, sobald sie in einigen Anwendungsszenarien erfolgreich waren – sie also einem sog. *automation bias* unterliegen;[33] zum anderen, weil es Ärzten bei KI-gestützten Systemen nicht möglich ist, zu verstehen, wie und warum ein bestimmter Output vom System generiert wurde, was sie dann ggfs. noch zu einer korrigierenden Handlung veranlassen könnte.[34] Zwar bestehen unter den Begriffen XML/XAI (*Explainable AI*) Ansätze insbesondere im Bereich der *computer vision*, den Einfluss verschiedener Eingabedaten (bspw. Pixel in einem Bild) auf die Entscheidung des Modells zu bestimmen und anzuzeigen.[35] Bei komplexen Gewichtungsvorgängen, insb. beim *Deep Learning*, ist hingegen unklar, ob diese jemals nachvollzogen werden können.[36]

Risiken durch den Einsatz KI-basierter CDSS bestehen für Patientinnen daher insb. dann, wenn das System für den Nutzer nicht erkennbar diskriminierende Out-

---

[32] Z. B. kann ein Computerprogramm, das speziell für die Erkennung von Tumoren in der Lunge entwickelt wurde, ein Pneumothorax im MRT-Scan übersehen.

[33] *R. Challen/J. Denny/M. Pitt et al.*, Artificial intelligence, bias and clinical safety, BMJ Qual Saf 2019, S. 231 (234); *T. Tsai/D. Fridsma/G. Gatti*, Computer decision support as a source of interpretation error: the case of electrocardiograms, J Am Med Inform Assoc. 2003, S. 478–483, doi: 10.1197/jamia.M1279.

[34] Vgl. zur Blackbox-Problematik bereits Fn. 15 m.w.N.

[35] Vgl. zu den verschiedenen existierenden Ansätzen *bitkom* (Fn. 15), S. 13 ff.; *M. Höhne*, Nachvollziehbare Künstliche Intelligenz: Methoden, Chancen und Risiken, DuD 2021, S. 453 ff.; *A. Adadi/M. Berrada*, Peeking Inside the Black-Box: A Survey on Explainbable Artificial Intelligence (XAI), IEEE 2018, S. 52138 ff.; *A. Holzinger*, Interpretierbare KI, c't 2018, S. 136 (137 ff.).

[36] *Gassner/Juknat* (Fn. 15), Kap. 3 Rn. 374.

puts zu Lasten bestimmter Patientinnengruppen hervorbringt, bspw. mit der Folge, dass diese schlechteren Zugang zu einer medizinischen Behandlung haben. Das kann insb. dann der Fall sein, wenn – was nicht unwahrscheinlich ist – die zum Training des Systems verwendeten Datensätze bereits mit einem *Bias* aufgrund gesellschaftlicher Vorannahmen, Vorurteile etc. behaftet sind, die dann vom System fortgeschrieben und reproduziert werden.[37] Diskriminierungen können aber auch dadurch entstehen, dass die genutzten Datensätze einseitig geprägt sind, also bestimmte Personengruppen (z.B. Kinder, Frauen, *People of Color*) darin statistisch unterrepräsentiert sind (etwa weil es von dieser Personengruppe nicht genügend Datensätze gibt)[38], so dass Spezifika dieser Gruppe nicht ausreichend gelernt werden konnten.[39] Bekanntestes Beispiel ist hier die schlechtere Performance von Systemen zur Erkennung von Hautkrebs bei *People of Color*, da die Datensätze, mit denen das System trainiert worden ist, hauptsächlich von Menschen mit heller Hautfarbe stammten.[40] Risiken gehen aber auch von sonstigen fehlerhaften Entscheidungen von CDSS aus, wobei fehlerhaft immer im Kontext der jeweiligen Aufgabe zu verstehen ist und insb. bei Prognoseentscheidungen nur schwer zu operationalisieren ist. Die Fehler können daraus resultieren, dass gewichtige medizinische Faktoren für das zu lösende Problem vom System nicht berücksichtigt wurden (z.B. das Alter) oder umgekehrt Faktoren besonders ins Gewicht fallen, die nicht relevant sind, aber zufällig zu einer Korrelation führen. Aber auch Fehler in den Daten, wie bspw. Messfehler, oder deren fehlerhafte Aufbereitung, z.B. durch fehlerhafte Annotationen, können sich in negativer Weise auf die „Richtigkeit" des Outputs auswirken.[41] Schließlich können Risiken immer auch durch die Wahl eines von vornherein für die zu lösende Aufgabe (Klassifikation, Segmentierung etc.) nicht geeigneten Modells oder durch den nichtbestimmungsgemäßen Gebrauch durch den Anwender hervorgerufen werden. Denn die Qualität der Ergebnisse und letztlich auch die Gefahrenpotentiale solcher Technologien hängen entscheidend immer auch davon ab, wie gut sie in den organisationalen Kontext der Organisation, in dem sie zur Anwendung kommen, eingebettet sind.[42] Werden solche Systeme also bspw. auf Daten angewendet, die nicht Bestand-

---

[37] Bericht der Enquete-Kommission Künstliche Intelligenz (Fn. 15), BT-Drs. 19/23700, S. 61; Fraunhofer-Institut für Intelligente Analyse- und Informationssysteme IAIS, Leitfaden zur Gestaltung vertrauenswürdiger Künstlicher Intelligenz. KI-Prüfkatalog, 2021, S. 37; *Schneider* (Fn. 7), S. 331 f.

[38] Vgl. zu den unterschiedlichen Gründen *R. Baumgartner*, Künstliche Intelligenz in der Medizin: Diskriminierung oder Fairness?, in: Diskriminierung und Antidiskriminierung, 2021, S. 156.

[39] Bericht der Enquete-Kommission Künstliche Intelligenz (Fn. 15), BT-Drs. 19/23700, S. 61; Stellungnahme ZEKO (Fn. 7), A 7; *Gassner/Juknat* (Fn. 15), Kap. 3 Rn. 371.

[40] *A. Adamson/A. Smith*, Machine Learning and Health Care Disparities, JAMA. Dermatology 2018, S. 1247; *W. Glauser*, AI in health care: Improving outcomes or threatening equity?, CMAJ 2020, 1 E21 f.

[41] Stellungnahme ZEKO (Fn. 7), A 7.

[42] Siehe dazu auch Deutsche Normungsroadmap Künstliche Intelligenz, Ausgabe 2, 2022, S. 229.

teil des Trainingsdatensatzes waren (bspw. Scans von MRT-Geräten anderer Hersteller oder anderer Generation; andere Population) oder für Aufgaben, für die sie nicht entwickelt worden sind, können sie Fehlklassifikationen oder fehlerhafte Prognosen trotz fehlerfreier Entwicklung hervorbringen.

IV. Anforderungen an den Einsatz KI-basierter CDSS

Daraus lassen sich Anforderungen und Qualitätsstandards ableiten, die an den Einsatz KI-basierter CDSS in der Versorgung zu stellen sind und sich bereits in diversen Positionspapieren[43] zu vertrauenswürdiger KI im Allgemeinen einschließlich dem Entwurf des AI-Acts[44] finden, im medizinischen Bereich aber aufgrund des besonderen Schadenspotentials von besonderer Relevanz sind. Die Anforderungen lassen sich unterteilen in Qualitätsanforderungen, die das KI-System selbst betreffen (1.), sowie Anforderungen an die Implementierung in den Klinikalltag (2.).

1. Qualitätsanforderungen an das KI-System

Entscheidendes Qualitätsmerkmal für den Einsatz solcher Systeme ist zunächst, dass sie sicher, zuverlässig und technisch robust funktionieren. Das bedeutet, es muss zum einen sichergestellt sein, dass das System mit einer Reihe von Eingaben und in verschiedenen Situationen einwandfrei funktioniert, insb. dass die Ausgaben selbst unter kleinen Veränderungen der Eingabedaten sowie bei Unsicherheiten konstant bleiben (Robustheit).[45] Zudem muss das System in der Lage sein, seine Ergebnisse auch durch andere Anwenderinnen bei gleichen Bedingungen zu reproduzieren.[46] Denn nur so kann gewährleistet werden, dass sie zuverlässig agieren und auch von verschiedenen Einrichtungen verwendet werden können. Dazu gehört auch, dass diese Systeme – wie im Übrigen alle Softwaresysteme – möglichst sicher sind, sowohl was deren eigene Funktionalität als auch ihre Integrität nach außen betrifft (Sicherheit und Integrität). Angriffe und Sicherheitsverletzungen, etwa in Form von Datenfälschungen oder Systemmanipulationen, müssen durch entsprechende Si-

---

[43] Vgl. *Hochrangige Expertengruppe für Künstliche Intelligenz*, Ethikleitlinien für eine vertrauenswürdige KI, 2019; *dies.*, The Assessment List For Trustworthy Artificial Intelligence (ALTAI), 2020; *Fraunhofer-Institut für Intelligente Analyse- und Informationssysteme IAIS*, Vertrauenswürdiger Einsatz von Künstlicher Intelligenz, 2019, S. 15 ff.; explizit für Medizinproduktesoftware vgl. *European Coordination Committee of Radiological, Eletromedical and Healthcare IT Industry (COCIR)*, Artificial Intelligence in EU Medical Device Regulation, 2021.

[44] Vorschlag für eine Verordnung zur Feststellung harmonisierter Vorschriften für künstliche Intelligenz und zur Änderung bestimmter Rechtsakte der Union, COM(2021) 206 final.

[45] Vgl. *Fraunhofer IAIS*, Leitfaden zur Gestaltung vertrauenswürdiger Künstlicher Intelligenz (Fn. 37), S. 25; Ethikleitlinien für eine vertrauenswürdige KI (Fn. 43), S. 21; *COCIR* (Fn. 43), S. 25.

[46] Vgl. Ethikleitlinien für eine vertrauenswürdige KI (Fn.43), S. 21; *COCIR* (Fn. 43), S. 24.

cherheitsvorkehrungen verhindert oder zumindest begrenzt werden.[47] Weiterhin ist elementar, dass die hervorgebrachten Ergebnisse sowohl ein hohes Maß an Genauigkeit als auch Präzision aufweisen, d. h. Objekte so oft wie möglich zutreffend klassifiziert bzw. Vorhersagen richtig getroffen werden.[48] Nur so kann – angesichts der bislang weitgehend fehlenden Möglichkeit der Kontrolle durch den Nutzer – das Risiko von Fehldiagnosen und -interventionen auf ein angemessenes Maß reduziert werden. Schließlich sollten CDSS-Systeme so beschaffen sein, dass sie Verzerrungen (*Bias*) auf ein Minimum reduzieren und nicht ungerechtfertigt, d. h. ohne sachlichen Grund diskriminieren.[49] Insbesondere für die Patientengruppen, für die sie entwickelt bzw. mit deren Daten sie trainiert worden sind, sollten sie unvoreingenommen arbeiten und keinen *Bias* enthalten. Das schließt ein, dass sich die Performanz und Qualität des Outputs solcher Systeme in Bezug auf bestimmte Personengruppen (bspw. *People of Color*), für die das System ebenso eingesetzt wird, nicht oder jedenfalls nicht ohne entsprechende Kenntlichmachung verringert.

2. Sachgemäße Implementierung in den Organisationsablauf und Befähigung der Nutzer

Da die Leistungsfähigkeit solcher Systeme immer auch von der richtigen Verwendung im jeweiligen Nutzungskontext abhängt, sollte zudem nicht nur gewährleistet sein, dass solche Systeme an der richtigen Stelle in den jeweiligen Organisationsablauf eingebettet sind, auch der bestimmungs- und sachgemäße Umgang durch die Anwenderin muss sichergestellt sein. Im Hinblick auf CDSS bedeutet das vor allem, dass die Systeme nur ihrer Zweckbestimmung entsprechend verwendet werden, also insb. nicht für eine andere Aufgabenstellung (MS statt Tumordiagnostik) oder eine nicht adressierte Patientinnengruppe eingesetzt werden und die vom System generierten Informationen richtig interpretiert und genutzt werden. Ergebnisse eines lediglich zur Entscheidungsunterstützung entwickelten Systems dürfen also bspw. vom Anwender nicht als Erstdiagnose missverstanden werden; auf Alarme, die das System generiert, muss das verantwortliche Klinikpersonal zuverlässig und angemessen reagieren.

---

[47] Vgl. Ethikleitlinien für eine vertrauenswürdige KI (Fn.43), S. 20; vgl. auch *Fraunhofer IAIS*, Leitfaden zur Gestaltung vertrauenswürdiger Künstlicher Intelligenz (Fn. 37), S. 26.
[48] Vgl. Ethikleitlinien für eine vertrauenswürdige KI (Fn. 43), S. 21; Weißbuch zur Künstlichen Intelligenz – ein europäisches Konzept für Exzellenz und Vertrauen, COM(2020) 65 final, S. 24.
[49] Vgl. Ethikleitlinien für eine vertrauenswürdige KI (Fn. 43), S. 22 f.; *Fraunhofer IAIS*, Leitfaden zur Gestaltung vertrauenswürdiger Künstlicher Intelligenz (Fn. 37), S. 23.

V. CDSS unter der Medical Device Regulation

Mit der Medizinprodukteverordnung (MDR)[50] existiert bereits ein Rechtsrahmen, der Gesundheitsschutz und Patientinnensicherheit insb. explizit auch bei Verwendung von Software sicherstellen soll, indem nur solche Produkte in Verkehr gebracht oder in Betrieb genommen werden dürfen, die bestimmten Sicherheitsanforderungen genügen. Inwieweit dieser Rechtsrahmen allerdings auch geeignet ist, den besonderen Funktionslogiken KI-basierter Software gerecht zu werden und ob er die an diese geknüpften Qualitätserwartungen hinreichend adressiert, soll im Folgenden – auch mit Blick darauf, dass sich die Frage des Inverkehrbringens selbst bei Inkrafttreten des AI-Act auch weiterhin im Wesentlichen nach den Maßgaben der MDR richten wird[51] – untersucht werden. Spezielle, die Besonderheiten von KI-basierter Software adressierende Bestimmungen enthält die MDR bis dato jedenfalls nicht[52] und sind auch angesichts der erst für 2027 geplanten Evaluation vorerst nicht zu erwarten, weshalb es entscheidend auf den darin enthaltenen Rechtsrahmen für Software-Medizinprodukte ankommt.

1. CDSS als Medizinprodukt i. S. d. MDR

CDSS werden in aller Regel als Medizinprodukte i. S. d. MDR einzuordnen sein, die dann nur unter Einhaltung der Anforderungen der MDR in Verkehr gebracht werden dürfen.[53] Denn nach Art. 2 Nr. 1 MDR sind alle Gegenstände – explizit auch Software als solche – Medizinprodukte, die dem Hersteller zufolge für Menschen bestimmt sind und der Erfüllung eines spezifischen medizinischen Zwecks dienen, was bei CDSS, die spezifisch zur Unterstützung der Diagnostik, Prognose, Überwachung oder zur Therapie entwickelt worden sind, regelmäßig der Fall sein wird.[54] Der

---

[50] Verordnung (EU) 2017/745 des Europäischen Parlaments und des Rates vom 5. April 2017 über Medizinprodukte, zur Änderung der Richtlinie 2001/83/EG, der Verordnung (EG) Nr. 178/2002 und der Verordnung (EG) Nr. 1223/2009 und zur Aufhebung der Richtlinien 90/385 EWG und 93/42/EWG des Rates.

[51] Noch nicht abschließend geklärt ist allerdings, ob die Vorgaben des AI-Acts ergänzend in die Bewertung nach der MDR einbezogen werden oder ob es der Durchführung eines weiteren, zusätzlichen Konformitätsbewertungsverfahrens nach dem AI-Act bedarf, vgl. *M. Heil*, Innovationsermöglichungsrecht oder Innovationshemmnis? Regulatorische Herausforderungen für KI-basierte Medizinprodukte-Software in der EU, in: FS Gassner, 2022, S. 456; *M. Fuderer*, Doppelte Konformitätsbewertung bei KI-basierten Medizinprodukten?, MPR 2022, S. 121 ff.

[52] *U. Gassner*, Intelligente Medizinprodukte – Regulierungsperspektiven und Zertifizierungspraxis, MPR 2021, S. 41 (44); *Heil* (Fn. 51), S. 451; Deutsche Normungsroadmap KI (Fn. 42), S. 229; *Z. Schreitmüller*, Regulierung intelligenter Medizinprodukte – Eine Analyse unter besonderer Berücksichtigung der MPVO und DSGVO, 2023, S. 109.

[53] Siehe dazu auch *H. Dettling*, Künstliche Intelligenz und digitale Unterstützung ärztlicher Entscheidung in Diagnostik und Therapie, PharmR 2019, 633 (636); Stellungnahme ZEKO (Fn. 7), A 8.

[54] *Steinwendner* (Fn. 5), S. 694.

EuGH ordnete jedenfalls eine Software, die Patientendaten mit Medikamenten abgleicht, die die Ärztin verschreiben möchte, und so in der Lage ist, ihm in automatisierter Form eine Analyse über etwaige Kontraindikationen, Wechselwirkungen von Medikamenten und Überdosierungen zu liefern, als Medizinprodukt ein.[55] Nicht entscheidend ist, ob die Software der Steuerung oder Beeinflussung eines anderen Medizinprodukts dient – auch eine sog. *Stand-Alone-Software* kann Medizinprodukt i. S. d. MDR sein.[56] Ebenso wenig kommt es darauf an, ob die Software unmittelbar im oder am menschlichen Körper wirkt; vielmehr ist nach der Rspr. des EuGH der Verwendungszweck des Produkts für die Einordnung maßgeblich.[57]

2. (Qualitäts-)Anforderungen an Medizinproduktesoftware nach der MDR

Bereits heute knüpft die MDR das Inverkehrbringen von Software – unabhängig ob KI-basiert oder nicht – regulatorisch an die Erfüllung bestimmte (Qualitäts-)Anforderungen, die die unter IV. für KI-basierte CDSS herausgearbeiteten Erwartungen an deren Performance adressieren. Insbesondere die in Anhang I der Verordnung normierten grundlegenden Sicherheits- und Leistungsanforderungen, denen Medizinprodukte nach Art. 5 Abs. 2 MDR zu genügen haben, formulieren entsprechende Anforderungen.[58] So müssen Softwareprodukte zunächst zum einen konkret so ausgelegt sein, dass *Wiederholbarkeit, Zuverlässigkeit* und *Leistung* entsprechend ihrer bestimmungsgemäßen Verwendung gewährleistet sind (Anhang I 17.1. MDR). Zum anderen müssen sie so entwickelt und hergestellt sein, dass sie dem *Stand der Technik* entsprechen, wobei sie die Grundsätze des *Software-Lebenszyklus*, des *Risikomanagements* einschließlich der *Informationssicherheit*, zu berücksichtigen haben (Anhang I 17.2. MDR). Formuliert sind damit folglich nicht nur bereits Anforderungen an die Zuverlässigkeit und Fehlertoleranz von Software, die überdies dem anerkannten, gegenwärtigen Entwicklungsstand des technischen Könnens zu entsprechen hat, sondern auch Erwartungen an die IT-Sicherheit solcher Systeme. So soll durch den Einschub „einschließlich Informationssicherheit" in Anhang I 17.2. MDR gewährleistet werden, dass bereits im Rahmen des nach Art. 10 Abs. 2, Anhang I Nr. 3 und 4 MDR für alle Medizinprodukte grds. einzurichtenden und anzuwendenden Risikomanagements sichergestellt wird, dass es nicht durch IT-Sicherheitslücken zu Patientenrisiken kommt.[59]

---

[55] EuGH, EuZW 2018, S. 166 (167).

[56] Vgl. Definition von Medical Device Software in MDCG 2019–11, Guidance on Qualification and Classification of Software Regulation (EU) 2017/745 – MDR and Regulation (EU) 2017/745. S. 6 f.; *Gassner* (Fn. 52), S. 42.

[57] EuGH, EuZW 2018, S. 166 (167).

[58] So auch i.E. *COCIR* (Fn. 43), S. 21 ff.

[59] *M. Hastenteufel/S. Renaud*, Software als Medizinprodukt. Entwicklung und Zulassung von Software in der Medizintechnik, 2019, S. 8, 94 f.

Weiterhin setzen die Leistungsanforderungen eine *Validierung und Verifizierung* der Software voraus (Anhang I 17.2. MDR). Das bedeutet, vor Inverkehrbringen muss nicht nur nachgewiesen sein, dass die Software die versprochenen Nutzungsziele entsprechend ihrer Zweckbestimmung erreicht;[60] ein Bildbearbeitungsalgorithmus MS-Läsionen also bspw. mit ausreichender Wahrscheinlichkeit auch tatsächlich in MRT-Scans erkennt (Validierung). Durch die Bereitstellung eines objektiven Nachweises muss auch bestätigt sein, dass spezifische an die konkrete Software zu stellende Eigenschaften (z. B. Interoperabilität) nach dem Stand der Technik erfüllt sind (Verifikation). Schließlich sieht die MDR speziell für Produkte, die der Diagnose dienen oder denen eine Messfunktion innewohnt, die Gewährleistung ausreichender Genauigkeit, Präzision und Stabilität vor (Anhang I 15.1. MDR). Damit wird – zumindest was diagnostische Systeme betrifft – konkret den unter IV. beschriebenen Performanz-Kriterien, was die Häufigkeit der Richtigkeit der Ergebnisse betrifft, Rechnung getragen.

3. Nachweis der Erfüllung der Sicherheits- und Leistungsanforderungen

Wann diese im Anhang I der Verordnung aufgeführten Sicherheits- und Leistungsanforderungen im Einzelnen als erfüllt anzusehen sind – also eine Software bspw. als *zuverlässig* i.S.d MDR gilt oder eine hinreichende Validierung vorliegt – regelt die Verordnung selbst allerdings nicht.[61] Dies erfolgt vielmehr durch eine ganze Reihe von medizin(produkt)spezifischen technischen Normen und Standards sowie Prozessnormen seitens nationaler und internationaler Normungsorganisationen,[62] die insoweit die abstrakten Anforderungen der MDR – z.T. spezifiziert für einen konkreten Produkttyp – konkretisieren und insoweit materiell-rechtlich ausfüllen.[63] So spezifiziert bspw. die ISO 14971[64] Maßgaben an das gemäß Art. 10 Abs. 2, Anhang I Nr. 3 und 4 MDR für alle Medizinprodukte grds. einzurichtende und anzuwendende Risikomanagementsystem, die ISO 13485[65] zentrale Aspekte des Qualitätsmanagements und die IEC 62304[66] die Mindestanforderungen an die wichtigsten Software-Lebenszyklus-Prozesse (Anhang I 17.2. MDR).

---

[60] Vgl. *Hastenteufel/Renaud* (Fn. 59), S. 171.

[61] *Gassner* (Fn. 52), S. 45.

[62] Z. B. solche des International Organization for Standardization (ISO) oder des Deutschen Instituts für Normung (DIN); exemplarisch seien hier die ISO 13485 (Medizinprodukte – Qualitätsmanagementsystem – Anforderungen an regulatorische Zwecke), IEC 62304 (Medizingeräte-Software – Software-Lebenszyklus-Prozesse) genannt.

[63] Vgl. *Hastenteufel/Renaud* (Fn. 59), S. 43; *Pechmann/Mildner/Suthau/Leucker* (Fn. 8), S. 178; *L. Reitebuch*, Mobile Health Applications. Rechtliche Rahmenbedingungen von Gesundheits-Apps, 2022, S. 121.

[64] Medical Devices – Application of risk management to medical Devices.

[65] Medizinprodukte – Qualitätsmanagementsysteme – Anforderungen für regulatorische Zwecke.

[66] Health Software – Software life cycle processes.

Für KI-basierte Systeme enthalten diese Normen bislang jedoch keine spezifischen Anforderungen. Insgesamt fehlt es – ebenso wie auf legislativer Ebene – bis dato noch an harmonisierten Normen, die einzuhaltende Prozessschritte oder konkrete Anforderungen an die Entwicklung und Testverfahren, mithilfe derer die Konformität mit der MDR nachgewiesen werden kann, beschreiben. Zwar existieren inzwischen einige horizontale Regelwerke (z. B. Normen der IEEE-7000er Serie)[67] sowie eine unübersichtliche Reihe weiterer entsprechender Initiativen und Entwürfe.[68] Kernproblem ist jedoch, dass in der Fachdisziplin selbst noch keine Einigkeit über die Methodik der Validierung und Verifizierung von KI-Systemen herrscht und es somit nach wie vor an verbindlich beschriebenen Prüfverfahren fehlt. Hersteller von Medizinproduktesoftware sind somit darauf angewiesen, selbst Nachweise für die Konformität ihre Produkte zu erbringen. Da KI-Systeme letztendlich vergleichbar einer Software sind, kann auch hier zunächst auf die harmonisierten Normen für Software zurückgegriffen werden, ergänzt durch bestehende inoffizielle Leitlinien für den Konformitätsbewertungsprozess KI-basierter Systeme, wie bspw. den Fragenkatalog „Künstliche Intelligenz bei Medizinprodukten" der Interessengemeinschaft der Benannten Stellen für Medizinprodukte in Deutschland (IG NB)[69]. Er gilt mit seinen Anforderungen zum jetzigen Zeitpunkt in Deutschland als maßgebliche Benchmark für den Bewertungsprozess[70] und soll daher im Folgenden näher betrachtet werden.

a) Klinische Bewertung

Wie bei jedem anderen Medizinprodukt hat die Bestätigung, dass die Software die beschriebenen grundlegenden Sicherheits- und Leistungsanforderungen erfüllt, im Rahmen einer klinischen Bewertung zu erfolgen, Artt. 5 Abs. 3, 10 Abs. 3, 61 Abs. 1 MDR. Beschrieben ist damit ein systematischer und geplanter Prozess der Generierung, Sammlung, Analyse und Bewertung klinischer Daten in einem Umfang, der für den Nachweis der Erfüllung der Sicherheits- und Leistungsanforderungen einschließlich des klinischen Nutzens des Produkts ausreicht, vgl. Art. 2 Nr. 44 MDR. Für Medizinprodukte-Software findet sich eine gezielte Anleitung, wie eine klinische Bewertung den Anforderungen der MDR genügen kann, in der *Guidance on Clinical Evaluation (MDR)/Performance Evaluation (IVDR) of Medical*

---

[67] IEEE 7001:2021 (Standard for Transparency of Autonomous Systems); IEEE 7002:2022 (Standard for Data Privacy Process); IEEE 7007:2021 (Ontological Standard for Ethically driven Robotics and Automation Systems); IEEE 7005:2021 (Transparent Employer Data Governance).

[68] Einen guten Überblick bietend *Gassner* (Fn. 52), S. 45 ff.; *D. Reinsch*, Regulatorische Anforderungen an Medizinprodukte mit Maschine Learning, abrufbar unter https://www.johner-institut.de/blog/regulatory-affairs/regulatorische-anforderungen-an-medizinprodukte-mit-machine-learning/ (zuletzt abgerufen am 25.2.23).

[69] *Interessengemeinschaft der Benannten Stellen für Medizinprodukte in Deutschland (IG NB)*, Questionnaire „Artificial Intelligence (AI) in medical devices", Version 4 v. 9.6.2022.

[70] *Gassner* (Fn. 52), S. 47; Deutsche Normungsroadmap KI (Fn. 42), S. 226.

Software der Medical Device Coordination Group (MDCG 2020–1)[71], deren Prinzipien im Grundsatz auch für die Nachweisführung bei KI-basierter Software – jedenfalls sofern diese nicht weiterlernend ist – geeignet sind.[72]

Im Kern sieht diese Anleitung für die Ermittlung der klinischen Evidenz drei Schlüsselelemente vor: den Nachweis wissenschaftlicher Validität, die technische und analytische Leistungsfähigkeit sowie den Nachweis der klinischen Leistungsfähigkeit.[73] Mit dem Beweis *wissenschaftlicher Validität* hat der Hersteller den Nachweis zu erbringen, dass der Output der Software (z.B. Messwert, Score) mit einem klinischen oder physiologischen Zustand verknüpft ist; der ausgewiesene Risikoscore also bspw. tatsächlich ein Maß für ein bestimmtes Risiko ist.[74] Damit wird sichergestellt, dass nur Systeme zum Einsatz kommen, bei denen nachweisbar ist, dass deren berechnete Ausgabedaten auch eine klinische Aussagekraft haben (z.B. bei einem Gerät, welches Herzinfarkte anhand von Hebungen der ST-Strecke im EKG erkennt, dass diese Hebungen mit Herzinfarkten assoziiert sind). Der Nachweis gilt als geführt, wenn die Medizinproduktesoftware der klinischen Situation, dem Zustand, der Indikation oder dem Parameter entspricht, die in ihrer Zweckbestimmung definiert sind.[75] Dies setzt voraus, dass die wissenschaftliche Validität klinisch anerkannt oder begründet ist. Als Nachweis können *peer reviewed articles*, Leitlinien wissenschaftlicher medizinischer Fachgesellschaften, veröffentlichte Ergebnisse anderer klinischer Studien etc. ausreichen.[76] Bei KI-basierten Systemen wird sich der Nachweis aus den benannten Quellen jedoch regelmäßig nicht ohne weiteres führen lassen, jedenfalls sofern nicht bereits Daten zu vergleichbaren Produkten vorliegen. Da bei diesen Systemen vielfach nicht nachvollzogen werden kann, wie und warum ein Output auf Basis der Inputdaten generiert wird, In- und Output also nicht linear miteinander verbunden sind, wird sich die klinische Aussagekraft der von ihnen hervorgebrachten Ergebnisse vielfach nicht unmittelbar aus anderen, insb. nicht zu KI-basierten Produkten existierenden Studien oder Fachveröffentlichungen ergeben können. Insofern kann es für den Hersteller erforderlich sein, eine Sekundärdatenanalyse oder eine klinische Studie bzw. eine Leistungsstudie durchzuführen, sofern

---

[71] Basierend auf Konzepten der Guidance on Clinical Evaluation of Software as a Medical Device (SaMD) des International Medical Device Regulators Forum (IMDRF) zur Verbesserung globaler Konvergenz, vgl. MDCG 2020–1, S. 3.

[72] So auch *COCIR* (Fn. 43), S. 22; *Pechmann/Mildner/Suthau/Leucker* (Fn. 8), S. 188.

[73] Siehe hierzu auch *U. Gassner/T. Schreiegg*, Klinische Bewertung und Leistungsbewertung von Medizinprodukte-Software – normative Integration und globale Konvergenz, MPR 2020, S. 104 (106 f.); *Hastenteufel/Renaud* (Fn. 59), S. 63 f.; *B. Martin*, Klinische Bewertung von Software: Drei Beweise für die Konformität, abrufbar unter https://www.johner-institut.de/blog/regulatory-affairs/klinische-bewertung-von-software/ (zuletzt abgerufen am 27.1.23).

[74] MDCG 2020–1, S. 10.

[75] *Gassner/Schreiegg* (Fn. 73), S. 107.

[76] MDCG 2020–1, S. 12.

er dies nicht – wie vielfach üblich – ohnehin bereits im Rahmen der Entwicklung getan hat.[77]

Mit der zweiten Nachweiskomponente, der *technischen und analytischen Leistungsfähigkeit*, muss hingegen das technische Leistungsvermögen demonstriert werden. Konkret gilt es die Fähigkeit der Software, aus den Eingabedaten genau, zuverlässig und präzise den beabsichtigten Output zu erzeugen, nachzuweisen.[78] Für auf maschinellem Lernverfahren basierende Systeme kommen dabei je nach Aufgabenstellung verschiedene Performanz-Metriken in Betracht, anhand derer sich deren technische Leistungsfähigkeit quantifizieren und beurteilen lässt: *Accuracy*, Spezifizität und Sensitivität, *Precision and Recall, F1-Score* bspw. für Klassifikationsaufgaben, *Mean Squared Error* und *Mean Absolute Error* für Regressionsprobleme.[79] Zudem kann mithilfe einer *Loss*-Funktion Aufschluss über die Qualität des Trainings (z. B. mögliches *Overfitting*) erlangt werden.[80] Daneben gilt es, die Güte und die Grenzen der Vorhersage eines solchen Systems (bspw. an medizinischen Randfällen im Vergleich zu Normalbefunden) zu analysieren und möglichst adäquat zu beschreiben.[81]

Der dritte Nachweis über die *klinische Leistungsfähigkeit* zielt schließlich auf den Realeinsatz der Software. Der Hersteller muss nachweisen, dass die Software die Fähigkeit besitzt, klinisch relevante Ergebnisse entsprechend dem beabsichtigten Verwendungszweck zu liefern,[82] z. B. muss ein KI-basiertes System zur Kariesdiagnostik tatsächlich in einer zahnmedizinischen Praxis Karies auf Röntgenbildern detektieren. Dazu gehören u. a. Informationen über die klinische/diagnostische Sensitivität und/oder Spezifität, die Anzahl der Patienten, die aufgrund einer Erkrankung oder präventiv behandelt werden müssen, um ein zusätzliches Ereignis wie (Folge-)Erkrankung oder Tod zu vermeiden sowie über das positive wie negative Wahrscheinlichkeitsverhältnis.[83] Diese Daten können durch präklinische Tests, eigenständige klinische Prüfungen (Art. 2 Nr. 45 MDR) oder eine klinische Leistungsstudie generiert werden, wobei die Frage, welche Nachweise konkret zu erbringen sind, jeweils

---

[77] Vgl. *Gassner/Schreiegg* (Fn. 73), S. 107, für den Fall, dass keine anderen Daten vorhanden sind.

[78] Dazu zählen im Einzelnen Software-Eigenschaften wie Vertraulichkeit, Integrität, Zuverlässigkeit, Genauigkeit, analytische Sensitivität, Nachweisgrenze, Quantifizierungsgrenze, analytische Spezifität, Linearität, Grenzwert(e), Messintervall, Abwesenheit inakzeptabler Cybersicherheitslücken etc., vgl. *Gassner/Schreiegg* (Fn. 73), S. 107.

[79] Vgl. *Fraunhofer IAIS*, Leitfaden zur Gestaltung vertrauenwürdiger Künstlicher Intelligenz (Fn. 37), S. 91; siehe dazu auch Normungsroadmap KI (Fn. 42), S. 230.

[80] *Fraunhofer IAIS*, Leitfaden zur Gestaltung vertrauenwürdiger Künstlicher Intelligenz (Fn. 37), S. 90.

[81] Siehe Deutsche Normungsroadmap KI (Fn. 42), S. 230; Fragenkatalog *IG NB* (Fn. 69), B Unterkapitel 4 lit. c) Frage 3 und 4.

[82] MDCG 2020–1, S. 10 und 12.

[83] MDCG 2020–1, S. 14.

vom intendierten Nutzen der Software abhängt.[84] Es besteht aber auch die Möglichkeit, auf Daten von Äquivalenten zurückzugreifen. Außerdem muss die Validierung der klinischen Leistung zeigen, dass die Medizinproduktesoftware benutzerfreundlich ist, also bspw. ein benutzerfreundliches Interface aufweist.

b) Ergänzende Nachweise speziell für KI-basierte Systeme

Wie die Sicherheit- und Leistungsfähigkeit speziell von KI-basierter Medizinproduktesoftware durch Hersteller nachgewiesen werden kann, findet sich für Deutschland exemplarisch im – wenn auch nicht verbindlichen – Fragenkatalog „Künstliche Intelligenz bei Medizinprodukten" der IG NB[85]. Er verfolgt einen prozessorientierten Ansatz, d. h., statt spezifischen Anforderungen an die Medizinproduktesoftware definiert er Leitlinien für alle relevanten Prozesse und Phasen des Lebenszyklus einer KI-Software. Dabei referenziert er weitgehend auf die bereits existierenden technischen Normen sowie die beschriebenen Vorgaben des Anhang I der MDR und ergänzt diese durch spezifische für die Validierung von KI-Systemen relevante Komponenten. Insbesondere die im zweiten Kapitel des Fragenkatalogs (Anforderungen an die Produktentwicklung) aufgeführten Anforderungen an das *Datenmanagement* und die *Modellentwicklung* dienen der Mitigation von Risiken, die spezifisch für mithilfe maschinellen Lernverfahrens entwickelter Systeme sind, und die dem entsprechend bislang nicht von den für Software allgemein existierenden verbindlichen Normen adressiert sind.

So wird mit dem Datenmanagement sowohl dem bei KI-Systemen bestehenden Risiko einer möglichen mangelnden Leistungsfähigkeit des Modells als auch möglichen Diskriminierungen begegnet. Denn da beides entscheidend von der Auswahl und Aufbereitung der für das Training verwendeten Daten abhängt, ist die Sicherstellung qualitativ hochwertiger und für das Anwendungsziel relevanter Datensätze von entscheidender Bedeutung.[86] Entsprechend folgerichtig statuiert der Fragenkatalog daher – ähnlich dem AI-Act-Entwurf[87] – Anforderungen an die Qualität, Auswahl und Aufbereitung der Daten. Hierzu zählen vor allem Maßgaben an die Sammlung der Trainings-, Validierungs- und Testdatensätze (z. B. ausreichende Anzahl an Datensätze, Repräsentativität der Datensätze für die Zielpopulation, Analyse von möglichen *Bias* in den Datensätzen) sowie Prozessanforderungen an das *Labeling* sowie

---

[84] MDCG 2020–1, S. 11.

[85] Siehe Fn. 69.

[86] Vgl. hierzu *Fraunhofer IAIS,* Leitfaden zur Gestaltung vertrauenwürdiger Künstlicher Intelligenz (Fn. 37), S. 19 f.; *Kleesiek/Murray/Strack/Kaissis/Braren* (Fn. 12), S. 26; *K. Strasser/B. Niedermayer,* Unvoreingenommenheit von Künstliche-Intelligenz-Systemen. Die Rolle von Datenqualität und Bias für den verantwortungsvollen Einsatz von künstlicher Intelligenz, in: CSR und Künstliche Intelligenz, 2021, S. 121 ff.

[87] Vgl. nur Art. 10 AI-Act-Entwurf (Fn. 44).

das Verfahren zur (Vor-)Verarbeitung von Daten.[88] So soll insb. für das überwachte Lernen sichergestellt werden, dass durch Anforderungen an das eingesetzte Personal (z. B. Anzahl der Personen, Kompetenz, entsprechende Schulungen) und den Prozess des *Labelings* (Verfahren zur Überprüfung, z. B. 4-Augen-Prinzip) das *Labeling* korrekt erfolgt. Zudem schließt das Datenmanagement datenschutzrechtliche Aspekte mit ein: Hersteller haben bspw. ein Verfahren zu etablieren, mit dem die Daten vor der Nutzung anonymisiert bzw. pseudonymisiert werden, um so den Anforderungen der DSGVO gerecht zu werden.[89] Nicht geklärt ist mit den Fragen zum Datenmanagement u. a. allerdings, ob bspw. auch synthetische Datensätze genutzt werden dürfen (oder gar müssen, um Repräsentativität zu erzeugen) und ab wann eine Datenmenge und -auswahl als ausreichend (repräsentativ) für eine bestimmte Anwendung betrachtet werden kann.[90]

Auch mit den Fragen zur Modellentwicklung, mit der die Folgephase des Software-Lebenszyklus einer KI beschrieben ist, soll die Leistungsfähigkeit des Systems weitergehend abgesichert werden. Da dessen Qualitätseigenschaften maßgeblich durch die Wahl einer bestimmten Modellarchitektur für die konkrete Aufgabenstellung und durch das Training des Modells bestimmt werden, hat der Hersteller die von ihm bei der Modellentwicklung getroffenen Entscheidungen anhand von bestimmten Kriterien darzulegen. Dazu zählt zum einen insbesondere die Begründung der Auswahl der gewählten Modellarchitektur für den vorgesehenen *use-case* (z. B. die Wahl von *Convolutional Neural Networks* in Form von *Encoder-Decoder*-Architekturen für semantische Segmentierungen) orientiert am Stand der Technik, wobei stets zu begründen ist, warum nicht auf einfachere und interpretierbare Modelle zurückgegriffen wird.[91] Zum anderen hat der Hersteller darzulegen, wie das Training des Modells erfolgt ist bzw. wie er dieses anhand von Gütemaßen bewertet hat.[92] Hierfür hat er u. a. anzugeben, in welchem Verhältnis und nach welcher Stratifizierung er die ihm zur Verfügung stehenden Datensätze in Trainings-, Validierungs- und Testdaten aufgeteilt hat, einschließlich ob er sichergestellt hat, dass die Testdaten nicht bereits für das Training bzw. die Validierung des Modells verwendet wurden, da nur so eine valide Qualitätskontrolle des Modells durch Testung möglich ist.[93]

Daneben finden sich in den weiteren Kapiteln des Fragenkatalogs vereinzelt weitere KI-spezifische Anforderungen, die die bereits für normale Software etablierten Nachweise und Prozessschritte um Einzelkomponenten ergänzen. Hierzu zählt etwa

---

[88] Vgl. Fragen unter B Unterkapitel 3 (Datenmanagement) lit. a-b des Fragenkatalogs (Fn. 69).

[89] Vgl. B Unterkapitel 3 (Datenmanagement) lit. a Frage 9 des Fragenkatalogs (Fn. 69).

[90] Vgl. Deutsche Normungsroadmap KI (Fn. 42), S. 241.

[91] Vgl. B Unterkapitel 4 (Modellentwicklung) lit. c Frage 5 des Fragenkatalogs (Fn. 69); siehe auch entsprechend Deutsche Normungsroadmap KI (Fn. 42), S. 229 f.

[92] Vgl. Fragen unter B Unterkapitel 4 (Modellentwicklung) lit. b-c des Fragenkatalogs (Fn. 69).

[93] Vgl. Fragen unter B Unterkapitel 4 (Modellentwicklung) lit. a des Fragenkatalogs (Fn. 69).

die Analyse, Identifikation und Bewertung von speziell durch die Verwendung von KI-Systemen auftretenden Risiken im Rahmen des einzusetzenden Risikomanagementsystems (Art. 10 Abs. 2, Anhang I 3 MDR)[94], die Darlegung von implementierten Sicherungsmaßnahmen gegen KI-spezifische Cyberattacken (wie *Poisoning Attacks*, *Evasion Attacks* oder *Modell Extraction*)[95] etwa im Rahmen des allgemeinen Nachweises der technischen Leistungsfähigkeit oder die Bestimmung der Kompetenzen mit Bezug zur KI der beteiligten Rollen (z. B. Entwickler, Statistiker, Modellspezialisten) durch den Hersteller.[96]

c) Konformitätsbewertungsverfahren

Die Erfüllung der in der MDR genannten Anforderungen – insb. was die Sicherheits- und Leistungsanforderungen betrifft – muss der Hersteller von CDSS gemäß Art. 52 MDR durch ein Konformitätsbewertungsverfahren nachweisen, bevor er sie in Verkehr bringen kann. Da CDSS regelmäßig als Medizinprodukte der Risikoklasse IIa oder höher einzustufen sein werden,[97] muss die Konformitätsbewertung gemäß Art. 52 Abs. 3–6 i.V.m. Anhängen IX–XI MDR unter Mitwirkung eines akkreditierten privaten Sachverständigeninstituts als benannte Stelle erfolgen, die die Einhaltung der gesetzlichen Vorgaben durch Audits beim Hersteller sicherstellt und die Zertifizierung anhand von harmonisierten Normen vornimmt.[98]

Die Zuordnung von CDSS mindestens zur Risikoklasse IIa folgt aus der (zu) weit gefassten Regel 11 des Anhangs VIII der MDR. Diese klassifiziert Software – unabhängig ob KI-basiert oder nicht – bereits dann als Software der Risikoklasse IIa, wenn sie dazu bestimmt ist, Informationen zu liefern, die zu Entscheidungen für diagnostische oder therapeutische Zwecke herangezogen werden. CDSS, deren Zwecke gerade in der Generierung von Informationen liegen, um Ärztinnen bei der Diagnostik oder Therapieentscheidung zu unterstützen, werden somit aber in aller Regel mindestens der Risikoklasse IIa zuzuordnen sein.[99] Können die auf Basis der gelieferten Informationen getroffenen Entscheidungen eine schwerwiegende (aber reversible) Verschlechterung des Gesundheitszustands einer Person oder einen chirurgischen Eingriff verursachen, sind sie sogar der Klasse IIb zuzuordnen. Können Tod oder

---

[94] Vgl. Fragen unter B Unterkapitel 1 (Zweckbestimmung und Stakeholder-Anforderungen) lit. d des Fragenkatalogs (Fn. 69).

[95] Vgl. Fragen unter B Unterkapitel 2 (Software-Anforderungen) lit. e des Fragenkatalogs (Fn. 69).

[96] Vgl. Fragen unter A Unterkapitel 3 (Kompetenzen bei der Entwicklung) des Fragenkatalogs (Fn. 69).

[97] Vgl. *Heil* (Fn. 51), S. 454; kritisch zu den weitreichenden fast alle Arten von Software umfassenden Klassifizierungsregeln vgl. *J. Prütting/T. Wolk*, Software unter dem Regime der europäischen Medizinprodukteverordnung (2017/745/EU), MedR 2020, S. 359 (363).

[98] *Dettling* (Fn. 53), S. 638; vgl. dazu auch *Hastenteufel/Renaud* (Fn. 59), S. 18 f.; *Prütting/Wolk* (Fn. 97), S. 361.

[99] Ebenso *Dettling* (Fn. 53), S. 638.

eine irreversible Verschlechterung des Gesundheitszustands einer Person die Folge sein, unterfallen sie der Risikoklasse III. Offen ist dabei allerdings, wie unmittelbar der Zusammenhang zwischen Einsatz der Software zur Informationsgewinnung und Folge (Tod, Gesundheitsschädigung etc.) sein muss. Denn denkbar ist, dass diese sich erst am Ende einer durch die von einer Software gelieferten Informationen angestoßenen Kausalkette realisieren, z. B. ein falsch befundeter MRT-Scan, der den Arzt dazu veranlasst, von einer Intervention abzusehen, oder langfristig wegen Nichtbehandlung zu einer Folgeerkrankung und nicht reversiblen Schäden führt. Selbst eine Software, die bspw. lediglich der Aufzeichnung und Übermittlung von Fieberwerten dient, müsste aufgrund möglicher mittelbarer Folgen bei Fehlfunktion dementsprechend in Risikoklasse IIb oder gar III eingestuft werden, was vom eigentlichen risikobasierten Ansatz der MDR nicht mehr viel übriglassen würde.[100] Entscheidend für die Zuweisung zur Risikoklasse ist aber letztendlich die Zweckbestimmung durch den Hersteller (vgl. Anhang VIII 3.1. MDR).[101] Technische Eigenschaften und objektive Nutzungsmöglichkeiten der gelieferten Informationen in einem anderen, vom Hersteller nicht vorgesehenen Kontext, vermögen die Zuordnung allein nicht verändern.

d) Inverkehrbringen von im Betrieb weiterlernender CDSS unter der MDR?

Anhand dieser Maßgaben können bislang allerdings ausschließlich Systeme in einem eingefrorenen Zustand in Verkehr gebracht werden.[102] Adaptive Systeme, die im laufenden Betrieb weiterlernen und sich weiterentwickeln und sich somit – je nach Standort und Nutzung – vom ursprünglichen Produkt unterscheiden können, gelten als nicht zertifizierbar bzw. bedürfen nach Auffassung der Praxis bei jeder substanziellen Veränderung einer erneuten Zertifizierung, da sich die Bewertung der Konformität des Produkts mit der MDR stets auf einen bestimmten technischen Zustand mit entsprechenden Funktionen beziehe.[103]

Diese Handhabung entspricht jedoch nicht gänzlich den Vorgaben der MDR.[104] Denn analysiert man die MDR, dann wird man feststellen, dass diese Änderungen von Medizinprodukten nach dem Zeitpunkt ihrer Zertifizierung nicht per se aus-

---

[100] *U. Gassner*, Software als Medizinprodukt – zwischen Regulierung und Selbstregulierung, MPR 2016, S. 109 (112); *Prütting/Wolk* (Fn. 97), S. 362.

[101] Vgl. hierzu und zum folgenden *Prütting/Wolk* (Fn. 97), S. 362; *Reitebuch* (Fn. 63), S. 107 f.

[102] Vgl. *IG NB* Fragenkatalog (Fn. 69), S. 3; Deutsche Normungsroadmap KI (Fn. 42), S. 226; *Heil* (Fn. 51), S. 462 f.

[103] Besonders die Gewährleistung der Wiederholbarkeit und Zuverlässigkeit der Leistung gelten als problematisch, vgl. *Hastenteufel/Renaud* (Fn. 59), S. 96; *Stoppacher/Müllner* (Fn. 8), S. 169.

[104] Ebenso *Gassner* (Fn. 52), S. 48; *Schreitmüller* (Fn. 52), S. 149 ff.; das Inverkehrbringen weiterlernender Systeme ebenfalls nicht gänzlich ausschließend *Reitebuch* (Fn. 63), S. 127 f.

schließt bzw. stets eine erneute Zertifizierung erfordert. Vielmehr etabliert sie eine Reihe von Vorgaben, wie mit Änderungen zu verfahren ist, zumal solche gerade auch für herkömmliche Softwareprodukte (insb. durch Updates) nicht unüblich sind.[105] So haben Hersteller Änderungen etwa an der Auslegung des Produkts oder an seinen Merkmalen zeitgerecht angemessen zu berücksichtigen (Art. 10 Abs. 9 UAbs. 1 S. 2 MDR); im Rahmen des von ihnen einzurichtenden Qualitätsmanagements müssen stets auch Verfahren für das Management von Änderungen an den vom System erfassten Produkten vorgesehen sein (Art. 10 Abs. 9 Uabs. 3 lit. a MDR). Zudem sind die benannten Stellen vom Hersteller über Änderungen des genehmigten Produkts zu informieren, welche dann auf dieser Grundlage erst darüber entscheiden, ob tatsächlich ein neues Konformitätsbewertungsverfahren erforderlich ist oder ob es ausreicht, einen Nachtrag zu den EU-Bescheinigungen über die Bewertung der technischen Dokumentation auszustellen (vgl. Anhang VII 4.9., Anhang IX 4.10. MDR).[106] Der Informationspflicht unterliegen – anders als es der Wortlaut von Anhang VII 4.9. MDR nahelegt – allerdings nur *wesentliche* Änderungen (vgl. Anhang IX 2.4. MDR), also solche, die eine Änderung der Zweckbestimmung des Produkts bedeuten, oder die die Sicherheits- und Leistungsfähigkeit des Produkts oder die für das Produkt vorgesehenen Anwendungsbedingungen beeinträchtigen können (Anhang IX 4.10. MDR). Alle anderen Änderungen bedürfen nicht zwingend einer Genehmigung durch die benannten Stellen. Offen lässt die MDR allerdings, anhand welcher Kriterien die benannten Stellen darüber entscheiden, ob es der Durchführung eines neuen Konformitätsbewertungsverfahrens bedarf oder ein Nachtrag zu den EU-Bescheinigungen genügt. Lediglich bei wesentlichen Änderungen des Designs oder der Zweckbestimmung eines nach der bisherigen Medizinprodukterichtlinie zertifizierten Produkts besteht nach der Übergangsvorschrift Art. 120 Abs. 3 MDR ein Verbot, dieses ohne erneute Zertifizierung weiterhin in Verkehr zu bringen.[107] Wann das der Fall ist, lässt sich anhand der zu Art. 120 Abs. 3 MDR veröffentlichten *Guidance on significant changes regarding the transitional provision under Article 120 of the MDR* der *Medical Device Coordination Group* (MDCG 2020–3)[108] beantworten, die ihrerseits hinsichtlich Software wiederum auf den Anhang VI 6.5. MDR, welcher bzgl. der UDI-Kennzeichnungen[109] zwischen geringfü-

---

[105] Vgl. dazu *Hastenteufel/Renaud* (Fn. 59), S. 143.

[106] In letzterem Fall bewertet die benannte Stelle die geplanten Änderungen, teilt dem Hersteller ihre Entscheidung mit und stellt ihm, sofern die Änderungen genehmigt wurden, einen Nachtrag zu der EU-Bescheinigung über die Bewertung der technischen Dokumentation aus.

[107] *Gassner* (Fn. 52), S. 48 f.

[108] *Medicial Device Coordination Group*, Guidance on significant changes regarding the transitional provision under Article 120 of the MDR with regard to devices covered by certificates according to MDD or AIMDD (MDCG 2020–3).

[109] Die UDI-Kennzeichnung (Unique Device Identification) dient der Identifikation und Nachverfolgung von Medizinprodukten und gilt einschließlich für stand-alone Software, vgl. hierzu im Einzelnen *S. Mayr/A. Thiermann/M. Schrack/C. Kiesselbach*, Das neue Medizinprodukterecht. Praxishandbuch zur MP-VO, 2021, § 6 Rn. 12 ff.

gigen und sonstigen Änderungen unterscheidet, referenziert.[110] Geringfügige Änderungen, die keiner Genehmigung bedürfen, sind danach solche, die der Fehlerbehebung oder Verbesserung der Betriebseffizienz dienen, einschließlich Sicherheitsupdates. Demgegenüber liegt eine wesentliche Änderung, die einer neuen UDI-DI und regelmäßig einer nochmaligen Konformitätsbewertung bedarf, vor, wenn sich die ursprüngliche Leistung, die Sicherheit oder die bestimmungsgemäße Verwendung oder die Auswertung der Daten auch bei gleichbleibender Zweckbestimmung des Produkts verändert (Anhang VI 6.5.2. MDR). Dazu gehören laut MDR insbesondere neue oder geänderte Algorithmen, Änderungen der Datenbankstrukturen, Betriebsplattformen und Architekturen sowie neue Schnittstellen oder neue Kanäle der Interoperabilität (Anhang VI 6.5.2. MDR).[111] Wann bei im Betrieb weiterlernenden Systemen die Schwelle zur Wesentlichkeit überschritten sein wird, wird dabei jeweils im Einzelfall zu bestimmen sein. Zweckbestimmung und Modellarchitektur werden sich zwar durch das Training mit neuen Datensätzen regelmäßig nicht verändern, denkbar ist aber, dass sich die Leistungsfähigkeit aufgrund veränderter Gewichtungen verschiebt.

4. Sachgemäße Nutzung und Implementierung in den Klinikalltag

Neben der Erfüllung grundlegender Sicherheits- und Leistungsanforderungen knüpft die MDR das Inverkehrbringen von Produkten zudem an die Minimierung von Risiken, die bspw. aus einem Fehlgebrauch des Produkts durch den Nutzer resultieren können. So haben Hersteller im Rahmen des nach Art. 10 Abs. 2, Anhang I 3 MDR einzuführenden Risikomanagements u.a. Risiken einzuschätzen und zu bewerten, [...] die bei einer vernünftigerweise vorhersehbaren Fehlanwendung auftreten, und diese zu beseitigen oder wenigstens zu minimieren (vgl. Anhang I 3 c-d MDR). Sichergestellt wird damit in Teilen auch die unter IV. 2. beschriebene sachgemäße Verwendung von CDSS, jedenfalls soweit diese im Verantwortungsbereich des Herstellers liegt. Dazu gehört bei Medizinproduktesoftware die Minimierung von möglichen Fehlern von Nutzerinnen im Rahmen des bestimmungsgemäßen Gebrauchs, insbesondere bei der Eingabe (z.B. Messfehlern) oder der Interpretation der Ergebnisse der Software durch eine bessere *Usability* der Software (bspw. durch eine Verbesserung der Steuerungselemente oder der Anzeige).[112] Abgesehen davon hat der Hersteller – wie bei jedem anderen Medizinprodukt – Vorkehrungen zu treffen, damit das Produkt überhaupt bestimmungsgemäß gebraucht wird, also bspw. ausschließlich bei der für die Anwendung vorgesehenen Patientengruppe und – falls erforderlich – vom entsprechend geschulten Personal mit medizinischen Kenntnissen.

---

[110] MDCG 2020-3 (Fn. 108), S. 4; eingehend *Gassner* (Fn. 52), S. 49.

[111] Vgl. auch Chart C der MDCG-3 (Fn. 108), S. 10; *Hastenteufel/Renaud* (Fn. 59), S. 31; vgl. dazu auch *B. Tölle*, Unique Device Identification (UDI), abrufbar unter https://www.johner-institut.de/blog/regulatory-affairs/unique-device-identification-udi/ (zuletzt abgerufen am 13.2.2023).

[112] Vgl. hierzu *Hastenteufel/Renaud* (Fn. 59), S. 89 ff.

Üblicherweise erfolgt dies durch Bereitstellung einer entsprechenden Gebrauchsanleitung, die u. a. die genaue Zweckbestimmung des Produkts mit Angabe der Indikationen, Kontraindikationen, Patientengruppe(n) und vorgesehenen Anwender, Angaben zum erwarteten klinischen Nutzen sowie Leistungsmerkmale des Produkts zu enthalten hat (Anhang I 23.4. MDR).[113] Bei diagnostischen Produkten oder Produkten mit Messfunktion hat der Hersteller zudem die Genauigkeitsgrenzen anzugeben (Anhang I 15.1. MDR). Begegnet wird damit von vornherein u. a. den unter III. beschriebenen bei der Verwendung von CDSS bestehenden Risiken einer etwaigen falschen Nutzung durch den Verwender sowie möglichen auftretenden Missverständnissen über den Output des Produkts und dessen Aussagekraft, die dann im Fall von CDSS zu Fehlentscheidungen bei der Diagnose und Behandlung führen können. Der Fragenkatalog der IG NB enthält zudem für KI-basierte Medizinprodukte weitergehende Spezifika für die Begleitmaterialien zu den Produkten:[114] So soll bspw. die Gebrauchsanleitung nicht nur die vorgesehene Patientenpopulation bestimmen, sondern auch explizit Patientinnen, Daten und Anwendungsfälle benennen, bei denen das Produkt nicht verwendet werden darf. Darüber hinaus soll die Gebrauchsanweisungen auch Anforderungen an die Input-Daten (inklusive Formate, Auflösung, Wertebereich etc.) sowie die genaue Zweckbestimmung des Produkts dokumentieren.

Garantiert werden kann mit diesen Vorgaben allerdings weder abschließend der sachgemäße Umgang durch den Nutzer noch, dass solche Systeme vernünftig in den Organisationsablauf eingebettet sind, denn dies liegt im Verantwortungsbereich des jeweiligen Verwenders (Klinik, Arztpraxis etc.), den die MDR mit ihren Bestimmungen jedoch nicht adressiert. Letzteres wird daher vor allem durch das Haftungsrecht abgesichert.

VI. Fazit

Der Einsatz KI-basierter CDSS birgt spezifische Risiken für die Gesundheit und Sicherheit von Patientinnen, auch wenn diese Systeme bestimmungsgemäß bislang nur als Assistenz und Orientierungshilfe konzipiert sind und die Letztentscheidung weiterhin dem behandelnden Arzt obliegt. Mangelnde Genauigkeit, Verwendung für eine nicht im Trainingsdatensatz abgebildete Patientenpopulation aber auch Unwissenheit über die Bedeutung des Outputs sind nur einige Risiken, die Ärztinnen auf Basis der generierten Information zu einer medizinisch nicht indizierten (Be)Handlung veranlassen können.

Mit der MDR existiert jedoch bereits ein Rechtsrahmen, der dem Grunde nach geeignet ist, auch diese von KI-basierten CDSS für die Gesundheit und Patientensicherheit ausgehenden Risiken zu adressieren und weitgehend zu minimieren. Das

---

[113] Vgl. hierzu auch im Kontext von KI-Produkten *COCIR* (Fn. 43), S. 21.

[114] Vgl. Fragen unter B Unterkapitel 5 (Produktentwicklung) lit. b des Fragenkatalogs (Fn. 69).

gilt sowohl für Gefahren, die vom System selbst ausgehen, als auch für solche, die aus einer möglichen unsachgemäßen Nutzung bzw. mangelhaften Einbettung in den jeweiligen Organisationsablauf herrühren können. Da das Regulierungskonzept die Konkretisierung und Herausbildung von Qualitätsstandards für Verfahren und Produkte privaten Normungsgesellschaften überlässt, ist trotz Fehlen spezifischer Bestimmungen für KI-Systeme eine Zertifizierung und ein Inverkehrbringen solcher Systeme unter der MDR möglich, auch wenn es freilich auf Normungsebene so schnell wie möglich verbindlicher Standards bedarf. Bis diese vorliegen, ist eine Nachweisführung der Erfüllung der Anforderungen der MDR und Zertifizierung von KI-Systemen auf Basis des unter V. 3 b) vorgestellten und in Deutschland als Benchmark geltenden Fragenkatalogs der IG NB möglich. Insbesondere KI-gestützte CDSS, die ein begrenztes Problem adressieren, nicht weiterlernen und bei denen bereits ein klinischer Zusammenhang zwischen In- und Output nachgewiesen ist, werden auf dieser Basis zertifizierbar sein.

Ob und inwieweit darüber hinaus tatsächlich noch zusätzlich erforderlich ist, dass KI-basierte Systeme bzw. deren Output – wie vielfach (nicht zuletzt auch gesetzlich)[115] gefordert[116] – für die Nutzerin (oder gar den Patienten) nachvollziehbar und erklärbar sind, wenn bereits nach den Maßgaben der MDR ihre Sicherheit und Leistungsfähigkeit nachgewiesen ist, bleibt allerdings fraglich. Die MDR erfordert jedenfalls nicht, dass Geräte ihre Entscheidungen und Handlungen der Nutzerin gegenüber erklären, noch schließt sie aus, dass Produkte, deren Wirkmechanismen und Funktionsweisen im Einzelnen unerklärbar sind, in Verkehr gebracht werden, solange sie den Anforderungen der MDR genügen.[117] Dies ist insoweit konsequent, als im Fall der Zertifizierung von KI-Systemen unter der MDR dessen Eigenschaften nicht vollkommen opak sind. Denn mit dem Nachweis der Erfüllung der Anforderungen der MDR müssen nicht nur das System und dessen Verhaltensverweisen unter bestimmten Bedingungen vom Hersteller untersucht und verstanden sein,[118] dessen Zuverlässigkeit und Leistungsfähigkeit müssen auch anhand von Kriterien beschrieben und validiert sein. Auch heute schon finden sich im Medizinsektor Beispiele von Produkten insb. im Arzneimittelbereich, deren Wirkung zwar durch Studien nachgewiesen, im Einzelnen aber nicht verstanden ist. Daher muss auch mit Blick auf den Nutzen solcher Produkte – erst recht, wenn sie nicht einmal unmittelbar

---

[115] Vgl. bspw. nur Artt. 13 Abs. 2 lit. f, 14 Abs. 2 lit. g DSGVO, § 93 Abs. 1 MStV, Art. 27 DSA.

[116] Vgl. Hochrangige Expertengruppe für Künstliche Intelligenz (Fn. 43), S. 22; Fraunhofer IAIS (Fn. 43), S. 17; vgl. hierzu auch *Hänold/Schlee/Antweiler/Beckh* (Fn. 14), S. 518; *D. Roth-Isigkeit*, Unionsrechtliche Transparenzanforderungen an intelligente Medizinprodukte, GesR 2022, S. 278 ff.

[117] *COCIR* (Fn. 43), S. 19; *Gassner* (Fn. 52), S. 50; vgl. dazu auch *Schreitmüller* (Fn. 52), S. 134 f.

[118] So werden bspw. Design- und Modellentscheidungen, die Wahl der Eingabedaten etc. bewusst in Abhängigkeit davon getroffen, inwieweit diese geeignet für die Lösung der Aufgabenstellung sind, vgl. zu Fehlvorstellungen über die Opazität KI-basierter Systeme *J. Kroll*, The fallacy of inscrutability, Phil. Trans R. Soc. 2018, 376 ID: 20180084.

am Patienten wirken, wie im Fall von CDSS – kritisch hinterfragt werden, ob mit der Nachweisführung im Rahmen von Zulassungsverfahren nicht bereits hinreichende Transparenz gegeben ist.

Literatur

Berner, Eta S.: Clinical Decision Support Systems: Theory and Practice, 3rd Edition 2016.

Dettling, Heinz-Uwe: Künstliche Intelligenz und digitale Unterstützung ärztlicher Entscheidungen in Diagnostik und Therapie, PharmR 2019, S. 633–642.

Gassner, Ulrich M.: Intelligente Medizinprodukte – Regulierungsperspektiven und Zertifizierungspraxis, MPR 2021, S. 41–51.

Hastenteufel, Mark*/Renaud,* Sina: Software als Medizinprodukt. Entwicklung und Zulassung von Software in der Medizintechnik, Wiesbaden 2019.

Heil, Marina: Innovationsermöglichungsrecht oder Innovationshemmnis? Regulatorische Herausforderungen für KI-basierte Medizinprodukte-Software in der EU, in: Grinbalt, Roman/ Schlotz, Sybille/ Stock, Sophy (Hrsg.), Medizinprodukterecht im Wandel – Festschrift für Ulrich M. Gassner zum 65. Geburtstag, Baden-Baden 2022, S. 447–466.

Pechmann, Ludwig*/Mildner,* Martin*/Suthau,* Tim*/Leucker,* Martin: Regulatorische Anforderungen an Lösungen der künstlichen Intelligenz im Gesundheitswesen, in: Pfannstiel, Mario A. (Hrsg.), Künstliche Intelligenz im Gesundheitswesen, 2022, S. 175–198.

Schreitmüller, Zeynep: Regulierung intelligenter Medizinprodukte. Eine Analyse unter besonderer Berücksichtigung der MPVO und DSGVO, Baden-Baden 2023.

Steinwendner, Joachim: Klinische Entscheidungsunterstützungssysteme: von der Datenrepräsentation zur künstlichen Intelligenz, in: Mario A. Pfannstiel/Kirstin Kassel/Christoph Rasche (Hrsg.), Innovation und Innovationsmanagement im Gesundheitswesen, Wiesbaden 2020, S. 683–698.

Sutton, Reed T.*/Pincock,* David*/Baumgart,* Daniel C.*/Sadowski,* Daniel C.*/Fedorak,* Richard N.*/Kroeker,* Karen I.: An overview of clinical decision support systems: benefits, risks, and strategies for success, npj Digital Medicine (2020) 3:17.

Zentrale Ethikkommission bei der Bundesärztekammer (ZEKO): Entscheidungsunterstützung ärztlicher Tätigkeit durch Künstlicher Intelligenz, Deutsches Ärzteblatt, Jg. 118, Heft 33–34.

C. Solidarität und Individualisierung

Die digitale Zukunft des Gesundheitswesens – Solidarität vs. Individualisierung?

Von *Gabriele Buchholtz* und *Martin Scheffel-Kain*

I. Einleitung – Die Zukunft des Gesundheitswesens ist digital

Die Zukunft des Gesundheitswesens ist digital. Der Gesetzgeber glaubt an die Potenziale der Digitalisierung für das Gesundheitswesen[1] und setzt zunehmend auf innovative digitale medizinische Anwendungen. Von diesem Trend zeugen im Krankenversicherungsrecht etwa die Einführung des eRezepts in §§ 360 f. SGB V[2], die elektronische Patientenakte (ePA) in §§ 341 ff. SGB V[3] und die digitale Gesundheitsanwendung (DiGA) nach § 33a SGB V[4]. Ein starker Impetus zur Digitalisierung des Gesundheitswesens kommt auch von EU-Ebene. Ein aktuelles Beispiel ist die geplante Verordnung für einen europäischen Raum für Gesundheitsdaten.[5] Wie wichtig Daten für den Gesundheitssektor sind, belegen auch die jüngeren Bemühungen um ein Gesundheitsdatennutzungsgesetz.

„Digital Health" soll, so das Versprechen, die Gesundheitsversorgung individueller und effizienter gestalten.[6] Das klingt verheißungsvoll. Tatsächlich ergeben sich mit der Digitalisierung zahlreiche Möglichkeiten, „eine flächendeckend gute Versorgung zu organisieren […], Fachkräfte zu entlasten, Ressourcen besser zu nutzen und das Gesundheitswesen" zukunftsfähig zu gestalten, heißt es etwa im Gesetzesent-

---

[1] Vgl. etwa die Bundesregierung zum Entwurf eines Gesetzes zum Schutz elektronischer Patientendaten in der Telematikinfrastruktur (Patientendaten-Schutz-Gesetz – PDSG): BT-Drs. 19/18793, S. 1.

[2] Basierend auf dem Gesetz zum Schutz elektronischer Patientendaten in der Telematikinfrastruktur (Patientendaten-Schutz-Gesetz – PDSG) vom 14.10.2020 (BGBl I 2020, 2115).

[3] Basierend auf dem Gesetz zum Schutz elektronischer Patientendaten in der Telematikinfrastruktur (Patientendaten-Schutz-Gesetz – PDSG) vom 14.10.2020 (BGBl I 2020, 2115).

[4] Basierend auf dem Gesetz für eine bessere Versorgung durch Digitalisierung und Innovation (Digitale-Versorgung-Gesetz) v. 09.12.2019 (BGBl I 2019, 2562).

[5] Proposal for a REGULATION OF THE EUROPEAN PARLIAMENT AND OF THE COUNCIL on the European Health Data Space, COM/2022/197 final, abrufbar unter: https://eur-lex.europa.eu/legal-content/EN/TXT/?uri=CELEX:52022PC0197.

[6] Vgl. etwa die Bundesregierung zum Entwurf eines Gesetzes zum Schutz elektronischer Patientendaten in der Telematikinfrastruktur (Patientendaten-Schutz-Gesetz – PDSG): BT-Drs. 19/18793, S. 1.

wurf zum Patientendatenschutzgesetz.[7] Diese Entwicklung bringt aber auch Herausforderungen mit sich, die es hier näher zu beleuchten gilt: Mit „Digital Health" hält „Big Data" Einzug in das Gesundheitswesen. Ermöglicht wird damit eine ständige digitale „Vermessung" der Patientinnen und Patienten. Inwiefern durch die neuen digitalen Individualisierungsmöglichkeiten im Bereich der gesetzlichen Krankenversicherung (GKV) eine Verwässerung des Solidaritätsprinzips droht, wird im Folgenden näher erörtert und anhand sog. „Pay-as-you-live"-Programme exemplifiziert. Dabei handelt es sich um eine Initiative der Krankenkassen zur Förderung risikoaversen Verhaltens der Versicherten. Die Funktionsweise dieser Programme ist leicht erklärt: Mithilfe eines technischen Geräts, etwa eines Fitnessarmbandes, erfolgen umfassende Datenanalysen zum Verhalten der Versicherten. Auf dieser Grundlage lassen sich individuelle Fitnessziele definieren. Wer die Ziele erreicht, erhält einen Bonus.[8] Normativer Anknüpfungspunkt ist § 65a SGB V, wonach ein „Bonus für gesundheitsbewusstes Verhalten" gezahlt werden kann. Die Vorschrift stärkt den Aspekt der Eigenverantwortung der Versicherten und steht damit ganz im Zeichen der Komplementarität von „Solidarität und Eigenverantwortung" nach § 1 SGB V.

Die existierenden Bonusprogramme stellen ein Aliud zur in der Regel einkommensabhängigen Beitragsfinanzierung dar,[9] indem sie verhaltensbezogene Elemente aufweisen. Es fehlt nicht viel Fantasie, um sich vorzustellen, welche Szenarien der GKV drohen. So stellt sich die Frage, ob Beiträge künftig gänzlich risikoabhängig erhoben werden könnten und Kosten für „vermeidbare" Behandlungen, die auf eine „ungesunde" Lebensweise zurückzuführen sind, gar nicht mehr von der GKV erstattet werden. Wäre dies rechtlich zulässig und wünschenswert? Um dieser Frage nachzuspüren, werden zunächst die „Pay-as-you-live"-Programme näher definiert, um sodann aus verfassungs- und einfachrechtlicher Sicht auf das Verhältnis von Solidarität und Eigenverantwortung einzugehen. Abschließend ist zu klären, wie eine digitale Neuausrichtung des Solidaritätsprinzips gelingen kann. Dabei wird sich der Fokus auf die wertvolle Ressource „Daten" richten.

II. Neue Individualisierungsmöglichkeiten im Zuge von „Digital Health" am Beispiel von „Pay-as-you-live"-Programmen

In der digitalisierten Welt lassen sich Daten in größerem Ausmaß als je zuvor erheben, sammeln und auswerten. Denn jede Online-Aktivität hinterlässt eine Datenspur, einen „digitalen Fußabdruck". Algorithmen sind längst in der Lage, auf dieser

---

[7] BT-Drs. 19/18793, S. 1.

[8] Vgl. *N. Wulf/S. Betz*, Daten-Ökosysteme wider Willen: Herausforderungen des Pay-as-you-live-Geschäftsmodells im Kontext deutscher Krankenversicherungen, HMD 2021, S. 494 (494).

[9] Zu erwähnen ist jedoch, dass die Finanzierung der gesetzlichen Krankenversicherung zudem gem. Art. 120 Abs. 1 S. 4 GG, §§ 221 ff. SGB V durch Beteiligung des Bundes über Steuergelder erfolgt.

Grundlage die Bedürfnisse des Einzelnen präzise zu erfassen. Die KI-basierte Nutzung von Daten ist für die medizinische Forschung ein großer Gewinn; so belegen zahlreiche Studien, etwa im Bereich der Augenheilkunde oder Onkologie, dass sich die Heilungschancen von Patienten unter Einsatz der neuen Technik signifikant erhöhen.[10] Deutlich wird: Gesundheitsdaten sind ein wichtiges Gut, aus dem wir lernen können, Krankheiten besser zu heilen und die Forschung voranzutreiben. Das gesamte Gesundheitswesen kann davon profitieren. Gesundheitsgefahren lassen sich im Sinne des Präventionsauftrags der gesetzlichen Krankenversicherung präziser erkennen und frühzeitig bannen.[11] Dadurch werden Mittel frei, die wiederum eingesetzt werden können, um medizinische Innovationen voranzutreiben.[12]

Allerdings birgt die Entwicklung auch Risiken. Kritiker fürchten eine „radikale Individualisierung".[13] Skeptisch heißt es, „Digital Health" stehe erst am Anfang einer Neuausrichtung der Krankenversicherung in Abkehr vom Solidaritätsgedanken hin zu einer allein „am Gesundheitszustand bemessenen Beitragshöhe".[14] Technisch ist es längst möglich, Krankenversicherungsbeiträge risikoabhängig festzulegen.[15] Studien belegen auch, dass Menschen im Zuge der digitalen „Selbstsingularisierung"[16] eine wachsende Bereitschaft aufweisen, sich zu entsolidarisieren.[17] Eine fitnessbezogene App-Nutzung erhöht nachweislich die Wahrscheinlichkeit, einer Einschränkung des Solidarprinzips zuzustimmen. Wie ist dieser Trend zu bewerten?

Schauen wir uns die „Pay-as-you-live"-Programme näher an. Sie sind das krankenversicherungsrechtliche Pendant zum seit einiger Zeit in den Kfz-Versicherungen üblichen „Pay-as-you-drive", d. h. eine besondere Autoversicherung, bei der sich die Prämienhöhe danach richtet, wie das Fahrzeug genutzt wird.[18] „Pay-as-you-live" meint dagegen „die kontinuierliche Erfassung von Gesundheitsdaten mithilfe tech-

---

[10] Vgl. *D. Byrne*, Artificial Intelligence for Improved Patient Outcomes, 2024; *G. Buchholtz/A. Brauneck/L. Schmalhorst*, Gelingensbedingungen der Datentreuhand – rechtliche und technische Aspekte, NVwZ 2023, S. 206 (206).

[11] *P. Bitter/S. Uphues*, ABIDA-Dossier September 2017, S. 1, abrufbar unter https://www.abida.de/sites/default/files/13%20Entsolidarisierung.pdf.

[12] *Scholz*, in: BeckOK SozR, § 65a SGB V, Rn. 1.

[13] *Süddeutsche Zeitung*, Gestern noch Versprechen, heute schon Bedrohung, 19.5.2018, abrufbar unter https://www.sueddeutsche.de/kultur/digitalisierung-und-gesellschaft-heute-hoffnung-morgen-schrecken-1.3985144.

[14] *Tagesspiegel*, Software und Wearables: Datenschützer warnen vor Fitness-Apps, abrufbar unter https://www.tagesspiegel.de/gesellschaft/panorama/software-und-wearables-datenschuetzer-warnen-vor-fitness-apps/12162152.html.

[15] *Bitter/Uphues* (Fn. 11), S. 1.

[16] *A. Reckwitz*, Die Gesellschaft der Singularitäten: Zum Strukturwandel der Moderne, 5. Aufl., 2017, S. 257.

[17] *S. Böning /R. Maier-Rigaud/S. Micken*, Gefährdet die Nutzung von Gesundheits-Apps und Wearables die solidarische Krankenversicherung, FES-Studie 13/2019.

[18] *L. Rudkowski*, Anreizsysteme in der privaten Krankenversicherung und das Leitbild der freien Lebensgestaltung des Versicherungsnehmers, VersR 2020, 1016, Fn. 35.

nischer Geräte und die Übermittlung dieser Daten an Versicherungen".[19] Typischerweise setzen die Krankenkassen bei „Pay-as-you-live"-Programmen auf den Einsatz sog. Wearables oder Fitness-Tracker. Diese am Körper getragenen technischen Anwendungen können Vitalzeichen und Trainingsleistungen der Versicherten erfassen und diese Daten bspw. auf ein Smartphone übertragen; mit Hilfe einer Gesundheits-App werden sie dann an die Krankenversicherungen weitergegeben.[20] Die Programme definieren bestimmte Fitnessziele. Erreichen die Nutzenden diese, erhalten sie einen Bonus. Charakteristisch für ein „Pay-as-you-live"-Programm sind demnach in der Regel fünf Kriterien: die Erhebung von Körperdaten ohne Selbsteingabe (1.), die Vermessung mithilfe von digitalen Informations- und Kommunikationssystemen (Hard- und Software) (2.), eine kontinuierliche Datenerfassung (3.), vordefinierte Fitnessziele bzw. Schwellenwerte (4.) sowie bei Zielerreichung der Erhalt einer Belohnung (5.).[21] Die „Belohnung" kann vielseitig gestaltet werden; so kann etwa eine Geldzahlung in Form einer (Zu-)Zahlungen beim Erwerb von Fitnessgeräten oder auch eine Tarifreduzierung erfolgen.[22] „Pay-as-you-live" bietet somit Einsparungspotenziale.

Der Trend kommt, wie so oft, aus den USA. „Sag mir, wie du lebst – und ich sage dir, wie viel Prämie du zahlst", lautet dort schon seit längerem die Devise. Mit John Hancock etwa ist der erste große US-Versicherer bereits 2015 dazu übergegangen, ausschließlich Versicherungspolicen anzubieten, die vom Verbraucher die Weitergabe sensibler Gesundheitsdaten fordern. Auch hierzulande erfreuen sich „Pay-as-you-live"-Bonusprogramme großer Popularität. Alle Krankenkassen nutzen sie. Die Gestaltung der Programme kann allerdings sehr unterschiedlich ausfallen. In der Satzung der „AOK Plus – Die Gesundheitskasse für Sachsen und Thüringen" etwa findet sich unter § 19a[23] eine solche „Pay-as-you-live"-Regelung. Nach § 19 Abs. 3 lit. i der Satzung erhalten Teilnehmende zunächst 3.000 Bonuspunkte für den Erwerb eines Fitnesstrackers zur sportlichen Betätigung. Weitere 100 Bonuspunkte je Aktivität – gedeckelt auf 15 Aktivitäten im Kalendermonat – erhalten Teilnehmende gem. § 19 a Abs. 4 der Satzung, wenn sie die „AOK Bonus-App" über ihr eigenes Smartphone nutzen und mindestens einen Kalorienverbrauch von 150 kcal in 30 Minuten oder eine durchschnittliche Herzfrequenz von 120 Schlägen/Minute über einen Zeitraum von mindestens 30 Minuten oder 10.000 Schritte pro Tag nachweisen können. Der Nachweis erfolgt durch automatische Messung mit geeigneten Fitnesstrackern und/oder Apps. Dies kann sich lohnen. So entsprechen 100 Bonuspunkte gem.

---

[19] *Wulf/Betz* (Fn. 8) S. 494.
[20] *Wulf/Betz* (Fn. 8) S. 496.
[21] *Wulf/Betz* (Fn. 8) S. 496.
[22] *Wulf/Betz* (Fn. 8) S. 496.
[23] AOK PLUS – Die Gesundheitskasse für Sachsen und Thüringen, Satzung i.d.F. v. 18. Februar 2022, gültig ab: 01.01.2022.

§ 19 Abs. 5 der Satzung einem Euro. Laut Angaben der AOK Plus können allein darüber 180 Euro Aktivitätsbonus pro Jahr erreicht werden.[24]

Ermöglicht werden „Pay-as-you-live"-Programme durch § 65a SGB V, der mit „Bonus für gesundheitsbewusstes Verhalten" überschrieben ist. Nach § 65a Abs. 1 Satz 1 SGB V soll die Krankenkasse in ihrer Satzung bestimmen, unter welchen Voraussetzungen Versicherte, die Leistungen zur Erfassung von gesundheitlichen Risiken und Früherkennung von Krankheiten nach den §§ 25, 25a und 26 SGB V oder Leistungen für Schutzimpfungen nach § 20i SGB V nutzen, Anspruch auf einen Bonus haben. Der Bonus ist zusätzlich zu der in § 62 Abs. 1 Satz 2 SGB V genannten abgesenkten Belastungsgrenze zu gewähren. § 65a Abs. 1a SGB V erstreckt diese Bonusregelung auf Leistungen der Krankenkassen zur verhaltensbezogenen Prävention nach § 20 Abs. 5 SGB V oder auf vergleichbare, qualitätsgesicherte Angebote zur Förderung eines gesundheitsbewussten Verhaltens. Das ist der normative Anknüpfungspunkt für „Pay-as-you-live"-Programme. Um den Nachweis über das Vorliegen der Anspruchsvoraussetzungen erbringen zu können, dürfen die Krankenkassen die von ihnen rechtmäßig erhobenen und gespeicherten versicherungsbezogenen Daten mit schriftlicher oder elektronischer Einwilligung der betroffenen Versicherten im erforderlichen Umfang verarbeiten (§ 65 Abs. 1a i. V. m. Abs. 1 S. 2 SGB V, § 284 Abs. 1 SGB V). Die konkrete Ausgestaltung der Bonusprogramme, d. h., auch die Frage, welche Aktivitäten honoriert werden sollen und wie der erforderliche Nachweis zu erbringen ist, bleibt den Krankenkassen überlassen.[25] Diese sollen Einzelheiten dazu in ihren Satzungen bestimmen, die wiederum der Genehmigung durch die Aufsichtsbehörde bedürfen (§ 195 Abs. 1 SGB V).

Gewissen Einschränkungen unterliegen die Krankenkassen dabei allerdings doch: So darf die „Erhebung weiterer Daten, z. B. über die Lebensführung der Versicherten" nicht Gegenstand einer Bonusregelung sein, heißt es in der Gesetzesbegründung.[26] Diese Formulierung mag auf den ersten Blick widersprüchlich anmuten, da die Leistungen zur verhaltensbezogenen Prävention nach § 20 Abs. 5 SGB V bei den Versicherten gerade eine Änderung der Lebensgewohnheiten und Lebensverhältnisse unterstützen sollen.[27] Konkret geht es dabei allerdings um die Erhebung von Daten über den aktuellen Gesundheitszustand: So dürfen die Krankenkassen keine Daten aus dem Privatleben der Versicherten nutzen, um daran Bonuszahlungen zu knüpfen.[28] Allerdings gibt es auch schwierige Grenzfälle. Wie etwa Boni für das Einhalten eines bestimmten Gewichts oder die Nichtrauchereigenschaft zu bewerten

---

[24] AOK Plus, abrufbar unter https://www.aok.de/pk/bonus-praemienprogramme/punkte-sammeln/.

[25] *Scholz* (Fn. 12), § 65a SGB V, Rn. 2a.

[26] BT-Drs. 15/1525, 95; *Welti*, in: Becker/Kingreen, § 65a SGB V, Rn. 5a.

[27] *E. Schneider*, Das Gesetz zur Stärkung der Gesundheitsförderung und der Prävention, SGb 2015, S. 599 (601).

[28] BT-Drs. 15/1525, 95.

sind, ist umstritten.[29] In der Praxis sind solche Regelungen gang und gäbe. So hat die Verbraucherzentrale Nordrhein-Westfalen e. V. in einer Studie aus dem Jahr 2015 ermittelt, dass sogenannte gesunde Einzelwerte, d. h. Messwerte, die nur den „positiven Gesundheitsstatus" der Versicherten abbilden (aber kein gesundheitsförderndes Verhalten honorieren), etwa bei einem Drittel aller Tarife anzutreffen sind.[30] Nach vorzugswürdiger Ansicht und insbesondere vor dem Hintergrund der Gesetzesbegründung dürften solche Regelungen jedoch unzulässig sein. Für unzureichend hält auch das frühere Bundesversicherungsamt, das heutige Bundesamt für soziale Sicherung, den Nachweis von Gesundheitswerten im Normbereich; verlangt wird stattdessen eine Kombination aus Gesundheitszustand und beispielsweise einer sportlichen Aktivität.[31] Auch politisch sind solche Bonuszahlungen umstritten, die nur einen positiven Gesundheitszustand honorieren.[32]

III. Vereinbarkeit mit dem Solidaritätsprinzip

1. Verfassungsrechtlicher Ausgangspunkt: Sozialstaatsprinzip aus Art. 20 Abs. 1 GG

Solidarität ist ein vorrechtlicher Begriff, der zunächst die Bereitschaft meint, füreinander einzustehen. Solidarität ist also notwendigerweise gemeinschaftsbezogen.[33] Der Begriff ist per se kein Rechtsbegriff, er hat aber schon seit vielen Jahrhunderten einen rechtlichen Bezug. Im römischen und im französischen Recht verstand man unter Solidarität die gemeinschaftliche Haftung aller für eine Schuld. Ab dem 18. Jahrhundert veränderte der Topos chamäleonartig seine Bedeutung.[34] Erinnert sei dabei vor allem an den Leitspruch der französischen Revolution. „Liberté – Égalité – Fraternité" steht für die Forderung nach einer Beseitigung sozialer Ungleichheit. Seither weist der Solidaritätsbegriff eine politische, eine moralphilosophische, eine theologische, eine soziologische und auch eine verfassungsrechtliche Dimension auf.[35] Im Grundgesetz sucht man allerdings vergeblich nach dem „Solidaritätsbegriff".[36] Naheliegend ist jedoch eine normative Verankerung im Sozialstaatsprinzip nach Art. 20 Abs. 1 GG. Diese Staatszielbestimmung erteilt dem Gesetzgeber den

---

[29] *Scholz* (Fn. 12), § 65a SGB V, Rn. 2a. Anderer Ansicht sind hingegen *R. Vesper-Reich*, Bonusmodelle in der gesetzlichen Krankenversicherung – Ein innovativer Ansatz zur Steuerung des Versichertenverhaltens, BKK 2004, S. 399 (401); HessLSG, BeckRS 2010, 67346.
[30] *Verbraucherzentrale Nordrhein-Westfalen e. V.*, Untersuchung Bonusprogramme der gesetzlichen Krankenkassen, 14. September 2015.
[31] *Bundesversicherungsamt*, Sonderbericht zum Wettbewerb in der gesetzlichen Krankenversicherung, 2018, S. 71.
[32] Kleine Anfrage der Fraktion Bündnis 90/Die Grünen, BT-Drs. 18/9058, S. 1.
[33] *U. Becker/T. Kingreen*, Becker/Kingreen-SGB V, § 1, Rn. 4.
[34] *R. Zuck*, in: Quaas/Zuck/Clemens, Medizinrecht, 4. Aufl. 2018, § 2, Rn. 77.
[35] *Zuck* (Fn. 34), § 2, Rn. 77.
[36] *R. Schlegel/U. Knispel*, jurisPK-SGB V, § 1, Rn. 39.

Auftrag zum Ausgleich sozialer Gegensätze und zur Schaffung einer gerechten Sozialordnung. Mittel hierfür ist das einfache Gesetz.[37]

„Der Schutz in Fällen von Krankheit ist in der sozialstaatlichen Ordnung des Grundgesetzes eine der Grundaufgaben des Staates".[38] So ergibt sich aus dem Sozialstaatsprinzip gem. Art. 20 Abs. 1 GG die Aufgabe des Gesetzgebers, ein funktionierendes Gesundheitswesen zur Absicherung des Krankheitsrisikos zu schaffen[39] und dabei für sozialen Ausgleich unter bestmöglicher Berücksichtigung der Interessen aller Beteiligten zu sorgen. Damit ist das sozialstaatliche Umverteilungsprinzip angesprochen, das den Gesetzgeber dazu verpflichtet, soziale Gegensätze auszugleichen und wirtschaftlich Schwächeren Schutz zu bieten.[40] Die staatliche Gemeinschaft trägt – so das BVerfG – in der Regel die Lasten mit, „die aus einem von der Gesamtheit zu bewältigenden Schicksal entstanden sind und mehr oder weniger zufällig nur einzelne Bürger oder bestimmte Gruppen von ihnen getroffen haben".[41] Bei der Ausgestaltung der gesetzlichen Krankenversicherung hat der Gesetzgeber allerdings einen weiten Regelungs- und Gestaltungsspielraum.[42] So bestimmt das Sozialstaatsprinzip zwar das „Ziel einer sozialen Ordnung; den Weg dorthin muss der Gesetzgeber vor dem Hintergrund der je aktuellen sozialpolitischen Herausforderungen finden und beschreiten".[43] Mit Einführung der gesetzlichen Krankenversicherung als öffentlich-rechtlicher Pflichtversicherung ist der deutsche Gesetzgeber seiner Grundaufgabe nachgekommen und sorgt somit für den Krankenschutz eines Großteils der Bevölkerung.[44]

Der weite Regelungs- und Gestaltungsspielraum des Gesetzgebers ist – angesichts des stetigen Wandels der gesellschaftlichen und wirtschaftlichen Verhältnisse[45] – sinnvoll und berechtigt. Damit steht es dem Gesetzgeber frei, das Verhältnis von Solidarität und Eigenverantwortung näher zu konkretisieren bzw. den Krankenkassen Raum dafür zu belassen. Dabei ist auch zu berücksichtigen, dass die Legislative bei der Ausgestaltung des Sozialstaatsprinzips dazu angehalten ist, unnötige Kosten für die Solidargemeinschaft zu vermeiden. Um einen schonenden Ausgleich dieser widerstreitenden Interessen hat sich der Gesetzgeber mit § 65a SGB V bemüht.

---

[37] *Schlegel/Knispel* (Fn. 36), § 1, Rn. 47.
[38] BVerfG v. 31.10.1984, 1 BvR 35/82, Rn. 43.
[39] *Becker/Kingreen* (Fn. 33), § 1, Rn. 5.
[40] BVerfGE 100, 271, Rn. 59; C. *Röhner*, Ungleichheit und Verfassung, 2019, S. 52.
[41] BVerfG v. 22.11.2000, 1 BvR 2307/94, Rn. 238.
[42] BVerfG v. 22.11.2000, 1 BvR 2307/94, Rn. 239.
[43] A. *Voßkuhle/T. Wischmeyer*, Grundwissen – Öffentliches Recht: Das Sozialstaatsprinzip, JuS 2015, S. 693 (693 f.).
[44] BVerfG v. 31.10.1984, 1 BvR 35/82, Rn. 43.
[45] S. *Huster/J. Rux*, BeckOK-GG, Art. 20 GG, Rn. 210.

2. Einfachgesetzliche Vorgaben

In der gesetzlichen Krankenversicherung findet das Solidaritätsprinzip seine Ausprägung vor allem in den §§ 1, 3, 220 ff. SGB V. So trägt bereits § 1 SGB V die „Solidarität" im Titel und Satz 1 der Norm betont die Eigenschaft der Krankenversicherung als Solidargemeinschaft. Auch § 3 SGB V konkretisiert mit der Formulierung „solidarische Finanzierung" das Solidaritätsprinzip[46]: Demnach werden die Leistungen der Krankenkasse durch Beiträge finanziert (S. 1), die sich in der Regel nach den beitragspflichtigen Einnahmen – und nicht nach dem individuellen Risiko – der Mitglieder richten (S. 2). Die Solidargemeinschaft formiert sich aus den Versicherten und dient dem finanziellen Ausgleich zur Absicherung des Lebensrisikos „Krankheit".[47] Ziel dieser Solidargemeinschaft ist es, ein Mindestmaß an sozialer Sicherheit zu gewährleisten.[48] Grundvoraussetzung für die Solidargemeinschaft ist der Versicherungszwang.[49] Daneben kommt dem Solidaritätsprinzip der gesetzlichen Krankenversicherung eine Ausgleichsfunktion zu, die sich als einfach-gesetzliche Konkretisierung des sozialstaatlichen Umverteilungsprinzips darstellt.[50] Vor allem durch den Umstand, dass die Beiträge in Abhängigkeit von der finanziellen Leistungsfähigkeit, d.h. dem Einkommen der Versicherten bemessen werden, die Leistungen aber für alle Versicherten gleich sind, trägt die GKV zur sozialen Umverteilung bei.[51]

Neben dem Solidaritätsprinzip betont das SGB V auch die Eigenverantwortung. Sie findet sich gemeinsam mit der Solidarität in der Überschrift des § 1 SGB V. Hier ist bereits das potenzielle Spannungsverhältnis zwischen den beiden Grundsätzen angelegt. Konkret normiert Satz 2 SGB V die Aufgabe der Solidargemeinschaft, die gesundheitliche Eigenkompetenz und Eigenverantwortung der Versicherten zu fördern und Satz 3 SGB V betont die Mitverantwortung der Versicherten für ihre Gesundheit. Zu berücksichtigen ist jedoch, dass daraus keine Pflicht für die Versicherten erwächst.[52] Vielmehr stellt die Norm einen Programmsatz dar, dessen Nichtbeachtung rechtlich folgenlos bleibt.[53] In ihrer Gesetzesbegründung kommentiert die Bundesregierung die von ihr vorgeschlagene Einführung des Begriffs „Eigenverantwortung" wie folgt:

„Diese Vorschrift betont als Einweisungsvorschrift des SGB V sowohl die Aufgaben der gesetzlichen Krankenversicherung als Solidargemeinschaft als auch die Eigenverantwortung der Versicherten. Diese beiden Aspekte stehen in einem engen Zusammenhang zueinander.

---

[46] *K. Peters,* BeckOGK, § 3 SGB V, Rn. 3.
[47] *Becker/Kingreen* (Fn. 33), § 1 SGB V, Rn. 4.
[48] *Huster/Rux* (Fn. 46), Art. 20 GG, Rn. 211.
[49] *R. Schlegel,* Editorial, SGb 06.17, S. I.
[50] *Schlegel/Knispel* (Fn. 36), § 1 SGB V, Rn. 49.
[51] *Becker/Kingreen* (Fn. 33), § 1 SGB V, Rn. 4.
[52] *R. Geene/J. Heberlein/G. Buchholtz,* in: BeckOK SozR, § 1 SGB V, Rn. 12.
[53] *J. Prütting,* Rechtsgebietsübergreifende Normenkollisionen, S. 5.

Die Funktionsfähigkeit der Solidargemeinschaft der GKV wird gestärkt, wenn diejenigen, die diese Gemeinschaft in Anspruch nehmen, ihre Gesundheit erhalten."[54]

Über den sich aus § 1 SGB V ergebenden Förderauftrag zur Eigenverantwortung hinaus ist das SGB V – mit Ausnahme der sehr eng gefassten Regelungen zur Leistungsbeschränkung bei Selbstverschulden und zum Leistungsausschluss nach §§ 52, 52a SGB V – hinsichtlich der Eigenverantwortung sehr zurückhaltend.[55] Insgesamt lässt sich festhalten, dass Solidarität und Eigenverantwortung nach der Konzeption des SGB V keine Gegenbegriffe sind; vielmehr stehen sie in einer – mitunter recht spannungsreichen – Wechselbeziehung.

Im Spannungsfeld zwischen Solidarität und Eigenverantwortung bewegen sich auch die „Pay-as-you-live"-Programme der gesetzlichen Krankenkassen. Dabei ist zunächst festzuhalten, dass eine risikobasierte Beitragsfestsetzung und entsprechende „Pay-as-you-live"-*Tarife* nicht mit der solidarischen Finanzierung vereinbar wären.[56] Allerdings bewirken auch „Pay-as-you-live"-*Programme* eine gewisse Verschiebung im Zusammenspiel von Solidarität und Eigenverantwortung, indem sie den letztgenannten Aspekt stärker in den Fokus rücken. So hatte es auch der Gesetzgeber bei Schaffung des § 65a SGB V im Sinn, der ja gerade Anreize zu gesundheitsbewusstem Verhalten schaffen und zugleich die Wirtschaftlichkeit der Krankenversicherung durch Einsparungen und Effizienzsteigerungen fördern soll; Absatz 3 der Vorschrift betont diesen sogleich näher zu erörternden Wirtschaftlichkeitsaspekt.[57]

Dass Bonusprogramme, die lediglich einen positiven Gesundheitszustand honorieren, nach vorzugswürdiger Ansicht unzulässig sind, ist bereits betont worden. Gerade bei chronisch kranken Menschen hätte ein solches Bonusprogramm besonders gravierende Folgen. In einer kleinen Anfrage der Grünen zu verhaltensbasierten Versicherungstarifen in der gesetzlichen Krankenversicherung aus dem Jahr 2016 heißt es:

„Wenn der bloße positive Gesundheitszustand mit Prämien belohnt wird, welche sich im Endeffekt als Beitragsreduzierung auswirken, anstatt alle Versicherte gleichermaßen für ein gesundheitsförderndes Verhalten zu belohnen, schließt dies chronisch Kranke per se von der Erfüllung der Programmvorgaben und ergo von einer Bonuszahlung aus."[58]

Somit muss der Bezug von Boni grundsätzlich auch chronisch Kranken offenstehen. Sie sind zwar naturgemäß nicht in der Lage, ihren chronischen Krankheitszustand im Wege einer Verhaltensänderung zu beeinflussen. Ihnen sind aber entsprechende Angebote oder Kompensationsmöglichkeiten zu unterbreiten, andernfalls

---

[54] BT-Drs. 18/4282, S. 32.

[55] *Becker/Kingreen* (Fn. 33), § 1, Rn. 8; Teilweise werden etwaige Zuzahlungen wie z. B. bei Arznei- und Verbandsmitteln nach § 31 Abs. 3 SGB V ebenso der Eigenverantwortung zugeordnet, vgl. *Schlegel/Knispel* (Fn. 36), § 1 SGB V, Rn. 80.

[56] *Deutscher Ethikrat*, Stellungnahme, Big Data und Gesundheit, 2017, S. 234.

[57] *M. Roters*, BeckOGK, § 65a SGB V, Rn. 4.

[58] BT-Drs. 18/9058, S. 1.

entstünden auch Verwerfungen mit Blick auf den allgemeinen Gleichbehandlungsgrundsatz nach Art. 3 Abs. 1 GG.[59] Das bedeutet, dass Boni beispielsweise auch für die Teilnahme an Funktionstraining oder Selbsthilfegruppen gezahlt werden müssen.[60] Personen, die diese Angebote aus unterschiedlichen Gründen nicht erreichen, sind gesondert zu adressieren, um auch ihnen jedenfalls die Möglichkeit der Teilnahme einzuräumen. Gerade dieses Anliegen verfolgt der Gesetzgeber mit § 65a SGB V. Er sorgt dafür, dass die Beitragserhebung weitgehend von der finanziellen Leistungsfähigkeit abhängig bleibt. Außerdem sind die Aufwendungen für die Boni nach § 65a Abs. 3 S. 1 SGB V[61] mittelfristig aus Einsparungen und Effizienzsteigerungen, die durch diese Maßnahmen erzielt wurden, zu finanzieren. Somit werden die Beitragsreduzierungen mittelfristig nicht zulasten der Solidargemeinschaft finanziert, worauf noch näher einzugehen sein wird.

IV. Weitere rechtliche Implikationen

Es konnte gezeigt werden, dass „Pay-as-you-live"-Programme aufgrund ihrer stärkeren Ausrichtungen am Einzelnen Spannungen zwischen Solidarität und Eigenverantwortung verursachen. Rechtliche Implikationen haben diese Programme aber auch für das Recht auf informationelle Selbstbestimmung nach Art. 2 Abs. 1 und Art. 1 Abs. 1 GG sowie auf das Wirtschaftlichkeitsgebot nach dem SGB V.

1. Vereinbarkeit mit dem Recht auf informationelle Selbstbestimmung aus Art. 2 I i.V.m. Art. 1 I GG

Verfassungsrechtlich problematisch können „Pay-as-you-live"-Bonusprogramme mit Blick auf das allgemeine Persönlichkeitsrecht aus Art. 2 Abs. 1 i.V.m. Art. 1 Abs. 1 GG in Gestalt des Rechts auf informationelle Selbstbestimmung sein. Als solches trägt es „Gefährdungen und Verletzungen der Persönlichkeit Rechnung, die sich unter den Bedingungen moderner Datenverarbeitung aus informationsbezogenen Maßnahmen ergeben", formuliert das BVerfG.[62] Von der Gewährleistung des Grundrechts umfasst ist „die Befugnis des Einzelnen, grundsätzlich selbst über die Preisgabe und Verwendung seiner persönlichen Daten zu bestimmen".[63] Allerdings wird das Recht auf informationelle Selbstbestimmung nicht schrankenlos gewährleistet. So hat der Einzelne in den Worten des BVerfG kein

---

[59] *W. Kluth/S. Bauer,* Grundlagen und Grenzen von Mitwirkungssystemen der Versicherten und Anreizsystemen für Prävention in der Gesetzlichen Krankenversicherung, VSSR 2010, 341 (358); *C. Gebert,* Verhaltens- und verhältnisbezogene Primärprävention und Gesundheitsförderung im Recht der gesetzlichen Krankenversicherung, 2020, S. 217 ff.

[60] *Welti* (Fn. 33), § 65a SGB V, Rn. 5a.

[61] Auf etwaige Probleme hinsichtlich der Einhaltung des Wirtschaftlichkeitsgebots nach §§ 2 Abs. 1, Abs. 4, 12 SGB V wird im Folgenden gesondert eingegangen.

[62] BVerfG v. 24.01.2012, 1 BvR 1299/05, Rn. 122.

[63] BVerfG v. 15.12.1983, 1 BvR 209/83, Rn. 147.

„Recht im Sinne einer absoluten, uneinschränkbaren Herrschaft über ‚seine' Daten; er ist vielmehr eine sich innerhalb der sozialen Gemeinschaft entfaltende, auf Kommunikation angewiesene Persönlichkeit. Information, auch soweit sie personenbezogen ist, stellt ein Abbild sozialer Realität dar, das nicht ausschließlich dem Betroffenen allein zugeordnet werden kann. [...] Grundsätzlich muss daher der Einzelne Einschränkungen seines Rechts auf informationelle Selbstbestimmung im überwiegenden Allgemeininteresse hinnehmen."[64]

Konflikte mit dem Recht auf informationelle Selbstbestimmung können sich bei „Pay-as-you-live"-Programmen zum einen deshalb ergeben, weil mithilfe der dabei verwendeten Fitness-Tracker in der Regel viel mehr Daten erhoben werden als etwa bei der Teilnahme an analogen Gesundheitskursen oder analogen Bonusprogrammen.[65] Die erhobenen Gesundheitsdaten sind für die Krankenkassen als Träger der GKV durchaus interessant. Allerdings bietet das Recht auf informationelle Selbstbestimmung dem Einzelnen Schutz gegen die unbegrenzte Erhebung, Speicherung, Verwendung und Weitergabe seiner persönlichen Daten. Auch der Grundsatz der Datenminimierung nach Art. 5 Abs. 1 lit. c DSGVO besagt, dass personenbezogene Daten dem Zweck angemessen und erheblich sowie auf das für die Zwecke der Verarbeitung notwendige Maß beschränkt sein müssen. Entsprechend sieht § 284 SGB V eine strenge Zweckbindung und eine Beschränkung der Datennutzung auf das erforderliche Maß vor.

Zum anderen bergen „Pay-as-you-live"-Programme auch deshalb Risiken für das Recht auf informationelle Selbstbestimmung, weil sie, obwohl die Teilnahme an den Bonusprogrammen grundsätzlich freiwillig ist, eine gewisse „Zwangswirkung" entfalten können, sich in einer bestimmten Weise zu verhalten und die eigenen Daten freizugeben. Indem die Bonuszahlung an ein Verhalten und das Datenteilen gekoppelt wird, entsteht eine besondere „Anreizwirkung", die schnell in einen als solchen empfundenen „Zwang" umschlagen kann. Die aktuelle Ausgestaltung des § 65a SGB V erweist sich zwar als verhältnismäßig, da sie auf dem Prinzip der Freiwilligkeit basiert. In der Praxis können „Pay-as-you-live"-Programme indes, wenn auch nicht beabsichtigt, einen empfundenen „Zwang" der Datenabgabe und einen mittelbaren Eingriff in das Recht auf informationelle Selbstbestimmung bewirken. Bei der Gestaltung von „Pay-as-you-live"-Programmen ist folglich genauestens darauf zu achten, dass eine solche Zwangswirkung nicht entsteht.

2. Vereinbarkeit mit dem Wirtschaftlichkeitsgebot

Weiterhin stellt sich die Frage, ob „Pay-as-you-live"-Bonusprogramme als primärpräventive Leistungen dem Wirtschaftlichkeitsgebot aus §§ 2 Abs. 1, Abs. 4, 12 SGB V entsprechen. Nach § 12 Abs. 1 SGB V müssen die Leistungen ausreichend, zweckmäßig und wirtschaftlich sein; sie dürfen das Maß des Notwendigen

---

[64] BVerfG v. 15.12.1983, 1 BvR 209/83, Rn. 148.
[65] *J. Brönneke/D. Kipker*, Fitness-Apps in Bonusprogrammen gesetzlicher Krankenkassen, Sozial- und datenschutzrechtliche Anforderungen, GesR 2015, S. 211 (212).

nicht überschreiten. Leistungen, die nicht notwendig oder unwirtschaftlich sind, können Versicherte nicht beanspruchen, dürfen die Leistungserbringer nicht erbringen und die Krankenkassen nicht bewilligen. Fraglich ist, ob etwaige bspw. auf Fitnesstrackern basierende Bonusprogramme diesem Grundsatz entsprechen. Mit § 65a SGB V wird eine Ausgabenneutralität der Boni gefordert. Demnach sind die Aufwendungen für Maßnahmen nach § 65a Abs. 1a SGB V mittelfristig – d. h. innerhalb von fünf Jahren[66] – aus Einsparungen und Effizienzsteigerungen, die durch die Maßnahme erzielt werden, zu finanzieren. So kann der zu gewährende Bonus auch nur so hoch sein wie die durchschnittliche Einsparung.[67] Die Krankenkassen haben gem. § 65a Abs. 3 Satz 2 SGB V regelmäßig, mindestens alle drei Jahre, über diese Einsparungen gegenüber der zuständigen Aufsichtsbehörde Rechenschaft abzulegen. Werden keine Einsparungen erzielt, dürfen keine Boni für die entsprechenden Versorgungsformen gewährt werden. Somit sind bei „Pay-as-you-live"-Programmen nach Maßgabe des § 65a SGB V „gesundheitliche Prävention und wirtschaftlicher Nutzen" „aufs engste verschränkt".[68]

Dabei tritt allerdings ein „Evidenzproblem" auf.[69] Bei einzelnen Versicherten lässt sich der Nachweis über die Präventionswirkung und die Kosteneinsparungen kaum führen.[70] Abzustellen ist daher auf das Versicherungskollektiv.[71] Experten kommen indes zu dem ernüchternden Ergebnis, dass sich weder die Kosteneinsparung noch die präventive Wirksamkeit der Bonusprogramme belegen lassen.[72] Insbesondere ist es sehr wahrscheinlich, dass Bonusprogramme gerade Menschen „mit einer positiven Risikoselektion ansprechen, also bereits sportlich aktive, junge und sozio-ökonomisch besser gestellte Menschen".[73] Zu einem ähnlichen Befund gelangte im Jahr 2016 auch das Bundesamt für Soziale Sicherung[74] bei Apps in Verbindung mit Tracking-Funktionen.[75] Diese Anwendungen, hieß es bilanzierend, genügten den Voraussetzungen „nachweisbar" und „qualitätsgesichert" regelmäßig

---

[66] BT-Drs. 15/1525, S. 96; *Roters* (Fn. 58), § 65a SGB V, Rn. 9.
[67] *Welti* (Fn. 26), § 65a SGB V, Rn. 8.
[68] *Wulf/Betz* (Fn. 8), S. 503.
[69] *Wulf/Betz* (Fn. 8), S. 503.
[70] *Roters* (Fn. 58), § 65a SGB V, Rn. 9.
[71] *Welti* (Fn. 26), § 65a SGB V, Rn. 7.
[72] *Wulf/Betz* (Fn. 8), S. 503.
[73] *Wulf/Betz* (Fn. 8), S. 503 mit Verweis auf: *C. Arenzt/R. Rehm*, Behavior-based Tariffs in health insurance: Compatibility with the German system, Otto-Wolff-Duscussion Paper, No. 04/2016, Otto-Wolff-Institut für Wirtschaftsforschung, 2016.
[74] Damals noch Bundesversicherungsamt.
[75] Bundesversicherungsamt, Tätigkeitsbericht 2016, S. 25, abrufbar unter https://www.bundesamtsozialesicherung.de/fileadmin/redaktion/Presse/epaper2016/epaper/ausgabe.pdf; *P. Bitter/S. Uphues*, ABIDA-Dossier September 2017, S. 7, abrufbar unter https://www.abida.de/sites/default/files/13%20Entsolidarisierung.pdf.

nicht.⁷⁶ Um jedoch den Voraussetzungen des § 65a Abs. 3 SGB V und auch dem Wirtschaftlichkeitsgebot aus §§ 2 Abs. 1, Abs. 4, 12 SGB V zu genügen, muss dieser Nachweis erbracht werden. Es wird sich zeigen, wie Krankenkassen mit ihrem „Pay-as-you-live"-Programme diesen Vorgaben künftig entsprechen können. Als Lösung ist vorgeschlagen worden, ein unabhängiges Gremium einzusetzen, dass die medizinische und wirtschaftliche Evidenz von „Pay-as-you-live"-Programmen untersucht und mit anderen Präventionsmaßnahmen abgleicht.⁷⁷ In der Literatur gibt es dagegen ganz andere Vorschläge: Weil der Nachweis der Präventionswirkung kaum zu erbringen ist, wird etwa vorgeschlagen, ein steuerfinanziertes „Präventionsgeld" einzuführen, das allen Bürgern zugutekommen soll.⁷⁸ Der Vorteil einer solchen Sozialleistung bestünde darin, dass die Präventions- und Anreizwirkung die gesamte Bevölkerung und nicht nur die GKV-Versicherten erfassen würde „und damit dem gesamtgesellschaftlichen Bezug von Prävention näherkäme".⁷⁹ So empfiehlt auch die Verbraucherkommission Baden-Württemberg in einer Studie aus dem Jahr 2021, „Anreize für gesundheitsbewusstes Verhalten möglichst von der Prämiengestaltung und etwaigen Beitragsrückerstattungen zu entkoppeln".⁸⁰

V. Fazit

Die Möglichkeiten von „Digital Health" sind vielfältig; dem Gesundheitswesen bieten sie viele Chancen. Die Entwicklungen, so innovativ sie auch erscheinen mögen, sind aber kritisch zu begleiten und ebenso kritisch zu hinterfragen. Insbesondere sind Bonusprogramme mit Bedacht zu gestalten; den positiven Gesundheitszustand dürfen sie nicht belohnen, sondern nur Verhaltensänderungen. Einen „Zwang" zur Verhaltensänderung darf es dabei nicht geben. Die Boni dürfen lediglich einen zusätzlichen Anreiz zu einem bereits intrinsisch motivierten gesundheitsbewussten Verhalten schaffen. Der Gedanke der Eigenverantwortung sollte höchstens im Angebot zur Befähigung zum gesunden Lebensstil Anklang finden, nicht aber in der Pflicht, einen solchen Lebensstil zu pflegen. Gelingt es den Krankenkassen, diese Voraussetzungen zu erfüllen, besteht die Chance zur Stärkung der Eigenverantwortung im Rahmen der Prävention, ohne diejenigen zu benachteiligen, die davon keinen Gebrauch machen möchten. „Pay-as-you-live"-Programme sind also bei Wahrung der aufgezeigten Anforderungen ein sinnvolles Instrument der Krankenkassen und brechen – unter den dargestellten Vorzeichen – auch nicht mit dem Grundsatz der solidarischen Finanzierung. Sie sollten allerdings eingebettet sein in eine breitere

---

⁷⁶ *Bundesversicherungsamt*, Tätigkeitsbericht 2016, S. 25, abrufbar unter https://www.bundesamtsozialesicherung.de/fileadmin/redaktion/Presse/epaper2016/epaper/ausgabe.pdf.
⁷⁷ *Wulf/Betz* (Fn. 8), S. 503.
⁷⁸ *Gebert* (Fn. 60), S. 220.
⁷⁹ *Gebert* (Fn. 60), S. 220.
⁸⁰ *Verbraucherkommission Baden-Württemberg*, Stellungnahme Nr. 60b/2021, Handlungsempfehlungen zu Pay-as-you-live-Tarifen im Gesundheitswesen, Hintergrundpapier vom 09.12.2021.

Präventionsstrategie. Nachbesserungsbedarf besteht überdies beim Nachweis der Evidenz. Nicht zuletzt fordern „Pay-as-you-live"-Programme dazu heraus, sich mit der Frage zu befassen, wie sich die Individualisierungsansätze mit der Solidarität verbinden lassen und wie eine digitale Neuausrichtung des Solidaritätsprinzips aussehen könnte.

VI. Ausblick:
Digitale Neuausrichtung des Solidaritätsprinzips

Das solidarische Gesundheitswesen der Zukunft ist auf Daten angewiesen. Unter diesen Vorzeichen ist das Solidarprinzip weiterzudenken. Gesundheitsleistungen werden zunehmend auf der Zusammenführung und Auswertung von Daten beruhen. Das Versprechen der Digitalisierung, Menschenleben zu retten, lässt sich nur erfüllen, wenn die Menschen solidarisch mit ihren Daten umgehen und die Daten – ähnlich wie mit unseren Versicherungsbeiträgen – zur Versorgung aller genutzt werden können. Daten, die in einem solidarisch finanzierten System generiert werden, sollen zugunsten des Kollektivs genutzt werden können. Im Einklang mit dem Patientendatenschutz müssen die Betroffenen die Möglichkeit haben, ihre Daten im eigenen Interesse auswerten zu lassen. „Opt-out-Lösung" ist hier das Stichwort. Zu begrüßen sind daher jüngere Bestrebungen der solidarischen Datennutzung im Zuge des geplanten Gesundheitsdatennutzungsgesetzes. Abschließend gilt: Wir werden uns an ein digitales Gesundheitsmanagement gewöhnen müssen. Nun gilt es, diese Entwicklung solidarisch zu gestalten. Im Zentrum steht der freiwillige, aber solidarische Umgang mit Daten in der GKV.

Literatur

Buchholtz, Gabriele/*Brauneck*, Alissa/*Schmalhorst*, Louisa: Gelingensbedingungen der Datentreuhand – rechtliche und technische Aspekte, NVwZ 2023, 206 ff.

Rudkowski, Lena: Anreizsysteme in der privaten Krankenversicherung und das Leitbild der freien Lebens-gestaltung des Versicherungsnehmers, VersR 2020, 1016 ff.

Vesper-Reich, Ricarda: Bonusmodelle in der gesetzlichen Krankenversicherung – Ein innovativer Ansatz zur Steuerung des Versichertenverhaltens, BKK 2004, 399 ff.

Wulf, Nele/*Betz*, Stefanie: Daten-Ökosysteme wider Willen: Herausforderungen des Pay-as-you-live-Geschäftsmodells im Kontext deutscher Krankenversicherungen, HMD 2021, 494 ff.

Monitoring physiologischer Daten im Alltag: Quell wissenschaftlichen Fortschritts auf Kosten von Privatheit, Selbstbestimmung und Solidarität?

Ein moralphilosophischer Kommentar

Von *Alina Omerbasic-Schiliro*

I. Einleitung

Angesichts der unter anderem durch eine generelle Ressourcenknappheit bewirkten gegenwärtigen Probleme im Gesundheitswesen erscheint die Möglichkeit, Gesundheitsversorgung mithilfe von digitaler Vernetzung und neuen Technologien zu verbessern, nicht nur verlockend, sondern als der nächste logische Schritt in einem Prozess des stetigen Wandels der Medizin. Wie die Erfahrungen mit der Digitalisierung in anderen Lebensbereichen jedoch gezeigt haben, bietet Digitalisierung nicht nur vielversprechende Lösungen, sehr häufig bringt die Implementierung digitaler Technologien auch Probleme mit sich. So mag die Einführung digitaler Kommunikationstools dazu beigetragen haben, hochfrequenten Kontakt selbst zu fern lebenden Freunden und Verwandten aufrecht zu erhalten. Doch scheint sie auch zu einem Verschwinden klar erlebbarer Gespräche und Verbindlichkeit zu führen.[1]

Die Aufgabe der Ethik in der Debatte um die Digitalisierung im Gesundheitswesen besteht nun darin, die sich aus der Implementierung einiger digitaler Technologien ergebenden moralischen Probleme und Wertkonflikte herauszuarbeiten. Da jedoch selbst die Implementierung derselben Tools in verschiedenen Lebensbereichen unterschiedliche Fragen und Probleme aufwirft, erscheint die Etablierung einer „Ethik der Digitalisierung" im Sinne einer alle Lebensbereiche umfassenden normativen Theorie, welche menschliches Handeln im Kontext der Digitalisierung leiten soll, kaum möglich. Angeraten ist vielmehr eine anwendungs- und kontextsensitive Analyse möglicher Chancen und Probleme der Implementierung bestimmter Tools, aus welcher sich gewiss auch Erkenntnisse für die Frage nach der Implementierung anderer, aber ähnlich gelagerter technischer Lösungen ergeben können.

---

[1] Zu weiteren Problemen, die sich aus dem zunehmend „mediatisierten Lebenswandel" ergeben können, siehe *Peter Vorderer*, Der mediatisierte Lebenswandel. Permanently online, permanently connected, Publizistik 60 (2015), S. 259–276 sowie *Vorderer et al.*, Permanently Online, Permanently Connected. Living and Communicating in a POPC World, New York 2018.

Der vorliegende Beitrag befasst sich mit der spezifischen Frage, welche Probleme sich aus der Implementierung von Monitoringprogrammen, im Rahmen derer kontinuierlich gewisse physiologische Daten von Individuen, die von einem solidarisch getragenen Gesundheitssystem profitieren[2], gemessen, gesammelt und anschließend zu wissenschaftlichen Zwecken weitergegeben werden, ergeben. Die folgenden Überlegungen beziehen sich im Kern auf Programme im Rahmen derer physiologische Daten wie beispielsweise der Blutzuckerspiegel, die Herzfrequenz und Sauerstoffsättigung, aber auch die Anzahl der täglich gemachten Schritte, die verbrannten Kalorien sowie Parameter, die Auskunft über das Schlafverhalten von Individuen geben können, gesammelt werden.

Solches Monitoring beziehungsweise „Tracken" der genannten Daten im Alltag kann sowohl bei gesunden als auch erkrankten Menschen durch „Wearables"[3] wie Smartwatches, Smartringe oder andere Sensortechnologien wie Patches oder „Smarte Kleidung" für unterschiedliche Zwecke dienlich sein. Träger:innen der Wearables selbst können nicht nur ihre eigene Gesundheit überwachen („Gesundheitsmonitoring") oder mehr über ihre individuelle Physiologie erfahren, im Falle chronischer oder anderer Erkrankungen kann das Sammeln physiologischer Daten zur Ermittlung der Wirksamkeit einer Therapie oder gar der Therapieadhärenz der Patient:innen beitragen. Auch für die Forschung und im Rahmen von Public Health-Überlegungen birgt die Sammlung der genannten Daten großes Potential. So versprechen sich Wissenschaftler:innen durch die Sammlung und Auswertung möglichst großer Datensätze Erkenntnisse über präklinische Symptome gewisser viraler sowie chronischer Erkrankungen wie der Grippe oder Diabetis[4], aber auch individuelle Einblicke in die Gründe, weshalb gewisse Therapien im konkreten Fall scheitern. Langfristig wird jedoch nicht nur individueller und wissenschaftlicher Erkenntnisgewinn erhofft, sondern auch eine Senkung der Gesamtkosten der Gesundheitsversorgung beispielsweise durch die Vermeidung unnötiger oder letztlich falscher Therapien und Diagnosen.

---

[2] Ein solidarisch getragenes Gesundheitssystem zeichnet sich dadurch aus, dass die Versicherten die Gesundheitsversorgung gemeinsam durch Beiträge finanzieren und die individuelle Versorgung ohne Ansehung der Person, d.h. ohne Ansehung der Gründe für die Hilfsbedürftigkeit, stattfindet. Solange von einer Quersubventionierung von privaten und gesetzlichen Krankenkassen in einem Gesundheitssystem auszugehen ist, scheint es für die Argumentation im Rahmen des vorliegenden Beitrags nicht notwendig, explizit zwischen verschiedenen Versicherungssystemen zu unterscheiden.

[3] Hier gilt es nochmals zu unterscheiden zwischen *medizinischen* und *nicht-medizinischen* bzw. *herkömmlichen* Wearables. Erstere erfordern als „Medizinprodukte" beziehungsweise „telemedizinische Assistenzsysteme" eine behördliche Zulassung und unterliegen – anders als „Lifestyle Produkte" wie herkömmliche Fitness-Tracker – insbesondere was den Datenschutz angeht strengen rechtlichen Sicherheitsbestimmungen. Zur Definition von Medizinprodukten und rechtlichen Bestimmungen siehe *Bundesministerium für Gesundheit*, Was sind Medizinprodukte?, 2022.

[4] Wie Wearables beispielsweise dabei helfen können, die Verbreitung grippeähnlicher Erkrankungen vorherzusagen, siehe *Cecile Viboud/Mauricio Santillana*, Fitbit-informed influenza forecasts, The Lancet Digital Health 2020; 2: e54.

So vielversprechend die genannten individuellen und gesellschaftlichen Potenziale auch sein mögen, sie sollten nicht über mögliche Risiken beziehungsweise Schadenspotenziale von Monitoringprogrammen wie dem hier skizzierten hinwegtäuschen. Obwohl viele Menschen bereits aus persönlichem Interesse oder im Rahmen von Therapie, Rehabilitation oder Nachsorge physiologische Daten sammeln und eine gewisse Offenheit für „Datenspenden" – das heißt für die unentgeltliche Zurverfügungstellung der (in der Regel anonymisierten) Daten für Forschung und Wissenschaft[5] – festzustellen ist, stehen wahrscheinlich ebenso viele der Weitergabe ihrer Daten skeptisch gegenüber. Begründet wird diese Skepsis gemeinhin durch die Befürchtung einer persönlichen Schlechterstellung, wenn beispielsweise Versicherer oder Arbeitgeber an gesundheitsrelevante Daten kommen, die zum Nachteil der Datengeber:innen ausgelegt oder verwendet werden könnten.

Ob Monitoringprogramme wie in manch düsterer literarischer Dystopie nahegelegt wird beispielsweise zu einem Abgleiten in Fremdbestimmung, Überwachung und den vollständigen Verlust von Privatheit bis hin zum „gläsernen Menschen" führen, ist eine empirische Frage, die – so unwahrscheinlich diese Szenarien zumindest in demokratischen Gesellschaften auch sein mögen – die Philosophie nicht beantworten kann.[6] Im vorliegenden Beitrag geht es wie bereits erwähnt vielmehr darum, zu prüfen, welche Wertkonflikte sich hinter diesen und ähnlichen Befürchtungen verbergen und wie diesen begegnet werden kann. Drei naheliegende Gefahren, die mit Monitoringprogrammen wie den oben beschriebenen einhergehen könnten und die im Folgenden diskutiert werden sollen, sind Gefahren für die *Selbstbestimmung* und die *Privatsphäre* der Datengeber:innen sowie Gefahren für das *Solidaritätsgefühl* in der Gesellschaft. Der Anschaulichkeit halber soll der Fokus im Folgenden zunächst auf den Konflikt zwischen Solidarität und Individualisierung gelegt werden, sobald individuelle Datensammlung und Verarbeitung zu einer Überbetonung des Individuums führen (II.), und dann auf den Konflikt zwischen Gesundheit und Privatheit sowie Selbstbestimmung, der zu entstehen droht, sollte der Zugang zu medizinischer Versorgung an die Datensammlung und Datenspende gekoppelt werden (III.). In Anschluss an diese Ausführungen werden einige Design-bezogene Überlegungen zur Durchführung von Monitoringprogrammen angestellt, auf deren Grundlage wiederum Prinzipien wertsensitiven Technologiedesigns oder gar einer „Design-Ethik" formuliert werden können (IV.).

---

[5] Zur Definition und Diskussion der Datenspende siehe *Maximilian Tischer/Nora Tophof*, Datenspende: Mehr Gesundheit und Lebensqualität für alle. Wenn Daten Gutes tun, https://www.data4life.care/de/bibliothek/journal/datenspende-in-medizin/ [Abruf: 18.07.2023] sowie *Kathrin Gießelmann*, Patientendaten: Plädoyer für verpflichtende Spende, Deutsches Ärzteblatt 116 (2019), S. A 5.

[6] Nichtsdestotrotz können solch empirische Überlegungen im Kontext normativer Argumentationen relevant sein, so zum Beispiel für sogenannte „Dammbruchargumente", welche auch im Rahmen der Public Health und Digitalisierung-Debatte durchaus eine Rolle spielen und kritisch zu diskutieren sind.

II. Führt der Fokus auf die Sammlung und Verarbeitung individueller physiologischer Daten zu einer Überbetonung des Individuums und dem Verlust von Solidarität im Gesundheitswesen?

In der Tat betonen Befürworter:innen von „Digital Health", verstanden als die Annäherung und Verschmelzung von digitalen Technologien und Alltagsleben, Gesundheitserhalt und Gesundheitsversorgung, sehr häufig die Vorzüge der Digitalisierung für die Weiterentwicklung personalisierter Medizin sowie für das individuelle Gesundheitsmonitoring und Krankheitsmanagement. Das schließt jedoch nicht aus, dass die durch die zunehmende Personalisierung der Medizin gewonnenen Erkenntnisse über Gesundheit und Krankheit allen Mitgliedern der Versichertengemeinschaft (und darüber hinaus) nutzen können. Zwar wäre eine Überbetonung des Individuums beziehungsweise die Befeuerung einer „Bowling Alone-Mentalität" in einer ohnehin zunehmend individualisierten Gesellschaft für das Solidaritätsgefühl einer Gesellschaft beziehungsweise Versichertengemeinschaft im Gesundheitswesen sicherlich wenig förderlich.[7] Doch abgesehen davon, dass das aus den gesammelten Daten generierte Wissen wie bereits erwähnt nicht nur den Datengeber:innen helfen kann, ihren Gesundheitszustand zu erhalten oder wiederzuerlangen, hat sich auch der die gegenwärtige Gesundheitsversorgung prägende „One-Size-Fits-All-Ansatz", nach dem beispielsweise bei Patient:innen desselben Alters standardisierte Behandlungen vorgesehen sind, selbst als problematisch, weil ineffektiv, teuer und im Zweifelsfall schädlich erwiesen. Über diesen persönlichen Nutzen hinaus können die gesammelten Daten dazu beitragen, mehr Wissen über jenen wünschenswerten Zustand, der gemeinhin „Gesundheit"[8] genannt wird, zu generieren und somit langfristig allen nutzen. Anders als in anderen Kontexten wie beispielsweise der personalisierten Werbung auf Grundlage gesammelter Daten birgt die Sammlung und Auswertung physiologischer Daten im Kontext des Gesundheitswesens unbestrittene Potentiale, nicht nur für einzelne Individuen, sondern für alle Mitglieder eines solidarisch finanzierten Gesundheitssystems beziehungsweise der Solidargemeinschaft. Ob Solidarität im Sinne des unbedingten Zusammenhaltens beziehungsweise finanziellen Füreinander-Einstehens im Falle von Krankheit nicht letztlich sogar dafür spricht, individuelle Daten zu spenden, soll an späterer Stelle diskutiert werden.

---

[7] Für eine Diskussion der nachteiligen Auswirkungen, die eine Überbetonung des Individuums für das Gesundheitssystem haben kann, siehe *Donna Dickenson*, Me Medicine vs. We Medicine. Reclaiming biotechnology for the Common Good, New York 2013.

[8] Obwohl es sich bei den Begriffen „Gesundheit" und „Krankheit" um Schlüsselbegriffe der Medizin mit normativer Funktion handelt, sind sie gegenwärtig nicht scharf abgrenzbar. Zur Abhängigkeit dieser Begriffe vom medizinisch-wissenschaftlichen Wissensstand sowie gesellschaftlichen Vorstellungen und Werthaltungen siehe *Norbert W. Paul*, Gesundheit und Krankheit, in: Stefan Schulz/ Klaus Steigleder/Heiner Fangerau/ders. (Hrsg.), Geschichte, Theorie und Ethik der Medizin, 2006, S. 131. Für einen Überblick verschiedener Krankheitstheorien siehe Thomas Schramme (Hrsg.), Krankheitstheorien, 2012.

III. Droht ein Abgleiten in Fremdbestimmung, Zwang und Überwachung sowie der Verlust von Privatheit?

In welchem Verhältnis Privatheit und Selbstbestimmung stehen und ob Privatheit, wie einige Autor:innen nahelegen,[9] gar eine Voraussetzung für Selbstbestimmung ist, sei an dieser Stelle offengelassen. Festzuhalten ist, dass sowohl Privatheit als auch Selbstbestimmung nicht nur im Gesundheitskontext hart erkämpfte Rechte darstellen, die nicht leichtsinnig durch Technikglauben aufs Spiel gesetzt werden sollten.

Die Frage, ob es zu einem Verlust der Privatheit und Selbstbestimmung beziehungsweise einem Konflikt zwischen Gesundheit und Privatheit und Selbstbestimmung kommen könnte, gewinnt jedenfalls besonders dann an Brisanz, wenn der Zugang zur medizinischen Versorgung an die Datensammlung und Datenspende gekoppelt wird. Da dies jedoch nicht zwingend der Fall sein muss, soll im Folgenden zunächst untersucht werden, was Privatheit und Selbstbestimmung im vorliegenden Kontext genau bedeuten, um dann zu untersuchen in welchem Sinne sie durch Monitoring und die Nutzung der im Alltag gesammelten Daten gefährdet werden und ob dies ausreicht, um Monitoringprogramme zum Zwecke der Wissenschaft als moralisch bedenklich einzustufen.

1. Kann der Verweis auf den drohenden Verlust der Privatheit Grenzen des Monitorings begründen?

Dass der Privatheit, also dem ungestörten Rahmen, in dem Individuen ihre eigenen Wünsche, Sehnsüchte und Überzeugungen entwickeln können[10], ein besonderer Wert zukommt, zeigt sich nicht zuletzt darin, dass das „Recht auf Privatleben" sogar als Menschenrecht verbrieft wurde und Individuen somit konkret rechtlicher Schutz vor willkürlichen Eingriffen in ihr Privatleben, ihre Familie, ihr Heim und ihren Briefwechsel sowie vor Angriffen auf ihre Ehre und ihren Beruf zukommt.[11] Nun scheint es zwar regelrecht in der Natur der Sache zu liegen, dass Monitoring und Datenspende Einblicke in das Privatleben der Datengeber:innen ermöglichen, doch reicht dies kaum, um Monitoringprogramme wie das hier angedachte moralisch fragwürdig erscheinen zu lassen. Das Problem an dem Verweis auf die Bedeutung beziehungsweise den drohenden Verlust der Privatheit durch Monitoring besteht darin, das nicht klar ist, ob Auskünfte über die täglich gemachten Schritte, die Herzfrequenz oder die Sauerstoffsättigung des Blutes unter Belastung ebenso in den Bereich des Privaten fallen wie die Inhalte versandter Briefe oder bevorzugte Methoden der Kindererziehung. Anders ausgedrückt ist unklar, ob physiologische Daten in den Bereich der zu schützenden Sphäre der Privatheit fallen oder nicht. Diese Frage scheint sich

---

[9] Siehe hierzu *Harald Welzer/Michael Pauen*, Autonomie. Eine Verteidigung, 2015 sowie *Beate Rössler*, Der Wert des Privaten, 2001.
[10] Vgl. *Welzer/Pauen* (Fn. 9), S. 14 ff.
[11] Vgl. Art. 12 AEMR, UN-Doc A/RES/217 A (III) sowie Art. 8 EMRK, UNTS 213, 221.

weder durch einen Blick auf die Praxis des „Teilens" von Inhalten insbesondere in den Sozialen Medien beantworten zu lassen, noch scheint es geboten, „ein für alle Mal" festzulegen, was als privat zu gelten hat und was nicht. Es mag sein, dass Individuen, die ungehemmt Einblicke in ihr Alltagsleben geben, die betreffenden Inhalte oder Daten zwar ebenfalls als „privat" betrachten, sie diese jedoch trotzdem bereitwillig mit der Welt teilen, weil sie Privates nicht in jedem Fall als schützenswert betrachten (beziehungsweise sie in gewissen Fällen einfach auf die Inanspruchnahme des Rechtes auf Privatheit verzichten). Doch wäre dies neben der Wandelbarkeit dessen, was als privat gilt,[12] nur ein weiterer Aspekt der verdeutlicht, wie schwierig es ist, Privatheit zum Prüfstein für die Legitimität oder Nicht-Legitimität der Sammlung und Weitergabe physiologischer Daten zu ernennen. Letztlich scheinen nicht alle Daten privat und nicht alle privaten Daten schützenswert zu sein.

Wenn es zu ergründen gilt, welche Gefahren die Weitergabe gesundheitsrelevanter Daten wirklich birgt, scheint es methodologisch vielversprechender, sich auf die „Sensibilität" oder das Missbrauchspotential bestimmter Daten zu konzentrieren und nicht das Narrativ bedeutsamer „privater Daten" heranzuziehen. Sensible Daten sind schlicht solche, die auch „gegen die Interessen oder das Wohl der Geber:innen" verwendet werden können. In der Tat ist die Sorge um Diebstahl oder Missbrauch sensibler Daten nicht unberechtigt. So sorgten sogenannte „Datenpannen", bei denen sich Unbefugte Zugang zu sensiblen Datensätzen verschafften, in der jüngeren Vergangenheit immer wieder für Schlagzeilen. Befürchtete Konsequenzen des Diebstahls oder Missbrauchs sensibler Daten („data breach") reichen von der Stigmatisierung – ob durch das Bekanntwerden des Vorliegens einer Erkrankung oder eines bestimmten Lebensstils – bis hin zur Diskriminierung infolge der unrechtmäßigen Weitergabe und Nutzung dieser Daten in anderen Kontexten („function creep").

In diesem Zusammenhang kann zwischen verschiedenen Formen der moralisch problematischen Diskriminierung, verstanden als moralisch problematische Benachteiligung oder Schlechterstellung einer Person aufgrund gewisser, für die Sache irrelevanter Merkmale oder Eigenschaften, unterschieden werden. Bei der ersten Form handelt es sich um *direkte* Diskriminierung auf Grundlage individueller Daten. Ein Beispiel für diese Form der Diskriminierung wäre ein Szenario, in dem alle individuellen Gesundheitsdaten in einer Gesundheitscloud oder einer elektronischen Patient:innenakte gespeichert werden und nun unberechtigte Personen

---

[12] Diese Wandelbarkeit zeigt sich beispielsweise an der gegenwärtig weitgehend bestehenden Bereitschaft, Auskunft über Familienverhältnisse, Anzahl der im Haushalt lebenden Personen oder Einblicke in die eigene Wohnung zu geben. In ihrem Werk ziehen *Welzer* und *Pauen* in diesem Zusammenhang eine Parallele zu dem Phänomen der „shifting baselines", also der Veränderung der menschlichen Wahrnehmung parallel zur Veränderung der Umweltbedingungen. Analog hierzu kann im Kontext der Digitalisierung festgestellt werden, dass zwar keine klassischen Umweltbedingungen, wohl aber die Einführung des Internets die Wahrnehmung von Privatheits- oder Persönlichkeitsschutzrechten stark verändert hat, und es heute in der Tat als „normal" wahrgenommen wird, selbst Fremden online Einblicke in das eigene Leben zu geben, die vor wenigen Jahrzehnten als undenkbar betrachtet worden wären (vgl. *Welzer/Pauen* (Fn. 9), S. 224 f.).

oder Institutionen darauf zugreifen. Man denke hier an Unternehmen, die sich Zugang zu den betreffenden Gesundheitsdaten von Bewerber:innen verschaffen und so beispielsweise erfahren, dass eine Bewerberin eine Erkrankung wie Migräne hat und ihr die Stelle schließlich verwehrt wird, weil die Sorge besteht, dass die Migräne zu häufigen Krankmeldungen führen wird.[13] Ärztliche Schweigepflicht und lokale Speichermedien haben bisher gute Dienste geleistet, um solche Formen der Diskriminierung zu verhindern. Durch die Einführung cloudbasierter Lösungen sind nun jedoch mehr Parteien in die Verarbeitung und Nutzung der sensiblen Daten involviert womit selbstredend auch die Gefahren unrechtmäßiger Zugriffe und des Missbrauchs steigen.

Von dieser direkten Form der Diskriminierung ist die *strukturelle* Diskriminierung zu unterscheiden. Anders als die direkte Diskriminierung entsteht strukturelle Diskriminierung nicht durch den Zugriff auf sensible Daten einer Person, die zu ihrem Nachteil verwendet werden, sondern beispielsweise durch die Verwendung von Technologien, welche mit Datensätzen arbeiten, die nicht alle Personen oder Personengruppen repräsentieren, so dass die betreffenden Technologien im Rahmen der Gesundheitsversorgung nicht bei allen potentiellen Patient:innen erfolgreich Anwendung finden können. Diese Form der Diskriminierung ist nicht neu,[14] es besteht jedoch die Befürchtung, dass sie sich verschärfen könnte, je mehr sich Akteur:innen im Gesundheitswesen auf die vermeintliche „Neutralität von Technologien" (im Sinne einer Invarianz gegenüber unterschiedlichen Ausprägungen von Krankheitsmerkmalen in verschiedenen Personengruppen) verlassen. Man denke hier an Diagnostik-Tools oder Symptomdatenbanken, welche auf Datensätze zugreifen, in die nur die Daten bestimmter Personengruppen eingeflossen sind. Die Gefahr, die sich hieraus ergibt, ist, dass die Symptome einer nicht unerheblichen Gruppe der Bevölkerung nicht zugeordnet werden können und die betreffenden Menschen sprichwörtlich „durchs Raster fallen". Konkrete Beispiele für diese Form der Diskriminierung durch die Nutzung „unvollständiger", weil nicht die ganze Bandbreite der Bevölkerung repräsentierender Datenbanken wären K.I. basierte Diagnostik-Tools zur Erkennung von Hautkrebs, die jedoch nicht (ausreichend) für die Erkennung pathologischer Veränderung auf dunkler Haut trainiert wurden.[15]

---

[13] Fälle, in denen beispielsweise eine Migräne der Durchführung einer Tätigkeit tatsächlich im Weg stehen würde, wären somit nicht als Formen der zu verurteilenden Diskriminierung zu verstehen. Anders ausgedrückt muss nicht jede „nachteilige Behandlung" eines Individuums als moralisch problematische Form der Diskriminierung betrachtet werden.

[14] So scheinen Frauen, die einen Herzinfarkt erleben, häufiger fehldiagnostiziert zu werden als Männer, da sich die Lehrbücher bis heute weitgehend an den Symptomen männlicher Studienteilnehmer orientieren. Zum unterschiedlichen Erleben der Anzeichen und Symptome eines Herzinfarkts bei Frauen und Männern siehe Healthdirect Australia, Heart attack symptoms: men vs women, 2021.

[15] Siehe hierzu *Fraunhofer Gesellschaft*, Smartphone-App und KI-Software beschleunigen Erkennung von Hautkrebs, 2022; *Piotr Heller*, Hautkrebserkennung. Falscher Blick auf dunkle Hauttypen, 2018 sowie *Jyoti Madhusoodanan*, These apps say they can detect cancer. But are they only for white people?, 2021.

Die dritte Form der Diskriminierung ergibt sich daraus, dass einige Menschen beispielsweise aufgrund kognitiver Einschränkungen einige Technologien nicht in Anspruch nehmen können. In diesem Kontext wird häufig von einer *Ausweitung der digitalen Kluft* gesprochen, die ein Auseinanderdriften zwischen der Behandlung und den Möglichkeiten von Nutzer:innen und von Nicht-Nutzerinnen einiger Technologien beschreibt.

Die entscheidende Herausforderung, die es künftig zu überwinden gilt, besteht nun darin, diese Formen der Diskriminierung durch kluge, im Sinne vorausschauender und schadenssensitiver Design-Entscheidungen und Sicherheitsvorkehrungen zu verhindern. Im ersten Fall könnte dies im Wesentlichen durch die Verhinderung von Datenschutzverletzungen und Datenmissbrauch beispielsweise durch Anonymisierung und Pseudonymisierung und die Begrenzung oder gar das Verbot jeder Form der Sekundärnutzung der Daten in anderen Kontexten gewährleistet werden. Auch wenn selbst bei pseudonymisierten oder anonymisierten Daten stets ein gewisses Risiko der Reidentifizierung bestehen bleibt[16] und selbst der Diebstahl anonymisierter Datensätze ein gewisses Unbehagen für die Betroffenen mit sich bringen kann, sollte die Diskussion dieser Gefahren nicht den Blick auf den Nutzen der Verwendung der genannten Daten verstellen. Im Falle struktureller Diskriminierung könnten Qualitätsstandards für Datensätze erarbeitet werden und im dritten Fall könnte die Einführung bestimmter digitaler Lösungen auch von der Berücksichtigung und Verhinderung der Kosten beziehungsweise der negativen Nebenwirkungen für Nicht-Nutzerinnen – diese zählen zu den sogenannten „Externalities"[17] – abhängig gemacht werden.

Wie im vorangegangenen Abschnitt deutlich werden sollte, scheinen Verweise auf den „gläsernen Menschen" beziehungsweise „gläserne Patient:innen" oder den drohenden Verlust der Privatheit wenig überzeugend, um Monitoringprogramme zum Zwecke der Verbesserung der Wissenschaft und Gesundheitsversorgung von vornherein zu diskreditieren. Abgesehen von den genannten Problemen hinsichtlich der Bestimmung des Privatheitsbegriffs, bleibt zu klären, was an der Vorstellung einer zumindest in gewissen Hinsichten „gläsernen Patientin" derart bedrohlich wäre. Ein Vorteil des Teilens gesundheitsrelevanter Daten beziehungsweise der kontinuierlichen Übermittlung betreffender Daten an behandelnde Ärzt:innen wäre, dass die gegenwärtig bestehende „Informationsasymmetrie" zwischen Ärzt:innen und Patient:innen niederschwellig aufgelöst werden könnte. Diese Informationsasymmetrie besteht nicht darin, dass Ärzt:innen mehr Informationen oder Wissen in me-

---

[16] So ist eine Reidentifizierung von konkreten Personen auch bei pseudonymisierten oder anonymisierten Daten beispielsweise durch eine Kombination mit anderen Datensätzen, die einen konkreten Personenbezug erlauben, möglich. Siehe hierzu *Daniel Strech et al.*, Wissenschaftliches Gutachten. „Datenspende" – Bedarf für die Forschung, ethische Bewertung, rechtliche, informationstechnologische und organisatorische Rahmenbedingungen, 2020.

[17] „Externalities" beschreiben allgemein die Kosten und negativen Nebenwirkungen einer Anwendung oder Implementierung eines bestimmten Produkts, welche für Nicht-Nutzerinnen oder die Gesellschaft und nicht für das implementierende Unternehmen entstehen.

dizinischen Fragen haben als (die meisten) Patient:innen. Vielmehr geht es um das Phänomen, dass Ärzt:innen verpflichtet sind, Patient:innen stets mit allen Informationen zu versorgen, die sie brauchen, um zu entscheiden, ob sie eine bestimmte Therapie wünschen oder nicht, Patient:innen andererseits Ärzt:innen problemlos Informationen vorenthalten können, welche die Ärzt:innen eigentlich benötigen, um zu entscheiden, welche Therapie für die konkreten Patient:innen geeignet sind, oder um festzustellen, warum eine gewählte Therapie scheitert.

Vielversprechender als der Verweis auf die Bedeutung der Privatheit scheint nach dem hier Gesagten der Verweis auf die Gefahren des Missbrauchs sensibler Daten zu sein. Den Gefahren der Diskriminierung, welche sich durch den möglichen Missbrauch sensibler Daten ergeben können, kann jedoch wie weiter oben angedeutet durch kluge Design-Entscheidungen entgegengewirkt werden. So könnte Patient:innen beziehungsweise Datengeber:innen hier das Recht eingeräumt werden, über die „Eingriffstiefe" der Datensammlung, der Nutzung sowie der Eingriffe der Tools in ihren Alltag zu entscheiden. Dieser Gedanke wird im Folgenden Abschnitt nochmals aufgegriffen, doch könnten Datengeber:innen beispielsweise darüber entscheiden, für welche Zwecke die gesammelten Daten verwendet werden dürfen, ob sie beispielsweise von den genutzten Wearables „gewarnt" und zu angepasstem Verhalten aufgefordert werden wollen oder ob die Daten bloß gesammelt und erst später von Mediziner:innen ausgewertet werden sollen. Insgesamt scheinen die genannten Gefahren Monitoringprogrammen nicht inhärent zu sein, sondern schlicht vom Design der Programme abzuhängen, welches wiederum durch vorsichtiges Abwägen der drohenden Gefahren und möglichen Lösungsansätze im Vorfeld vorausschauend durchdacht werden kann. Abschließend ist nun noch die Frage zu klären, ob Monitoring und Datenspenden mit einem Verlust von Selbstbestimmung einhergehen.

2. Droht ein Verlust der Selbstbestimmung?

Auch wenn gewisse Dystopien, in denen Individuen in einer „Gesundheitsdiktatur" gegen ihren Willen zwangsgechippt werden und unrechtmäßiges Verhalten getrackt und bestraft wird, etwas anderes suggerieren, erscheint solch *direkter Zwang* zur Datensammlung und -weitergabe im vorliegenden Kontext unwahrscheinlich. Realistisch ist jedoch das Entstehen eines *indirekten Zwangs*, in Form von gesellschaftlichem beziehungsweise strukturellem Druck an genannten Programmen teilzunehmen. So könnte die Zustimmung zur Datensammlung und -weitergabe beispielsweise dann nicht mehr als freiwillig beziehungsweise als Akt der Selbstbestimmung verstanden werden, wenn manche Gesundheitsdienste nur noch für Datenspender:innen zur Verfügung stünden. Sollte es zu einer solchen Bedingtheit des Zugangs zu gewissen Gesundheitsdiensten kommen, ergibt sich in der Tat für Individuen ein Konflikt zwischen ihrem Recht beziehungsweise ihrer Freiheit zu selbstbestimmtem

Handeln und ihrem Recht auf Gesundheit.[18] Doch wie bereits angemerkt muss dies nicht zwingend der Fall sein. Denkbar wäre auch ein System, in dem der Zugang zu Gesundheitsdiensten nicht an die Teilnahme an einem Monitoringprogramm gekoppelt ist.

Abgesehen davon, dass die Entstehung von direktem oder indirektem Zwang letztlich von der Gestaltung des Systems abhängig und somit vermeidbar ist, zeigt sich an Bedenken wie diesen zum einen, dass das Recht auf Gesundheit[19] sehr häufig als *Anspruchsrecht* und nicht lediglich als *Abwehrrecht* fehlinterpretiert wird, und zum anderen, dass das Maß der Selbstbestimmung, welches Individuen in einem solidarisch finanzierten beziehungsweise gemeinsam getragenen Gesundheitssystem, in welchem man auch für die nachteiligen Auswirkungen unkluger Lebensentscheidungen auf die Gesundheit füreinander einsteht, hat, überschätzt wird.[20] Zwar kommt der Selbstbestimmung im Gesundheitskontext gemeinhin ein sehr hoher Stellenwert zu, doch scheint es aus ethischer Perspektive nicht unplausibel, potentielle Patient:innen in die Pflicht zu nehmen, zum Erhalt beziehungsweise der Verbesserung des Gesundheitssystems, von welchem sie profitieren, beizutragen. Anders ausgedrückt ließe sich fragen, ob das Recht auf Gesundheitsversorgung und das Recht vom wissenschaftlichen Fortschritt zu profitieren[21] im Rahmen eines solchen Gesundheitssystems nicht auch mit einer Pflicht einhergeht, zum Erhalt des Systems, welches die Möglichkeit der Sicherung der eigenen Rechte erst ermöglicht, beizutragen. In ähnlicher Weise argumentiert Norbert Hoerster im Zusammenhang mit der Frage nach der moralischen Verbindlichkeit von Rechtsnormen. Er begründet die Verpflichtung, Rechtsnormen einzuhalten, dadurch, dass zwar einzelne Rechtsverletzungen nicht gleich zum Untergang der Rechtsordnung führen würden, eine „vorgestellte *allgemeine* Praxis, das Recht zu brechen", jedoch sehr wohl problematische Folgen hätte. Er schreibt:

„Es gibt Unternehmen und Einrichtungen, an denen mehrere Individuen derart teilhaben, daß diese Einrichtungen für jedes der Individuen von Vorteil sind. Daher ist jeder der Beteiligten an ihrer Existenz interessiert und erwartet, daß das Nötige zu ihrer Aufrechterhaltung geschieht. Diese Aufrechterhaltung aber ist davon abhängig, daß die von der Einrich-

---

[18] Auch erscheint es problematisch, beispielsweise die Höhe des Versicherungsbeitrags von der Teilnahme an solchen Programmen abhängig zu machen. Für eine Analyse der juristischen Schwierigkeiten sogenannter „Pay-as-you-live"-Programme, siehe *Gabriele Buchholtz* und *Martin Scheffel-Kain* in diesem Band, S. 168–172.

[19] Vgl. Art. 25 AEMR.

[20] Verstanden als Anspruchsrecht wäre die Solidargemeinschaft im vorliegenden Kontext dazu verpflichtet, die Gesundheit der Rechtsträger:innen zu erhalten und beispielsweise den Zugang zu allen möglichen Behandlungen zu gewähren. Dass es sich bei dem Recht auf Gesundheit um ein Abwehrrecht handeln muss, zeigt sich nicht zuletzt daran, dass Individuen auch dem Prinzip der informierten Einwilligung zufolge lediglich das Recht haben, bestimmte Behandlungen aufgrund eigener Überzeugung *abzulehnen* und nicht jegliche Behandlungen *einzufordern*.

[21] Siehe Art. 27 Abs. 1 AEMR sowie Art. 15 Abs. 1 lit. b IPWSKR, UN-Doc A/RES/ 2200 A (XXI).

tung gemeinsam Begünstigten auch gemeinsam die (für jeden von ihnen geringer als die Vorteile wiegenden) Nachteile oder Kosten der Einrichtung tragen. Zwar ist nicht unbedingt eine Kooperation *aller* Begünstigten bei der Tragung der Lasten *erforderlich* [...], aber doch eine Kooperation der meisten. Das bedeutet: Jeder muß, um die Fortdauer der Einrichtung garantiert zu sehen, wollen und erwarten, daß zumindest die meisten Individuen der Gruppe sich nicht nur an den Vorteilen, sondern auch an den Lasten des gemeinsamen Unternehmens beteiligen."[22]

Dass Individuen, die vom Erhalt gewisser Systeme oder Einrichtungen profitieren, „ihren Beitrag" leisten sollen, sieht Hoerster letztlich in dem moralischen Prinzip der Gleichbehandlung, welches eine gerechte Verteilung sowohl des Nutzens als auch der Lasten erfordert, begründet.[23] Im Kontext eines gemeinsam finanzierten Gesundheitssystems könnte dieser Beitrag so aussehen, dass man hilft, das System – zum Beispiel durch eine Weitergabe gesammelter Daten[24] – zu verbessern, um somit zur Sicherung des Rechts auf Gesundheit beizutragen und langfristig mehr Menschen angemessen versorgen zu können.[25]

3. Freiwilligkeit vor Pflicht

Obwohl sich wie dargelegt eine moralische Pflicht zur Datensammlung und Weitergabe, die durchaus als Einschränkung individueller Selbstbestimmung gelesen werden kann, begründen ließe, scheint ein pragmatischer, auf die Freiwilligkeit der Datenweitergabe abzielender Ansatz vorzugswürdiger zu sein. Abgesehen davon, dass das Verhalten der Datengeber:innen durchaus Einfluss auf die Qualität der gesammelten Daten haben kann und Programme wie das hier angedachte ein gewisses Maß an Kooperationsbereitschaft und Sorgfalt auf Seiten der Teilnehmer:innen erfordern, würden jegliche (auch indirekte) Zwangsmaßnahmen oder gar eine gesetzliche Verpflichtung zur zweckgebundenen Datensammlung und -spende das gesellschaftliche Vertrauen sowohl in das Gesundheitssystem als auch die Wissenschaft sicherlich kompromittieren. Zielführender scheint es daher auf gezielte Aufklärung über die Zusammenhänge und Bedeutung der Daten für Forschung und Ge-

---

[22] Vgl. *Norbert Hoerste*r, Recht und Moral. Texte zur Rechtsphilosophie, 1987, S. 135.

[23] Ebd.

[24] Sofern die vorliegende Argumentation überzeugt und eine Pflicht zur Bereitstellung der eigenen Daten begründet werden kann, wäre der Begriff der „Daten*spende*" in diesem Zusammenhang unpassend. Zwar kann eine Weitergabe von Daten im vorliegenden Kontext durchaus freiwillig sein, doch handelt es sich bei einer Spende gemeinhin nicht um Zuwendungen, die aus einer Pflicht resultieren.

[25] Ein ähnlicher Gedanke findet sich in *Strech et al.* (Fn. 16): „Es kann deshalb als ein Gebot der Fairness bzw. Reziprozität beschrieben werden, wenn diejenigen, die gegenwärtig den Nutzen der ehemaligen medizinischen Forschung genießen, zukünftige Forschung ebenfalls unterstützen. Dies trifft insbesondere dann zu, wenn diese Forschung wie im Falle von [Datenspenden für Sekundärnutzung] mit hohen Nutzenpotenzialen und geringen Schadenspotenzialen verbunden ist." (vgl. *Strech et al.* (Fn. 16), S. 67).

sundheitsversorgung zu setzen und somit eine neue Form der Teilhabe zu etablieren, welche letztlich auch zum Erstarken des Solidaritätsgefühls führen könnte.[26]

Die moralische Legitimität und gesellschaftliche Akzeptanz von Monitoringprogrammen im Rahmen solidarisch getragener Gesundheitssysteme setzt jedoch nicht nur eine angemessene Aufklärung der freiwillig Teilnehmenden über den potentiellen Nutzen der gesammelten Daten für Wissenschaft und Gesundheitsversorgung voraus. Im Vorfeld gilt es auf Grundlage Design-bezogener Überlegungen zur Durchführung von Monitoringprogrammen Prinzipien zu formulieren, welche wiederum die Grundlage für die Entwicklung eines wertsensitiven Technologiedesigns oder gar einer „Design-Ethik" bilden könnten. Einige der genannten Überlegungen und Prinzipien sollen im Folgenden skizziert werden.

IV. Überlegungen zur Erarbeitung von Prinzipien wertsensitiven Technologiedesigns

Überprüfbare wissenschaftliche Angemessenheit und methodologische Alternativlosigkeit: Monitoringprogramme zum Zwecke der Erlangung individueller physiologischer Daten müssen wissenschaftlich zielführend und alternativlos sein. Ob der angestrebte Erkenntnisgewinn erzielt wurde oder nicht, muss rückwirkend evaluiert werden und kann als Maßstab für künftige, ähnlich strukturierte Programme herangezogen werden. Sollten weniger technische, im Hinblick auf die Qualität der erzielten Daten vergleichbare Alternativen bestehen, wären diese ggf. vorzuziehen (einfache Befragungen scheinen diese Bedingung nicht zu erfüllen).

Verifizierbare Zweckgebundenheit: Der oder die jeweiligen Zwecke der Sammlung und Nutzung welcher Daten (Metadaten eingeschlossen) müssen den Teilnehmenden im Vorfeld klar kommuniziert werden und durch eine abschließende Evaluierung bestätigt werden. Dies schließt nicht aus, dass über die Einrichtung einer Infrastruktur für die Sekundärnutzung der Daten, welche weiterhin die Zustimmung der Datengeber:innen erfordert, nachgedacht werden kann. Hier stellt sich beispielsweise die Frage, ob „nur die (lokalen) Wissenschaftler, die zur Erhebung und Speicherung der betreffenden Daten beigetragen haben, Zugang erhalten *oder alle (internationalen) Wissenschaftler* und evtl. auch private, kommerziell orientierte Unternehmen, die qualitativ hochwertige Forschungsprojekte mit hohem Erkenntnisgewinn für die Medizin bzw. Gesundheitsversorgung beantragen".[27]

Wahrung digitaler Selbstbestimmung: Um der Selbstbestimmung auch im digitalen Raum Rechnung zu tragen, sollte der Sammlung und Nutzung gesammelter Daten die Zustimmung der Datengeber:innen vorangehen. Eine praktische Frage,

---

[26] Nach dem hier Gesagten hätten letztlich sogar rationale Egoisten, verstanden als Individuen, die lediglich ihr eigenes Wohlergehen im Sinn haben und stets nach vernünftigen Wegen suchen, dieses zu befördern, Grund an Monitoringprogrammen zum Zwecke der Verbesserung der Wissenschaft und medizinischen Versorgung teilzunehmen.

[27] Vgl. *Strech et al.* (Fn. 16), S. 53.

die es hier zu beantworten gilt, lautet, welches Zustimmungsmodell am geeignetsten erscheint. Hier wäre zunächst zwischen zwei „Ebenen" der Zustimmungsermittlung zu unterscheiden. Auf der *ersten Ebene* geht es um die Frage, ob jemand *überhaupt* Daten sammeln und spenden möchte oder nicht. Die Zustimmung hierzu könnte im Rahmen eines „Opt-in"- oder eines „Opt-out"-Systems gegeben werden. Wenn eine Person ihre Zustimmung gegeben hat, dann wäre auf der *zweiten Ebene* zu ermitteln, wie weitreichend die Zustimmung ist beziehungsweise ob eine über die zu Beginn festgelegten Zwecke hinausgehende Nutzung möglich ist oder nicht. Hier kann unterschieden werden zwischen „broad consent" und „dynamic consent"-Modellen. Im ersten Fall geben Datengeber:innen vor der Sammlung ihre Zustimmung zur Nutzung in einem Allgemeinen Sinne wie „zu den Zwecken der medizinischen Forschung", aber nicht zu konkreten Forschungsprojekten. Im Rahmen von „dynamic consent"-Modellen (auch „Meta Consent" oder „Kaskadenmodell" genannt) entscheiden sie im Vorfeld über jede einzelne zukünftige Datennutzung.[28] Ganz gleich welches Modell auf welcher Ebene gewählt wird, ist es notwendig, dass Datengeber:innen die Möglichkeit eines Widerrufs der Einwilligung gegeben wird.[29]

Anonymität und Möglichkeiten der Reidentifizierung: Ob Daten anonym gesammelt werden oder nicht, hängt im Wesentlichen vom Zweck der Sammlung ab. Geht es um die Sammlung physiologischer Daten für die Wissenschaft scheint eine Anonymisierung beziehungsweise Kryptierung der Daten angeraten. Werden Daten im Rahmen einer therapeutischen Intervention gesammelt, scheint die Möglichkeit der Reidentifizierung oder gar eine offene Übermittlung der Daten an die behandelnden Mediziner:innen unumgänglich.

Anspruch auf vollständige Abdeckung der Bevölkerung: Um später diskriminierungsfrei genutzt werden zu können, sollten Daten quer durch die Gesellschaft erhoben werden. Nur so können die daraus entwickelten Datensätze alle potentiellen Patient:innen abdecken und diese von den neu gewonnen Erkenntnissen profitieren.[30]

Geringe Invasivität bei hoher technischer Funktionalität und Sicherheit: Die herangezogene Technik darf nicht invasiv auf den Körper oder den Alltag der Träger:innen einwirken. Sie muss zudem verlässlich funktionieren, hohe Datenqualität ge-

---

[28] Für eine Übersicht dieser Modelle siehe *Strech et al.* (Fn. 16) sowie Deutscher Ethikrat (Hrsg.), Big Data und Gesundheit, 2017. Für eine Kritik am vom Ethikrat empfohlenen „Kaskaden-Modell" siehe *Strech et al.* (Fn. 16), S. 63 ff. sowie AG Consent der Medizininformatik-Initiative (Hrsg.), Stellungnahme zu patientenindividueller Datennutzungstransparenz und Dynamic Consent, 2019.

[29] An dieser Stelle sei angemerkt, dass es im Einzelfall unmöglich zu sein scheint, Spender:innen „ihre Daten" zurückzugeben. Dies wäre beispielsweise dann der Fall, wenn die Daten zu Trainingszwecken einer K.I. eingesetzt wurden. Zwar mögen die gespendeten Daten – sofern eine Reidentifizierung möglich ist – aus den Datensätzen, die zum Training der K.I. eingesetzt wurden, gelöscht werden, nicht aber „aus der K.I." selbst.

[30] Nicht nur sollte sichergestellt sein, dass Daten von Individuen aus verschiedenen Alterskohorten und sozio-ökonomischen Hintergründen gesammelt werden. Um einen sogenannten „health bias" in den Datensätzen zu vermeiden, sollten idealerweise auch unterschiedlich gesundheitsförderliche Lebensstile abgedeckt werden.

währleisten, standardisiert und u. a. vor Hacking-Angriffen geschützt sein. Darüber hinaus sollte eine Fehler und Probleme transparent kommunizierende zentrale Meldestelle eingerichtet werden und die involvierten Hersteller umsichtig ausgewählt werden (diese sollten beispielsweise nicht in der privatwirtschaftlichen Entwicklung von Überwachungstechnologie involviert sein[31]).

Vermeidung sittenwidriger oder inadäquater Anreize für die Teilnahme an Monitoringprogrammen: Welche Anreize angemessen erscheinen hängt von gesellschaftlichen und kulturellen Gegebenheiten ab. Wie weiter oben beschrieben sollte der Zugang zur Gesundheitsversorgung jedoch beispielsweise nicht davon abhängen, ob Hilfe Suchende in Zeiten der Gesundheit Daten gespendet haben oder nicht.

Datensparsamkeit: Welche Daten im Rahmen der jeweiligen Programme gesammelt werden, hängt von den naturwissenschaftlichen oder gesellschaftlichen Zielen ab, die erlangt werden sollen. „Ausweitungsexzesse" beziehungsweise eine blinde Ausweitung der Sammlung von Daten, die irgendwann zur Verhinderung oder Vorbeugung von Krankheit relevant sein könnten, sollten vermieden werden.[32] Grundsätzlich sollte das Gebot der „Datensparsamkeit", das heißt der Eingrenzung auf ein Minimum von Daten oder gar der Verzicht auf die Sammlung bestimmter, sehr sensibler und somit missbrauchsgefährdeter Daten, gelten.

Dezentrale und unabhängige Sammelstellen: Aus Datenschutzgründen scheinen gegenwärtig dezentrale Sammelstellen zentralen Einrichtungen vorzuziehen zu sein. Als besonders problematisch wären Sammelstellen zu betrachten, die selbst finanziell von Einblicken in die Datensätze profitieren könnten, wie Versicherer oder gewisse privatwirtschaftliche Unternehmen.

Rechtliche Sicherheit: Die Frage nach der Haftung sowie möglichen Sanktionen und Kompensationsmechanismen im Falle von Verstößen gegen den Datenschutz, von Datendiebstahl oder von Datenmissbrauch muss geklärt sein.[33]

Berücksichtigung möglicher Nachteile für Nicht-Teilnehmer:innen: Wie bereits erwähnt setzt die Implementierung von Monitoringprogrammen eine umsichtige Abwägung möglicher „Externalities" im Sinne von Nachteilen für Nicht-Teilneh-

---

[31] Zu dieser Forderung im Zusammenhang mit der Nutzung von „Contact Tracing"-Apps im Rahmen der Covid-19 Pandemie siehe *Chaos Computer Club*, 10 Prüfsteine für die Beurteilung von „Contact Tracing"-Apps, Punkt 3, https://www.ccc.de/de/updates/2020/contact-tracing-requirements [Abruf: 18.07.2023].

[32] Zu den unterschiedlichen Anforderungen an die Rechtfertigung von *vorbeugenden* und *verhindernden* Maßnahmen im Rahmen der Debatte um Freiheitseinschränkungen während der Corona-Pandemie siehe *Oliver Hallich*, Verhindern oder Vorbeugen? Freiheitseinschränkungen in der Corona-Krise, in: Geert Keil/Romy Jaster (Hrsg.), Nachdenken über Corona. Philosophische Essays über die Pandemie und ihre Folgen, 2021, S. 59.

[33] Zu konkreten Vorschlägen hierzu siehe *Strech et al.* (Fn. 16), S. 58 f. Für eine kritische Auseinandersetzung mit der grundsätzlicheren Frage nach den Bedingungen der Verantwortungszuschreibung für Handlungen, die im medizinischen Kontext von zumindest funktionell autonom agierenden Systemen wie Operationsrobotern durchgeführt werden, siehe *Robert Ranisch* und *Joschka Haltaufderheide* in diesem Band, S. 217–237.

mer:innen voraus. Hiervon ausgenommen sind persönliche Nachteile, die sich notwendig aus der Verweigerung der Teilnahme im Rahmen einer Therapie ergeben. Wie bereits erwähnt kann der Einblick in physiologische Vorgänge den Behandlungs- oder Therapieerfolg durchaus beeinflussen. Ob Patient:innen die Kosten (Teilnahme an einem Monitoringprogramm) für den genannten Nutzen (Erhöhung der Wahrscheinlichkeit des Therapieerfolgs) auf sich nehmen möchten, muss das Ergebnis einer aufgeklärten, aber freiwilligen Entscheidung sein.

Befristung: Monitoringprogramme sollten aufgrund möglicher Schadenspotenziale in jedem Fall nur temporär eingesetzt werden. Neben der steigenden Möglichkeit von falsch positiven Ergebnissen („false positives")[34] und „Überdiagnosen"[35] wäre hier die Gefahr von negativen psychologischen Effekten für die Datengeber:innen zu nennen. So mag dauerhaftes Monitoring von physiologischen Daten Individuen dazu anregen, bessere (im Sinne von gesundheitsförderlichen) Verhaltensentscheidungen im Alltag zu treffen,[36] jedoch garantiert das Sammeln gesundheitsrelevanter Daten selbst keine Gesundheit. Gewisse Tools könnten Nutzer:innen in einer

---

[34] Per definitionem tritt ein falsch positives Ergebnis immer dann auf, wenn ein Algorithmus ein System dazu veranlasst, etwas (beispielsweise eine Zelle, ein Symptom einer Krankheit) in einem digitalen Bild zu zählen, das tatsächlich nicht vorhanden ist. Ein falsch negatives Ergebnis („false negative") tritt hingegen dann auf, wenn ein ähnlicher Algorithmus eine Struktur im Bild nicht erkennt, die tatsächlich vorhanden ist. Sowohl falsch positive als auch falsch negative Ergebnisse können schwerwiegende negative Auswirkungen auf einzelne Patient:innen haben (vgl. *Felicitas Krämer/Kees van Overveld/Martin Peterson,* Is there an Ethics of Algorithms?, Ethics and Information Technology 13 (2011), S. 254 f.). Aus philosophischer Perspektive ist nun besonders interessant, dass es sich bei der Entscheidung, ob ein Diagnose-Tool eher zu falsch positiven oder zu falsch negativen Ergebnissen neigt, bereits um eine Wertentscheidung handelt. Die entscheidende Frage, die sich an dieser Stelle stellt, lautet, ob beispielsweise die Programmierer:innen entscheiden sollten, ob ein solcher Algorithmus mehr falsch positive oder falsch negative Ergebnisse liefert oder jemand anders. *Krämer et al.* betonen, dass Softwaredesigner:innen solche ethischen Entscheidungen den Benutzer:innen überlassen sollten, indem sie beispielsweise einen externen Schalter implementieren, um zwischen der Präferenz für falsch positive Ergebnisse oder der Präferenz für falsch negative Ergebnisse zu wählen. Siehe hierzu *Kraemer et al.*, S. 259.

[35] Von einer „Überdiagnose" wird dann gesprochen, wenn pathologische Befunde nie symptomatisch geworden wären, die betroffene Person sich nach der Diagnose jedoch riskanten oder belastenden Therapien unterzieht. Häufig werden Zufalls- oder Zusatzbefunde (die sich eben auch als Überdiagnosen herausstellen können) als positiver Nebeneffekt des Monitorings genannt, jedoch können diese Befunde wie im Falle der Überdiagnose weitere Probleme aufwerfen. Zu diesen Problemen siehe *Strech et al.* (Fn. 16), S. 59 f. und 74 ff. sowie *Rita K. Schmutzler/Stefan Huster/Jürgen Wasem/Peter Dabrock,* Risikoprädiktion: vom Umgang mit dem Krankheitsrisiko, Deutsches Ärzteblatt 115 (2015), S. 910–913.

[36] Ob die auf dem gegenwärtigen Konsumentenmarkt zur Verfügung stehenden Wearables, welche häufig mit persuasiven Technologien – also Technologien, die Nutzer:innen beispielsweise durch Gamifizierung bestimmter Aktivitäten oder gewisse Belohnungsmechanismen anregen sollen oder „nudgen", die besagten Technologien noch mehr zu nutzen – arbeiten, nicht bereits als Eingriffe in die Selbstbestimmung gewertet werden können, sei an dieser Stelle offengelassen.

falschen Sicherheit wiegen oder gar zu „Entfremdung", verschlechterter Selbsteinschätzung und zwanghaftem Verhalten führen.[37]

V. Fazit

Obwohl der Gesundheit gemeinhin ein hoher Stellenwert zugesprochen wird, scheint insbesondere die Digitalisierung des Gesundheitswesens zu Konflikten mit anderen Werten wie der Privatheit, der Selbstbestimmung und der Solidarität zu führen. Der vorliegende Beitrag widmete sich der Frage, ob bestimmte Monitoringprogramme, die der Sammlung und Nutzung physiologischer Daten gesunder und kranker Individuen dienen, zu einem Konflikt zwischen Gesundheit und Privatheit, Selbstbestimmung und Solidarität führen beziehungsweise ob ein Verweis auf Privatheit, Selbstbestimmung und Solidarität ausreicht, um die Forderung nach der Teilnahme an solchen Programmen moralisch fragwürdig werden zu lassen.

Es konnte gezeigt werden, dass der Verweis auf die Privatheit zwar wenig hilfreich ist, um die Illegitimität solcher Programme zu begründen, dass es sich bei den gesammelten Daten jedoch durchaus um *sensible* Daten handelt, die aufgrund des hohen Schadenspotentials, welches ihre missbräuchliche Nutzung für die Datengeber:innen mit sich bringen kann, eines besonderen Schutzes bedürfen. Und obwohl die Selbstbestimmung insbesondere im Gesundheitskontext eine bedeutende Rolle spielt, konnte gezeigt werden, dass sich zumindest aus moralphilosophischer Perspektive für Individuen, die im Zweifelsfall von einem gemeinsam getragenen Gesundheitssystem profitieren, durchaus eine Pflicht zur Partizipation an einem Monitoringprogramm zum Zwecke der Verbesserung der Forschung und Wissenschaft und somit zur Verbesserung der gesundheitlichen Versorgung, begründen ließe. Aufgrund der negativen Auswirkung, die eine solche Verpflichtung in der Praxis auf das Vertrauen in das Gesundheitssystem und die Wissenschaft haben könnte, scheint letztlich ein pragmatischer Ansatz der Freiwilligkeit durch Aufklärung über die Bedeutung, den Nutzen und den Beitrag dieser Form der Partizipation für das Funktionieren des Systems vorzugswürdiger. Auch wenn die hier diskutierten Gefahren der Diskriminierung und Stigmatisierung, welche sich aus dem Monitoring, aber insbesondere der Nutzung der gesammelten Daten für die Datengeber:innen ergeben können, ernst zu nehmen sind, sollte deutlich werden, dass diese Gefahren weder absolut noch unabwendbar sind.

Ähnlich wie in anderen Kontexten sind Romantisierungen des gegenwärtigen Zustands oder „Exzesse des Misstrauens"[38] gegenüber neuen Technologien wenig ziel-

---

[37] So konnten nicht nur bei gesunden Nutzer:innen negative psychologische Effekte festgestellt worden, sondern auch bei kranken. Siehe hierzu *Maurice J. O'Kane*, Efficacy of self monitoring of blood glucose in patients with newly diagnosed type 2 diabetes (ESMON study), 2008.
[38] Vgl. *Christian Budnik*, Vertrauensbeziehungen. Normativität und Dynamik eines interpersonalen Phänomens, Berlin/Boston 2021.

führend. Medizinische Versorgung befindet sich seit jeher in einem stetigen Wandel und so scheint die Digitalisierung – ebenso wie die Abkehr von ehemals etablierten Denkmustern oder Behandlungsansätzen – Teil dieses Prozesses zu sein. Die Kernfrage, die es heute zu beantworten gilt, lautet also nicht, ob Digitalisierung stattfinden darf, sondern vielmehr, ob im Rahmen der Digitalisierung zentrale Werte in negativer Weise tangiert werden und wie dem beispielsweise durch kluge Designentscheidungen beziehungsweise ein wertesensibles Design der Technologien entgegengewirkt werden kann.

Literatur

Haring, Robin (Hrsg.): Gesundheit digital: Perspektiven zur Digitalisierung im Gesundheitswesen, Berlin 2018.

Heinemann, Stefan/*Matusiewicz*, David: Digitalisierung und Ethik in Medizin und Gesundheitswesen. Berlin 2020.

Hoerster, Norbert: Recht und Moral. Texte zur Rechtsphilosophie, Stuttgart 1987.

Krämer, Felicitas/*van Overveld*, Kees/*Peterson*, Martin: Is there an Ethics of Algorithms?, Ethics and Information Technology 2011, Vol. 13, S. 251.

Rössler, Beate: Der Wert des Privaten. Berlin 2001.

Strech, Daniel et al.: Wissenschaftliches Gutachten. „Datenspende" – Bedarf für die Forschung, ethische Bewertung, rechtliche, informationstechnologische und organisatorische Rahmenbedingungen. Erstellt für das Bundesministerium für Gesundheit, 2020, unter https://www.bundesgesundheitsministerium.de/fileadmin/Dateien/5_Publikationen/Ministerium/Berichte/Gutachten_Datenspende.pdf [zuletzt aufgerufen am 22.09.2022].

D. Haftung und Verantwortung

Haftungsrechtliche Rahmenbedingungen der Digitalisierung des Gesundheitswesens

Von *Christian Katzenmeier**

I. Digitalisierung des Gesundheitswesens – Chancen und Risiken

Die Digitalisierung des Gesundheitswesens verspricht eine bessere individuelle Gesundheitsversorgung durch neue Möglichkeiten der Diagnose und Therapie, der Prävention und der Prädiktion von Krankheiten. Sie kann durch Assistenzsysteme bei der Erledigung von Alltagsaufgaben, gesteuert und ins Werk gesetzt durch Künstliche Intelligenz (KI) und Robotik, zu einem längeren selbstbestimmten Leben beitragen und verspricht überdies eine Entlastung der Ärzteschaft und der Pflege.[1]

Gerade in der Medizin besteht trotz aller Fortschritte und Verheißungen verbreitet Unbehagen gegenüber Robotik, die eine Enthumanisierung von Krankenversorgung und Pflege befördern kann, und gegenüber algorithmischer Entscheidungsfindung (ADM).[2] Aufgrund potentiell undurchsichtiger Entscheidungskriterien werden Befürchtungen geäußert, ihr Einsatz fördere Machtmissbrauch und Manipulation im Gesundheitswesen.[3] Deutlich werden die durch Digitalisierung ausgelösten Konfliktlinien zwischen Innovation, medizinischem Fortschritt und technischer Machbarkeit einerseits und individuellen Rechtsgütern, objektiven Wertprinzipien sowie ethischen Grundprinzipien andererseits.[4]

Der geringe Einfluss des Menschen auf die konkrete Entscheidung autonomer Systeme[5] wirft die Frage auf, wer für Schädigungen bei deren Einsatz haftbar ge-

---

* Gekürzte und aktualisierte Fassung des in MedR 2021, S. 859 publizierten Aufsatzes.

[1] *Christian Katzenmeier*, Big Data, E-Health, M-Health, KI und Robotik in der Medizin, MedR 2019, S. 259; Anwendungsbeispiele bei *ders.*, KI in der Medizin – Haftungsfragen, MedR 2021, S. 859.

[2] Vgl. *Viktoria Grzymek/Michael Puntschuh*, Was Europa über Algorithmen weiß und denkt – Ergebnisse einer repräsentativen Bevölkerungsumfrage, 2019, S. 7, 27.

[3] Deutscher Ethikrat (Hrsg.), Big Data und Gesundheit, 2017, S. 18 f.: „großes Missbrauchspotenzial".

[4] *Katzenmeier*, Big Data (Fn. 1), S. 268 f.; zu rechtlichen Implikationen der Nachvollziehbarkeit von KI-Anwendungen (Explainable AI) in der Medizin s. *Stefanie Hänold/Nelli Schlee/Dario Antweiler/Katharina Beckh*, Die Nachvollziehbarkeit von KI-Anwendungen in der Medizin, MedR 2021, S. 516.

[5] Gemeint ist nicht personale menschliche Autonomie, sondern ein Minimalbegriff der technischen Autonomie, insbesondere im haftungsrechtlichen Kontext, näher *Gunther Teub-*

macht werden kann.⁶ Das *Autonomierisiko* gilt es rechtlich zu klären, auch wenn aktuell in der Medizin noch kaum autonome Systeme im Einsatz sind, die Schäden unmittelbar verursachen – wie dies im Straßenverkehr bei selbstfahrenden Kfz der Fall ist. Vielmehr setzen in aller Regel Menschen die Entscheidungen der KI um und führen die medizinische Behandlung durch.⁷ Die spezifischen Risiken dieser Systeme, ihre *Autonomie*, die *Vernetzung* und die *geringe Transparenz* der Abläufe stellen die Belastbarkeit des geltenden Rechts auf die Probe.⁸

II. Haftung de lege lata

Für Schäden infolge des Einsatzes von KI, Robotik und Digitalisierung im Gesundheitswesen gibt es bislang keine speziellen Vorschriften zur Haftung.⁹ Sie unterliegen damit den allgemeinen Haftungsnormen. Bei der Analyse und Bewertung dürfen menschliches Handeln und Maschinenhandeln nicht unreflektiert gleichgesetzt werden.¹⁰ Das autonome System ist nicht lediglich Werkzeug in der Hand des Anwenders.¹¹ Es geht darum, *das Fehlverhalten des Systems* in „seiner" Entscheidungssituation zu erfassen und zu würdigen.¹²

---

ner, Digitale Rechtssubjekte?, AcP 218 (2018), S. 155 (173); *Gerhard Wagner*, Verantwortlichkeit im Zeichen digitaler Technik, VersR 2020, S. 717 (720); *Gerald Spindler*, Medizin und IT, insbesondere Arzthaftungs- und IT-Sicherheitsrecht, in: FS Hart, 2020, S. 581 (583).

⁶ Mit zunehmender Autonomie kann sich auch die Frage des Arztvorbehalts stellen, § 1 HPG.

⁷ Der bis zum Jahr 2004 eingesetzte computergestützte Operationsroboter *Robodoc* (zu Haftungsfragen s. BGHZ 168, 103 m. Anm. *Katzenmeier*, Aufklärung über neue medizinische Behandlungsmethoden – „Robodoc", NJW 2006, S. 2738) war kein autonomes System. Auch bei dem roboter-assistierten Chirurgiesystem *Da Vinci* handelt es sich (noch) lediglich um ein automatisiertes System (Berichte über Zwischenfälle unter https://de.wikipedia.org/wiki/Da-Vinci-Operationssystem). Im Jahr 2022 aber hat der *Smart Tissue Autonomous Robot (STAR)* erstmals eine laparoskopische Operation ohne menschliche Hilfe durchgeführt, https://www.science.org/doi/10.1126/scirobotics.abj2908.

⁸ *Teubner* (Fn. 5), S. 164; s. auch *Spindler*, Digitale Wirtschaft – analoges Recht: Braucht das BGB ein Update?, JZ 2016, S. 805 (816); *Renate Schaub*, Interaktion von Mensch und Maschine, JZ 2017, S. 342 (346); Datenethikkommission (Hrsg.), Gutachten, 2019, S. 219 ff.; *Wagner* (Fn. 5), S. 734; *Luisa Mühlböck/Jochen Taupitz*, Haftung für Schäden durch KI in der Medizin, AcP 221 (2021), S. 179 (210); monographisch *Meik Thöne*, Autonome Systeme und deliktische Haftung, 2020; *Dimitrios Linardatos*, Autonome und vernetzte Aktanten im Zivilrecht, 2021; *Tobias Voigt*, Produkthaftung, 2024 (im Erscheinen).

⁹ Solche sehen auch europäische Reformprojekte nicht vor, so etwa der Entwurf eines *Artificial Intelligence Acts* der *EU-Kommission* v. 21.4.2021, COM (2021) 206 final, dazu *Spindler*, Der Vorschlag der EU-Kommission für eine Verordnung zur Regulierung der Künstlichen Intelligenz (KI-VO-E), CR 2021, S. 361 ff.; auch der darauf aufbauende Vorschlag für eine Richtlinie zur Anpassung der Vorschriften über außervertragliche zivilrechtliche Haftung an künstliche Intelligenz vom 28.9.2022, COM (2022) 496 final enthält keine neue Haftungsgrundlage, dazu *Wagner*, Produkthaftung für das digitale Zeitalter, JZ 2023, S. 1.

¹⁰ *Wagner* (Fn. 5), S. 724.

¹¹ Kritisch zu dieser noch vorherrschenden Ansicht *Teubner* (Fn. 5), S. 156 ff.

1. Haftung des Anwenders

a) Haftung aus Vertrag

Der Anwender – in der Medizin Arzt oder Krankenhausträger – haftet bei einem wirksam geschlossenen Behandlungsvertrag für Pflichtverletzungen gemäß §§ 630a, 280 Abs. 1 BGB.

aa) Eigene Pflichten des Arztes/Krankenhausträgers

(1) Zum Schutz des Patienten trifft den Behandelnden ein strenges Pflichtenprogramm, das neben der zentralen *Pflicht zu kunstgerechter Behandlung* auch *Organisationspflichten* zur Gewährleistung der Patientensicherheit umfasst.[13] Beim Einsatz technischer Geräte gelten hohe Anforderungen an Sicherheits- und Kontrollvorkehrungen. Von dem Arzt/Krankenhausträger wird erwartet, dass er stets Apparate verwendet, die dem Erkenntnisstand der medizinischen Wissenschaft entsprechen, dass er diese regelmäßig durch Fachpersonal warten lässt, dass er sich im Umgang mit den modernen Techniken schult und fortbildet, dass er die Bedienungsanweisungen genau beachtet und befolgt und dass er das ordnungsgemäße Funktionieren der Apparate fortlaufend überwacht.[14]

Die Pflicht des Behandelnden, Geräte so einzusetzen, dass Schäden durch ihren Umgang möglichst vermieden werden, intensiviert sich aufgrund der Risiken der Digitalisierung, insbesondere der Unvorhersehbarkeit von KI erheblich.[15] Gleichwohl übernimmt er keine Garantie für das fehlerfreie Funktionieren der von ihm eingesetzten medizinisch-technischen Apparate.[16] Erst recht ist der Einsatz eines den genannten Anforderungen genügenden autonomen Systems *nicht per se pflichtwidrig.*[17]

---

[12] *Teubner* (Fn. 5), S. 155 f., 170 ff., 192 f., 204; *Wagner* (Fn. 5), S. 724, s. auch 726. Das wird immer wieder verkannt oder in Abrede gestellt, vgl. etwa diverse Diskussionsbeiträge auf dem Karlsruher Forum 2020, wiedergegeben bei *Nikklas-Jens Biller-Bomhardt/Fabian Alexander Kunz*, Karlsruher Forum 2020 über die Verantwortlichkeit im Zeichen digitaler Technik, VersR 2020, S. 755 (759 ff.).

[13] Vgl. allg. *Katzenmeier*, in: Adolf Laufs/Christian Katzenmeier/Volker Lipp (Hrsg.), Arztrecht, 8. Aufl. 2021, Kap. X Rn. 3 f. und 41 ff.

[14] Auch zu den aus § 3 MPBetreibV folgenden Pflichten des Betreibers eines Medizinprodukts *Spindler* (Fn. 5), S. 586 ff.; weitere Nachweise bei *Katzenmeier* (Fn. 13), Kap. XI Rn. 126; Hinweis von *Dieter Hart*, Haftungsrecht und Standardbildung in der modernen Medizin: e:med und Probleme der Definition des Standards, MedR 2016, S. 669 (675): „Haftungsrechtlich wird sich Verantwortlichkeit für intra- und inter-/multidisziplinäre und teletechnologische Zusammenarbeit eher als Organisationshaftung und als Haftung für die Qualität und Sicherheit von Therapieprogrammen darstellen. Behandlungsfehler werden eher zu Programmanwendungsfehlern".

[15] *Spindler* (Fn. 5), S. 588; *ders.*, in: Beate Gsell/Wolfgang Krüger/Stephan Lorenz/Christoph Reymann (Hrsg.), Beck-OGK-BGB, Stand: 1.12.2023, § 823 Rn. 1087; *Wagner*, zit. nach *Biller-Bomhardt/Kunz* (Fn. 12), S. 761.

[16] Der Mediziner ist „kein Techniker im Arztkittel", *Dieter Giesen*, Arzthaftungsrecht im Umbruch, JZ 1982, S. 345 (349); *Katzenmeier* (Fn. 13), Kap. XI Rn. 127.

Auch greift die Fehlervermutung des § 630h Abs. 1 BGB nicht, denn dafür reicht es nicht aus, dass der Einsatz des Systems als solcher beherrschbar ist, vielmehr ist die volle Beherrschbarkeit des Systems in der konkreten Situation erforderlich, angesichts dessen Autonomie aber nicht gegeben.[18] Nur im Falle eines für den Behandelnden vermeidbaren Versagens der Geräte greift die Vermutung, dass die Pflicht zur Gewährleistung entsprechender Sicherheit nicht genügend beachtet worden ist.[19]

(2) Neben der Pflicht zu sorgfältiger Behandlung kann die *Aufklärungspflicht* nach § 630e BGB haftungsrelevant werden.[20] Eine Aufklärung des Patienten *durch KI* wäre arztentlastend, ist aber nicht statthaft, § 630e Abs. 2 S. 1 Nr. 1 BGB.[21] Im Zuge der Digitalisierung aufkommende neue Behandlungsmethoden erfordern gemäß § 630e Abs. 1 S. 3 BGB eine besondere Aufklärung über *Behandlungsalternativen*. Will der Arzt vom medizinischen Standard abweichen und eine neue, noch *nicht allgemein eingeführte Methode* mit noch nicht abschließend geklärten Risiken anwenden, muss er den Patienten darüber aufklären, dass es sich um eine neue Methode handelt, die noch nicht lange praktiziert wird, deren Wirksamkeit statistisch noch nicht abgesichert ist und bei der *unbekannte Risiken* nicht auszuschließen sind. Der Patient muss in die Lage versetzt werden, sorgfältig abzuwägen, ob er sich nach der herkömmlichen Methode mit bekannten Risiken behandeln lassen möchte oder nach der neuen Methode unter besonderer Berücksichtigung der in Aussicht gestellten Vorteile und der noch nicht in jeder Hinsicht bekannten Gefahren.[22] Solange der Einsatz von KI eine neue Methode darstellt, ist über diesen Umstand aufzuklären[23] und über damit verbundene, auch unbekannte Risiken.[24]

---

[17] Es kann der Verzicht auf den Einsatz verfügbarer KI rechtfertigungsbedürftig sein, nämlich wenn diese höhere Sicherheit bietet als menschliches Handeln, *Taupitz*, Medizinische Informationstechnologie, leitliniengerechte Medizin und Haftung des Arztes, AcP 211 (2011), S. 352 (386); *Katzenmeier*, Big Data (Fn. 1), S. 268. Gegenläufige Stimmen (etwa *Herbert Zech*, Entscheidungen digitaler autonomer Systeme – Gutachten A zum 73. DJT, 2020, S. 55) erheben die Autonomie des Systems zum Haftungsgrund des Anwenders. Das aber verträgt sich nicht mit dem geltenden Verschuldensprinzip, liegt bei einem unerkennbaren Fehler des autonomen Systems doch keine Sorgfaltspflichtverletzung des Anwenders im Sinne der §§ 630a Abs. 2, 276 BGB vor.

[18] *Spindler* (Fn. 5), S. 594; *ders.* (Fn. 15), § 823 Rn. 1089; a.A. *Oliver Brand*, Haftung und Versicherung beim Einsatz von Robotik in Medizin und Pflege, MedR 2019, S. 943 (950).

[19] *Wagner*, in: Franz Jürgen Säcker/Roland Rixecker/Hartmut Oetker/Bettina Limperg (Hrsg.), MüKo-BGB, 9. Aufl. 2024, § 630h Rn. 26.

[20] Näher *Katzenmeier* (Fn. 13), Kap. V Rn. 26 ff.

[21] Zum Aufklärungspflichtigen vgl. *Katzenmeier* (Fn. 13), Kap. V Rn. 46 ff.; zur Delegation der Aufklärung *Katzenmeier/Claudia Achterfeld*, Delegation der Selbstbestimmungsaufklärung, in: FS Bergmann, 2016, S. 89.

[22] BGHZ 168, 103 m. Anm. *Katzenmeier* (Fn. 7); zur Rspr. *Marcus Vogeler*, Die Haftung des Arztes bei der Anwendung neuartiger und umstrittener Heilmethoden nach der neuen Rechtsprechung des BGH, MedR 2008, S. 697 (704 ff.); s. aus jüngerer Zeit BGH NJW 2020, S. 1358 (1360) = MedR 2020, S. 379 (381) m. Anm. *Christoph Jansen*.

[23] *Spindler* (Fn. 5), S. 592; *Susanne Beck*, Zum Einsatz von Robotern im Palliativ- und Hospizbereich, MedR 2018, S. 772 (776).

bb) Zurechnung des Verhaltens „digitaler Erfüllungsgehilfen"?

Autonome Systeme werden im Schrifttum teilweise als *digitale Erfüllungsgehilfen* qualifiziert und ihr Fehlverhalten dem Vertragsschuldner mit haftungsbegründender Wirkung analog § 278 BGB zugerechnet.[25] So soll die gleiche Risikoverteilung wie beim Einsatz menschlicher Hilfspersonen zu erzielen sein.[26] Dagegen spricht, dass es sich bei KI-Systemen trotz ihrer Künstlichen Intelligenz und Autonomie um nicht rechtsfähige technische Einrichtungen handelt.[27] Ungeachtet dessen bleibt maßgeblich, dass autonomen Systemen *kein Verschuldensvorwurf* gemacht werden kann.[28] Der Arzt haftet nach Vertragsrecht also für eigene Pflichtverletzungen beim Einsatz von KI, nicht aber wird ihm ein Fehlverhalten des autonomen Systems zugerechnet.

b) Außervertragliche Haftung

aa) Delikt und Verkehrspflichten

Die Sorgfaltsgebote des Deliktsrechts bei der Haftung nach § 823 Abs. 1 BGB sind verbunden mit dem Begriff der Verkehrspflichten, andere nicht mehr als unvermeidbar zu gefährden.[29] Inhaltlich sind die Verkehrspflichten bei der Arzthaftung weitestgehend deckungsgleich mit den vertraglichen Behandlungs- und Aufklärungspflichten.[30] Wie bei der vertraglichen gilt auch bei der deliktischen Haftung, dass der Einsatz eines autonomen Systems *nicht per se pflichtwidrig* ist, also auch keine Haftung gemäß § 823 Abs. 1 BGB begründet.

---

[24] Offen ist, ob und inwieweit nach Etablierung von KI als Standardmethode über das weiterhin bestehende *Autonomierisiko* aufzuklären ist. Soweit es sich dabei um einen für die Entscheidungsfreiheit und damit das Selbstbestimmungsrecht des Patienten relevanten Umstand handelt, ist er darüber in Kenntnis zu setzen.

[25] *Teubner* (Fn. 5), S. 186 ff.; *Jan-Erik Schirmer*, Rechtsfähige Roboter?, JZ 2016, S. 660 (664 f.); bei vollständig autonomen Systemen *Philipp Hacker*, Verhaltens- und Wissenszurechnung beim Einsatz von Künstlicher Intelligenz, RW 2018, S. 243 (251 ff.); bzgl. Maschinen und Automaten s. bereits *Karl Spiro*, Die Haftung für Erfüllungsgehilfen, 1984, S. 211; vgl. auch 73. DJT, Bonn 2022, Abt. Zivilrecht, Beschluss Nr. 8.

[26] Dahinter steht der Gedanke, dass Anwender, die digitale Systeme einsetzen, nicht privilegiert werden sollen gegenüber denen, die Menschen beschäftigen, s. *Teubner* (Fn. 5), S. 188; *Zech* (Fn. 17), S. 76.

[27] Mangels Rechtsfähigkeit können KI-Systeme nicht Träger von Rechten und Pflichten und somit auch nicht Normadressat sein, *Stefan Klingbeil*, Schuldnerhaftung für Roboterversagen, JZ 2019, S. 718 (719); *Spindler* (Fn. 5), S. 585. Ohne Zurechnungssubjekt aber scheitern die Zurechnungsmechanik des § 278 BGB wie auch eine Analogie, vgl. *Brand* (Fn. 18), S. 950; *Mühlböck/Taupitz* (Fn. 8), S. 198.

[28] Trotz Objektivierung der Fahrlässigkeit umfasst ein solcher immer auch eine subjektive Komponente, vgl. *Schaub* (Fn. 8), S. 343; *Mühlböck/Taupitz* (Fn. 8), S. 198, 200.

[29] *Christian von Bar*, Verkehrspflichten, 1980; *Katzenmeier*, in: Barbara Dauner-Lieb/Werner Langen (Hrsg.), NK-BGB, Bd. 2, 4. Aufl. 2021, § 823 Rn. 124 ff. m.w.N.

[30] *Katzenmeier* (Fn. 13), Kap X Rn. 2 u. XI Rn. 63.

bb) Digitale Verrichtungsgehilfen

In Betracht zu ziehen ist aber eine Haftung analog § 831 BGB. Derjenige, der einen anderen zu einer Verrichtung bestellt, ist nach § 831 Abs. 1 S. 1 BGB zum Ersatz des Schadens verpflichtet, den der andere einem Dritten widerrechtlich zufügt. Voraussetzung ist lediglich, dass der Gehilfe tatbestandsmäßig und rechtswidrig im Sinne der §§ 823 ff. BGB gehandelt hat. Auf ein Verschulden des Verrichtungsgehilfen kommt es nach dem Wortlaut der Norm nicht an.[31]

Aufgrund ihrer derzeitigen kognitiven Fähigkeiten wird autonomen Systemen von Seiten der Informationsphilosophie zwar (noch) keine *responsability* im Vollsinn zugesprochen, jedoch eine *accountability*. In die juristische Dogmatik übersetzt, können sie zwar nicht schuldhaft im Sinne subjektiver Vorwerfbarkeit, immerhin aber doch rechtswidrig handeln.[32] Sie lassen sich als *maschinelle Verrichtungsgehilfen* qualifizieren.[33]

Allerdings erweist sich die in § 831 Abs. 1 S. 2 BGB vorgesehene *Exkulpationsmöglichkeit* des Geschäftsherrn gerade beim Einsatz autonomer Systeme als Schwachstelle. Da der Anwender das Verhalten des autonomen digitalen Systems nicht beeinflussen kann, wird er sich zumeist darauf berufen können, dass er seine Pflichten erfüllt hat (oder dass der Schaden unabhängig davon eingetreten ist). Der Entlastungsbeweis wird ihm also regelmäßig gelingen.[34]

cc) Haftung als Halter „digitaler Tiere"?

Eine Erstreckung der Gefährdungshaftung des § 833 S. 1 BGB auf die „*digitale Gefahr*"[35] ist im Analogiewege angesichts des im deutschen Recht geltenden Enumerationsprinzips nicht statthaft.[36] Gegen eine an sich mögliche Analogie zu der Haftung für vermutetes Verschulden für Nutztiere gemäß § 833 S. 2 BGB spricht weiter,

---

[31] Vorbild der Haftung nach § 831 BGB ist auch die römisch-rechtliche Noxalhaftung des *pater familias* für seinen Sklaven, dem es – wie dem autonomen System – an Rechtsfähigkeit fehlte, *Falk Bernau*, in: Julius von Staudinger (Begr.), BGB, Buch 2, Neubearb. 2022, § 831 Rn. 1.

[32] *Teubner* (Fn. 5), S. 188; a.A. *Schaub* (Fn. 8), S. 344; *Brand* (Fn. 18), S. 949.

[33] *Thomas Riehm*, Von Drohnen, Google-Cars und Software-Agenten, ITRB 2014, S. 113 (114); *Michael Denga*, Deliktische Haftung für künstliche Intelligenz, CR 2018, S. 69 (74 ff.); *Hacker* (Fn. 25), S. 265 ff.; *Spindler* (Fn. 5), S. 596; so auch 73. DJT, Bonn 2022, Abt. Zivilrecht, Beschlüsse Nr. 9–11; mangels Rechtssubjektivität von KI zweifelnd *Voigt* (Fn. 8), § 5 C. IV. 1. b).

[34] *Hacker* (Fn. 25), S. 266; *Wagner* (Fn. 5), S. 730; s. aber auch *Spindler* (Fn. 5), S. 596.

[35] Dafür *Susanne Horner/Markus Kaulartz*, Haftung 4.0, InTer 2016, S. 22 (24); *Georg Borges*, Rechtliche Rahmenbedingungen für autonome Systeme, NJW 2018, S. 977 (981); *Riehm/Stanislaus Meier*, Künstliche Intelligenz im Zivilrecht, in: Veronika Fischer/Peter Hoppen/Jörg Wimmers (Hrsg.), DGRI Jahrbuch, 2018, Rn. 25.

[36] Eine Gefährdungshaftung gilt als Ausnahme vom Grundsatz der Verschuldenshaftung nur dort, wo der Gesetzgeber sie ausdrücklich angeordnet hat, BGHZ 55, 229 (234); 63, 234 (237).

dass diese auf Lebewesen zugeschnitten ist, die zu rationalem Entscheiden zwischen Verhaltensoptionen nicht in der Lage sind, sondern instinktiv reagieren.[37] Autonome Systeme jedoch treffen im Rahmen eines bestimmten Spielraums selbst Entscheidungen und stehen daher wertungsmäßig Verrichtungsgehilfen näher als Tieren.

2. Haftung des Herstellers

Neben dem Anwender kommt insbesondere der Hersteller eines autonomen Systems als Haftungsschuldner in Betracht.[38] Auch für Medizinprodukte enthalten die einschlägigen Regelwerke, namentlich die Medizinprodukte-Verordnung[39] und das Medizinprodukte-Durchführungsgesetz[40], indes keine speziellen Haftungsregeln, so dass auf das Produkthaftungsgesetz und die deliktische Produzentenhaftung nach § 823 Abs. 1 BGB zurückzugreifen ist.[41]

a) Produkthaftung

Nach § 1 Abs. 1 S. 1 ProdHaftG ist der Hersteller zum Schadensersatz verpflichtet, wenn jemand durch den Fehler des Produkts verletzt wird. Ein Verschulden ist nicht erforderlich.

Produkt ist nach § 2 ProdHaftG jede bewegliche Sache. Ob Daten, online überspielte Software und andere rein digitalen Güter darunterfallen, ist streitig.[42] EU-Kommission und Bundesregierung haben eine normative Klarstellung angekündigt,

---

[37] *Wagner* (Fn. 5), S. 731; abw. *Brand* (Fn. 18), S. 949, der für einen § 833a BGB plädiert.

[38] Weitere Haftungsschuldner können etwa Entwickler eines autonomen Systems, Programmierer, Datenlieferanten, Netzwerkbetreiber, Systemadministratoren sein, vgl. *Spindler* (Fn. 5), S. 594.

[39] Verordnung (EU) 2017/745 über Medizinprodukte (*Medical Device Regulation (MDR)*) vom 25.5.2017, seit dem 26.5.2021 verpflichtend anzuwenden.

[40] Gesetz zur Durchführung unionsrechtlicher Vorschriften betreffend Medizinprodukte (Medizinprodukterecht-Durchführungsgesetz (MPDG)) vom 28.4.2020, BGBl. I, S. 960, Inkrafttreten überwiegend am 26.5.2021.

[41] *Isabel Jakobs/Fabian Huber*, Software als Medizinprodukt: Haftungs- und versicherungsrechtliche Aspekte, MPR 2019, S. 1; *Yannick Frost/Marlene Kießling*, Künstliche Intelligenz im Bereich des Gesundheitswesens und damit verbundene haftungsrechtliche Herausforderungen, MPR 2020, S. 178 (179 ff.); *Katrin Helle*, Intelligente Medizinprodukte, MedR 2020, S. 996; *Mühlböck/Taupitz* (Fn. 8), S. 187.

[42] Mangels hinreichender Verkörperung verneinend etwa *Jürgen Oechsler*, in: Julius von Staudinger (Begr.), BGB, Buch 2, Neubearb. 2021, § 2 ProdHaftG Rn. 65 m.w.N.; a.A., Schutzzweckgesichtspunkte betonend *Spindler*, IT-Sicherheit und Produkthaftung, NJW 2004, S. 3145 (3149); *Wagner*, Produkthaftung für autonome Systeme, AcP 217 (2017), S. 707 (716 ff.); *Hacker*, Europäische und nationale Regulierung von Künstlicher Intelligenz, NJW 2020, S. 2142 (2145); *Katzenmeier* (Fn. 29), § 2 ProdHaftG Rn. 3; *Voigt* (Fn. 8), § 5 B. II.

dass auch nicht integrierte Software in den Anwendungsbereich der Produkthaftung fallen soll.[43]

Fehlerhaft ist ein Produkt nach § 3 ProdHaftG, wenn es berechtigten Sicherheitserwartungen nicht genügt. Deren Bestimmung wirft insbesondere für autonome Systeme Probleme auf, weil es kaum möglich ist, ein autonomes System mit dem sorgfältigen Verhalten eines Menschen zu vergleichen.[44] Alternativ zum anthropozentrischen ist ein *systembezogener Sorgfaltsmaßstab* zu erwägen, wonach das schädigende System an der Leistung anderer vergleichbarer KI-Systeme zu messen ist.[45] Aufgabe der Rechtsprechung ist es, im Einzelfall konkrete Pflichtenstandards zu definieren,[46] wobei moderne Technologien eine Standardbildung erschweren können.[47]

Große Schwierigkeiten bereitet dem Geschädigten die Beweislast hinsichtlich des Fehlers und der Kausalität, beides festgelegt in § 1 Abs. 4 ProdHaftG. Während bei herkömmlichen Gütern der Mangel äußerlich erkennbar oder für einen Sachverständigen feststellbar ist, gestaltet sich die Feststellung eines Fehlers bei digitalen Produkten – bei KI: fehlerhafter Steuerungsalgorithmus, fehlerhaft designtes künstliches neuronales Netz, unvollständiger Trainingsdatensatz – wesentlich aufwendiger.[48] Hinzu kommt, dass es sich bei KI-Systemen nicht um diskrete Systeme handelt, sondern dass sie in vielfältiger Weise mit anderen KI-Systemen oder Datenquellen vernetzt werden. Die *Vernetzung* bietet Einfallstore für Risiken aus fremden Sphären. Das wiederum führt zu komplexeren Kausalverläufen und bereitet Schwierigkeiten bei der Zurechnung und Aufklärung von Geschehensabläufen.[49]

Schließlich ist auch die verschuldensunabhängige Haftung des Herstellers gemäß § 1 Abs. 2 Nr. 2 ProdHaftG ausgeschlossen, wenn das Produkt bei Inverkehrbringen

---

[43] *EU-Kommission*, Bericht COM (2020) 64 v. 19.2.2020, S. 17; konkreter der Richtlinienvorschlag v. 28.9.2022, COM (2022) 495, S. 1, 9, 14 sowie Erw.-Grd. 12 zu Art. 4 Abs. 1, S. 19, 29; *Bundesregierung*, Stellungnahme zum Weißbuch v. 29.6.2020, S. 24f.; vgl. auch 73. DJT, Bonn 2022, Abt. Zivilrecht, Beschluss Nr. 4.

[44] *Wagner* (Fn. 42), S. 734; *Mühlböck/Taupitz* (Fn. 8), S. 190f.

[45] So auch *Expert Group on Liability and New Technologies*, Liability for Artificial Intelligence and other emerging digital technologies, Luxemburg 2019, S. 46; näher zum systembezogenen Fehlerbegriff *Wagner* (Fn. 42), S. 735ff.; *ders.* (Fn. 5), S. 727f.; im Lichte der jüngeren Rspr. einen weitergehend objektivierten, weniger verhaltens- und sorgfaltszentrierten Fehlerbegriff befürwortend hingegen *Voigt* (Fn. 8), § 5 B. III. u. IV.

[46] *Teubner* (Fn. 5), S. 194; zur Standardbildung *Hart*, Evidenz-basierte Medizin und Gesundheitsrecht, MedR 2000, S. 1; *ders.*, Kongruenz und Kontinuität in der Entwicklung von Medizin und Medizinrecht, MedR 2015, S. 1; *Jansen*, Der Medizinische Standard, 2019, S. 183ff.

[47] *Hart* (Fn. 14), S. 669ff.

[48] *Schaub* (Fn. 8), S. 344; *Wiebke Droste*, Intelligente Medizinprodukte: Verantwortlichkeiten des Herstellers und ärztliche Sorgfaltspflichten, MPR 2018, S. 109 (113); *Katzenmeier/Voigt*, in: Hans Josef Kullmann (Begr.), ProdHaftG, 7. Aufl. 2020, Einl. Rn. 24.

[49] *Zech*, Künstliche Intelligenz und Haftungsfragen, ZfPW 2019, S. 198 (203, 205); s. auch *Teubner* (Fn. 5), S. 201; *Wagner* (Fn. 5), S. 734; *Spindler* (Fn. 5), S. 581, 584 u. 597; *Mühlböck/Taupitz* (Fn. 8), S. 183f.

fehlerfrei war, überdies gemäß § 1 Abs. 2 Nr. 5 ProdHaftG, wenn der Fehler bei Inverkehrbringen nicht erkennbar war. Damit werden gerade diejenigen Risiken als von der Haftung ausgenommen erachtet, die aus unvorhersehbarem Verhalten eines autonomen Systems resultieren.[50]

b) Produzentenhaftung

Stellt das Produkthaftungsgesetz auf den Zeitpunkt des Inverkehrbringens ab, enden die Verkehrspflichten des Herstellers nach § 823 Abs. 1 BGB nicht an diesem Punkt.[51] Vielmehr muss der Hersteller seine Produkte auch danach auf zuvor unerkannte Gefahren hin beobachten, gegebenenfalls eine Warnung aussprechen oder sein Produkt zurückrufen. Bei autonomen Systemen verlangt eine zuverlässige *Produktbeobachtung* nicht nur die Auswertung öffentlich zugänglicher Quellen, sondern auch eine Überprüfung der Lernmechanismen und – sofern verfügbar und datenschutzrechtlich zulässig – der zugrunde liegenden Daten und Quellen.[52] Die Produktbeobachtungspflicht erstreckt sich auch auf Gefahren, die sich erst aus einer Kombination mit Produkten anderer Hersteller ergeben.[53]

Hinsichtlich des bei § 823 Abs. 1 BGB erforderlichen Verschuldens kehrt der BGH die Beweislast zugunsten des Produktgeschädigten um.[54] Jedoch wird sich der Hersteller bei einem unvorhersehbaren und unvermeidbaren Fehlverhalten des autonomen Systems entlasten können.

c) Bestehen einer „Haftungslücke"

Zwischenfazit: Bei Schäden durch den Einsatz autonomer Systeme in der Medizin scheitern vertragliche wie deliktische Ansprüche gegen den anwendenden Arzt oder Krankenhausträger regelmäßig am fehlenden Verschulden. Ansprüche gegen den Hersteller des Systems nach ProdHaftG sind verschuldensunabhängig, aber nur schwer durchsetzbar, da der Geschädigte dazu das Vorliegen eines Produktfehlers

---

[50] *Jürgen Taeger*, Die Entwicklung des IT-Rechts im Jahr 2016, NJW 2016, S. 3764 (3765); *Spindler* (Fn. 5), S. 581, 601; *Oechsler* (Fn. 42), § 3 ProdHaftG Rn. 85a; krit. ggü. der Einordnung des Autonomierisikos als Entwicklungsrisiko *Teubner* (Fn. 5), S. 190: „programmierte (!) Nichtprognostizierbarkeit (!) der Algorithmus-Entscheidungen"; *Zech* (Fn. 49), S. 213: „Konstruktionsfehler"; *Mühlböck/Taupitz* (Fn. 8), S. 192 f.; diff. *Frost/Kießling* (Fn. 41), S. 181 f.

[51] Die Haftung bleibt nach § 15 Abs. 2 ProdHaftG unberührt.

[52] *Mario Martini*, Algorithmen als Herausforderung für die Rechtsordnung, JZ 2017, S. 1017 (1021); *Droste* (Fn. 48), S. 111; *Mühlböck/Taupitz* (Fn. 8), S. 195.

[53] BGHZ 99, 167 (174) – Honda; krit. dazu *Peter Ulmer*, Produktbeobachtungs-, Prüfungs- und Warnpflichten eines Warenherstellers in Bezug auf Fremdprodukte?, ZHR 152 (1988), S. 564 (575 f.); *Spindler* (Fn. 15), § 823 Rn. 678.

[54] Grdl. BGHZ 51, 91 – Hühnerpest = NJW 1969, S. 269 m. Anm. *Uwe Diederichsen*; dazu *Katzenmeier*, in: Gottfried Baumgärtel/Hans-Willi Laumen/Hanns Prütting (Hrsg.), Handbuch der Beweislast, 5. Aufl. 2023, Bd. 3, § 823 Anhang III, Rn. 9 ff.

und der Kausalität darlegen und im Bestreitensfall beweisen muss, zudem Haftungsausschlussgründe bestehen. Experten konstatieren eine „*Haftungslücke*".[55]

Der Begriff Haftungslücke ist freilich irreführend, indem er suggeriert, in jedem Falle eines Schadens müsse es einen Ersatzanspruch geben. Auch wenn diese Vorstellung heute im Publikum weit verbreitet ist, lautet der Grundsatz *casum sentit dominus*.[56] Zweck des Haftungsrechts ist nicht der Ausgleich von Schäden, vielmehr die Bestimmung der Voraussetzungen, unter denen Kompensation zu leisten ist.[57] Die Überwälzung des Schadens auf einen anderen erfolgt nur, wenn er diesem zugerechnet werden kann. Gründe der Schadenszurechnung sind die rechtswidrig schuldhafte Verursachung oder die Verantwortung für eine besondere Gefahr.[58]

III. Haftung de lege ferenda

Die neuartigen digitalen Risiken den Geschädigten als allgemeines Lebensrisiko aufzubürden wird als „rechtspolitisch verfehlt und fundamental ungerecht" kritisiert[59] und eine „genuine Rehumanisierung der technischen Welt" gefordert.[60] Während das Europäische Parlament und die Kommission um neue Regelungen ringen,[61] ist die Schaffung besonderer Haftungsnormen noch immer nicht in Sicht.[62] Die Thematik bleibt umstritten.

---

[55] *Teubner* (Fn. 5), S. 157 ff., 185 f., 189; s. auch *Spindler* (Fn. 8), S. 816; *Schaub* (Fn. 8), S. 346; *Wagner* (Fn. 5), S. 734; *Mühlböck/Taupitz* (Fn. 8), S. 210.

[56] *Conrad Waldkirch*, Zufall und Zurechnung im Haftungsrecht, 2018, S. 201 ff.; *Mathias Rohe*, Gründe und Grenzen deliktischer Haftung, AcP 201 (2001), S. 117 (163 f.); *Gottfried Schiemann*, Wandlungen der Berufshaftung, in: FS Gernhuber, 1993, S. 387 (392); s. auch *Heinz-Peter Mansel*, Eigen- und Fremdverantwortung im Haftungsrecht, in: FS Henrich, 2000, S. 425 (442).

[57] *Karl Larenz/Claus-Wilhelm Canaris*, SchuldR Bd. II/2, 13. Aufl. 1994, § 75 I. 2. i); *Wagner* (Fn. 19), Vor § 823 Rn. 45 f.; *Katzenmeier* (Fn. 29), Vor §§ 823 ff. Rn. 54 f.; *Leander Loacker*, Abschied vom Ausgleich? Ein Kontrapunkt, HAVE 2021, S. 170.

[58] *Canaris*, Grundstrukturen des deutschen Deliktsrechts, VersR 2005, S. 577 (577 ff.); *Wagner* (Fn. 19), Vor § 823 Rn. 45 f.; *Katzenmeier* (Fn. 29), Vor §§ 823 ff. Rn. 18 ff., 22 ff.; *Voigt* (Fn. 8), § 6 E.

[59] Vgl. etwa *Teubner* (Fn. 5), S. 160: „unbarmherziges casum sentit dominus".

[60] *Teubner* (Fn. 5), S. 176, mit beißender Kritik an der Dogmatik des geltenden Haftungsrechts; sachlich nüchtern *Wagner* (Fn. 5), S. 717 f.; *Mühlböck/Taupitz* (Fn. 8), S. 186 f.

[61] Siehe etwa *EU-Parlament*, Entschließung v. 16. 2. 2017, 2015/2103 (INL); *EU-Kommission*, Weißbuch zur Künstlichen Intelligenz v. 19. 2. 2020, COM (2020) 65 final, S. 14 ff.; *dies.*, Bericht zum Weißbuch v. 19. 2. 2020, COM (2020) 64 final; *EU-Parlament*, Entschließung v. 20. 10. 2020, 2020/2014 (INL); näher zum Ganzen *Wagner*, Haftung für Künstliche Intelligenz, ZEuP 2021, S. 545.

[62] Weder im Entwurf eines Artificial-Intelligence-Act v. 21. 4. 2021, COM (2021) 206 final, noch in den Richtlinienvorschlägen v. 28. 9. 2022 für eine Revision der Produkthaftungsrichtlinie, COM (2022) 495 final, sowie für eine Anpassung der Vorschriften über außervertragliche zivilrechtliche Haftung an künstliche Intelligenz, COM (2022) 496 final; krit. *Wagner* (Fn. 9); *ders.*, Die Richtlinie über KI-Haftung, JZ 2023, S. 123.

1. Haftungskonzept

a) Gefährdungshaftung

Im Mittelpunkt der Diskussion steht die Einführung einer Gefährdungshaftung.[63] Das geltende Produkthaftungsgesetz normiert entgegen vorherrschender Ansicht[64] keine solche, sondern eine verschuldensunabhängige Haftung für objektives Verhaltensunrecht,[65] die nicht an das Inverkehrbringen eines Produkts, vielmehr an das Inverkehrbringen eines *fehlerhaften* Produkts anknüpft.[66] Alle Probleme bezüglich des Fehlernachweises wären gelöst, wenn man das Produkthaftungsrecht vom Fehler abkoppelte und zu einer strikten Haftung weiterentwickelte, die lediglich davon abhängt, dass sich ein spezifisches Risiko realisiert hat, hier die „*digitale Gefahr*".[67] Wegen der vollharmonisierenden Wirkung der Produkthaftungs-Richtlinie[68] könnte das nur auf europäischer Ebene erfolgen. Zudem kann sich eine strikte Haftung für neue Technologien als echter Innovationshemmer erweisen, wenn selbst für rechtmäßiges Verhalten gehaftet wird.[69] Schließlich bestehen auch dogmatische Bedenken gegenüber einer Gefährdungshaftung, auf die die Eigenheiten des digitalen *Autonomierisikos* nicht passen.[70]

---

[63] Befürwortend 73. DJT, Bonn 2022, Abt. Zivilrecht, Beschluss Nr. 6; *Ruth Janal*, Die deliktische Haftung beim Einsatz von Robotern, in: Sabine Gless/Kurt Seelmann (Hrsg.), Intelligente Agenten und das Recht, 2016, S. 139 (155); *Wagner* (Fn. 5), S. 734 f.; *Zech* (Fn. 17), S. 98 ff.; *ders./Isabelle Hünefeld*, Einsatz von KI in der Medizin, MedR 2023, S. 1 (6 f.).

[64] Statt vieler *Larenz/Canaris* (Fn. 57), § 84 VI. 1.

[65] *v. Bar*, Neues Haftungsrecht durch Europäisches Gemeinschaftsrecht, in: FS Lange, 1992, S. 373 (390); *Wagner* (Fn. 5), S. 726; *Katzenmeier* (Fn. 29), § 1 ProdHaftG Rn. 1; monographisch *Voigt* (Fn. 8), § 3 A. IV. 2 f.

[66] So auch der Vorschlag zur Revision der Produkthaftungsrichtlinie, COM (2022) 495 final, Art. 6, S. 31 f.

[67] *Wagner*, Roboter als Haftungssubjekte?, in: Florian Faust/Hans-Bernd Schäfer (Hrsg.), Zivilrechtliche und rechtsökonomische Probleme des Internet und der künstlichen Intelligenz, 2019, S. 1 (18 ff.).

[68] So das Verständnis des EuGH, vgl. EuZW 2002, S. 574; ausf. zum Konzept der Vollharmonisierung *Riehm*, 25 Jahre Produkthaftungsrichtlinie, EuZW 2010, S. 567; *Schaub*, Europäische Produkthaftung, ZEuP 2011, S. 41.

[69] Kritisch diverse Diskussionsbeiträge auf dem Karlsruher Forum 2020, wiedergegeben bei *Biller-Bomhardt/Kunz* (Fn. 12), S. 758 f.: „Innovationsmalus".

[70] *Teubner* (Fn. 5), S. 192: Bei KI komme es „gerade nicht auf die Sachgefahr eines falsch funktionierenden Computers, also das Kausalrisiko an, sondern auf das Entscheidungsrisiko, auf die andersgeartete Gefahr, dass sich dessen autonome Entscheidungen als Fehlentscheidungen herausstellen. Zurechnungsgrund ist nicht der Einsatz eines Objekts erhöhter Gefahr, sondern das rechtswidrige Verhalten des Algorithmus, den der Prinzipal rechtmäßig zu eigenem Nutzen eingesetzt hat".

b) Verschuldensunabhängige Unrechtshaftung

Sachgerecht ist weiterhin die verschuldens*un*abhängige Unrechtshaftung, allerdings mit einer *Umkehr der Beweislast* bezüglich des Produkt*fehlers*.[71] Bei der Haftung nach ProdHaftG muss der europäische Gesetzgeber tätig werden, weil Art. 4 der Richtlinie dem Geschädigten die Beweislast für den Produktfehler auferlegt.[72] Bei § 823 Abs. 1 BGB lässt sich das durch die Rechtsprechung realisieren. Im Falle legislativer Untätigkeit sollte sie für Digitalprodukte die Beweislast nicht nur hinsichtlich des Verschuldens des Herstellers, sondern auch für den Produktfehler umkehren.[73]

Wegen des angesprochenen Vernetzungsrisikos sind zudem *Beweiserleichterungen* bezüglich der *Kausalität* zu gewähren.[74] Die konstante Vernetzung mit anderen, von Dritten kontrollierten KI-Systemen oder Datenquellen führt zu Problemen, eine für den konkreten Schaden verantwortliche Person zu identifizieren.[75] Nimmt der Geschädigte auf Art und Weise sowie die Funktion der Vernetzung keinen Einfluss, überzeugt es nicht, ihm die Risiken mangelnder Aufklärbarkeit konkreter Geschehensabläufe aufzuerlegen.[76]

2. Haftungsadressat

Umstritten ist überdies die Haftungsverteilung zwischen Hersteller und Anwender autonomer Systeme. Für eine Haftung des Herstellers spricht der Gesichtspunkt

---

[71] So auch *Expert Group on Liability and New Technologies* (Fn. 45), S. 55; zweifelnd *Bundesregierung*, Stellungnahme zum Weißbuch v. 29.6.2020, S. 26; Beweiserleichterungen und Beweismaßmodifikationen statt einer Beweislastumkehr vorschlagend *EU-Kommission*, COM (2022) 495 final, Art. 9, S. 33 f.

[72] Vgl. zum Konzept der Vollharmonisierung *Katzenmeier/Voigt* (Fn. 48), Einl. Rn. 5; ausf. die Nachw. in Fn. 68.

[73] So auch 73. DJT, Bonn 2022, Abt. Zivilrecht, Beschluss Nr. 1; *Wagner* (Fn. 5), S. 735, gefordert als Minus zur von ihm postulierten Gefährdungshaftung; *Zech* (Fn. 17), S. 59, 73, 86.

[74] So auch 73. DJT, Bonn 2022, Abt. Zivilrecht, Beschluss Nr. 2; Richtlinienentwurf zur Revision der Produkthaftungsrichtlinie, COM (2022) 495 final, Art. 9 Nr. 3 u. 4, S. 34; zur Modifikation des allgemeinen Haftungsrechts COM (2022) 496 final, Art. 4, S. 31 ff., vgl. dazu die Nachw. in Fn. 62; zur bereits de lege lata möglichen Übertragung der Kausalitätsvermutung des § 84 Abs. 2 AMG *Katzenmeier/Voigt*, Das Beweisrecht der Produkthaftung unter europäischem Einfluss, in: FS Roth, 2021, S. 947 (967 ff., 970 f.); *Voigt* (Fn. 8), § 3 B. I. 2. b) u) II. 3. sowie § 5 B. IV.

[75] *Teubner* (Fn. 5), S. 158, 201; *Wagner* (Fn. 5), S. 720 f.

[76] Näher zur Verteilung des Beweisrisikos, zu beweistechnischen und -rechtlichen sowie haftungsergänzenden oder -ersetzenden versicherungsrechtlichen Ansätzen *Katzenmeier*, KI in der Medizin (Fn. 1), S. 864 f.

der *Risikokontrolle*.⁷⁷ Dabei reicht sein Einfluss bei digitalen Systemen anders als bei analogen Produkten regelmäßig über den Zeitpunkt des Inverkehrbringens hinaus, erstreckt sich auf die volle Lebensdauer des Produkts.⁷⁸ Deswegen ist die Fixierung der Herstellerpflichten auf den Zeitpunkt des Inverkehrbringens in § 1 Abs. 2 Nr. 2 ProdHaftG bei digitalen Produkten nicht angemessen,⁷⁹ die Produkthaftungsrichtlinie ist entsprechend zu ändern.⁸⁰

Eine Haftung des Anwenders kann daran anknüpfen, dass dieser den konkreten Nutzen aus dem Einsatz des autonomen Systems zieht. Er entscheidet über den zeitlichen und räumlichen Einsatz des Systems sowie Art und Weise der Benutzung.⁸¹ Hinzu kommt, dass bei hochkomplexen und vernetzten Systemen der Anwender leichter auszumachen ist als der Hersteller der schadenstiftenden Komponente. Bei Schäden im Zuge einer medizinischen Behandlung ist in aller Regel der Arzt oder Krankenhausträger „Anlaufstelle" des anspruchstellenden Patienten. Unterwirft man ihn einer strengen Haftung, etwa indem man doch den Einsatz des autonomen Systems per se für pflichtwidrig erachtet,⁸² verlagert man manche Zweifelsfrage in das Regressverhältnis gegenüber dem Hersteller. Die Haftung könnte ähnlich der bei Verkehrsunfällen ausgestaltet werden.⁸³

Nachdem der frühe Vorschlag zur Anerkennung einer *elektronischen Person* (*e-Person*)⁸⁴ als eigenständigem Haftungsadressat verworfen wurde,⁸⁵ müssen nun

---

⁷⁷ Die Devise lautet: Haftung folgt Kontrolle, ohne Kontrolle keine Haftung, *Wagner* (Fn. 5), S. 724 f., 734; soweit überhaupt möglich, determiniert der Hersteller das Produktverhalten, vgl. *Horner/Kaulartz*, Haftung 4.0, CR 2016, S. 7 (9).

⁷⁸ Der Hersteller vermag durch *Software-Updates* die Steuerung des digitalen Geräts zu verändern, *Wagner* (Fn. 5), S. 734; zweifelnd *Spindler* (Fn. 5), S. 581, 594, mit Blick auf die Vielzahl von Akteuren mit Einfluss auf autonome Systeme, etwa Hersteller verschiedener Teilkomponenten des KI-Systems, Entwickler des Codes, Lieferanten der Daten für das Training der KI sowie Betreiber von Netzwerken, über die die KI eingespielt und aktualisiert wird.

⁷⁹ *Wagner* (Fn. 5), S. 728.

⁸⁰ So auch der Richtlinienentwurf zur Revision der Produkthaftungsrichtlinie v. 28. 9. 2022, COM (2022) 495 final, Art. 6 Nr. 1 lit. c)–f), S. 31 f.

⁸¹ *Riehm*, zit. nach *Biller-Bomhardt/Kunz* (Fn. 12), S. 760; *Zech* (Fn. 17), S. 88, zur Verantwortung professioneller Betreiber S. 100.

⁸² Dagegen sub. B. I. 1. a) und 2. a).

⁸³ Dafür 73. DJT, Bonn 2022, Abt. Zivilrecht, Beschlüsse Nr. 13 b), 14 c), 15 b). Dort wird es dem Geschädigten nicht zugemutet, sich wegen seiner Schadensersatzansprüche an den zuständigen Kfz-Hersteller zu halten (Hinweis von *Wagner* (Fn. 5), S. 731 f.). Der Halter haftet streng gemäß § 7 Abs. 1 StVG (auch für Schäden durch vollautomatisierte Kfz), die haftungsrechtliche Verantwortlichkeit des Herstellers wird regelmäßig erst im Wege des Regresses der Haftpflichtversicherung des Halters erreicht. Die Inanspruchnahme des „richtigen" Haftungssubjekts im Regressweg gemäß § 86 VVG, also „übers Eck", ist in administrativer Hinsicht freilich die aufwendigere und kostenintensivere Lösung (ibid., S. 738).

⁸⁴ Zuerst wohl *Andreas Matthias*, Automaten als Träger von Rechten, 1. Aufl. 2008 und 2. Aufl. 2010, S. 83 ff. u. 111 ff.; *Beck*, Grundlegende Fragen zum rechtlichen Umgang mit der Robotik, JR 2009, S. 225 (229 f.); monographisch *Linardatos* (Fn. 8).

in einer Gesamtbetrachtung die Aspekte Risikosteuerung, Vorteilsziehung und Zurechenbarkeit gewichtet werden, um das Haftungsrisiko zwischen dem Hersteller des autonomen Systems und dem Anwender angemessen zu verteilen.[86]

3. Versicherungslösung

Deutlich werden gewisse Schwierigkeiten, Schäden infolge des Einsatzes autonomer Systeme in der Medizin mit dem geltenden Haftungsrecht angemessen zu verarbeiten. Dies kann zum Nachdenken über einen Systemwechsel veranlassen. In Betracht kommen eine Ablösung der geltenden Individualhaftung durch ein *kollektives Entschädigungssystem* nach dem Vorbild der gesetzlichen Unfallversicherung, §§ 104 ff. SGB VII[87] oder eine Ergänzung der Individualhaftung durch Einrichtung eines *Entschädigungsfonds*.[88] Dem Patienten würde ein genuiner Entschädigungsanspruch gewährt, der unabhängig ist von der Haftung. Ein Nachweis der Verursachung durch einen bestimmten Akteur wäre mit einer solchen Versicherungslösung obsolet und die Schadensabwicklung würde stark vereinfacht.[89] Versicherungslösungen werfen indes ihrerseits schwierige Fragen auf,[90] vor allem ist die Finanzierung ungeklärt.[91]

IV. Fazit

Die Digitalisierung des Gesundheitswesens fordert das Recht heraus. Dieses hat die schwierige Aufgabe, Innovationsoffenheit und Innovationsverantwortung zu jus-

---

[85] Vgl. nur etwa *Expert Group on Liability and New Technologies* (Fn. 45), S. 37 ff.; *Wagner* (Fn. 5), S. 739; *Spindler* (Fn. 8), S. 816; *Thöne* (Fn. 8), S. 182 f.; *Voigt* (Fn. 8), § 5 C. I. 2. b); abl. auch 73. DJT, Bonn 2022, Abt. Zivilrecht, Beschluss Nr. 16.

[86] *Schaub* (Fn. 8), S. 346; *Zech* (Fn. 17), S. 88 ff.

[87] Bei fortschreitender Vernetzung befürwortend *Zech* (Fn. 17), S. 107 ff.; für bestimmte Bereiche wie die Medizintechnik erwägend *Janal* (Fn. 63), S. 157. Zu Überlegungen einer allg. Ersetzung der Arzthaftung durch Versicherungsschutz s. *Katzenmeier*, Arzthaftung, 2002, S. 214 ff.; *ders.*, Heilbehandlungsrisikoversicherung, VersR 2007, S. 137.

[88] Für eine allg. Ergänzung der Arzthaftung *Hart/Robert Francke*, Der Modellversuch eines Patientenentschädigungs- und -härtefallfonds, 2013; *Hart*, Patientenentschädigungs-/Härtefallfonds, MedR 2023, S. 110; dazu *Katzenmeier*, Patientenentschädigungsfonds – rechtspolitische Forderungen und rechtsdogmatische Erwägungen, VersR 2014, S. 405; *ders.*, Patientenrechtegesetz 2.0?, MedR 2023, S. 118 (124 ff.); *Wagner*, Bedarf es eines Härtefallfonds für Behandlungsschäden?, MedR 2021, S. 101.

[89] *Katzenmeier*, Arzthaftung (Fn. 87), S. 218, 244; *ders.*, Heilbehandlungsrisikoversicherung (Fn. 87), S. 137, 139 f.; *Mühlböck/Taupitz* (Fn. 8), S. 213.

[90] Schon eine überzeugende Bestimmung des modalen Schutzbereichs bereitet Schwierigkeiten, sodann führen anonyme Versicherungslösungen und Entschädigungspools unweigerlich zu einer Verdünnung von Verantwortlichkeiten, es kommt zu Präventionseinbußen.

[91] Vgl. *Katzenmeier* (Fn. 13), Kap. X Rn. 133 (Haftungsersetzung) u. 157 ff. (Haftungsergänzung); spez. im vorliegenden Kontext krit. *Brand* (Fn. 18), S. 947; *Wagner* (Fn. 5), S. 740 f.

tieren.⁹² Die Haftung des Herstellers autonomer Systeme ist nicht als reine Gefährdungshaftung auszugestalten, vielmehr als verschuldensunabhängige Fehlerhaftung. Die Beweislast bezüglich des Fehlers ist umzukehren, bezüglich der Kausalität sind Beweiserleichterungen zu gewähren. Der Anwender haftet für eigene Fehler beim Einsatz von KI, bei Versagen des maschinellen Verrichtungsgehilfen wird das Auswahl- und Überwachungsverschulden vermutet. Die Exkulpationsmöglichkeit gemäß § 831 Abs. 1 S. 2 BGB ist zu streichen.⁹³

Da der Einsatz von KI einen Zugewinn an Sicherheit und Qualität der Krankenversorgung verspricht, wird erwartet, dass es insgesamt zu weniger Schadensfällen kommt, mithin weniger Haftungsprozesse ausgetragen und die Versicherungssysteme entlastet werden. Die Schadensregulierung aber wird nicht weniger problematisch angesichts des mit wachsender Autonomie der Systeme – auch ungeachtet aller Dystopien eines posthumanen Zeitalters⁹⁴ – zunehmenden Kontrollverlusts des Menschen über die Maschinen.

Literatur

Brand, Oliver: Haftung und Versicherung beim Einsatz von Robotik in Medizin und Pflege, MedR 2019, S. 943.

Denga, Michael: Deliktische Haftung für künstliche Intelligenz, CR 2018, S. 69.

Hacker, Philipp: Verhaltens- und Wissenszurechnung beim Einsatz von Künstlicher Intelligenz, RW 2018, S. 243.

Hart, Dieter: Haftungsrecht und Standardbildung in der modernen Medizin: e:med und Probleme der Definition des Standards, MedR 2016, S. 669.

Katzenmeier, Christian: Big Data, E-Health, M-Health, KI und Robotik in der Medizin, MedR 2019, S. 259.

Laufs, Adolf (Begr.)/*Katzenmeier*, Christian/*Lipp*, Volker: Arztrecht, 8. Aufl., München 2021.

Linardatos, Dimitrios: Autonome und vernetzte Aktanten im Zivilrecht, Tübingen 2021.

Mühlböck, Luisa/*Taupitz*, Jochen: Haftung für Schäden durch KI in der Medizin, AcP 221 (2021), S. 179.

Schaub, Renate: Interaktion von Mensch und Maschine, JZ 2017, S. 342.

Spindler, Gerald: Medizin und IT, insbesondere Arzthaftungs- und IT-Sicherheitsrecht, in: Christian Katzenmeier (Hrsg.), Festschrift für Dieter Hart, Berlin/Heidelberg 2020, S. 581.

Teubner, Gunther: Digitale Rechtssubjekte?, AcP 218 (2018), S. 155.

---

⁹² *Wolfgang Hoffmann-Riem*, Innovation und Recht, 2016, S. 28 ff.; *Katzenmeier*, Big Data (Fn. 1), S. 259 (262 u. 271).

⁹³ Sie ist selbst beim menschlichen Verrichtungsgehilfen, der seinerseits haftet, verfehlt, vgl. zu Reformbestrebungen *Bernau* (Fn. 31), § 831 Rn. 187 ff.

⁹⁴ S. nur etwa *Nick Bostrom*, Superintelligenz. Szenarien einer kommenden Revolution, 2014.

Voigt, Tobias: Produkthaftung, Tübingen 2024 (im Erscheinen).

Wagner, Gerhard: Verantwortlichkeit im Zeichen digitaler Technik, VersR 2020, S. 717.

Zech, Herbert: Künstliche Intelligenz und Haftungsfragen, ZfPW 2019, S. 198.

Verantwortungslose Maschinen?

Digitalethische Herausforderung autonomer Systeme in der Medizin

Von *Robert Ranisch* und *Joschka Haltaufderheide*

I. Einführung

Verantwortungslücken entstehen, wenn positive oder negative Wirkungen von Technologien keinem Akteur zugeschrieben werden können, da eine Handlung oder Entscheidung beispielsweise durch eine Maschine bedingt war. In solchen Fällen drohen moralische Forderungen, Schuld oder auch Lob ins Leere zu laufen. Verantwortungszuschreibungen gehören zu den grundlegenden Phänomenen der moralischen und rechtlichen Praxis. Sie betreffen nicht nur das Verhältnis zwischen Menschen, sondern auch zwischen Menschen und den von ihnen geschaffenen Entitäten. Die Frage der Verantwortlichkeit ist in diesen Konstellationen besonders brisant, wenn Technologien oder Artefakte einen Entwicklungsgrad erreichen, der ihnen eine gewisse funktionale Autonomie ermöglicht, sie aber zugleich nicht über die Eigenschaften verfügen, als moralische Verantwortungssubjekte zu gelten. Mit funktionaler Autonomie ist gemeint, dass Maschinen oder Artefakte innerhalb einer bestimmten Handlungsdomäne eine Repräsentation ihrer Welt erzeugen können und auf diese im Rahmen ihrer Zielerreichung durch eigenständige Anpassung reagieren.[1] Bekannte Figuren der europäischen und US-amerikanischen Literatur wie Frankensteins Monster, der Golem von Prag oder John Sladeks Roderick stehen beispielhaft für die literarische Reflexion dieser Fragen.[2] Beim Begriff Roboter handelt es sich nicht zuletzt um eine Übertragung des slawischen Wortstammes für Frohnarbeit, der sowohl auf eine gewisse Eingeschränktheit und Unterordnung des entsprechenden Subjektes als auch seine Fähigkeit zu selbstständigen Verrichtung verweist. Der Verdacht ist jedoch nicht unbegründet, dass insbesondere Entwicklungen der Künstlichen Intelligenz (KI) und hier besonders sogenannte selbstlernende Systeme aufgrund ihrer weitreichenden Möglichkeiten, ihrer Komplexität und ihrer Entwicklungspotenziale das Problem möglicher Verantwortungslücken erheblich verschärfen.

---

[1] *S. Nyholm*, Humans and robots. Ethics, agency, and anthropomorphism, 2020, S. 54.
[2] *S. Cave/K. Dihal/S. Dillon*, Introduction, in: AI narratives. A history of imaginative thinking about intelligent machines, Oxford 2020, S. 1 (4); *P. March-Russell*, Machines Like Us? Modernism and the Question of the Robot, in: AI narratives. A history of imaginative thinking about intelligent machines, 2020, S. 165 (177).

Als Anwendungsfall und Prüfstein dienen dieser Arbeit die Entwicklungen im Bereich der digitalen Medizin, im speziellen der Einsatz von robotischen Systemen in der Chirurgie. Diese wurden bereits in den 1980er Jahren erforscht und werden spätestens seit der Zulassung des bekannten Da-Vinci-Operationssystems zunehmend eingesetzt.[3] Wenngleich roboter-assistierte Eingriffe bisher unter dem Vorbehalt einer vollständigen menschlichen Kontrolle stehen, so wird davon ausgegangen, dass es sich bei der derzeitigen Form der roboter-assistierten Chirurgie um eine Zwischenstufe zwischen manuellen chirurgischen Verfahren und weitaus autonomeren Geräten handelt.[4]

Wir argumentieren, dass mit dem Einsatz von fortgeschrittenen Maschinen Konstellationen entstehen können, in denen weder dem Operateur noch dem Hersteller die moralische Verantwortung für Behandlungsfehler zugeschrieben werden können. Nach einer konzisen Einführung zu den Begriffen der Verantwortung sowie von Verantwortungslücken werden wir entsprechende Konstellationen am Beispiel von autonomen Systemen in der robotischen Chirurgie diskutieren. Hier zeigen sich Fragen von Verantwortungslücken zukünftig als unausweichlich. Zugleich argumentieren wir jedoch, dass der moderne Verantwortungsbegriff mehrdimensional ist und beispielsweise in individuelle Verantwortung sowie in Rollen- und Kollektivverantwortung unterschieden werden kann. Er changiert zudem zwischen einem Konzept von Verantwortung als Zuschreibung und Verantwortung als Übernahme. Insbesondere auf der Grundlage der wohlbekannten und ausgeprägten professionellen Rollenverantwortung von Ärztinnen und Ärzten gemeinsam mit Überlegungen zur Verantwortungsübernahme ergeben sich daher Möglichkeiten, zukünftige Verantwortungslücken zumindest zu reduzieren.

II. Was bedeutet „Verantwortung"?

In der Alltagspraxis der Moral ist „Verantwortung" zwar eine allgegenwärtige Kategorie, gleichwohl handelt es sich weder um einen einheitlichen noch um einen einfachen Begriff.[5] Alltagssprachlich drückt Verantwortung die Notwendigkeit aus, in einer Sache Rede und Antwort stehen zu müssen, gegebenenfalls auch für die positiven oder negativen Folgen dieser Sache einstehen zu müssen oder Verantwortung im Sinne von Schuld zu tragen.[6] In einem philosophischen Sinn lässt sich Verantwortung in gleich mehreren Hinsichten spezifizieren. Wir orientieren uns hierbei an der

---

[3] S. *Kalan/S. Chauhan/R. Coelho et al.*, History of robotic surgery, Journal of Robotic Surgery, 3 (2010), S. 141 (142).

[4] *P. Fiorini/K. Goldberg/Y. Liu/R. Taylor*, Concepts and Trends in Autonomy for Robot-Assisted Surgery, Proceedings of the IEEE. Institute of Electrical and Electronics Engineers, 7 (2022), S. 993 (994).

[5] *L. Heidbrink*, Definitionen und Voraussetzungen der Verantwortung, in: Handbuch Verantwortung, 2017, S. 3 (4); *J. Loh*, Strukturen und Relata der Verantwortung, in: Handbuch Verantwortung, 2017, S. 35 (36).

[6] *Heidbrink* (Fn. 5), S. 4.

gängigsten Verwendung des Begriffes, wie er auch im Diskurs um die Verantwortungslücken am häufigsten in Erscheinung tritt.⁷

Die erste wichtige Differenz betrifft deskriptive und präskriptive Begriffsbedeutungen. In einem deskriptiven Sinn lässt sich von kausaler Verantwortung sprechen. So lässt sich ausdrücken, dass ein Sturm für das Abbrechen eines Baumes verantwortlich ist oder eine Operation für den Tod eines Patienten. Hier muss allerdings noch keine normative Aussage über Verantwortung vorliegen. Ein Sturm stellt schlichtweg ein Wetterereignis dar, welches kein Akteur im präskriptiven Sinn verantworten kann. Im Fall des tödlich verlaufenden medizinischen Eingriffs ist dieser zwar auf einen Akteur zurückzuführen. Wurde die Operation allerdings *lege artis* durchgeführt, kann die Rolle des Arztes allenfalls als kausal, aber nicht als moralisch (oder auch rechtlich) verantwortlich beschrieben werden. Die normative Forderung des Einstehen-müssens lässt sich weiter in mindestens eine rechtliche und eine moralische Ebene unterscheiden. Rechtlich ergibt sich die besondere Stellung von Personen als Verantwortliche aus ihrer grundsätzlich freien und letztinstanzlichen Urheberschaft von Ereignissen in der Welt.⁸ Diese Freiheit ist verknüpft mit der normativen Erwartung, Rechtsnormen und Befehle auch gegen möglicherweise anders liegende Anreize zu befolgen oder für das Nicht-befolgen antworten zu müssen.⁹ Davon zu unterscheiden ist moralische Verantwortung, um die es im Folgenden gehen soll. Sie meint das Abgeben von Rechenschaft vor Anderen auf der Grundlage moralischer Prinzipien. Während sich beide Dimensionen inhaltlich durchaus weit überlappen können, unterliegt die rechtliche Verantwortung zudem einer Reihe von rechtspragmatischen Bedingungen. Ist hingegen die Rede von moralischer Verantwortung, so sind die Bedingungen eine Frage des Arguments, das entlang objektivierbarer Kriterien und entsprechender Begriffe das Vorliegen einer bestimmten Verantwortung schlüssig darlegen kann.¹⁰ Moralische Verantwortung wird in diesem Sinn häufig (aber nicht immer) als ein Zuschreibungsbegriff verwendet. Eine kausale Verantwortung ist in der Regel eine notwendige Bedingung für die Zuschreibung von moralischer Verantwortung, sie ist aber nicht hinreichend. Üblicherweise werden für die Zuschreibung moralischer Verantwortung mindestens zwei Voraussetzungen angenommen:

---

⁷ *P. Königs*, Artificial intelligence and responsibility gaps: what is the problem?, Ethics and Information Technology, 3 (2022), S. 1 (2); *D. Gunkel*, Mind the gap: responsible robotics and the problem of responsibility, Ethics and Information Technology, 4 (2020), S. 307 (307); *A. Matthias*, The responsibility gap: Ascribing responsibility for the actions of learning automata, Ethics and Information Technology, 3 (2004), S. 175 (175); *J. Danaher*, Tragic Choices and the Virtue of Techno-Responsibility Gaps, Philosophy & technology, 2 (2022), S. 1 (5). Hier wird lediglich die These vertreten, dass der Diskurs um Verantwortungslücken sein Problem in einer bestimmten Weise strukturiert, um es zu adressieren, ohne damit anzunehmen, dass dies auch für die Lösungsvorschläge gilt.

⁸ *J. Klement*, Rechtliche Verantwortung, in: Handbuch Verantwortung, 2017, S. 559 (561).

⁹ *Klement* (Fn. 8), S. 562.

¹⁰ *Heidbrink* (Fn. 5), S. 4.

a) eine *Form von Kontrolle* über eine Handlung, dies schließt eine kausale Verursachung ein, aber auch z. B. die Handlungsfreiheit des Akteurs;

b) eine *epistemische Bedingung*, etwa bestimmte Formen des Wissens oder der Intentionalität des Handelnden.[11]

Neben deskriptiven und präskriptiven Bedeutungsdimensionen ist es wichtig zu sehen, dass Verantwortung nicht schlechthin besteht, sondern ein relationaler Begriff ist. Alfred Schütz hat als einer der ersten darauf hingewiesen, dass Verantwortung sich mindestens auf ein Objekt und eine Instanz bezieht.[12] Während seitdem weitestgehend Einigkeit herrscht, dass die Berücksichtigung der jeweiligen Relata für eine angemessene Rekonstruktion notwendig sind, herrscht weniger Einigkeit darüber wie viele es sind. Es zeigen sich jedoch im mindesten drei, die zu berücksichtigen sind: Ein Verantwortungssubjekt (z. B. ein Arzt bzw. eine Ärztin) ist für etwas – einen Verantwortungsgegenstand (z. B. die Operation) – gegenüber einem bestimmten Verantwortungsobjekt (z. B. dem Patienten bzw. der Patientin) verantwortlich.

Darüber hinaus sind handelnde Personen in der Regel nicht nur für jede Form von intendierter Handlung verantwortlich, sondern können auch für nicht beabsichtigte Handlungen oder deren Folgen verantwortlich sein. So ist beispielsweise Ödipus für den Tod seines Vaters verantwortlich, auch wenn es nicht seiner Absicht entsprach, seinen Vater zu töten. Verantwortet werden kann darüber hinaus sowohl ein Tun als auch ein entsprechendes Unterlassen. So kann ein Arzt für einen verfehlten Eingriff, ebenso wie für die Unterlassung eines Eingriffes moralisch verantwortlich sein, sofern dieser medizinisch indiziert ist. Schließlich sind zwei Blickrichtungen zu unterscheiden: Verantwortung kann in einem retrospektiven Sinne bestehen. Geht es beispielsweise um Fragen der moralischen Schuld oder Anklage, z. B. für den verfehlten Eingriff, liegt das Augenmerk auf der retrospektiven Verantwortung. Spricht man dagegen von der Verantwortung des Arztes gegenüber seinen Patienten, ist damit auch ein prospektiver Sinn von Verantwortung gemeint, der bestimmte Pflichten umfasst.

III. Verantwortungslücken

Damit von Verantwortungslücken im hier diskutierten Sinne gesprochen werden kann, müssen drei Bedingungen erfüllt sein: Zum Ersten muss ein hinreichend komplexes maschinelles System (eine KI oder ein Roboter) einen Entwicklungsgrad erreichen, der ihm funktionale Autonomie ermöglicht. Zum zweiten muss das System im Rahmen dieser funktionalen Autonomie kausal für ein (positives oder negatives) Ergebnis verantwortlich sein. Drittens muss das System in einem relevanten Sinne nicht (vollständig) der Kontrolle durch Menschen oder Handelnde unterliegen.[13] Sind diese Bedingungen erfüllt, kann aufgrund der fehlenden Kontrollbedingung

---

[11] *Heidbrink* (Fn. 5), S. 6; *Königs* (Fn. 7), S. 2.
[12] *Loh* (Fn. 5), S. 37.
[13] *Danaher* (Fn. 7), S. 2; *Königs* (Fn. 7), S. 1.

die Verantwortung für das Ereignis womöglich keinem Verantwortungssubjekt im üblichen Sinne zugeschrieben werden.

Im Rahmen der entsprechenden Diskussionen um die Ethik automatisierter Maschinen ist mit Verantwortung in den meisten Fällen vorrangig ein spezifisches Problem hinsichtlich der Kontrollbedingung adressiert. So heißt es etwa in der Erklärung von Montreal für eine verantwortungsvolle KI-Entwicklung: „Für Entscheidungen, die auf von KI-Systemen getroffenen Empfehlungen basieren, und für die daraus folgenden Handlungen können ausschließlich Menschen verantwortlich gemacht werden."[14] Dies folgt der Erkenntnis, dass einer Maschine kausale Verantwortung zugeschrieben werden kann, während es zugleich schwer scheint, ihr auch moralische Verantwortung zuzuschreiben. Demgemäß müssten stets bestimmte andere Akteure für die möglichen nachteiligen Folgen verantwortlich sein. Fraglich ist allerdings, ob diese normative Forderung auch deskriptiv eingeholt werden kann. Mit zunehmend komplexer werdenden Systemen, die darüber hinaus ihre Agentivität zunehmend ausweiten, geht das Risiko einher, dass sich Verantwortungslücken auftun, d. h., dass keine Akteure – nicht die Maschine als kausal verantwortlich aber eben auch nicht Nutzer oder Hersteller – für mögliche Wirkungen moralisch verantwortlich gemacht werden können.

Verantwortungslücken wie oben beschrieben, können in allen Anwendungsfeldern der KI oder von autonomen Entscheidungssystemen auftreten, angefangen von selbstfahrenden Autos[15] bis hin zu autonomen Waffensystemen.[16] Die jeweils gleiche Frage lautet: Wer ist dafür verantwortlich, wenn ein Auto ohne menschliches Zutun einen Unfall oder Personenschäden verursacht, oder eine autonome Drohne eine bestimmte Person tötet? Umgekehrt können Verantwortungslücken aber auch dann auftreten, wenn wir es mit einem wünschenswerten Ergebnis zu tun haben: So kann gefragt werden, wer denn eigentlich die Anerkennung verdient, wenn AlphaGo die weltbesten Go-Spieler schlägt.[17]

Um die Diskussion einzugrenzen, sind zwei Hinweise sinnvoll. Zum einen muss an den aktuellen technischen Entwicklungsstand erinnert werden. Auch wenn mittlerweile in vielen Bereichen von hochgradiger Automatisierung gesprochen wird, handelt es sich in der Regel allenfalls um eine teilweise Automatisierung. Wenn beispielsweise von sogenannten selbstfahrenden Autos oder einem „Autopiloten" im Fahrzeug gesprochen wird, mag dies suggerieren, dass ein System vollumfänglich die Fahrt übernimmt. Folgt man jedoch der üblichen Taxonomie der *Society of Automotive Engineers*, lassen sich sechs Automatisierungsstufen unterscheiden, begon-

---

[14] Erklärung von Montreal für eine verantwortungsvolle Entwicklung von künstlicher Intelligenz 2023, URL: declarationmontreal-iaresponsable.com/wp-content/uploads/2023/01/AL-UdeM_Declaration-IA-Resp_allemand_vf.pdf, zuletzt aufgerufen am: 30.06.2023, S. 16.

[15] *Nyholm* (Fn. 1), S. 51 ff.

[16] *J. Himmelreich*, Responsibility for Killer Robots, Ethical Theory and Moral Practice, 3 (2019), S. 731 (734).

[17] *Gunkel* (Fn. 7), S. 312.

nen bei Stufe 0 bis Stufe 5.[18] Viele bislang verfügbare „selbstfahrende" Autos befinden sich hier nur auf einer Stufe der teilweisen Automatisierung (Stufe 2), bei der der Fahrer stets das Fahrverhalten überwachen muss und damit in definierter Weise die Kontrollbedingung erfüllt. Hier von möglichen Verantwortungslücken zu sprechen kann in die Irre führen und wird mitunter als strategisch motiviertes Argument vorgebracht, mit der sich bestimmte Instanzen (z. B. die Hersteller von entsprechenden Geräten) von jeglicher Verantwortung freizustellen versuchen. Die Frage der Verantwortungslücken ist in diesem Sinn eine auf die Zukunft gerichtete Frage, die in plausibler Weise antizipiert, dass echte Verantwortungslücken heutzutage wahrscheinlich noch eher selten sind, mit fortschreitender Entwicklung der entsprechenden Technologien aber durchaus zunehmend auftreten dürften.

Ebenso unterschieden werden muss die Frage nach möglichen Verantwortungslücken zweitens von einem Fehlgebrauch oder Missbrauch einer Maschine, oder von Fällen technischen Versagens oder tragischer Fehlschläge. Im Zusammenhang mit dem Da-Vinci-Operationssystem sind weltweit tausendfache Gerätestörungen oder Fehlfunktionen bekannt.[19] Derartige Fehlschläge, die im schlimmsten Fall auch zum Tode auf dem Operationstisch führen können, evozieren keine Verantwortungslücken im hier diskutierten Sinne und stellen auch keine grundsätzlich neuen Herausforderungen dar. Hier ist nicht eine Maschine in relevanter Hinsicht für einen Fehler kausal verantwortlich, sondern technisches Versagen oder Fehlbedienung, die gegebenenfalls auf einen menschlichen Akteur zurückgeführt werden können. Entscheidend für Verantwortungslücken ist, dass die entsprechende Aktion (sei es die Lenkbewegung eines Autos, der Abschuss eines ballistischen Geschosses oder die Schnittführung während einer Operation) auf Grundlage einer algorithmischen Entscheidung durch das jeweilige System erfolgte, allerdings ohne dass diese automatisierte Entscheidung auf die Intention oder Kontrolle eines dahinterliegenden Akteurs zurückgeht.

IV. Verantwortungslücken in der Medizin

Der Erste, der sich aus philosophischer Perspektive explizit mit dem Thema der Verantwortungslücken beschäftigt hat, war der Technikphilosoph Andreas Matthias, der vor etwa 20 Jahren in einem Aufsatz den Begriff der Verantwortungslücken (*responsibility gaps*) einführte.[20] Matthias fokussierte dabei auf den zunehmenden Einsatz von selbstlernenden Algorithmen, mit Ansätzen die heute unter dem Schlagwort vom Maschinellen Lernen diskutiert werden. Für Matthias wird aus dem Programmierer (*coder*) zunehmend der Kreateur, da die wachsende Autonomie von Maschi-

---

[18] *On-Road Automated Driving (ORAD) committee*, Taxonomy and Definitions for Terms Related to Driving Automation Systems for On-Road Motor Vehicles 2021, 22736:2021.

[19] *H. Alemzadeh/J. Raman/N. Leveson/Z. Kalbarczyk/Iyer*, Adverse Events in Robotic Surgery: A Retrospective Study of 14 Years of FDA Data, PloS one, 4 (2016), e0151470 (7).

[20] *Matthias* (Fn. 7), S. 176.

nen das technische Geschöpf von ihrem Schöpfer entkoppelt. Verantwortungslücken als ein Ausdruck dieser Entkopplung führen für Matthias in ein Dilemma: Entweder müsse man auf hochpotente autonome Systeme verzichten oder akzeptieren, dass diese eben zu Verantwortungslücken führen.

Obwohl Medizin und Gesundheitswissenschaften zu den Vorreitern eines praktischen Einsatzes eben jener Technologien gehören und zugleich über ein ausgeprägtes und höchst ausdifferenziertes Verantwortungsethos verfügen, haben Fragen möglicher Verantwortungslücken hier überraschend wenig Aufmerksamkeit erfahren. In den vergangenen Jahren sind zunehmend sogenannte intelligente Systeme in der Klinik angekommen. Die US-amerikanische Food & Drug Administration (FDA) hat mittlerweile mehr als 500 Zulassungen für entsprechende Produkte ausgestellt.[21] Während die meisten Entwicklungen in der Radiologie bzw. Bildgebung Einsatz finden, sind andere Systeme auch unmittelbar an der Diagnose oder Behandlung von Patienten beteiligt. Hier sind insbesondere Systeme des maschinellen Lernens zu nennen, die zugleich häufig in Form einer Black Box auftreten können.[22] Für Anhänger der digitalen Medizin ist dies nur ein Auftakt: Ähnlich wie im Bereich der selbstfahrenden Autos, meinen viele, dass die Automatisierung in der Klinik weiter vorangetrieben werden sollte. Wo dies in Zukunft der Fall sein wird, stellt sich auch die Frage nach Verantwortungslücken. Moderne Diagnose und Screeningsysteme reichen zuweilen bereits an die Leistungen von erfahrenen Expertinnen und Experten heran. Sie könnten in der Zukunft außerhalb einer direkten menschlichen Kontrolle eingesetzt werden. Auch dort wo die menschlichen Entscheidungsfähigkeiten aufgrund von Zeitdruck oder Komplexität an ihre Grenze gelangen – etwa in der Notfallmedizin – sind autonome Entscheidungen von Maschinen vorstellbar. In all diesen Fällen ist davon auszugehen, dass große Anreize bestehen, die Potenziale autonom agierender Technologien auszunutzen und sie dazu der menschlichen Kontrolle zu entheben. Gleichzeitig ist jedoch auch von diesen Geräten keine Fehlerfreiheit zu erwarten.

V. Wer trägt nun Verantwortung?

Ein vielversprechendes Anwendungsfeld für KI und robotische Systeme stellt dabei die Chirurgie dar. Bekannte und existierende Systeme, wie das „Da-Vinci-Operationssystem", sind derzeit Assistenzsysteme, die einen besseren Outcome versprechen und die Fähigkeiten des Operateurs unterstützen. Gemäß der Taxonomie für autonome Systeme wären diese derzeit im Bereich der Stufen 0 oder 1 zu verorten, da

---

[21] *U.S. Food & Drug Administration*, Artificial Intelligence and Machine Learning (AI/ML)-Enabled Medical Devices 2023, URL: fda.gov/medical-devices/software-medical-device-samd/artificial-intelligence-and-machine-learning-aiml-enabled-medical-devices [zuletzt aufgerufen am: 30.06.2023].

[22] *H. Smith*, Clinical AI: opacity, accountability, responsibility and liability, AI & SOCIETY, 2 (2021), S. 535 (540).

sie lediglich die Entscheidungen des Operators umsetzen.[23] Mittlerweile werden aber auch ausgereiftere Systeme, etwa für die Implantation von Cochlea-Implantaten verwendet. Im Jahr 2022 wurde mit dem STAR-System (Smart Tissue Autonomous Robot) in einer präklinischen Studie eine erste teil-autonome Laparoskopie am Tiermodell durchgeführt.[24]

Kommt es bei einer Operation durch (zukünftige) autonome Systeme zu einem „Kunstfehler", wirft dies die Frage nach der Verantwortungszuschreibung auf. Stellen wir uns die Situation möglichst plastisch vor: Angenommen ein Chirurgieroboter erlangt durch die Kopplung mit einem KI-System eine spezifische Form von Agentivität, die im Sinne von funktionaler Autonomie als hinreichend erachtet werden kann. Dieses System könnte etwa für Operationen im Bauchraum eingesetzt werden. Es könnte durch die Analyse vorliegender Operationsdaten erlernt haben, dass der mechanische Ausgleich der Atembewegungen von Patientinnen und Patienten im Rahmen der vorgegebenen Zielstellung der Operation ein wichtiger Faktor ist. Auf diesem Weg könnte es beispielsweise möglich sein, die relative Lage von Operationsfeld und Instrument zueinander so zu stabilisieren, dass extrem präzise Eingriffe etwa in der Nähe großer Blutgefäße (z. B. im Rahmen einer Tumorentfernung) möglich werden. Sagen wir weiter, das System entschiede auf dieser Grundlage eigenständig über Zeitpunkt, Amplitude und Richtung der Ausgleichsbewegung. Die mechanische Bewegung der Instrumente, die das System daraufhin vollziehen würde, wäre – anders als das übergeordnete Ziel der Operation – nicht durch Anwender, Hersteller und Programmierer vorgegeben. Sie unterläge nicht ihrer Kontrolle und könnte durch die Beteiligten nicht vorhergesagt werden. Der begleitende Chirurg hätte ebenfalls keine Möglichkeit die Bewegung vorherzusagen, zu kontrollieren oder womöglich sogar zu korrigieren. Entstünde bei einer solchen Operation, zum Beispiel durch die Verletzung einer Bauchraumarterie ein Schaden, so könnte zugleich auch eine Verantwortungslücke entstehen. Wie Sven Nyholm an einem anderen Beispiel argumentiert, sind Unkontrollierbarkeit und Unvorhersehbarkeit hier unmittelbare Folge der Agentivität und funktionalen Autonomie des Systems, die ausreichen, um es der Kontrolle (und damit der moralischen Verantwortung) des Operateurs zu entheben. Zugleich sind diese Agentivität und Autonomie jedoch nicht in einem solchen Maß vorhanden, dass man dem Gerät den Status eines moralischen Agenten – und damit eines Verantwortungsträgers- zuweisen könnte.[25]

Wenn solche Verantwortungslücken tatsächlich entstehen, wäre dies revisionär hinsichtlich der sozialen Praxis der Verantwortungszuschreibung und würde Moral und Recht grundsätzlich in Frage stellen. Wie Char und Kollegen in einem vielbeachteten Aufsatz im *New England Journal of Medicine* konstatieren, kann

---

[23] *A. Attanasio/B. Scaglioni/E. Momi et al.*, Autonomy in Surgical Robotics, Annual Review of Control, Robotics, and Autonomous Systems, 1 (2021), S. 651 (652).

[24] *H. Saeidi/J. Opfermann/M. Kam/S. Wei et al.*, Autonomous robotic laparoscopic surgery for intestinal anastomosis, Science robotics, 62 (2022), eabj2908 (3).

[25] *Nyholm* (Fn. 1), S. 57; *Königs* (Fn. 7), S. 2.

sich unter anderem mit der Einführung von selbstlernenden Systemen in der Medizin nicht weniger als die Aufgabe von persönlicher Verantwortlichkeit im Rahmen der Arzt-Patienten-Beziehung ergeben.[26] Dann wäre beispielsweise ein Behandlungsfehler (wie im Rahmen des obigen Beispiels) in etwa vergleichbar mit einem Tornado, der durch den Operationssaal fegt. Er kann viel Schaden anrichten, aber verantwortlich ist für diese Katastrophe wohl niemand.

Eine Reihe von Autoren meinen, dass die Möglichkeit von Verantwortungslücken und damit verbundene Herausforderungen für das Moralsystem so frappierend sind, dass entsprechende Technologien nicht entwickelt oder eingesetzt werden dürften. Während eine solche Schlussfolgerung am Beispiel von autonomen Waffensystemen womöglich plausibel gemacht werden kann,[27] erscheint dies bei lebensrettenden Technologien in der Medizin unwahrscheinlich. Immerhin wäre der Verzicht mit weit höheren Opportunitätskosten verbunden. Mit Blick auf das obige Beispiel ließe sich darauf verweisen, dass die skizzierte Lagestabilisierung durch eine KI und die damit verbundene Präzision bestimmte Operationen überhaupt erst ermöglicht und damit große Vorteile hätte.

Es erscheint daher lohnenswert einen zweiten Blick auf Verantwortungslücken zu werfen und die Frage zu stellen, ob sich diese nicht zumindest teilweise füllen ließen.[28] In jüngerer Zeit wurden hierzu eine Reihe von Lösungen vorgeschlagen, die sich vor allen Dingen an der Vorstellung orientieren, dass es möglich sei, Verantwortungssubjekte zu identifizieren, wenn man nur genau genug nach ihnen sucht. Zu den Vorschlägen gehören der Versuch, Maschinen selbst Verantwortung zuzuweisen, der Versuch, relevante menschliche Akteure doch argumentativ zur Verantwortung zu ziehen, sowie der Versuch, Verantwortungssubjekte jenseits von Individuen zu identifizieren.

1. Maschinenverantwortung

Eine vielleicht naheliegende Antwort wäre in Fällen wie der oben genannten Operation, die Maschine bzw. das System verantwortlich zu machen. Immerhin zeigt sich ein unmittelbarer kausaler Zusammenhang zwischen der „Entscheidung" der Maschine und dem unerwünschten Ergebnis. Dies schließt an Überlegungen hinsichtlich der Handlungsfähigkeit bzw. Agentschaft von Robotern an, die über reine funktio-

---

[26] D. *Char/N. Shah/D. Magnus*, Implementing Machine Learning in Health Care – Addressing Ethical Challenges, The New England journal of medicine, 11 (2018), S. 981 (983).

[27] R. *Sparrow*, Killer Robots, Journal of Applied Philosophy, 1 (2007), S. 62 (74).

[28] Während Einigkeit herrscht, dass autonome Technologie Herausforderungen für Verantwortungszuschreibung bergen, hinterfragen einige Autoren, ob es Verantwortungslücken tatsächlich geben kann (verg. zum Beispiel D. *Tigard*, There Is No Techno-Responsibility Gap, Philosophy & technology, 3 (2021), S. 589 (590).) Andere Autoren heben zugleich auch mögliche entlastende Potenziale von Verantwortungslücken hervorgehoben (vgl. *Danaher* (Fn. 7), S. 14).

nale Autonomie hinausgehen. Der Philosoph James Moor[29] hat hierzu in einem vielbeachteten Essay vier verschieden Typen von sogenannten moralischen Maschinen (*ethical robots*) unterschieden: i) *Ethical-impact agents*, ii) *implicit ethical agents*, iii) *explicit ethical agents*, und iv) *full ethical agents*. Nur letzte könnten dabei beanspruchen, vollständig handlungsfähig und damit womöglich auch Träger von Verantwortung zu sein. Christian List[30] meint, dass Systeme der Künstlichen Intelligenz, zumindest wenn diese sehr fortgeschritten seien, durchaus verantwortungsfähige Agenten sein könnten. Dies gelte zumindest in einem Sinn, in dem auch menschlichen Kollektiven unter bestimmten Bedingungen Verantwortung zugeschrieben werden kann.

Ungeachtet der konkreten Ausgestaltung der jeweiligen Argumente, gehen diese Positionen davon aus, dass Maschinen in bestimmter Weise Verantwortung zugeschrieben werden kann. Sie tun dies entweder indem argumentiert wird, dass Maschinen einen Grad von Autonomie erreichen können, der sie nicht nur funktional befähigt, sondern darüber hinaus auch zu einer Art moralischer Handlungsfähigkeit führt. Dies könnte manche Maschine in den Status eines moralischen Agenten heben. Oder aber sie machen deutlich, dass sie zwar nicht die Eigenschaften einer moralischen Handlungsfähigkeit erfüllt sehen, es sich aber gleichwohl im Sinne einer sozialen Konvention als zielführend erweisen könnte, intelligenten Systemen Verantwortung zuzusprechen.[31]

Dem gegenüber steht der gegenwärtige Entwicklungsstand. Er gibt kaum Anhaltspunkte, die es erlauben würden, Maschinen als vollumfängliche Verantwortungssubjekte zu verstehen. Die Frage, ob Entwicklungen der KI jemals an einen solchen Punkt kommen können, ist ungeklärt und soll an dieser Stelle nicht weiter verfolgt werden. Selbst wenn es allerdings so wäre, bliebe offen, inwieweit die übliche soziale Praxis der Verantwortung hier auf künstliche Akteure übertragen werden kann. Zur Funktion von Verantwortung gehören schließlich auch noch weitere soziale Aspekte, von Rechenschaft auf Seiten der Verantwortungsträger bis hin zu Dynamiken aus Lob, Tadel oder auch Strafe. Selbst wenn also Maschinen verantwortlich sein könnten, wäre noch immer unklar, in welcher Weise diese beispielsweise sinnvoll Adressat von Strafen sein könnten.[32] In gewisser Weise erinnert die Idee, Maschinen zur Verantwortung ziehen zu wollen, an mittelalterliche Strafprozesse gegen Tiere oder den Versuch ganz und gar menschliche Konzepte, die über lange Zeit an der Interaktions- und Sozialpraxis von Menschen geschärft worden sind, in einen anderen und eher unpassenden Kontext zu übertragen.

---

[29] *J. Moor*, The Nature, Importance, and Difficulty of Machine Ethics, IEEE Intelligent Systems, 4 (2006), S. 18 (19).

[30] *C. List*, Group Agency and Artificial Intelligence, Philosophy & technology, 4 (2021), S. 1213 (1217).

[31] *Gunkel* (Fn. 7), S. 316.

[32] *Sparrow* (Fn. 27), S. 71; *Nyholm* (Fn. 1), S. 56.

Zu bedenken ist zudem abschließend, dass selbst wenn Maschinen in einem gewissen Sinne autonom agieren und interagieren, diese noch immer einer festgelegten Zielstellung unterliegen, die auf ihr Design zurückzuführen ist, ggf. überwacht wird und vorher bestimmten Regeln folgt. Nyholm[33] spricht hier von verschiedenen Formen einer Domänen-spezifischen Handlungsfähigkeit. So mag zwar ein weiter ausgeklügeltes Da-Vinci-System einen Operationsfehler begehen, also für den vorgesehenen Zweck versagen. Es wird sich allerdings nicht verselbstständigen oder beispielsweise gezielt einen Mord begehen. Der Aktionsradius dieser Maschine ist in gewisser Weise *hard-wired*. Dies nimmt ihr nicht nur die für Verantwortung notwendige Freiheit (siehe hierzu die Ausführungen zum Rechtsbegriff der Verantwortung), sondern lässt es auch plausibel erscheinen, die Suche nach den Verantwortungssubjekten an der Stelle fortzusetzen, wo ein Akteur auf diese Zielstellungen Einfluss zu nehmen vermag.

2. Menschenverantwortung

Dabei ist in erster Linie an die verschiedenen menschlichen Akteure zu denken, die sich in Interaktionszusammenhängen mit der Technologie befinden. Sie stehen im Zentrum der zweiten Gruppe von Vorschlägen, die jedoch ebenfalls mit einer Reihe von Schwierigkeiten versehen sind. Diesen Versuchen kann entgegengehalten werden, dass bei Fehlschlägen in autonomen Systemen kaum einem Menschen, sei es z.B. einem Ingenieur oder einem Arzt, die Verantwortung zugeschrieben werden kann, ohne damit weitere Widersprüche zu erzeugen. Aus entsprechenden Studien ist beispielsweise bekannt, dass Menschen dazu neigen, denjenigen die Schuld an Schäden durch Maschinen zu geben, die sie bedienen oder dicht an ihnen stehen.[34] Dies wäre in vielen Fällen allerdings nicht nur unangemessen, sondern auch unfair. Selbst bei einer menschlichen Aufsicht einer Maschine – dem *human-in-the-loop* – sind bei (teil)autonomen Systemen regelhaft Konstellationen denkbar, wo keine bestimmte Person einen relevanten Beitrag an negativen Ereignissen hat. Dies ist unter anderem durch die Komplexität entsprechender Systeme und Handlungszusammenhänge zu erklären, sowie durch die vielfältigen Akteure, die an Entwicklung und Verwendung von Systemen beteiligt sind. So kann ein chirurgischer Roboter von einem Arzt A bedient werden, wobei das System vom Hersteller B entwickelt und von C installiert worden ist, die Hardware von D produziert und durch ein KI-System von E unterstützt wird, welches mit Daten aus unterschiedlichen Quellen durch F trainiert wurde und so fort.[35] Wenn sich etwa im Fall des robotischen Kunstfehlers herausstellt, dass dieser auf Verzerrungen in den Trainingsdaten eines autonomen

---

[33] *Nyholm* (Fn. 7), S. 58 ff.

[34] *A. Jamjoom/A. Jamjoom/J. Thomas* et al., Autonomous surgical robotic systems and the liability dilemma, Frontiers in Surgery, 2022, S. 1 (4).

[35] *F. Santoni de Sio/G. Mecacci*, Four Responsibility Gaps with Artificial Intelligence: Why they Matter and How to Address them, Philosophy & technology, 4 (2021), S. 1057 (1062).

Systems zurückzuführen ist,[36] scheint sich kaum ein bestimmter Akteur für die Zuschreibung von Verantwortung anzubieten. Erschwerend kommt die vielbeschriebene Opazität von KI hinzu. Regelmäßig ist auch für die Entwickler (und noch viel mehr für Anwender) von Systemen kaum nachvollziehbar, wie Entscheidungen oder Outputs zustande kommen.

3. Kollektive oder kollaborative Verantwortung

Im Anbetracht dieses Geflechts scheint eine weitere naheliegende Lösung zu sein, hier auf Kollektive als mögliche Verantwortungsträger von robotischen Kunstfehlern auszuweichen. Auch dies ist eine Lösungsstrategie, die im Zusammenhang mit anderen autonomen Systemen vielfach diskutiert wird. So meint etwa Nyholm,[37] dass sich Verantwortungslücken schließen lassen, wenn vermeintlich autonome Entscheidungen von Maschinen als das Ergebnis einer Mensch-Maschinen-Interaktion und Zusammenarbeit verstanden werden. Nyholm spricht in diesem Zusammenhang von einer kollaborativen Verantwortung, die sowohl einem Roboter, als auch dem interagierenden Menschen zukomme. Offen bleibt bei ihm allerdings die Frage, wie dann die Verantwortung zwischen Menschen und Maschine verteilt werden müsste. Hier scheint naheliegend, dass sich Verantwortungslücken entweder erneut auftun, da Maschinen eben doch keine adäquate Verantwortungssubjekte sind, oder alleine dem menschlichen Akteur die Last der Verantwortung auferlegt wird. Auch bei der kollaborativen Verantwortung wiederholt sich zudem die oben beschriebene Herausforderung, dass bei Entwicklung und Verwendung komplexer KI-Systeme vielfältige Akteure beteiligt sind. Folglich müssten Fragen der Verantwortlichkeit für Fehler von KI-Systemen womöglich ähnlich behandelt werden, wie die von Kollektiven – ein bekanntes Thema aus der Wirtschaft- oder Organisationsethik. Damit verbindet sich allerdings eine weitere Hürde, namentlich die hierbei drohende Verantwortungsdiffusion, die im Zusammenhang mit dem Versuch bekannt ist, Kollektive zu Verantwortungssubjekten zu erklären. Tatsächlich wurde unlängst von Bleher und Braun[38] vorgeschlagen, die Verantwortungslücken vielmehr als eine Verantwortungsdiffusion zu betrachten. Während diese Deutung einen Erklärwert besitzt, bleibt allerdings offen, wie eine Verantwortungslücke als diffuse Kollektivverantwortung gefüllt werden kann.[39] Im Kontext von hochkomplexen autonomen Maschinen verschärft sich schließlich das sogenannte „Problem der vielen Hände", da hier

---

[36] *H. Bleher/M. Braun,* Diffused responsibility: attributions of responsibility in the use of AI-driven clinical decision support systems, AI and ethics, 4 (2022), S. 747 (755).

[37] *Nyholm* (Fn. 7), S. 62 ff.

[38] *Bleher/Braun* (Fn. 36), S. 751.

[39] *R. Jong,* The Retribution-Gap and Responsibility-Loci Related to Robots and Automated Technologies: A Reply to Nyholm, Science and engineering ethics, 2 (2020), S. 727 (731).

nun nicht nur viele Hände, sondern auch viele Dinge und Artefakte zur Fragmentierung der Verantwortung beitragen.[40]

VI. Verantwortung übernehmen?

Die skizzierten Vorschläge Verantwortung Menschen, Maschinen oder Kollektiven zuzuschreiben, erweisen sich vor diesen Überlegungen als ungeeignet, um die durch autonome Systeme entstehenden Verantwortungslücken zu schließen. Hier war bislang entscheidend, dass für eine moralische Verantwortung eine Kontrollbedingung sowie epistemische Bedingungen erfüllt sein müssen, damit einem Akteur Verantwortung zugeschrieben werden kann. Verantwortung wurde zudem durch gewisse Relata gekennzeichnet: Das Verantwortungssubjekt ist hinsichtlich eines Verantwortungsgegenstandes gegenüber einem bestimmen Verantwortungsobjekt verantwortlich, beispielsweise der Arzt gegenüber dem Patienten. In dieser Konstellation erschien es in der Tat eine Herausforderung im Hinblick auf die Kontrollbedingung, wenn ein autonomes System in diese Dyade eindringt.

Mindestens im Kontext des ärztlichen Handelns und des entsprechenden professionellen Ethos drängt sich jedoch noch eine weitere Möglichkeit auf, die in der Diskussion bisher weniger Beachtung gefunden hat. Neben dem Zuschreibungsbegriff von Verantwortung, kennt die moralische Praxis noch ein weiteres Phänomen, nämlich die *Verantwortungsübernahme*, das insbesondere im Rahmen der so genannten Professions- und Rollenverantwortung von Bedeutung ist. Damit ist eine spezifische Form der Verantwortung gemeint, die eine Person qua ihrer Funktion innerhalb eines bestimmten Kontextes übernimmt. So können Eltern die Verantwortung für ihre Kinder übernehmen oder Tierhalter für ihr Tier. Diese Form der Verantwortungsübernahme umfasst nicht nur einen prospektiven Sinn, nach dem beispielsweise Eltern gewisse Fürsorgepflichten für ihre Nachkommen übernehmen. Vielmehr schließt diese Verantwortungsübernahme auch ein, sich zuweilen für seine Kinder zur Verantwortung ziehen zu lassen, beispielsweise Tadel auf sich zu nehmen, oder sich für ihr Fehlverhalten zu entschuldigen. Markant an diesen Formen der Verantwortungsübernahme ist erstens, dass diese nicht oder nur indirekt (qua Rollenverantwortung) auf eine Zuschreibung angewiesen ist. Der Akt der Verantwortungsübernahme kann in der Hand des verantwortungsübernehmenden Subjekts liegen.[41] Zweitens ist für eine Verantwortungsübernahme keine unmittelbare kausale Verantwortung notwendig, die für eine relevante Handlung vorliegen muss. Die oben genannte Kontrollbedingung der Verantwortung verliert damit an Bedeutung.

---

[40] M. *Coeckelbergh*, Artificial Intelligence, Responsibility Attribution, and a Relational Justification of Explainability, Science and engineering ethics, 4 (2020), S. 2051 (2056).

[41] I. *van de Poel/M. Sand*, Varieties of responsibility: two problems of responsible innovation, Synthese, S19 (2021), S. 4769 (4774).

1. Warum sollte jemand Verantwortung für Maschinen übernehmen wollen?

Die sich aufdrängende Frage ist daher, ob auf diesem Weg Verantwortungslücken geschlossen werden können, indem eine Person die Verantwortung für eine Maschine *übernimmt*. Der erste kritische Einwand, der in dieser Hinsicht zu berücksichtigen ist, ist sicherlich, warum eine Person dies überhaupt tun sollte. Diese berechtigte Frage hat einige Autoren dazu bewegt, die Idee von Verantwortungsübernahmen im Kontext von autonomen Systemen abzulehnen. So arbeitet Nyholm eine verbreitete Asymmetrie in unserer sozialen Praxis heraus: Einen Akteur zu finden, der bereit ist, eine sogenannte positive Verantwortung zu übernehmen, der also bereit ist, berechtigtes Lob entgegen zu nehmen, wenn etwas gelingt, ist leicht.[42] Dagegen einen Akteur zu finden, der die Last einer negativen Verantwortung auf sich nimmt, wenn etwas schiefgegangen ist, ist häufig unmöglich. Diese Feststellung kann als kritische Diagnose Bestand haben: Man denke in diesem Fall nur an das oben entwickelte Beispiel des chirurgischen Roboters oder des Herstellerunternehmens von selbstfahrenden Autos. Es dürfte dem beteiligten Chirurgen keine Schwierigkeiten bereiten, das Lob für die außergewöhnliche und lebensrettende Präzision der Operation entgegenzunehmen und in diesem Sinn die Verantwortung für ein gutes Gelingen zu übernehmen. Ähnliches dürfte für den Hersteller gelten. Kommt es im Falle des selbstfahrenden Autos zu einem Unfall im „Autopilot" oder setzt der Chirurgieroboter den Schnitt an der falschen Stelle, dürften Hersteller und Personen weit weniger geneigt sein, die Verantwortung auf sich zu nehmen.

Die verbreitete Skepsis gegenüber einem volitionalen und gutwilligen Akt der Verantwortungsübernahme ist durchaus verständlich. Sie sollte jedoch nicht dazu verleiten, diese Idee zu früh als naiv abzutun. Dies gilt insbesondere dann, wenn sie im Kontext einer bestimmten Rollenmoral gebraucht wird, die es erlaubt, die Übernahme von Verantwortung nicht allein als freiwilligen Akt, sondern als Teil einer moralischen Pflicht zu präskribieren. In diesen Bereich fallen nicht nur die eingangs genannten Eltern, die für ihre Kinder verantwortlich sind, sondern auch Träger professioneller Rollen. So kann es Teil der Rollenverantwortung einer guten Führungsperson sein, die Verantwortung für seine Mitarbeiter zu übernehmen, oder es kann Teil einer politischen Rollenverantwortung ausdrücken, Verantwortung für Vorgänge im eigenen Dienstbereich zu tragen. In gleicher Weise kann es Teil der professionsethischen Verantwortung der Rolle von Ärztinnen und Ärzten sein, Verantwortung für Patientinnen und Patienten zu übernehmen.

Im Zusammenhang mit autonomen Systemen wurde diese Form von Verantwortungsübernahme als Teil einer professionellen Rollenmoral unlängst eingeführt. So haben Champagne und Tonkens[43] argumentiert, dass sich beim Einsatz von autono-

---

[42] *S. Nyholm*, Artificial Intelligence, Responsibility Gaps, and Asymmetries between the Good and the Bad, im Erscheinen.

[43] *M. Champagne/R. Tonkens*, Bridging the Responsibility Gap in Automated Warfare, Philosophy & technology, 1 (2015), S. 125 (126). Vergl. auch *M. Kiener*, Can we Bridge AI's responsibility gap at Will?, Ethical Theory and Moral Practice, 4 (2022), S. 575 (582).

men Waffensystemen mögliche Verantwortungslücken schließen ließen, indem z. B. ein Heerführer qua professioneller Rolle die Übernahme der prospektiven Verantwortung für tödliche Systeme trägt. Der Kommandeur könne sich damit sozusagen zum Subjekt der Verantwortung erklären und sich somit auch zum gerechtfertigten Adressaten von moralischer Anklage machen, falls es auf dem Kampfplatz zu Verletzungen des Kriegsrechts kommt. Auf diese Weise, so Champagne und Tonkens, ließen sich manche Verantwortungslücken reduzieren.

Dieser Vorschlag kann als Vorlage für einen Versuch dienen, Verantwortungslücken in der digitalen Medizin zu schließen. Denn gerade das ärztliche Berufsethos – die Rollenmoral, die mit professionsspezifischen Verpflichtungsdimensionen einhergeht – erscheint ein geeigneter Ausgangspunkt für Verantwortungsübernahmen. Das professionsspezifische Ethos von Ärztinnen und Ärzten ist einerseits stark ausdifferenziert und wirkmächtig. Vor allen Dingen aber bindet es die Güte des ärztlichen Handelns durch die Pflicht zu Sorge und Fürsorge stets an das Wohl von Patientinnen und Patienten. Es verlangt damit, das Ärztinnen und Ärzte qua ihrer Fähigkeiten und Expertise Verantwortung für Andere übernehmen. Mindestens graduell unterscheidet dies die ärztliche Profession damit auch von anderen beteiligten Gruppen wie Ingenieuren oder Programmierern, bei denen trotz verschiedener Bemühungen eine analoge Rollenmoral bislang allenfalls in Ansätzen erkennbar ist.[44]

2. Wofür können Ärzte Verantwortung übernehmen?

Die Frage ob Ärztinnen und Ärzte einspringen *können*, wenn es darum geht Verantwortung für autonome technische Systeme zu übernehmen, lässt sich so prima facie bejahen. Die ärztliche Rollenverantwortung mit ihrem starken Fokus auf Sorge und Wohlergehen von Patientinnen und Patienten eröffnet darüber hinaus durchaus Möglichkeiten, diese Übernahme als Teil der Rolle eines guten Arztes oder einer guten Ärztin zu empfehlen. Ärztinnen und Ärzte können nicht nur – sie sollten unter bestimmten Umständen Verantwortung für funktional autonome Maschinen übernehmen.

Auf diese Weise scheint es möglich einige Verantwortungslücken zu schließen. Zugleich muss dieser Befund jedoch mit Einschränkungen versehen werden, die eine absurde Entgrenzung des Verantwortungsbegriffs vermeiden. Um sinnvoll von einer Verantwortungsübernahme sprechen zu können, müssen zunächst einmal bestimmte Voraussetzungen erfüllt sein. Selbst wenn für eine Verantwortungsübernahme die genannte Kontrollbedingung an Bedeutung verliert, ist es keineswegs sinnvoll anzunehmen, dass es möglich ist, Verantwortung für jeden beliebigen Zustand zu übernehmen. Sonst wäre es auch möglich, willkürlich Verantwortung für Vorgänge fernab des ärztlichen Handlungsbereiches zu übernehmen, ebenso wie

---

[44] Vergl. mit einem Vorschlag in dieser Richtung: *T. Goetze*, Mind the Gap: Autonomous Systems, the Responsibility Gap, and Moral Entanglement, in: FAccT '22: Proceedings of the 2022 ACM Conference on Fairness, Accountability, and Transparency, 2022, S. 390 (395).

für Zustände, die sich prinzipiell jedem Einfluss entziehen. Ebenso wenig wie Personen, die Verantwortung für das Wetter übernehmen können, kann ein Arzt Verantwortung für robotische Behandlungsfehler übernehmen, die vollständig abseits seiner Handlungssphären stattfinden.

Maximilian Kiener[45] hat im Zusammenhang mit Verantwortungslücken kürzlich zwei Aspekte vorgeschlagen, die Minimalbedingungen für gerechtfertigte Verantwortungsübernahmen auszeichnen: Die *räumliche und zeitliche Nähe* des Subjekts der Verantwortungsübernahme zum Verantwortungsgestand sowie die *Relevanz des Subjekts* im kausalen Geflecht des Verantwortungsgegenstandes. So können beispielsweise Programmierer eine hohe Relevanz für die Entwicklung entsprechender Systeme in der Medizin aufweisen. Zugleich fehlt es ihnen an räumlicher und zeitlicher Nähe zur Behandlungssituation. Ärztinnen und Ärzte dagegen sind unmittelbar am Patienten. Zugleich haben sie eine hohe Relevanz. Denn selbst wenn sie manche Wirkungen von autonomen Systemen nicht kontrollieren könnten, sind sie doch wesentlich für die Indikationsstellung und somit relevante Akteure für die Mittelwahl.

3. Kann Verantwortungsübernahme eingefordert werden?

Die zweite Einschränkung betrifft die Frage in welchem Rahmen es für Ärzte möglich ist, Verantwortung für robotische Behandlungsfehler zu übernehmen, beziehungsweise in welchem Rahmen eine Verantwortungsübernahme als Teil des Professionsethos gefordert werden kann. Das Phänomen von Verantwortungsübernahmen abseits von Rollenverantwortung wird häufig als eine Form von übergebührlichem Handeln interpretiert.[46] Leiht sich Hans das Auto seiner Bekannten Aisha und hat der Wagen auf den ersten Metern ohne Hans' Zutun einen Motorschaden, ist es sicherlich lobenswert, wenn Hans sich an den Reparaturkosten beteiligt und damit in gewisser Weise auch Verantwortung für die Wiedergutmachung übernimmt. Zugleich könnte Aisha diese Form der Verantwortungsübernahme wahrscheinlich nicht von Hans einfordern, weil dieser keinen relevanten Beitrag am Motorschaden hatte. Hans' Übernahme von Verantwortung könnte maximal gelobt werden, bliebe jedoch als supererogatorisches Verhalten außerhalb seiner Pflichten.

Im Rahmen der ärztlichen Rollenverantwortung lägen die Dinge anders: Hier kann die Übernahme als integraler Bestandteil der Verantwortung qua professioneller Funktion verstanden werden, die sich auch moralisch einfordern lässt. Wenn ein Arzt nach einem robotischen Kunstfehler durch einen hinreichend autonomen Roboter untätig und mit einem Schulterzucken den OP verlässt, wird er seiner Rolle nicht gerecht. Vielmehr würde er dann zum legitimen Adressat von moralischem Tadel werden, wenn er es in Folge des robotischen Fehlers versäumt, Verantwortung zu übernehmen. Damit würde er nicht für den Fehler der Maschine zur Verantwortung

---

[45] *Kiener* (Fn. 43), S. 588.
[46] *van de Poel/Sand* (Fn. 41), S. 4779.

gezogen. Vielmehr würde man ihm anlasten, auf den robotischen Kunstfehler eben nicht adäquat reagiert zu haben, in dem er sich einer Verantwortungsübernahme entzogen hat.

4. Was folgt aus der übernommenen Verantwortung?

Im Hinblick auf die Frage, was aus der Übernahme von Verantwortung erfolgt, müssen weitere Einschränkungen gemacht werden. Sicher ist, dass Ärztinnen und Ärzte nicht zum gerechtfertigten Gegenstand von Empörung und Schuld werden sollten, wenn es um den beschriebenen Fall einer Verantwortungslücke geht, die durch die Übernahme von Verantwortung geschlossen wird.

In der alltagsmoralischen Sprechweise von Verantwortung fällt die Zuweisung von Schuld und die Zuweisung von Verantwortung als das oben beschriebene Einstehen-müssen in der Regel zusammen. Für die Frage der gerechtfertigten Schuldzuweisung ist insbesondere entscheidend, ob die Zurechnung der Handlung zum jeweiligen Akteur möglich ist. Hierfür ist kausale Verantwortung ein zentrales Kriterium. In diesem Sinn bleibt auch bei der Übernahme von Verantwortung der Eindruck einer Lücke bestehen, da die entsprechende Kontrollbedingung auch bei übernommener Verantwortung unerfüllt bleibt. Der beteiligte Operateur ist nicht kausal für den entstandenen Schaden eines autonomem Systems verantwortlich. Er kann deswegen auch keine Schuld tragen.

Man könnte an dieser Stelle erneut einwenden, dass die retrospektiven Dimensionen von Schuld und Tadel, die sich intuitiv mit dem Verantwortungsbegriff verbinden, in psychologischer und sozialer Hinsicht durchaus von Bedeutung sind. In ihnen manifestiert sich ein bekannter und universeller Kern von Gerechtigkeitsvorstellungen, der auf den Ausgleich und die Wiederherstellung eines imaginierten Gleichgewichtes nach einem geschehenen Unrecht zielt. Dennoch scheint es fraglich, inwieweit dies als Einwand gegenüber einem Konzept von Verantwortungsübernahme im Rahmen von professioneller Rollenverantwortung taugt. Richtig ist, dass das hier dargelegte Konzept deutlich stärker in Richtung der Frage weist, wer zur Verantwortung gezogen werden kann, also von wem gerechtfertigt verlangt werden kann, für ein Ereignis „Rede und Antwort" zu stehen. Gesucht ist weniger ein Akteur, der Schuld auf sich nimmt, als jemand der antworten kann – wie sich auch im Begriff der Ver*antwort*ung oder auch *respons*ability ausdrückt. Allerdings kann dieses Antworten-müssen eine ähnliche sozialregulative Funktion übernehmen wie die Idee von Schuld. Mit ihr kann beispielsweise auch verbunden sein, prospektiv für die Heilung vergangener Ereignisse bereitzustehen, selbst wenn diese nicht der Kontrolle des entsprechenden Akteurs unterlagen und ohne dabei auf den Begriff der Schuld zurückzugreifen.[47] Im Unterschied zu kollektiver und kollaborativer Verantwortung

---

[47] Diese Dimensionen von Verantwortung im Umgang mit Technologien weisen eine interessante Parallele zu Debatten im Rahmen von globaler Armut auf. Hier wird zuweilen von einer Beseitigungsverantwortung gesprochen („remedial responsibility" vergl. *D. Miller*, Na-

steht mit professioneller Rollenverantwortung zudem ein klar definiertes Verantwortungssubjekt zur Verfügung, das im Unterschied zu Konzepten maschineller Verantwortung zur Übernahme von Verantwortung tatsächlich fähig ist.

Es scheint in diesem Sinne angebracht, dass Ärzte eine ähnliche Verantwortung für robotische Kunstfehler übernehmen sollten. Dies bedeutet nicht, dass Behandler moralisch für den robotischen Kunstfehler Schuld tragen müssen oder sogar rechtlich für Maschinen haften. Es bedeutet aber, dass sie für mögliche entstandene Schäden „Rede und Antwort" stehen und nicht zuletzt qua Rollenmoral eine prospektive Verantwortung für die Behebungen von möglichen Fehlern tragen.

Welche konkreten Handlungsdimensionen sich aus dieser postulierten Verantwortungsübernahme ergeben, lässt sich erst in spezifischen Kontexten erschließen. Neben den genannten Bemühungen der Wiedergutmachung gehören hierzu sicherlich weitere Verantwortlichkeiten: angefangen von Entschuldigen für den Fehler, über Bemühungen um Aufklärung des Ergebnisses, der Ableitung mögliche Erkenntnisse, die Antizipationen von vergleichbaren Situationen oder auch die Kommunikation entsprechender Ereignisse in der Fachgemeinschaft.[48] Mit einer Verantwortungsübernahme in diesem, hier nur angedeuteten Sinn, ließen sich zumindest einige der befürchteten Verantwortungslücken durch autonome Systeme auf eine nicht-triviale Weise schließen.

VII. Fazit

Auf Grundlage dieser Überlegungen gewinnt eine Idee von Verantwortung Kontur, die im Hinblick auf das Problem der Verantwortungslücken etwas beizutragen hat. Entwicklungen der Künstlichen Intelligenz und Robotik erlauben die Schaffung von teilautonomen oder zukünftig sogar von autonomen Systemen. Diese können, wie das Beispiel der robotischen Chirurgie zeigt, in verschiedener Hinsicht äußerst dienlich sein. Wenn es beim Einsatz von solchen Systemen allerdings zu automatisierten „Fehlentscheidungen" oder „Kunstfehlern" kommt, erscheint es mitunter unmöglich, ein Verantwortungssubjekt zu identifizieren. Die Sorge um hier entstehende Verantwortungslücken hat einige veranlasst, sich für ein Verbot von autonomen Systemen stark zu machen oder zumindest ein Dilemma zu konstatieren: entweder wir müssen entsprechende Verantwortungslücken hinnehmen oder auf die Potenziale entsprechender Technologien verzichten.

---

tional Responsibility and Global Justice, 2007, S. 83.), die beispielsweise Nationen haben, wenn es um die Bekämpfung der globalen Armut geht. Entscheidend an dieser Form der prospektiven Verantwortung ist, dass diese von einer retrospektiven Ergebnisverantwortung entkoppelt sein kann. Es ist gerade eine Kennzechen von globalen Herausforderungen, dass die Akteure, die etwas zur Armut beigetragen haben, nicht diejenigen sind, die zukünftig für die Beseitigung globaler Armut zuständig sind. Vielmehr scheinen Faktoren wie Möglichkeiten der Akteure – im Falle von Nationen z.B. ihr wirtschaftlicher und technischer Entwicklungsgrad – für ihre Beseitigungsverantwortung ausschlaggebend.

[48] *Goetze* (Fn. 44), S. 395.

Demgegenüber wurde hier argumentiert, dass es tatsächlich mit einem geläufigen Begriff von Verantwortung schwer bis kaum möglich ist, Verantwortungslücken zu schließen. Zugleich haben wir die Idee von Verantwortungsübernahmen ins Spiel gebracht, die ein natürliches Element der Rollenmoral in verschiedenen Professionen darstellt. In manchen Konstellationen, so das Argument, sollten Ärzte oder Behandler die Verantwortung für robotische Kunstfehler übernehmen. Das bedeutet nicht, dass sie in einem retrospektiven Sinne Schuld an den Fehlern des Systems tragen. Es kann aber bedeuten, dass ihnen dadurch gerechtfertigte Erwartungen entstehen, sich in bestimmter Weise zuständig für die Folgen zu erklären, ansprechbar zu sein oder auch Vorkehrung gegen zukünftige Fehler zu treffen.

Diese Form der Verantwortungsübernahme macht Ärzte und Ärztinnen nicht zu Sündenböcken für Maschinen, sondern stellt einen Ausdruck ihrer professionalen Rolle und eines ärztlichen Ethos dar, welcher das Wohlergehen der Patienten zum obersten Anliegen macht. Zugleich lassen sich auf diese Weise zumindest einige der befürchteten Verantwortungslücken schließen und damit zukünftige (teil)autonome Systeme widerstandslos in die moralische Praxis integrieren.

Literatur

Alemzadeh, Homa/*Raman*, Jaishankar/*Leveson*, Nancy/*Kalbarczyk*, Zbigniew/*Iyer*, Ravishankar K.: Adverse Events in Robotic Surgery: A Retrospective Study of 14 Years of FDA Data, in: PloS one, Heft 4, 2016, e0151470.

Association for Computing Machinery (Hg.): FAccT '22: Proceedings of the 2022 ACM Conference on Fairness, Accountability, and Transparency, New York 2022.

Attanasio, Aleks/*Scaglioni*, Bruno/*Momi*, Elena de/*Fiorini*, Paolo/*Valdastri*, Pietro: Autonomy in Surgical Robotics, in: Annual Review of Control, Robotics, and Autonomous Systems, Heft 1, 2021, S. 651 ff.

Bleher, Hannah/*Braun*, Matthias: Diffused responsibility: attributions of responsibility in the use of AI-driven clinical decision support systems, in: AI and ethics, Heft 4, 2022, S. 747 ff.

Cave, Stephen/*Dihal*, Kanta/*Dillon*, Sarah (Hg.): AI narratives. A history of imaginative thinking about intelligent machines, Oxford 2020.

Champagne, Marc/*Tonkens*, Ryan: Bridging the Responsibility Gap in Automated Warfare, in: Philosophy & technology, Heft 1, 2015, S. 125 ff.

Char, Danton S./*Shah*, Nigam H./*Magnus*, David: Implementing Machine Learning in Health Care – Addressing Ethical Challenges, in: The New England journal of medicine, Heft 11, 2018, S. 981 ff.

Coeckelbergh, Mark: Artificial Intelligence, Responsibility Attribution, and a Relational Justification of Explainability, in: Science and engineering ethics, Heft 4, 2020, S. 2051 ff.

Danaher, John: Tragic Choices and the Virtue of Techno-Responsibility Gaps, in: Philosophy & technology, Heft 2, 2022, S. 26.

Fiorini, Paolo/*Goldberg*, Ken Y./*Liu*, Yunhui/*Taylor*, Russell H.: Concepts and Trends in Autonomy for Robot-Assisted Surgery, in: Proceedings of the IEEE. Institute of Electrical and Electronics Engineers, Heft 7, 2022, S. 993 ff.

Goetze, Trystan S.: Mind the Gap: Autonomous Systems, the Responsibility Gap, and Moral Entanglement, in: Association for Computing Machinery (Hrsg.): FAccT '22: Proceedings of the 2022 ACM Conference on Fairness, Accountability, and Transparency, New York, NY, USA 2022, S. 390 ff.

Gunkel, David J.: Mind the gap: responsible robotics and the problem of responsibility, in: Ethics and Information Technology, Heft 4, 2020, S. 307 ff.

Heidbrink, Ludger: Definitionen und Voraussetzungen der Verantwortung, in: Heidbrink, Ludger/Langbehn, Claus/Loh, Janina (Hrsg.): Handbuch Verantwortung, Wiesbaden 2017, S. 3 ff.

Heidbrink, Ludger/*Langbehn*, Claus/*Loh*, Janina (Hg.): Handbuch Verantwortung, Wiesbaden 2017.

Himmelreich, Johannes: Responsibility for Killer Robots, in: Ethical Theory and Moral Practice, Heft 3, 2019, S. 731 ff.

Jamjoom, Aimun A.B./*Jamjoom*, Ammer M.A./*Thomas*, Jeffrey P./*Palmisciano*, Paolo/*Kerr*, Karen/*Collins*, Justin W./*Vayena*, Effy/*Stoyanov*, Danail/*Marcus*, Hani J.: Autonomous surgical robotic systems and the liability dilemma, in: Frontiers in Surgery, 2022.

Jong, Roos de: The Retribution-Gap and Responsibility-Loci Related to Robots and Automated Technologies: A Reply to Nyholm, in: Science and engineering ethics, Heft 2, 2020, S. 727 ff.

Kalan, Satyam/*Chauhan*, Sanket/*Coelho*, Rafael F./*Orvieto*, Marcelo A./*Camacho*, Ignacio R./*Palmer*, Kenneth J./*Patel*, Vipul R.: History of robotic surgery, in: Journal of Robotic Surgery, Heft 3, 2010, S. 141 ff.

Kiener, Maximilian: Can we Bridge AI's responsibility gap at Will?, in: Ethical Theory and Moral Practice, Heft 4, 2022, S. 575 ff.

Klement, Jan Henrik: Rechtliche Verantwortung, in: Heidbrink, Ludger/Langbehn, Claus/Loh, Janina (Hrsg.): Handbuch Verantwortung, Wiesbaden 2017, S. 559 ff.

Königs, Peter: Artificial intelligence and responsibility gaps: what is the problem?, in: Ethics and Information Technology, Heft 3, 2022.

List, Christian: Group Agency and Artificial Intelligence, in: Philosophy & technology, Heft 4, 2021, S. 1213 ff.

Loh, Janina: Strukturen und Relata der Verantwortung, in: Heidbrink, Ludger/Langbehn, Claus/ Loh, Janina (Hrsg.): Handbuch Verantwortung, Wiesbaden 2017, S. 35 ff.

March-Russell, Paul: Machines Like Us? Modernism and the Question of the Robot, in: Cave, Stephen/Dihal, Kanta/Dillon, Sarah (Hrsg.): AI narratives. A history of imaginative thinking about intelligent machines, Oxford 2020, S. 165 ff.

Matthias, Andreas: The responsibility gap: Ascribing responsibility for the actions of learning automata, in: Ethics and Information Technology, Heft 3, 2004, S. 175 ff.

Miller, David: National Responsibility and Global Justice, Oxford 2007.

Montreal Deklaration: Erklärung von Montreal für eine verantwortungsvolle Entwicklung von künstlicher Intelligenz 2023, URL: declarationmontreal-iaresponsable.com/wp-content/uploads/2023/01/AL-UdeM_Declaration-IA-Resp_allemand_vf.pdf, zuletzt aufgerufen am: 30.06.2023.

Moor, J. H.: The Nature, Importance, and Difficulty of Machine Ethics, in: IEEE Intelligent Systems, Heft 4, 2006, S. 18 ff.

Nyholm, Sven: Humans and robots. Ethics, agency, and anthropomorphism, London/New York 2020.

On-Road Automated Driving (ORAD) committee: Taxonomy and Definitions for Terms Related to Driving Automation Systems for On-Road Motor Vehicles 2021, 22736:2021.

Saeidi, H./*Opfermann*, J. D./*Kam*, M./*Wei*, S./*Leonard*, S./*Hsieh*, M. H./*Kang*, J. U./*Krieger*, A.: Autonomous robotic laparoscopic surgery for intestinal anastomosis, in: Science robotics, Heft 62, 2022, eabj2908.

Santoni de Sio, Filippo/*Mecacci*, Giulio: Four Responsibility Gaps with Artificial Intelligence: Why they Matter and How to Address them, in: Philosophy & technology, Heft 4, 2021, S. 1057 ff.

Smith, Helen: Clinical AI: opacity, accountability, responsibility and liability, in: AI & SOCIETY, Heft 2, 2021, S. 535 ff.

Sparrow, Robert: Killer Robots, in: Journal of Applied Philosophy, Heft 1, 2007, S. 62 ff.

Tigard, Daniel W.: There Is No Techno-Responsibility Gap, in: Philosophy & technology, Heft 3, 2021, S. 589 ff.

U.S. Food & Drug Administration: Artificial Intelligence and Machine Learning (AI/ML)-Enabled Medical Devices 2023, URL: fda.gov/medical-devices/software-medical-device-samd/artificial-intelligence-and-machine-learning-aiml-enabled-medical-devices, zuletzt geprüft am: 30.06.2023.

van de Poel, Ibo/*Sand*, Martin: Varieties of responsibility: two problems of responsible innovation, in: Synthese, S19, 2021, S. 4769 ff.

E. Datenschutzrechtliche Lösungen – Rechtliche und technische Aspekte

# Die Datentreuhand in der medizinischen Forschung – eine Untersuchung aus juristischer Perspektive

Von *Alissa Brauneck* und *Louisa Schmalhorst*

I. Einleitung

Patienten- und Gesundheitsdaten spielen in der medizinischen Forschung eine herausragende Rolle. Sie sind der Schlüssel zu akkuraten und effektiven Behandlungen und der Entwicklung neuer Medikamente.[1] Dabei gilt die Devise: Je mehr Daten, desto besser. Ziel ist die sogenannte personalisierte Medizin – eine medizinische Behandlung, die perfekt auf den einzelnen Patienten zugeschnitten ist. Zahlreiche Beispiele für eine solche Personalisierung bietet der Bereich der Onkologie: Weil Standardtherapien meist den Nachteil haben, dass sie nicht bei allen Patienten gleich gut wirken,[2] werden heute die Tumorzellen erst genetisch analysiert, bevor eine maßgeschneiderte Therapie erfolgt. Das verschafft den Erkrankten in vielen Fällen eine bessere Aussicht auf Heilung und eine längere Lebensdauer.[3] Was aus Sicht der Wissenschaft und zur Gesundheitsversorgung wünschenswert ist, lässt sich in der Praxis allerdings nicht leicht umsetzen: Bei Patienten- und Gesundheitsdaten handelt es sich in der Regel um personenbezogene Daten, die nur nach strengen datenschutzrechtlichen Voraussetzungen verarbeitet werden dürfen. Dieses strenge Regelungsregime zum Patientendatenschutz birgt allerdings die Gefahr, dass der für Fortschritte in der medizinischen Forschung notwendige Zugriff auf Daten erschwert wird, und reduziert somit die verfügbare Datenmenge. Das wiederum kann sich negativ auf den Behandlungserfolg und die Überlebensrate der Patienten auswirken. Dabei sind zwei Seiten zu berücksichtigen: Einerseits wollen Menschen ihre Gesundheitsdaten vor unberechtigten Zugriffen geschützt wissen. Andererseits wünschen sie sich ganz im Zeichen der Datensouveränität, frei über die eigenen Daten zu bestimmen. Studien hierzu haben belegt, dass viele Menschen grundsätzlich dazu bereit sind, die eigenen Daten der Gesundheitsforschung zur Verfügung zu stellen.[4] Der Gesetzgeber

---

[1] Vgl. *Bundesregierung*, Datenstrategie der Bundesregierung. Eine Innovationsstrategie für gesellschaftlichen Fortschritt und nachhaltiges Wachstum, Kabinettfassung, 27.01.2021, Datenstrategie der Bundesregierung, S. 1 (35).

[2] *Michael Manns*, Individualisierte Infektionsmedizin, https://www.helmholtz-hzi.de/de/wissen/wissensportal/keime-und-krankheiten/individualisierte-infektionsmedizin/ (17.10.22).

[3] *Manns*, Individualisierte Infektionsmedizin (Fn. 2).

[4] TZI Studie, 2021, https://www.bremen-digitalmedia.de/tzi-studie-hohe-bereitschaft-zur-spende-von-gesundheitsdaten/ (27.10.22); siehe zur Akzeptanz und Verbreitung der ePA auch *S. Deister*, in diesem Band, S. 41 f.

folgt diesem Trend an vielen Stellen, so etwa mit der elektronischen Patientenakte (ePA), bei der es bald schon möglich sein soll,[5] die eigenen – in der ePA gespeicherten – Daten für Forschungszwecke freigeben zu können;[6] nach aktuellen Bestrebungen über eine Widerspruchs- d. h. Opt-Out-Lösung.[7] Oder aber in dem geplanten Gesundheitsdatennutzungsgesetz (GDNG), das (ebenfalls) beabsichtigt, den Zugang zu Gesundheitsdaten für sekundäre (Forschungs-)Zwecke deutlich zu steigern.[8]

Die Nutzung von Daten in der medizinischen Forschung steht damit in einem gewissen Spannungsverhältnis. Forschungsinteressen sind mit der Patientensouveränität, insbesondere mit Datenschutz und Datensicherheit in Einklang zu bringen. Die Datentreuhand kann hier Abhilfe schaffen, indem sie als neutrale Intermediärin zwischen die datengebenden und datennutzenden Personen bzw. Einrichtungen tritt. Diskussionen um eine Datentreuhand in der medizinischen Forschung sind aktuell wie nie zuvor.[9] Davon zeugen der Koalitionsvertrag der aktuellen Bundesregierung[10] und etliche Strategien und Förderprojekte auf Bundes- aber auch auf europäischer Ebene.[11] Trotz dieses Hypes fehlt es an einer Definition und einem Regulierungsrahmen. Grund genug, das Phänomen der Datentreuhand aus juristischer Sicht näher zu untersuchen. In diesem Aufsatz sollen zunächst verschiedene Definitionsansätze vorgestellt werden. Diese Erkenntnisse werden im Anschluss durch konkrete Funktionen der Datentreuhand in der medizinischen Forschung ergänzt. Sodann wird die datenschutzrechtliche Verantwortung und Haftung der Datentreuhand untersucht. Es folgen Ausführungen zur rechtssicheren Datenverarbeitung in der medizinischen Forschung, wobei Privacy by Design i.S.d. Art. 25 Abs. 1 DSGVO im Fokus steht, und schließlich wird ein sogenanntes Schutzklassenkonzept als Lösungsweg präsentiert: Mithilfe dieses Konzepts lassen sich mögliche Risiken, die bei der Verarbeitung personenbezogener (Patienten-)Daten entstehen, mittels fünf verschiedener Privacy-Ebenen quantifizierbar machen und durch entsprechende Schutzmaßnahmen flankieren. Hierauf folgt eine Darstellung möglicher Maßnahmen, um Missbrauchsrisiken zu mitigieren. Der Beitrag schließt mit einem Fazit.

---

[5] Die ausreichen, um es der Kontrolle (und damit der moralischen Verantwortung) des Operateurs zu entheben. Zugleich sind diese Agentivität und Autonomie jedoch nicht in einem solchen Maß vorhanden, dass man dem Gerät den Status eines moralischen Agenten – und damit eines Verantwortungsträgers- zuweisen könnte.

[6] Insbesondere § 363 SGB V; vgl. *S. Rachut*, in diesem Band, S. 82.

[7] BR-Drs. 597/22, S. 2.

[8] *Bundestag*, Begründung zum Entwurf des GDNG, 30.08.2023, S. 84.

[9] Siehe bereits zu früheren Bemühungen um eine Datentreuhand, etwa in den 1980er Jahren: *Kurt Böhm/Gustav Wagner*, CR 1987, S. 621 (625).

[10] Koalitionsvertrag 2021–2025 zwischen SPD, Bündnis 90/Die Grünen und FDP, S. 1 (17).

[11] *Bundesregierung* (Fn. 1), S. 34.

II. Phänomen: Datentreuhand

Die Datentreuhand kann grundsätzlich eine natürliche, juristische, private oder öffentlich-rechtliche Person sein. Sie führt ihre Rolle entweder als Auftrag (unentgeltlich) oder Geschäftsbesorgung (entgeltlich) aus. Die §§ 662 ff. BGB beruhen auf dem Prinzip des persönlichen Vertrauens und sind daher gut geeignet, Treuhandverhältnisse im Innenverhältnis zu regeln.[12] Im Übrigen gibt es bereits verschiedene Definitionsansätze zur Datentreuhand. Nach dem Vorschlag der Bundesregierung in ihrer Datenstrategie kann eine Datentreuhandstelle „mit der Aufgabe betraut sein, einen standardisierten Zugang zu Daten für zugelassene Stellen zu entwickeln und umzusetzen. Zudem besitzen Datentreuhänder eine Beratungsfunktion gegenüber ihren Nutzerinnen und Nutzern und bietet je nach Spezialisierung verschiedene Dienste, wie zum Beispiel die Verwaltung von Daten im Sinne der Nutzerinnen und Nutzer. Datentreuhänder können aber auch datenschutzrechtliche Interessen und Gestaltungsrechte für Verbraucherinnen und Verbrauchern geltend machen".[13] Die Bundesregierung legt dabei weder die Rechtsnatur der Datentreuhand noch die Anforderungen, die an ihren Träger gestellt werden, fest.

Der am 23.6.2022 in Kraft getretene Data Governance Act (DGA) regelt seinem Wortlaut nach nicht unmittelbar Datentreuhandmodelle, dafür aber die ihr ähnlichen Anbieter von Datenvermittlungsdiensten. Dabei handelt es sich gemäß Art. 2 Nr. 11 DGA um Stellen, die „durch technische, rechtliche oder sonstige Mittel Geschäftsbeziehungen zwischen einer unbestimmten Anzahl von betroffenen Personen oder [Datengebenden] einerseits und [Datennutzenden] andererseits [...] [herstellen], um die gemeinsame Datennutzung [...] zu ermöglichen [...]".[14] Die Ausgestaltungsmöglichkeiten solcher Datenvermittlungsdienste werden durch einen Negativkatalog in Art. 2 Nr. 11 lit. a) bis d) DGA begrenzt. Laut Erwägungsgrund 27 sollen durch Datenvermittlungsdienste freiwillige Verfahren zur gemeinsamen Datennutzung unterstützt und gefördert werden. Zudem sollen diese den Austausch von Daten erleichtern. Dabei verwenden sie die Daten der Datengebenden gemäß Art. 12 lit. a DGA nur, um sie Datennutzenden zur Verfügung zu stellen. Anbieter von Datenvermittlungsdiensten können gemäß Art. 12 lit. e DGA zusätzlich spezifische Werkzeuge und Dienste für die datengebenden Personen erbringen, zum Beispiel Daten speichern, pflegen, konvertieren, anonymisieren oder pseudonymisieren. Laut Erwägungsgrund 30 können sie sich auch – als besondere Kategorie von Datenvermittlungsdiensten – dafür einsetzen, „die Handlungsfähigkeit und die Kontrolle des Einzelnen in Bezug auf die ihn betreffenden [personenbezogenen] Daten [zu] verbessern

---

[12] *Gabriele Buchholtz/Alissa Brauneck/Louisa Schmalhorst*, Gelingensbedingungen der Datentreuhand – rechtliche und technische Aspekte, NVwZ 2023, S. 206 (208).

[13] *Bundesregierung* (Fn. 1), S. 110.

[14] *Data Governance Acts (DGA)*, Verordnung (EU) 2022/868 des Europäischen Parlaments und des Rates vom 30. Mai 2022 über europäische Daten-Governance und zur Änderung der Verordnung (EU) 2018/1724 (Daten Governance-Rechtsakt).

[und] Einzelpersonen bei der Ausübung ihrer Rechte gemäß der Verordnung (EU) 2016/679 [zu unterstützen]".

Unklar ist, ob die EU-Kommission mit den Anbietern von Datenvermittlungsdiensten auch die Datentreuhand erfassen wollte. Nach Auffassung einiger Stimmen im Schrifttum schließen DGA-Anbieter gemäß Art. 2 Nr. 11 DGA auch Datentreuhandmodelle mit ein.[15] Der DGA und der europäische Gesetzgeber treffen hierzu allerdings keine klare Aussage. Da sich die Datentreuhand und der Datenvermittlungsdienst bereits begrifflich stark voneinander unterscheiden, obwohl die Bezeichnungen *Datentreuhand* bzw. *data trust* bereits lange bekannt sind, spricht viel dafür, dass der Gesetzgeber mit dem *Datenvermittlungsdienst* – in Abgrenzung zur Datentreuhand – bewusst eine neue Figur hat schaffen wollen. Anbieter von Datenvermittlungsdiensten und Datentreuhand weisen zwar Überschneidungen auf, weil beide Figuren das Ziel haben, Daten zwischen mehreren Parteien zu mitteln. Datenvermittlungsdienste haben aber (unter anderem über den Negativkatalog in Art. 2 Nr. 11 DGA) enge Anwendungsgrenzen. Auch kann nach Erwägungsgrund 33 des DGAs der Datenvermittlungsdienst lediglich von einer juristischen Person erbracht werden.[16] In der Gesamtschau ist es diesen Diensten also unmöglich, derart weitreichende Funktionen zu erfüllen wie die Datentreuhand. Eine klare Trennung zwischen Datentreuhand und Datenvermittlungsdienst ist daher unumgänglich, um Interessenkonflikte zu vermeiden.[17] Der DGA schafft mit seiner Definition des Datenvermittlungsdiensts mithin keine abschließende definitorische Klarstellung für die Datentreuhand.[18]

In der medizinischen Forschung wird die Definition der Datentreuhand weitgehend auf ihre möglichen Funktionen gestützt: Danach ist die Datentreuhand eine Instanz, die „zwischen eine Forschungsdaten besitzende Stelle und den Forscher [tritt] und […] dadurch die Rechte der betroffenen Patienten und Probanden [absichert]".[19] Denkbar ist auch, dass sich die Datentreuhand unmittelbar mit Patient:innen und Proband:innen in Verbindung setzt, ohne dass dazu eine weitere Stelle (etwa eine Arztpraxis, ein Krankenhaus oder ein Forschungslabor) dazwischen tritt. Ihr kann die Aufgabe zukommen, Daten, die ihr (von Patient:in/Proband:in, Krankenhaus,

---

[15] Ohne dies allerdings näher zu erläutern: *Louisa Specht-Riemenschneider/Aline Blankertz/Pascal Sierek/Ruben Schneider/Jakob Knapp/Theresa Henne*, Die Datentreuhand. Ein Beitrag zur Modellbildung und rechtlichen Strukturierung zwecks Identifizierung der Regulierungserfordernisse für Datentreuhandmodelle, MMR-Beil. 2021, S. 25 (32); *Benedikt Falkhofen*, Infrastrukturrecht des digitalen Raums. Data Governance, Data Act und Gaia X, EuZW 2021, S. 787 (790).

[16] Anders bei der Datentreuhand, siehe dazu II. Phänomen Datentreuhand.

[17] *Gunnar Stevens/Alexander Boden*, Warum wir parteiische Datentreuhänder brauchen, 2022, S. 1 (10), https://www.verbraucherforschung.nrw/sites/default/files/2022-02/zth-06-stevens-boden-warum-wir-parteiische-datentreuhaender-brauchen.pdf (08.09.2022).

[18] *Buchholtz/Brauneck/Schmalhorst* (Fn. 12), S. 207.

[19] *Klaus Pommerening/Johannes Drepper/Krister Helbing/Thomas Ganslandt*, Leitfaden zum Datenschutz in Medizinischen Forschungsprojekten: Generische Lösungen Der TMF 2.0., S. 1 (209).

Forschungseinrichtung, etc.) übermittelt werden, zu anonymisieren oder zu pseudonymisieren. Die Datentreuhand gibt dann ihrerseits Forschenden (und allgemein Zugriffsberechtigten) auf anonymisierte bzw. pseudonymisierte Daten Zugriff.[20] Teilweise wird vorgeschlagen, dass die Datentreuhand „idealerweise einer besonderen Geheimhaltungspflicht unterliegt, [wie] zum Beispiel ein Notar oder ein Arzt".[21] Die damit einhergehende gesetzliche Pflicht zur Verschwiegenheit könne zusätzlich das Vertrauen in die Datentreuhand stärken.[22] Unabhängig von einer solchen Geheimhaltungspflicht stellt sich die Frage, wie mit dem Zeugnisverweigerungsrecht von Ärzt:innen und anderen medizinischen Berufsgeheimnisträger:innen und dem Beschlagnahmeschutz bestimmter Daten und privilegierter Berufsgruppen gemäß § 53 Abs. 1 S. 1 Nr. 3 StPO im Zusammenhang mit Datentreuhandmodellen umzugehen ist.[23]

Aus den dargestellten Definitionsansätzen geht hervor, dass die Datentreuhand die Rolle einer Intermediärin[24] zur Mittlung von Daten zwischen mindestens zwei Parteien (Datengebenden und Datennutzenden) einnehmen soll. Je nach Einsatzbereich kann die Datentreuhand verschiedene Besonderheiten aufweisen, um ihre konkreten Aufgaben effektiv erfüllen zu können. In der medizinischen Forschung können Daten zwischen Patient:innen/Proband:innen und den Forschenden, Forschungseinrichtungen oder Krankenhäusern gemittelt werden.

III. Einsatz der Datentreuhand in der medizinischen Forschung

In der medizinischen Forschung existieren bereits verschiedene Beispiele für Datentreuhandstellen: So gibt es unter anderem Biodatenbanken, die zwischen dem Datengebenden und dem Datennutzenden die Pseudonymisierung vornehmen, bevor die Daten weitergeleitet werden, oder den Schlüssel zu den Pseudonymen aufbewahren.[25] Auch einige Universitäten lassen ihre Daten durch Datentreuhandstellen verwalten. So haben etwa die Technische Universität Dresden und die Universität

---

[20] *Pommerening/Drepper/Helbing/Ganslandt* (Fn. 19), S. 209.

[21] *Pommerening/Drepper/Helbing/Ganslandt* (Fn. 19), S. 209.

[22] *Pommerening/Drepper/Helbing/Ganslandt* (Fn. 19), S. 209.

[23] *Benedikt Buchner/Anna Haber/Horst Hahn/Harald Kusch/Fabian Prasser/Ulrich Sax/ Carsten Schmidt*, Das Modell der Datentreuhand in der medizinischen Forschung, DuD 2021, S. 806 (807); s. etwa *Christian Dierks*, Rechtsgutachten zur elektronischen Datentreuhänderschaft (2008), www.tmf-ev.de/Themen/Projekte/V052_01_Datentreuhaenderdienst_I.aspx (25.10.2022).

[24] *Louisa Specht-Riemenschneider/Aline Blankertz*, Lösungsoption Datentreuhand: Datennutzbarkeit und Datenschutz zusammen denken, MMR 2021, S. 369 (370).

[25] *Verbraucherzentrale Bundesverband*, Neue Datenintermediäre. Anforderungen des vzbv an „Personal Information Management Systems" (PIMS) und Datentreuhänder, https://www.vzbv.de/sites/default/files/downloads/2020/04/06/20-02-19_vzbv-positionspapier_pims.pdf, S. 1 (5); vgl. auch *Rat für Informationsinfrastrukturen*, Datentreuhänder: Potentiale, Erwartungen, Umsetzung, 2021, https://rfii.de/download/rfii-workshopbericht-datentreuhaender-potenziale-erwartungen-umsetzung-februar-2021/, S. 1 (4).

Greifswald die Verwaltung von Identitätsdaten und die Einwilligungen von Studienteilnehmenden an eine Datentreuhand delegiert.[26] Das WiSo-Forschungslabor der Universität Hamburg bietet zudem an, die Rolle einer Datentreuhand für Forschungsprojekte zu übernehmen: Es mittelt Daten zwischen Datengebenden und Datennutzenden und stellt dabei verschiedene Optionen, die betroffenen Daten zu anonymisieren, bereit.[27] Eine weitere Datentreuhandstelle sichert Corona-Daten im Auftrag der Bundesdruckerei.[28]

Die Aufgaben, die eine Datentreuhand in der medizinischen Forschung übernehmen könnte, sind vielfältig. Sie könnte beispielsweise dafür sorgen, dass die Datennutzenden auf Daten zugreifen und diese verarbeiten können. Zu diesem Zweck gibt die Datentreuhand dann in der Regel einheitliche Nutzungsparameter und Nutzungszwecke vor, denen die Datengebenden und Datennutzenden zustimmen. Individuell mit den Datengebenden ausgehandelte Nutzungsvereinbarungen sind aufgrund der großen Datenmenge, auf die die medizinische Forschung häufig angewiesen ist, eher unrealistisch. Vielmehr sollte es für verschiedene Datenkategorien standardisierte Bedingungen für Zugriff und Nutzung geben, die durch die Datentreuhand vorgegeben werden. Zudem soll die Datentreuhand die Aufgabe übernehmen, die Daten zu verwalten. Sie beurteilt dann unter anderem Nutzungsanfragen (lehnt diese ab oder nimmt sie an), dokumentiert Datenverarbeitungsprozesse und Datenschutzmaßnahmen und verwahrt die Einwilligung der Datengebenden, welche diese jederzeit gemäß Art. 7 Abs. 3 S. 1 DSGVO widerrufen können. Einmal der Forschung zur Verfügung gestellte Daten müssen im Falle eines Widerrufs zwar nicht im Nachhinein aus bereits ermittelten Forschungsergebnissen herausgerechnet werden. In der Zukunft dürfen sie aber nicht mehr für die Wissenschaft genutzt werden. Die Datentreuhand soll darüber hinaus Zugriffs- und Verarbeitungsberechtigungen verwalten, die Daten im Interesse von Datengebenden und Datennutzenden auffindbar machen und sie an letztere mitteln.

Die Datentreuhand soll gegenüber den Datennutzenden gewährleisten, dass die Daten einem bestimmten Qualitätsstandard entsprechen (zum Beispiel durch aufwendige, teils mehrstufige Überprüfung der Datenaktualität[29]).[30] Das ist wichtig, zumal eine geringe Datenqualität einer der Hauptgründe ist, weshalb viele Institutionen derzeit noch nicht das notwendige Vertrauen haben, Daten von dritten Stellen zu

---

[26] *Technische Universität Dresden*, Unabhängige Treuhandstelle, https://tu-dresden.de/med/mf/forschung/services-fuer-forschende/unabhaengige-treuhandstelle (24.10.22); Universitätsmedizin Greifswald, https://www.medizin.uni-greifswald.de/de/forschung-lehre/core-units/treuhandstelle/ (24.10.22).

[27] *Universität Hamburg*, WiSo-Forschungslabor Datentreuhänderin, https://www.wiso.uni-hamburg.de/forschung/forschungslabor/services/datentreuhand.html.

[28] *Bundesdruckerei*, Treuhänder für Forschungsdaten/Patientendaten.Datentreuhänder CenTrust® der Bundesdruckerei, 2021 Microsoft PowerPoint – CenTrust@ZVEI_03112021_V02 (12.10.2022).

[29] *Pommerening/Drepper/Helbing/Ganslandt* (Fn. 19), S. 105, 185.

[30] *Bundesregierung* (Fn. 1), S. 34.

nutzen.³¹ Zusätzlich kann die Datentreuhand weitere Aufgaben übernehmen und insbesondere Analysen für die Datennutzenden vornehmen und Daten aufbereiten, auswerten und miteinander verknüpfen.

Sowohl im Rahmen der Verwaltung als auch der Übermittlung von Daten muss die Datentreuhand sicherstellen, dass Datenschutz und -sicherheit im Sinne der Art. 24, 25 und 32 DSGVO und damit die Bestimmungen zu Privacy by Design (dazu unter V. 1.) eingehalten werden.³² Dazu bietet es sich zum Beispiel an, Daten zu anonymisieren³³ und zu verschlüsseln³⁴ und Unbefugte durch Sicherheitsvorkehrungen davon abzuhalten, auf die Daten zuzugreifen.³⁵ Die datennutzenden Personen sollten grundsätzlich nicht auf Rohdaten zugreifen können. Ausnahmen bestehen dann, wenn die Daten durch die Verschlüsselung unbrauchbar werden oder es nicht möglich ist, sie zu pseudonymisieren. Darüber hinaus kann die Datentreuhand den Parteien ihre Expertise und technische Ausstattung zur Verfügung stellen,³⁶ um etwa Pseudonymisierungen oder Anonymisierungen durchzuführen oder entsprechende Beratungsdienste anzubieten. Der Bundesrat sieht zudem in seinem Beschluss zur Ausgestaltung des GDNG vor, dass die Datentreuhand Patient:innen dabei unterstützen soll, ihre Digitalkompetenz – also den richtigen „kenntnisreichen, kritischen, kreativen und widerstandsfähigen Umgang mit digitalen Medien"³⁷ – zu verbessern, um die „Akzeptanz und tatsächliche Nutzung von digitalen Angeboten"³⁸ zu fördern. Derartige Bestrebungen haben allerdings keinen Eingang in den am 30. 8. 2023 von der Bundesregierung vorgelegten Entwurf zum GDNG gefunden.

Insgesamt zeigt sich, dass der Einsatz einer Datentreuhand zahlreiche Vorteile bieten kann: Es lassen sich Daten von hoher Qualität erstellen sowie Datenschutz und -sicherheit verbessern. Das dient den Interessen der Forschenden ebenso wie

---

³¹ *Sebastian Derwisch*, Data Monetization – Use Cases, Implementation and Added Value, 2019, Data Monetization – Use Cases, Implementation and Added Value, https://www.tableau.com/learn/whitepapers/barc-data-monetization-2019-summary, (12.10.2022).

³² *Bundesregierung* (Fn. 1), S. 34; *Aline Blankertz/Louisa Specht*, Wie eine Regulierung für Datentreuhänder aussehen sollte, 2021, https://www.stiftung-nv.de/sites/default/files/regulierung_fuer_datentreuhaender.pdf, S. 1 (9).

³³ *Bundesregierung* (Fn. 1), S. 34.

³⁴ *Heiko Richter*, Europäisches Datenprivatrecht: Lehren aus dem Kommissionsvorschlag für eine „Verordnung über europäische Daten-Governance", ZEuP 2021, S. 634 (642).

³⁵ *Richter* (Fn. 34), S. 642.

³⁶ *Bundesregierung* (Fn. 1), S. 34; GDV Die deutschen Versicherer, Positionspapier des Gesamtverbandes der Deutschen Versicherungswirtschaft. „Datenkranz beim automatisierten Fahren gemäß § 63a StVG – externe Speicherung bei einem Datentreuhänder", 2018, https://www.gdv.de/resource/blob/36102/c9494add5b56ea558f59204a9f85e914/datentreuhaender-und-automatisiertes-fahren–download-data.pdf, S. 1 (5); vgl. auch *Jürgen Kühling*, Der datenschutzrechtliche Rahmen für Datentreuhänder. Chance für mehr Kommerzialisierungsfairness und Datensouveränität?, ZfDR 2021, S. 1 (11).

³⁷ *Bundesregierung*, Digitalisierung gestalten. Umsetzungsstrategie der Bundesregierung, 2021, S. 1 (39).

³⁸ BR-Drs. 597/22 (Fn. 7), S. 3.

denen der Patient:innen. Ein weiterer Vorteil ist, dass Datennutzende Kosten senken können,[39] indem sie nicht selbst Qualitätsdaten suchen und auswählen müssen,[40] sondern bereits auf überprüfte Daten Zugriff erhalten.[41] Weitere (finanzielle) Vorteile ergeben sich daraus, dass die Beteiligten nicht auf individuelle Verträge angewiesen sind, um Daten in ausreichender Menge zu erhalten. Kommuniziert und verhandelt wird ausschließlich mit der Datentreuhand, die zudem auch die technische Infrastruktur stellt.[42] Überdies kann es sinnvoll sein, mehr als eine Datentreuhand einzusetzen: So könnte dann etwa eine Datentreuhand damit beauftragt werden, Sicherheitsmaßnahmen durchzuführen, während die andere die verschlüsselten Daten weiter verarbeitet: Dann hat die Datentreuhand, die zum Beispiel Patient:innendaten verwaltet, aufbereitet und analysiert, selbst keinen Zugriff auf unmittelbar identifizierende Daten.[43] Die Forschenden erhalten nur diejenigen Daten, die sie tatsächlich für ihre Forschungstätigkeit benötigen.

IV. Datenschutzrechtliche Verantwortung und Haftung

Unmittelbar zusammenhängend mit der Frage, welche Aufgaben die Datentreuhand im Bereich der medizinischen Forschung übernehmen könnte muss geklärt werden, inwiefern die Datentreuhand im datenschutzrechtlichen Sinne verantwortlich ist und im Falle eines Schadens in Haftung genommen werden kann.

Datenschutzrechtlich verantwortlich ist nach Art. 4 Nr. 7 DSGVO diejenige Person, die „über die Zwecke und Mittel der Verarbeitung von personenbezogenen Daten entscheidet". Übernehmen mehrere Personen diese Aufgabe, sind sie gemäß Art. 26 Abs. 1 DSGVO gemeinsam verantwortlich. Nach der Rechtsprechung des EuGH[44] ist im Zweifel dann von einer gemeinsamen Verantwortung auszugehen, wenn mehrere Akteure gemeinsam einen Beitrag zur Entscheidung über die Zwecke und Mittel der Verarbeitung der personenbezogenen Daten leisten, wobei nicht zwangsläufig von einer gleichwertigen Verantwortlichkeit der verschiedenen Akteure auszugehen ist. Auftragsverarbeiter nach Art. 4 Nr. 8 DSGVO sind hingegen Personen, die Daten nur im Auftrag einer anderen Person (des Verantwortlichen) verarbeiten und dabei deren Weisungen unterliegen (Art. 29 DSGVO)[45] und stellen damit lediglich einen „verlängerten Arm"[46] vom Auftraggeber dar.

---

[39] *Richter* (Fn. 34), S.643; vgl. Auch *Kühling* (Fn. 36), S. 24.

[40] Vgl. *Bundesregierung* (Fn. 1), S. 34; vgl. *Richter* (Fn. 34), S. 642.

[41] *Richter* (Fn. 34), S. 643; vgl. auch *Kühling* (Fn. 36), S. 24.

[42] Vgl. *Bundesregierung* (Fn. 1), S. 34; vgl. *Richter* (Fn. 34), S. 642.

[43] Vgl. *Pommerening/Drepper/Helbing/Ganslandt* (Fn. 19), S. 121.

[44] EuGH, Urt. v. 5.6.2018 – C-210/16, Rn. 31 ff.; Urt. v. 29.7.2019 – C-40/17, Rn. 75 ff.; *Petri*, EuZW 2018, S. 534 (536f.).

[45] *Kühling* (Fn. 36), S. 15.

[46] *Winfried Veil*, Data Governance Act II: Datenmittler, 2021.

Inwieweit die Datentreuhand für die Verarbeitung von Daten verantwortlich ist, ist nicht abschließend geklärt und hängt von der konkreten Ausgestaltung sowie den von ihr übernommenen Aufgaben und Pflichten ab. Zum Vergleich: Der DGA sieht in Erwägungsgrund 35 vor, dass die Anbieter von Datenvermittlungsdiensten dazu verpflichtet sind, die Vorgaben der DSGVO einzuhalten. Dabei kann ihnen sowohl die Rolle des Verantwortlichen im Sinne von Art. 4 Nr. 7 DSGVO oder die des Auftragsverarbeiters im Sinne von Art. 4 Nr. 8 DSGVO zukommen (Erwägungsgrund 35 S. 2). Viel spricht dafür, diese flexible Handhabung, die sich an der tatsächlichen Praxis, das heißt, an den konkret erbrachten Aufgaben und Pflichten orientiert, auch auf die Datentreuhand zu übertragen.

Will man eine Verantwortlichkeit der Datentreuhand im Sinne von Art. 4 Nr. 7 DSGVO von vornherein ausschließen – zum Beispiel, um Haftungsrisiken zu reduzieren – bleiben zwei maßgebliche Aspekte zu bedenken. Erstens bleibt die Datentreuhand im Rahmen der von ihr übernommenen Aufgaben grundsätzlich immer verantwortlich und kann sich insoweit auch einer eventuellen Haftung nicht entziehen.[47] Und zweitens hängen Verantwortung und Vertrauen eng miteinander zusammen: Damit das Vertrauen der Datengebenden gewonnen werden kann und sich neue Konstrukte wie die Datentreuhand überhaupt erfolgreich etablieren lassen, kommt es insbesondere auch darauf an, wie sich diese zu Fragen der Verantwortung und damit letztlich zur Haftung im Falle einer Rechtsverletzung verhält. Setzt die Datentreuhand eigenverantwortlich ihr „überlegene[s] Wissen"[48] ein, spricht Vieles gegen die Rolle eines (reinen) Auftragsverarbeiters.[49] Wer welche Aufgaben und Pflichten übernimmt, sollten alle Beteiligten vor der Datenverarbeitung regeln, um damit die Frage der Verantwortlichkeit zu klären.

Zentral ist ferner die Frage nach der Haftung für datenschutzrechtliche Verstöße. Mit Inkrafttreten der DSGVO hat der EU-Gesetzgeber den Bußgeldrahmen deutlich – für besonders gravierende Verstöße etwa auf Geldbußen von bis zu 20 Millionen Euro, Art. 83 Abs. 5 DSGVO – erhöht. Da die Datentreuhand Daten regelmäßig zwischen vielen verschiedenen Betroffenen und Verantwortlichen mitteln soll, potenziert sich ihr Haftungsrisiko.[50] Werden zusätzlich sensible Daten verarbeitet, so fällt der Schaden, der bei der Verletzung dieser Daten entsteht, und damit auch die Haftung noch einmal höher aus. Eine Datentreuhand etwa in der medizinischen Forschung ist folglich erheblichen Haftungsrisiken ausgesetzt. Verstößt eine Verarbeitung personenbezogener Daten gegen Datenschutzrecht, so können die Betroffenen gegenüber dem/den Verantwortlichen Schadensersatz geltend machen, sofern der entstandene Schaden zurechenbar und eine Exkulpation ausgeschlossen ist

---

[47] Vgl. *Johannes Buchheim/Steffen Augsberg/Petra Gehring*, Transaktionsbasierte Datentreuhand, JZ 2022, S. 1139 (1146).

[48] Vgl. *Kühling* (Fn. 36), S. 16.

[49] Vgl. *Kühling* (Fn. 36), S. 16.

[50] *Jürgen Kühling/Florian Sackmann/Hilmar Schneider*, Datenschutzrechtliche Dimensionen Datentreuhänder: Kurzexpertise, 2020, S. 1 (28).

(Art. 82 Abs. 1, 2 und 3 DSGVO).[51] Grund für die Haftung können sowohl Verstöße gegen Informationsrechte von Patient:innen oder Proband:innen und Verarbeitungen ohne wirksame Einwilligungen sein, oder auch der Verlust von Forschungsdaten. Der Schadensersatzanspruch besteht nach dem Wortlaut des Art. 82 Abs. 1 DSGVO sowohl im Hinblick auf die materiellen als auch die immateriellen Schäden. Dabei handelt es sich um eine Regelung im Sinne des § 253 Abs. 1 BGB.[52] Der Schadensbegriff ist mithin weit auszulegen. Immaterielle Schäden sind aber wohl noch nicht anzunehmen, wenn die Verantwortlichen bloß gegen Ordnungsvorschriften (zum Beispiel Formalia) verstoßen.[53]

Für die Datentreuhand ist an dieser Stelle gemäß Erwägungsgrund 146 S. 1 DSGVO relevant, dass sie sowohl als Auftragsverarbeiterin als auch als (gemeinsam) Verantwortliche potenziell Adressatin von Haftungsansprüchen werden kann. Im Fall einer gemeinsamen Verantwortlichkeit haftet sie gesamtschuldnerisch für den verursachten Schaden und kann im Innenverhältnis nach Art. 82 Abs. 5 DSGVO unter Umständen Regressansprüche geltend machen. Die Datentreuhand kann sich der Haftung nur entziehen, wenn sie nachweisen kann, dass sie die Datenschutzvorschriften eingehalten hat.[54]

Datenschutzrechtlich Verantwortliche sind auch zivilrechtlich verantwortlich.[55] Im Rahmen dieser zivilrechtlichen Haftung kann ein geltend gemachter Schadensersatz sogar noch höher als die „öffentlich-rechtliche Bußgeldhaftung" nach der DSGVO ausfallen.[56] Immaterielle Schäden, etwa wenn Daten verloren gehen, sind dabei nicht immer leicht zu bestimmen. Der BGH hat dazu im Jahr 2008 entschieden,[57] dass die verantwortliche Person grundsätzlich Naturalrestitution in Form der Datenwiederherstellung nach § 249 BGB schuldet, jedoch nur, wenn die Daten an anderer Stelle (zum Beispiel ausgedruckt) noch existieren. Müssten sie dagegen neu geschaffen werden, handle es sich nicht um eine Wiederherstellung im Sinne der Norm. Dann besteht nur ein Anspruch auf Wertersatz nach § 251 Abs. 1 BGB. Werden keine Sicherungskopien angefertigt, kann es zu einem Mitverschulden derjenigen Person kommen, die eine andere angewiesen hat, ihre Daten zu verarbeiten. Der genaue Schaden kann im Einzelfall nach § 287 ZPO ermittelt werden. Grundlage, um den Wert der Daten zu bestimmen, sind die tatsächlichen Kosten für die Rekonstruktion, die wahrscheinlichen Kosten für die Rekonstruktion (bestimmen sich danach, welcher Aufwand in der Vergangenheit betrieben wurde), sowie Kosten, die aus der Störung von Betriebsabläufen wegen der gelöschten Daten folgen.

---

[51] *Stefan Korch*, Schadensersatz für Datenschutzverstöße, NJW 2021, S. 978 (979).
[52] *Kühling* (Fn. 36), S. 18.
[53] *Kühling* (Fn. 36), S. 18 f.
[54] *Kühling* (Fn. 36), S. 19.
[55] *Kühling* (Fn. 36), S. 18.
[56] *Kühling* (Fn. 36), S. 18.
[57] BGH, VI ZR 173/07.

Im Ergebnis sieht sich die Datentreuhand einem nicht zu unterschätzenden Haftungsrisiko ausgesetzt, das von dieser mit einer Haftpflichtversicherung weitestgehend mitigiert werden sollte. Dieses Risiko folgt nicht nur aus den hohen Bußgeldern und Schadensersatzsummen, sondern in besonderem Maße auch daraus, dass es im Einzelfall eine Abwägungsfrage bleibt, ob ausreichende Schutzmaßnahmen im Sinne der Art. 24, 25 und 32 DSGVO ergriffen wurden, oder die verantwortliche Person für eine Datenschutzverletzung und damit einem Schaden einstehen muss.

V. Privacy by Design und rechtssichere Datenverarbeitung in der medizinischen Forschung

Unmittelbar daran anknüpfend gilt es nun zu klären, welche Anforderungen an eine Datentreuhand mit Blick auf die Gewährleistung von Datenschutz und Datensicherheit (in der medizinischen Forschung) generell zu stellen sind, und wie diese rechtssicher von den Beteiligten festgestellt und umgesetzt werden können.

1. Privacy by Design

Sowohl in den Fällen, in denen die Datentreuhand Verantwortliche im Sinne von Art. 4 Nr. 7 DSGVO ist als auch in solchen, in denen sie Auftragsverarbeiter im Sinne von Art. 4 Nr. 8 DSGVO ist, muss sie sicherstellen, dass Datenschutz und -sicherheit nach der DSGVO eingehalten werden. *Privacy by Design* – Datenschutz durch Technikgestaltung – ist ein in Art. 25 Abs. 1 DSGVO verankertes Prinzip, nach dem die Verantwortlichen und Auftragsverarbeiter bei der Verarbeitung von personenbezogenen Daten, „unter Berücksichtigung des Stands der Technik, der Implementierungskosten und der Art, des Umfangs und der Zwecke der Verarbeitung sowie der unterschiedlichen Eintrittswahrscheinlichkeit und Schwere des Risikos für Rechte und Freiheiten natürlicher Personen [...] geeignete technische und organisatorische Maßnahmen" ergreifen müssen, um die Datenschutzgrundsätze nach Art. 5 DSGVO wirksam umzusetzen.[58]

Im Kontext medizinischer Forschung sind diese Risiken aufgrund der sensiblen Daten besonders hoch. Die Datentreuhand wird daher in der Regel dazu verpflichtet sein, ein besonders hohes Schutzniveau zu gewährleisten: In diesem Bereich werden regelmäßig personenbezogene Daten besonderer Kategorien im Sinne des Art. 9 Abs. 1 DSGVO verarbeitet. Davon sind unter anderem genetische, biometrische und Gesundheitsdaten umfasst. Nach Art. 9 Abs. 1 DSGVO genießen diese Daten einen besonderen Schutz, und eine Verarbeitung ist dem Grundsatz nach untersagt. Daten dürfen nur in Ausnahmefällen nach Art. 9 Abs. 2 DSGVO verarbeitet werden; den wichtigsten Fall stellt Art. 9 Abs. 2 lit. a DSGVO dar, der die Verarbeitung von personenbezogenen Daten besonderer Kategorien dann erlaubt, wenn die Betroffenen ausdrücklich eingewilligt haben. Grund hierfür ist, dass diese Daten besonders

---

[58] Vgl. *Buchholtz/Brauneck/Schmalhorst* (Fn. 12), S. 209.

sensitive Informationen über die betroffenen Personen preisgeben. Führt eine Datentreuhand eine beachtliche Menge Daten – insbesondere sensibler Daten – zusammen, schafft sie dadurch ein weiteres Risiko für die datengebenden Patient:innen: Werden Daten über eine einzelne Person verknüpft und rekombiniert, können daraus ohne Einwilligung der datengebenden Person zusätzliche, sensible Informationen geschaffen werden. Schon mit wenigen Datenpunkten, die etwa über Sport- und Freizeitapplikationen wie Fitnessarmbänder gesammelt werden, kann zum Beispiel ein Risiko für bestimmte Krankheiten oder Störungen (wie eine Corona- oder Herzerkrankung oder ein Diabetesrisiko) erkannt werden.[59] Je mehr Daten (aus verschiedenen Quellen) zusammengeführt werden, desto mehr steigt das Risiko für solche ungewollten Diagnosen.[60]

Art. 9 Abs. 2 DSGVO enthält zehn Ausnahmetatbestände vom grundsätzlichen Verarbeitungsverbot in Art. 9 Abs. 1 DSGVO, die teils sehr hohe Anforderungen an Datenschutz und -sicherheit stellen. Von besonderem Interesse ist im Kontext der medizinischen Forschung neben der Verarbeitung aufgrund einer Einwilligung (Art. 9 Abs. 2 lit. a DSGVO) insbesondere Art. 9 Abs. 2 lit. j DSGVO: Danach dürfen Daten in Ausnahmefällen zu Forschungszwecken verarbeitet werden. Die Datentreuhand muss dabei angemessene und spezifische Maßnahmen einsetzen, um die Grundrechte und Interessen der Datengebenden zu wahren. *Angemessene und spezifische Maßnahmen* sind allerdings ein abstrakter Begriff, der konkretisiert werden muss. Ob eine Maßnahme im Sinne des Art. 9 Abs. 2 lit. j DSGVO angemessen ist, hängt unter anderen vom „Verarbeitungskontext, Verarbeitungsverfahren und -techniken und der kontextspezifischen Schutzbedürftigkeit der betroffenen Person" ab.[61] Diese Anforderung präzisiert Art. 89 Abs. 1 DSGVO,[62] wonach technische und organisatorische Maßnahmen (zum Beispiel Pseudonymisierung) die Rechte und Freiheiten (insbesondere den Grundsatz der Datenminimierung in Art. 5 Abs. 1 lit. c DSGVO) absichern sollen. §§ 27 Abs. 1, 22 Abs. 2 BDSG[63] konkretisieren

---

[59] *Martin Risch/Kirsten Grossmann/Stefanie Aeschbacher/Ornella Weideli/Marc Kovac/Fiona Pereira/Nadia Wohlwend/Corina Risch/Dorothea Hillmann/Thomas Lung/Harald Renz/Raphael Twerenbold/Martina Rothenbühler/Daniel Leibovitz/Vladimir Kovacevic/Andjela Markovic/Paul Klaver/Timo Brakenhoff/Billy Franks/Marianna Mitratza/George Downward/Ariel Dowling/Santiago Montes/Diederick Grobbee/Maureen Cronin/David Conen/Brianna Goodale/Lorenz Risch,* Investigation of the use of a sensor bracelet for the presymptomatic detection of changes in physiological parameters related to COVID-19: an interim analysis of a prospective cohort study (COVI-GAPP), 2022; *Jyoti Soni/Ujma Ansari/Dipesh Sharma/Sunita Soni,* Predictive Data Mining for Medical Diagnosis: An Overview of Heart Disease Prediction, International Journal of Computer Applications, 2011, S. 44; *Gabriele Buchholtz/Alissa Brauneck/Louisa Schmalhorst,* Was ist eigentlich … eine Datentreuhand, JuS 2023, 414, S. 415.

[60] *Buchholtz/Brauneck/Schmalhorst* (Fn. 59), S. 415.

[61] *Marion Albers/Raoul-Darius Veit,* Art. 9 DS-GVO, in: BeckOK DatenschutzR, Rn. 86, 103, 105 f.

[62] *Albers/Veit* (Fn. 61), Rn. 103.

[63] *Gernot Sydow,* in: Sydow/Marsch, DS-GVO-BDSG, 3. Auflage 2022, Rn. 55, 56, 58: Auch nach Inkrafttreten der DSGVO bleibt das BDSG weiterhin als „Begleit- und Durch-

den Begriff über Beispiele im nationalen Recht weiter. Sie nennen unter anderem die Möglichkeit, den Zugang zu den Daten zu beschränken und die etablierten Maßnahmen regelmäßig zu überprüfen.

Auch wenn die Pseudonymisierung von Daten eine effektive Maßnahme im Sinne von Art. 9 Abs. 2 lit. j i.V.m. Art. 89 Abs. 1 DSGVO sein kann, um Daten zu schützen, muss beachtet werden, dass pseudonyme Daten noch immer personenbezogen im Sinne der DSGVO sind. Solange ein „Schlüssel" existiert, können die datengebenden Personen weiterhin identifiziert werden, und ihre Daten bedürfen daher zusätzlicher Schutzmaßnahmen. Das ist insbesondere für die medizinische Forschung relevant, da sich etwa genetische Daten nicht anonymisieren und nur unter bestimmten Umständen[64] pseudonymisieren lassen: sie sind ihrer Natur nach hoch identifizierend.[65] In Fällen also, in denen (lediglich) pseudonymisierte bzw. sogar Rohdaten verarbeitet werden sollen, sind Sicherheitsmaßnahmen in der Regel nur dann angemessen im Sinne des Art. 32 DSGVO, wenn zusätzliche Vorkehrungen getroffen werden. Dazu gehört beispielsweise, Beteiligte zu sensibilisieren (vgl. § 22 Abs. 2 Nr. 3 BDSG), technische Maßnahmen wie Verschlüsselungen (Encryption) und Differential Privacy (eine Technik, die Daten unscharf bzw. ungenau macht, sodass die Identifikation erschwert wird) zu etablieren, und Authentifizierungsdienste einzurichten. Insofern kommt es sowohl bei der Etablierung als auch bei der Regulierung der Datentreuhand immer darauf an, die technischen Aspekte mitzudenken, durch die sich derartige Schutzmaßnahmen überhaupt erst umsetzen lassen.[66]

Um die Anforderungen von Privacy by Design gemäß Art. 25 Abs. 1 DSGVO zu erfüllen, ist die Datentreuhand im Rahmen einer Datenverarbeitung auch verpflichtet, die Grundsätze nach Art. 5 DSGVO einzuhalten: Dazu gehören insbesondere der Datenminimierungs- (Art. 5 Abs. 1 lit. c DSGVO) und der Richtigkeitsgrundsatz (Art. 5 Abs. 1 lit. d DSGVO). Letzterer kann es notwendig machen, die Identität von Patienten:innen und Proband:innen zu überprüfen.[67] Es ist ihnen nicht nur verboten, Daten zu verarbeiten, die grundlegend falsch sind, sondern teils auch solche, die bloß unvollständig sind.[68] Was aus datenschutzrechtlicher Perspektive notwendig ist, um unrichtige Daten zu identifizieren und zu korrigieren, ist vom Einzelfall abhängig. Die Datentreuhand muss jedenfalls dann gewährleisten, dass Daten überprüft

---

führungsgesetz[]" relevant und trifft eine Reihe abweichender Regelungen. Dies ermöglichen die Öffnungsklauseln in der DSGVO sogar bezüglich hochsensibler Daten (vgl. Art. 9 Abs. 2 lit. a, b, j, Abs. 4 DSGVO).

[64] *GMDS*, Arbeitshilfe zur Pseudonymisierung/Anonymisierung, 2018, S. 15, https://gesundheitsdatenschutz.org/download/Pseudonymisierung-Anonymisierung.pdf.

[65] *Colin Mitchel/Johan Ordish/Emma Johnson/Tanya Bridgen/Alison Hall*, The GDPR and genomic data. The impact of the GDPR and DPA 2018 on genomic healthcare and research, 2020, S. 36.

[66] So etwa bei *Buchholtz/Brauneck/Schmalhorst* (Fn. 12), S. 209 ff.

[67] *Pommerening/Drepper/Helbing/Ganslandt* (Fn. 19), S. 106, 178.

[68] *Alexander Roßnagel*, in: Sinitis/Hornung/Spieker gen. Döhmann, Datenschutzrecht, 2019, Rn. 139.

werden, wenn ihr Informationen vorliegen, dass diese potentiell unrichtig sind.[69] Aufgrund des Transparenzgrundsatzes (Art. 5 Abs. 1 lit. a DSGVO), der darauf beruhenden Informationspflichten des Verarbeitenden (Art. 12 ff. DSGVO) und des Rechenschaftsgrundsatzes (Art. 5 Abs. 2 DSGVO), ist es darüber hinaus notwendig, dass die Datentreuhand alle Verarbeitungsschritte, Zugriffsrechte sowie technische und organisatorische Maßnahme überwacht und protokolliert. Die Datentreuhand muss zudem verhindern, dass unbefugte Personen auf die Daten zugreifen, und eine angemessene Datensicherheit gewährleisten (Art. 5 Abs. 1 lit. f DSGVO).

Die Datentreuhand im medizinischen Sektor muss im Ergebnis also hohen Ansprüchen gerecht werden. Zu datenschutzrechtlichen Standardproblemen gehören neben unberechtigten Datenverarbeitungen (Datenlecks, Hackerangriffe, interne Missbräuche) auch die zusätzlichen Anforderungen, die Art. 45 und 46 DSGVO an Datentransfers in Staaten außerhalb der EU den Verantwortlichen und Auftragsverarbeitenden aufgeben. Danach muss die Europäische Kommission entweder feststellen, dass der Drittstaat bzw. die involvierten Organisationen ein angemessenes Schutzniveau bieten (Art. 45 Abs. 1 DSGVO), oder die Verantwortlichen oder Auftragsverarbeitenden müssen geeignete datenschutzrechtliche Garantien gegeben haben (Art. 46 Abs. 1 DSGVO). Für die medizinische Forschung gerade zu seltenen Krankheiten sind internationale Datenverarbeitungen aber hoch relevant,[70] um Zugriff auf ausreichend große Datensätze zu haben, um aussagekräftige Ergebnisse zu erzeugen. Allein im Jahr 2019 arbeiteten Forscher aus der EU und das US National Cancer Institute gemeinsam an etwa 5.000 Projekten zur Krebsforschung.[71]

*2. Vorschlag: Schutzklassen bestimmen
und Risiken quantifizierbar machen*

Die geschilderten Herausforderungen werfen die Frage auf, welche konkreten Maßnahmen getroffen werden müssen, um dem hohen Schutzniveau gerade in der medizinischen Forschung gerecht zu werden. Art. 25 Abs. 1 DSGVO sieht vor, dass sich die technischen und organisatorischen Maßnahmen der Verantwortlichen und der Auftragsverarbeiter an dem Umfang, den Umständen und dem Zweck der Verarbeitung sowie der „unterschiedlichen Eintrittswahrscheinlichkeit und Schwere der mit der Verarbeitung verbundenen Risiken für die Rechte und Freiheiten natürlicher Personen" orientieren müssen. Durch diese Maßnahmen soll ein „angemessenes Schutzniveau" im Sinne des Art. 32 Abs. 1 DSGVO gewährleistet werden. Diese

---

[69] *Peter Schantz*, in: Wolff/Brink BeckOK Datenschutzrecht, 2021, Rn. 29.

[70] *Heidi Bentzen/Rosa Castro/Robin Fears/George Griffin/Volker ter Meulen/Giske Ursin*, Remove obstacles to sharing health data with researchers outside of the European Union, Nature Medicine, 2021, S. 1329 (1329–1330).

[71] The ALLEA, EASAC and FEAM joint initiative on resolving the barriers of transferring public sector data outside the EU/EEA, International Sharing of Personal Health Data for Research, 2021, 32, https://www.feam.eu/wp-content/uploads/International-Health-Data-Transfer_2021_web.pdf (25.10.2022).

Pflicht trifft auch die Datentreuhand; entweder in der Rolle als Verantwortliche oder als Auftragsverarbeiterin. Stellt sie dieses Schutzniveau nicht sicher, haftet sie nach den oben dargestellten Maßstäben. Um zu bestimmen, was im Einzelfall angemessene Maßnahmen sind, soll hier ein Schutzklassenkonzept vorgeschlagen werden. Mit diesem Konzept lassen sich Daten in verschiedene Risikogruppen einordnen. Gleichzeitig zeigt es jeweils auf, welche Maßnahmen ergriffen werden müssen, um die Daten datenschutzkonform zu verarbeiten. Wie hoch das Risiko für bestimmte Daten einzuschätzen ist, hängt davon ab, wie sensibel die Informationen über eine natürliche Person sind, die durch die Daten ermittelt werden können, und wie groß die Gefahr ist, dass es tatsächlich zu einer unbeabsichtigten Offenlegung dieser Daten kommt.

Orientierung für ein solches Konzept können hier Schutzklassen bieten, zu denen im Bereich datenschutzrechtlicher Zertifizierungen bereits umfangreiche Konzepte vorliegen.[72] An diese angelehnt, wird hier ein Vorschlag unterbreitet, der zwischen fünf Schutzklassen unterscheidet: Klasse 0 umfasst Daten, die nicht besonders geschützt werden müssen, und Klasse 3+ Daten, für die nicht pauschal angemessene Sicherheitsmaßnahmen genannt werden können, weil aus deren Verarbeitung Gefahren für das körperliche Wohlbefinden der datengebenden Person folgen.

Im ersten Schritt werden die Daten und Verarbeitungsprozesse nach ihrer Art beurteilt und dem jeweiligen Risiko für die datengebenden Personen entsprechend in Klassen eingeordnet.

Schutzklasse	Beschreibung
0: Daten ohne Schutzbedarf	Datenverarbeitungsvorgänge, die keine Aussagen über schützenswerte persönliche Verhältnisse natürlicher Personen enthalten, erzeugen, unterstützen oder ermöglichen. Auf solche Daten (nicht-personenbezogene Daten) ist die DSGVO nicht anwendbar.
1: Daten mit niedrigem Schutzbedarf	Datenverarbeitungsvorgänge, die Aussagen über die persönlichen Verhältnisse der betroffenen Person aufgrund der enthaltenen Daten und der konkreten Erhebung, Verarbeitung oder Nutzung dieser Daten enthalten, erzeugen, unterstützen oder ermöglichen. Hierunter können z. B. Informationen über Wohnort, Augenfarbe oder Alter fallen.
2: Daten mit mittlerem Schutzbedarf	Datenverarbeitungsvorgänge, die aufgrund der verwendeten Daten oder der konkreten Erhebung, Verarbeitung oder Nutzung dieser Daten eine Aussagekraft über die Persönlichkeit oder die Verhältnisse einer Person (Betroffener) haben, unterstützen oder bewirken können. Die unbefugte Verarbeitung oder Nutzung solcher Daten kann zu einem Nachteil für die betroffene Person führen (Beeinträchtigung von Rechtsgütern). Hierunter können z. B. Daten fallen, die Rückschlüsse auf politische Anschauungen oder finanzielle Umstände einer Person zulassen.

---

[72] *Kompetenzzentrum Trusted Cloud*, Arbeitspapier – Schutzklassen in der Datenschutz-Zertifizierung 2015, https://www.rechtsinformatik.saarland/images/pdf/tc-de/09_Arbeitspapier_Schutzklassen-in-der-Datenschutz-Zertifizierung.pdf (16.10.2022); *LfD Niedersachen*, Schutzstufenkonzept 2018, https://lfd.niedersachsen.de/startseite/themen/technik_und_organisation/schutzstufen/schutzstufen-56140.html (26.10.22).

Schutzklasse	Beschreibung
3: Daten mit hohem Schutzbedarf	Datenverarbeitungsvorgänge, die aufgrund der verwendeten Daten oder der konkreten Erhebung, Verarbeitung oder Nutzung dieser Daten eine erhebliche Aussagekraft über die Persönlichkeit oder die Verhältnisse einer Person (Betroffener) haben, unterstützen oder zur Folge haben können. Die unbefugte Erhebung, Verarbeitung oder Nutzung dieser Daten kann zu schwerwiegenden Nachteilen für die betroffene Person führen. Hierunter können z. B. Daten über die psychische Gesundheit einer Person fallen.
3+: Daten mit sehr hohem Schutzbedarf	Datenverarbeitungsvorgänge, die aufgrund der verwendeten Daten oder der konkreten Erhebung, Verarbeitung oder Nutzung dieser Daten eine erhebliche Aussagekraft über die Persönlichkeit oder die Verhältnisse einer Person (Betroffener) haben, unterstützen oder zur Folge haben können. Die unbefugte Erhebung, Verarbeitung oder Nutzung solcher Daten kann zu einer erheblichen Beeinträchtigung des Lebens, der Gesundheit oder der Freiheit der betroffenen Person führen. Hierunter können z. B. Daten fallen, die V-Leute identifizieren.

Das Risiko für die Daten wird aber auch durch die Verarbeitungsumstände beeinflusst. Diese müssen im zweiten Schritt berücksichtigt werden. Werden beispielsweise nicht zwangsläufig identifizierende Daten einer Person wie Alter, Krankheit und Geschlecht zusammengeführt, erhöht sich das Risiko einer Identifizierung und damit auch die Schutzklasse. Das ist insbesondere der Fall, wenn einzelne Datenpunkte von der Norm abweichen, wie beispielsweise ein ungewöhnlich hohes Alter in Kombination mit einer seltenen Krankheit. Umgekehrt kann eine besonders risikolose Verarbeitung dazu führen, dass die Schutzklasse gesenkt wird. Das ist zum Beispiel anzunehmen, wenn eine Studie mit einer so großen Menge homogener Daten arbeitet, bei denen die Daten auf so viele verschiedene Personen zutreffen könnten, dass keine einzelne Person identifiziert werden kann. Um die jeweils einschlägige Schutzklasse auf Grundlage des den Daten inhärenten Risikos und der Verarbeitungsumstände im Einzelfall ermitteln zu können, soll ein Fragenkatalog alle Daten verarbeitenden Personen unterstützen.

Auch die Datentreuhand könnte dieses Schutzklassenkonzept nutzen, um auf der einen Seite zu bestimmen, welche organisatorischen und technischen Maßnahmen sie selbst treffen muss, um Daten innerhalb ihrer Aufgabenbereiche datenschutzkonform zu verarbeiten. Auf der anderen Seite ist es angesichts der hohen Haftungsrisiken, denen eine Datentreuhand ausgesetzt sein kann, von besonderem Interesse, dass offizielle Leitfäden wie etwa die hier dargestellten Schutzklassen etabliert werden, um eine verlässliche Orientierung zu bieten.

VI. Datenzugang: Datenaltruismus oder Verpflichtung zur Datenteilung

Wenn geklärt ist, nach welchen datenschutzrechtlichen Vorgaben und innerhalb welchen Rahmens die Datentreuhand Daten verwalten können soll, muss weiter überlegt werden, woher schließlich die Daten kommen sollen, d. h. nach welchen Regeln die Datentreuhand ihr Treugut erlangen sollte. Eine Datentreuhand kann die Daten entweder aufgrund altruistischer – das heißt freiwilliger und uneigennütziger – Entscheidungen der datengebenden Personen oder von Gesetzes wegen erhalten. Auf diese Art des Datenteilens setzt unter anderem auch der DGA. Ein altruistischer Ansatz erhält den datengebenden Personen eine weitgehende Kontrolle über ihre Daten. Die Datentreuhand könnte als Verwalterin eines Datenpools agieren, in den Personen freiwillig ihre Daten einspeisen und auf den Datennutzende zu festgelegten Zwecken zugreifen dürfen. Ein Schwerpunkt der Datentreuhand-Tätigkeit liegt in diesem Fall im Einwilligungsmanagement und darin, zu gewährleisten, dass die Daten nur den festgelegten Zwecken nach durch berechtigte Personen verarbeitet werden.

Aus der Perspektive der Forschenden sind jedoch zwingende oder jedenfalls Opt-Out-Konzepte vorzuziehen, die ihnen – anders als eine altruistisch gespeiste Datenbank, die auf die Bereitschaft und Initiative von Personen, ihre Daten freizugeben, angewiesen ist – einen langfristigen Zugriff auf geeignete Daten in ausreichender Menge sichern.[73] Für die Forschung sind zudem gerade auch Sekundärnutzungen von Daten (zum Beispiel aus der ePA) von Interesse;[74] Einzelheiten und Umfang von Sekundärnutzungen sind jedoch von der ursprünglichen Einwilligung häufig noch nicht umfasst, sodass Forschende eine neue Einwilligung einholen müssten, um die Daten verarbeiten zu dürfen. Aus diesen Gründen werden Ansätze, die von dem Erfordernis einer Einwilligung zur Datenfreigabe absehen, vermehrt verfolgt. Auch die Politik hat diesen Bedarf erkannt. Sowohl der Beschluss des Bundesrats zum GDNG[75], als auch der GDNG-Entwurf der Bundesregierung zielen darauf ab, (Gesundheits-)Daten – unter anderem durch Einsatz eines Opt-Out-Verfahrens bei der ePA[76] – besser wissenschaftlich nutzbar zu machen.[77] Gleiches gilt für die geplante Verordnung des Europäischen Parlaments und des Rates über den europäischen Raum für Gesundheitsdaten (European Health Data Space, EHDS),[78] wonach eine sekundäre Nutzung von Gesundheitsdaten auch unabhängig von der Einwilligung

---

[73] S. hierzu *Julian Olk*, Der Industrieverband drängt auf Datenspende – Hindernis Datenschutzgrundverordnung, Handelsblatt, 2019, https://www.handelsblatt.com/politik/deutschland/gesundheitspolitik-industrieverband-draengt-auf-datenspende-hindernis-datenschutz-grundverordnung/25363570.html (28.10.2022); s. hierzu ärzteblatt, Hecken plädiert für verpflichtende Datenspende, 2018, https://www.aerzteblatt.de/nachrichten/99900/Hecken-plaediert-fuer-verpflichtende-Datenspende (28.10.2022).

[74] *Martin Jungkunz/Anja Köngeter/Eva Winkler/Katja Mehlis/Christoph Schickhardt*, in: Jungkunz/Köngeter/Winkler/Mehlis/Schickhardt, Sekundärnutzung klinischer Daten in datensammelnden, nicht-interventionellen Forschungs- oder Lernaktivitäten – Begriff, Studientypen und ethische Herausforderungen, 2021, S. 71 (78).

[75] BR-Drs. 597/22, S. 1 (2).

[76] BR-Drs. 597/22 (Fn. 75), S. 2; siehe hierzu auch *Deister* (Fn. 4), S. 12.

[77] BR-Drs. 597/22 (Fn. 75), S. 2; *Bundestag* (Fn. 8), S. 84; vgl. Wissenschaftsrat, Digitalisierung und Datennutzung für Gesundheitsforschung und Versorgung. Positionen und Empfehlungen, S. 63, https://www.wissenschaftsrat.de/download/2022/9825-22.pdf?__blob=publicationFile&v=11 (3.5.2023).

[78] Vorschlag für eine Verordnung des Europäischen Parlaments und des Rates über den europäischen Raum für Gesundheitsdaten, COM(2022) 197 final vom 3.5.2022.

der Betroffenen, und ohne dass die Betroffenen über die Datenverarbeitung unterrichtet werden,[79] gestattet sein soll (im Detail geregelt in den Art. 33 ff. des EHDS-Verordnungsentwurfs).[80] Danach müssten zum Beispiel Daten aus der ePA verpflichtend zur Verfügung gestellt werden. Eine Schlüsselposition nimmt nach dem GDNG-Entwurf und auch nach dem EHDS-Verordnungsvorschlag das Forschungsdatenzentrum (FDZ) ein. Gemäß § 363 SGB V verarbeitet das FDZ die Daten aus der ePA, die zu Forschungszwecken freigegeben wurden: Insbesondere verwaltet es gemäß § 303d Abs. 1 SGB V die Daten und gewährt Datennutzenden zu Forschungszwecken Zugriff auf die Daten; damit erfüllt das FDZ nach dem hier vertretenen Verständnis die Rolle einer Datentreuhand.

Diese Entwicklungen zugunsten der medizinischen Forschung bringen allerdings erhebliche Risiken für die Patientensouveränität mit sich. Das gilt zumindest für den Fall, dass diese ihre Daten gerade nicht für eine sekundäre Nutzung freigeben wollen. Schon ein Opt-Out-Verfahren wie es der Beschluss des Bundesrates und der GDNG-Entwurf der Bundesregierung vorsehen, lässt den Datengebenden zwar noch die Option, einer Datenverarbeitung zu widersprechen, macht aber den Eingriff in die Patientensouveränität zum Status Quo. Umstritten ist in diesem Zusammenhang vor allem auch die Regelung im EHDS-Verordnungsentwurf, durch die eine sekundäre Nutzung von Gesundheitsdaten sogar kommerziellen Nutzer:innen auch ohne Einwilligung der Betroffenen ermöglicht wird (Art. 33 Abs. 5 EHDS-Verordnungsentwurf).[81] Dies kann sich insbesondere auf Patient:innen mit seltenen Krankheiten und in der Folge stark identifizierenden Gesundheitsdaten negativ auswirken.[82] Das Europäische Parlament plant daher Sekundärnutzungen dahingehend zu limitieren, dass diese dem allgemeinen Interesse der Gesellschaft („general interest of the society") dienen müssen.[83] Um Patientensouveränität weitgehend gewährleisten zu können, sollte daher in jedem Fall die Möglichkeit eines Widerspruchs erhalten bleiben.

---

[79] Stellungnahme der Kassenärztlichen Bundesvereinigung zum europäischen Gesundheitsdatenraum vom 16.12.2022, S. 8.

[80] Im Hinblick auf diese Regelung wurde der EHDS-Verordnungsentwurf vom 3.5.2022 stark kritisiert, sodass schließlich am 13.12.2023 mehrheitlich ein entsprechender Änderungsantrag vom 7.12.2023 angenommen wurde, wonach „natürlichen Personen ein Widerspruchsrecht gegen die Registrierung ihrer personenbezogenen Daten in einem EHR-System [(electronic health records)]" eingeräumt wird, Änderungsantrag vom 7.12.2023, https://www.europarl.europa.eu/RegData/seance_pleniere/textes_deposes/prop_resolution/2023/0395/amendements/P9_AMA(2023)0395(555-555)_DE.pdf (22.1.2024).

[81] *Michael Denga*, EuZW 2023, S. 25 (30).

[82] *Denga* (Fn. 80), S. 30.

[83] „In particular, the secondary use of health data for research and development purposes should contribute to a benefit to society in the form of new medicines, medical devices, health care products and services at affordable and fair prices for Union citizens, as well as enhancing access to and the availability of such products and services in all Member States", Europäisches Parlament, DRAFT COMPROMISE AMENDMENTS, 2022/0140(COD) 24.11.2023, S. 20 (Rn. 41).

VII. Flankierende Maßnahmen – Kontrolle und Zertifizierung

Neue Konstrukte wie die Datentreuhand lassen sich nur dann erfolgreich etablieren, wenn ihnen das notwendige Vertrauen von den Datengebenden und Datennutzenden entgegengebracht wird. Dies ist umso wichtiger, wenn die Datentreuhand im Kontext der medizinischen Forschung hochsensible Gesundheitsdaten verarbeiten soll. Für die datengebenden Personen kommt es dabei insbesondere darauf an, dass die Datentreuhand ihre Interessen und Rechte hinreichend wahrnimmt bzw. schützt. Aber auch Datennutzende (etwa Forschende) müssen sich auf die Integrität der Datentreuhand verlassen können. Um also alle Beteiligten vor einem missbräuchlichen Verhalten der Datentreuhand weitgehend zu schützen, gibt es verschiedene Stellschrauben.

1. Aufsicht

Der Staat kann die Datentreuhand unter seine Aufsicht stellen[84] und ihre Entscheidungen überprüfen. Zunächst ist die Datenschutzaufsichtsbehörde dafür zuständig, sicherzustellen, dass der Datenschutz eingehalten wird (vgl. Art. 58 DSGVO).[85] Ihre Aufgaben sollten aber angelehnt an Stiftungsaufsichten erweitert werden oder es sollte eine datentreuhandspezifische Aufsicht eingeführt werden: Bei der Datentreuhand hätte die Aufsichtsbehörde zu prüfen, ob diese nicht vom festgelegten Zweck abweicht und ihre Vertrauensposition nicht missbraucht.[86] Eine Datentreuhand sollte von dieser Aufsicht nur ausgenommen sein, wenn sie lediglich zu persönlichen und familiären Zwecken tätig wird.[87] Aufgabe der Aufsichtsbehörde soll nicht nur sein, Fehlentscheidungen entgegenzuwirken, sondern auch die Vertrauenswürdigkeit der Datentreuhand selbst zu überprüfen: Hat sich eine Datentreuhand einer bestimmten Straftat schuldig gemacht, aufgrund derer ihr die notwendige Zuverlässigkeit fehlt (zum Beispiel Betrugsdelikte), kann die Behörde ihr (nach dem Vorbild des Vereinigten Königreichs[88]) verbieten, als Datentreuhand tätig zu sein.

---

[84] Vgl. *Richard Nolan,* „The execution of Trust shall be under the control of the court": A Maxim in Modern Times, 2016, S. 469 (470–474); vgl. *Birgit Weitemeyer,* § 80 BGB, in: MüKoBGB, 2021, § 80 Rn. 68; *Buchholtz/Brauneck/Schmalhorst* (Fn. 18), S. 208.

[85] Vgl. *Cornelia Kibler,* Datenschutzaufsichtsbehörden und ihre Stellung im europäischen Verwaltungsraum, NVwZ 2021, S. 1676 (1676 f.).

[86] *Weitemeyer* (Fn. 83), Rn. 51.

[87] S. hierzu Familienstiftungen: *Weitemeyer* (Fn. 83), Rn. 180.

[88] Vgl. *Charity Commission for England and Wales,* Trustee board: people and skills, aktualisiert 2014, https://www.gov.uk/guidance/trustee-board-people-and-skills, (08.09.2022); *Buchholtz/Brauneck/Schmalhorst* (Fn. 12), S. 208.

2. Zertifizierung und Akkreditierung

Eine Datentreuhand könnte durch den Staat oder über privat handelnde, akkreditierte[89] Organisationen[90] verpflichtend für die Verwaltung und Verarbeitung sensibler Daten zertifiziert werden, um das Vertrauen der Datengebenden und Datennutzenden zu steigern.[91] Bisher gibt es in Deutschland allerdings noch keine Stellen, die Datentreuhandmodelle zertifizieren können. Wenngleich das Bundesministerium für Bildung und Forschung ein Zulassungs- oder Akkreditierungsverfahren anstrebt,[92] liegt für die Ausgestaltung von Akkreditierungsstellen und Zulassungsvoraussetzungen noch kein Konzept vor. Die Zertifizierung stellt allerdings ein sinnvolles Instrument dar, um die Einhaltung bestimmter Standards sicherzustellen: So kann belegt werden, dass die Datentreuhand über organisatorische und technische Maßnahmen verfügt, um sicherzustellen, dass Datenschutzstandards und -normen eingehalten und Missbrauch entgegengewirkt wird.[93] Darüber hinaus könnten auch die IT-Sicherheit[94] oder das Vorhandensein von sicheren Datenzugriffsverfahren sowie hinreichende Rechenschaftspflichten der Datentreuhand Gegenstand der Zertifizierung sein.[95] Die Zertifizierung schafft zudem Transparenz gegenüber den datengebenden Personen hinsichtlich verbleibender Risiken.[96] Regelmäßige Rezertifizierungen sind wichtig, um sicherzustellen, dass die Maßnahmen an die sich schnell ändernden technischen Möglichkeiten angepasst werden.

3. Finanzierungsmöglichkeiten

Ein nachhaltiges Finanzierungsmodell ist notwendig, um die Etablierung von Treuhandverhältnissen zu fördern. Wie dieses ausgestaltet ist, kann sich auf das Vertrauen der Datengebenden auswirken. Teilweise wird gefordert, dass die Datentreuhand die Daten selbst nicht monetarisieren darf, um keinen Anreiz dafür zu schaffen,

---

[89] Akkreditierungen können durch die Deutsche Akkreditierungsstelle GmbH erfolgen, https://www.dakks.de/de/home.html (24.05.2023).

[90] *Oxfords Insights,* Report. Data Trust Certification, 2019, S. 1 (7 f.).

[91] *Richter* (Fn. 34), S. 643; *Buchholtz/Brauneck/Schmalhorst* (Fn. 12), S. 208; Rat für Informationsinfrastrukturen, Datentreuhänder: Potentiale, Erwartungen, Umsetzung, https://rfii.de/download/rfii-workshopbericht-datentreuhaender-potenziale-erwartungen-umsetzung-februar-2021/ (26.10.2022), S. 1 (4).

[92] Vgl. *Bundesministerium für Bildung und Forschung,* Bekanntmachung, 2021, https://www.bmbf.de/bmbf/shareddocs/bekanntmachungen/de/2021/01/3292_bekanntmachung.html (24.05.2023).

[93] *Blankertz/Specht* (Fn. 32), S. 3.

[94] *Blankertz/Specht* (Fn. 32), S. 27.

[95] *Sabrina Martin/Walter Pasquarelli,* „Exploring Data Trust Certifications", Oxford Insights, 2019, S. 1 (6).

[96] *Blankertz/Specht* (Fn. 32), S. 5.

möglichst häufig (und auch unrechtmäßig) Daten zu mitteln.[97] Ein besonders hohes Missbrauchspotential besteht dann, wenn die Vergütung der Datentreuhand unmittelbar an die Menge der Daten, die sie mittelt, oder die Anzahl der Zugriffe, die sie erlaubt, geknüpft ist.[98] Die Monetarisierung sollte jedoch nicht gänzlich ausgeschlossen sein, um eine möglichst schnelle und flächendeckende Etablierung der Datentreuhand zu fördern:[99] Ohne Monetarisierung der Daten blieben nur die Möglichkeiten, Datentreuhandmodelle über den Staat,[100] durch Spenden oder über Nebentätigkeiten[101] wie Informations-, Beratungs-, oder Zertifizierungsdienste zu finanzieren. Fraglich ist dabei allerdings, ob die Datentreuhand dadurch über ausreichende Mittel verfügt, um sowohl laufende Kosten, als auch Investitionen in ihre Fortentwicklung decken zu können. Im Interesse der Forschung sollten den Kosten der Datennutzung aber Grenzen gesetzt werden. Dies lässt sich entweder durch eine gesetzliche Deckelung der Kosten oder staatliche Subventionen für Forschende erreichen.[102]

VIII. Fazit und Ausblick

Die Datentreuhand kann dabei helfen, dem aufgezeigten Spannungsverhältnis zwischen Forschungsinteressen einerseits und Patientensouveränität andererseits effektiv zu begegnen. Damit dies gelingen kann, ist auch der Gesetzgeber gefragt. Insbesondere sollte sich der Gesetzgeber aus Gründen der Rechtssicherheit um eine allgemein anerkannte Definition und eine rechtliche Einordnung der Datentreuhand bemühen. Zu hohe Hürden machen Datenaltruismus – als eine wichtige Form des Datenteilens – unattraktiv.[103]

Generell lässt sich die Datentreuhand nur dann erfolgreich etablieren, wenn sie eine berechtigte Vertrauensposition einnimmt. Dazu müssen, bevor es zu einer Verarbeitung von Daten durch die Datentreuhand kommt, Fragen der Verantwortlichkeit und den damit einhergehenden Haftungsrisiken geklärt werden. Eine entscheidende Rolle dabei können staatliche Maßnahmen spielen, die darauf gerichtet sind, das Missbrauchsrisiko zu senken: namentlich Zertifizierung, Akkreditierung und Auf-

---

[97] Vgl. *Aline Blankertz/Louisa Specht-Riemenschneider*, Neue Modelle ermöglichen. Regulierung für Datentreuhänder, böll-brief, 2021, S. 1 (8).
[98] Vgl. *Blankertz/Specht-Riemenschneider* (Fn. 96), S. 8.
[99] Vgl. *Blankertz/Specht-Riemenschneider* (Fn. 96), S. 8 f.; Für ein Verbot siehe nur: *Hans-Günter Lind/Hanns Suckfüll*, Initiative zu einer deutschen Daten-Treuhand (DEDATE) als Ultima Ratio der Persönlichen Digitalen Datenwirtschaft (PDD), S. 1 (16 f.).
[100] Vgl. *Blankertz/Specht-Riemenschneider* (Fn. 96), S. 7.
[101] Vgl. *Blankertz/Specht-Riemenschneider* (Fn. 96), S. 8.
[102] Vgl. auch: Statistische Ämter des Bundes und der Länder, Entgelt für die Datennutzung, https://www.forschungsdatenzentrum.de/de/entgelte (23.05.2023).
[103] *Winfried Veil*, Datenaltruismus: Wie die EU-Kommission eine gute Idee versemmelt, 2020, https://www.cr-online.de/blog/2020/12/01/datenaltruismus-wie-die-eu-kommission-eine-gute-idee-versemmelt/ (23.05.2023).

sicht durch Behörden. Um einen transparenten Umgang mit Haftungsrisiken möglich zu machen, sollte auf geeignete Konzepte, wie etwa das hier vorgeschlagene Schutzklassenkonzept zurückgegriffen werden. Davon könnten sowohl die Datentreuhand als auch die Datennutzenden profitieren. Schlussendlich ist es wichtig, dass von der Datentreuhand „echte Verbesserungen für die Privatsphäre der Nutzer"[104] und mithin für die Patientensouveränität ausgehen. Bei allen Bestrebungen ist eine interdisziplinäre Zusammenarbeit zwischen Recht und Technik zentral. Nur wenn diese beiden Disziplinen im Sinne von Privacy by Design bei der Entwicklung und Erprobung von Datentreuhandmodellen sinnvoll zusammenarbeiten, lassen sich zukunftsfähige Konzepte entwickeln.

Literatur

Blankertz, Aline/*Specht-Riemenschneider*, Louisa: Neue Modelle ermöglichen. Regulierung für Datentreuhänder, böll-brief, 2021.

Blankertz, Aline/*Specht-Riemenschneider*, Louisa: Wie eine Regulierung für Datentreuhänder aussehen sollte, 2021, https://www.stiftung-nv.de/sites/default/files/regulierung_fuer_daten treuhaender.pdf.

Buchholtz, Gabriele/*Brauneck*, Alissa/*Schmalhorst*, Louisa: Gelingensbedingungen der Datentreuhand – rechtliche und technische Aspekte, NVwZ 2023, S. 206.

Bundesregierung: Datenstrategie der Bundesregierung. Eine Innovationsstrategie für gesellschaftlichen Fortschritt und nachhaltiges Wachstum, Kabinettfassung, 27.01.2021, https://www.bundesregierung.de/resource/blob/992814/1845634/f073096a398e59573c7526 feaadd43c4/datenstrategie-der-bundesregierung-download-bpa-data.pdf.

Kompetenzzentrum Trsuted Cloud: Arbeitspapier – Schutzklassen in der DatenschutzZertifizierung 2015, https://www.rechtsinformatik.saarland/images/pdf/tc-de/09_Arbeitspapier_Schutz klassen-in-der-Datenschutz-Zertifizierung.pdf.

Kühling, Jürgen: Der datenschutzrechtliche Rahmen für Datentreuhänder. Chance für mehr Kommerzialisierungsfairness und Datensouveränität?, ZfDR 2021, S. 1.

LfD Niedersachsen: Schutzstufenkonzept 2018, https://lfd.niedersachsen.de/startseite/themen/ technik_und_organisation/schutzstufen/schutzstufen-56140.html.

Pommerening, Klaus/*Drepper*, Johannes/*Helbing*, Krister/*Ganslandt*, Thomas: Leitfaden zum Datenschutz in Medizinischen Forschungsprojekten: Generische Lösungen Der TMF 2.0., S. 1.

Richter, Heiko: Europäisches Datenprivatrecht: Lehren aus dem Kommissionsvorschlag für eine „Verordnung über europäische Daten-Governance", ZEuP 2021, S. 634.

Weitemeyer, Birgit: § 80 BGB, in: MüKoBGB, 2021, § 80.

---

[104] *Kühling/Sackmann/Schneider* (Fn. 50), S. 1 (26 f.).

Föderiertes Lernen: ein Hilfsmittel zur datenschutzkonformen Forschung in der Biomedizin und darüber hinaus

Von *Jan Baumbach, Mohammad Mahdi Kazemi Majdabadi, Christina Caroline Saak, Mohammad Bakhtiari* und *Niklas Probul*

I. Einleitung

„Big Data" hat das Potenzial, eine neue Ära der Präzisionsmedizin einzuläuten,[1] und der rasche technologische Fortschritt hat zu einer Explosion der verfügbaren Datensätze geführt. So ist beispielsweise die Menge der im *Sequencing Read Archive* des *National Center for Biotechnology Information* (NCBI) verfügbaren DNA-Sequenzen in den letzten zehn Jahren exponentiell angestiegen.[2] Trotz dieser stetig wachsenden Datenmenge steht die Biomedizin vor einem Problem. Wie *Brauneck* und *Schmalhorst* in ihrem Beitrag in diesem Band beschreiben, sind vor allem Daten, die für Fortschritte in der Präzisionsmedizin nützlich sein könnten (genetische, biometrische und Gesundheitsdaten), nach Art. 9 Abs. 1 Datenschutz-Grundverordnung (DSGVO)[3] besonders schutzwürdig und dürfen nach Art. 9 Abs. 2 DSGVO nur in Ausnahmefällen verarbeitet werden.[4] In der Praxis bedeutet dies, dass Daten, die über mehrere Standorte verteilt sind, zum Beispiel über verschiedene Krankenhäuser, nicht zusammengeführt werden können, um mithilfe von künstlicher Intelligenz (KI) Modelle zu lernen. Dies wirkt sich wiederum negativ auf die Qualität der gelernten KI-Modellen aus, da zum Beispiel die volle Heterogenität von Krankheitsbildern nicht abgebildet werden kann. Ein Ausweg aus diesem Dilemma, der auf dem „Privacy-by-Design"-Prinzip aufbaut, ist das föderierte Lernen. Es ermöglicht,

---

[1] *Tim Hulsen/Saumya Jamuar/Alan Moody/Jason Karnes/Orsolya Varga/Stine Hedensted/ Roberto Spreafico/David Hafler/Eoin McKinney*, From Big Data to Precision Medicine, Frontiers in Medicine, 2019, S. 1.

[2] *Kenneth Katz/Oleg Shutov/Richard Lapoint/Michael Kimelman/Rodney Brister/Christopher O'Sullivan*, The Sequence Read Archive: a decade more of explosive growth, Nucleic Acids Res. 2022, S. 387 (388).

[3] Verordnung (EU) 2016/679 des Europäischen Parlaments und des Rates vom 27. April 2016 zum Schutz natürlicher Personen bei der Verarbeitung personenbezogener Daten, zum freien Datenverkehr und zur Aufhebung der Richtlinie 95/46/EG (Datenschutz-Grundverordnung).

[4] *A. Brauneck/L. Schmalhorst*, in diesem Band, S. 241, 251–252.

KI-Modelle auf großen Datenmengen zu trainieren und dabei gleichzeitig die Privatsphäre dieser Daten zu schützen.[5]

Beim föderierten Lernen bleiben die Daten geschützt an ihrem Ursprungsort und werden nicht an einen zentralen Server (z. B. eine Cloud) übertragen. Stattdessen wird das KI-Modell lokal gelernt und nur die Parameter der gelernten Modelle werden mit anderen Teilnehmern des KI-Lernprozesses geteilt, sodass die Rohdaten selbst nie übermittelt werden müssen (Abb. 1 A).[6] Welche Parameter genau übertragen werden, hängt von der jeweils verwendeten KI-Methode ab (Abb. 1B).

Da beim föderierten Lernen keine sensiblen Daten über das Internet ausgetauscht werden müssen und somit das Risiko eines unbefugten Zugriffs auf diese Daten, zum Beispiel durch einen gezielten Cyberangriff, deutlich verringert wird, kann dieser Ansatz dazu beitragen, nicht nur die Anforderungen der DSGVO, sondern auch andere internationale Datenschutzbestimmungen wie die des *California Consumer Privacy Acts* (CCPA)[7] zu erfüllen, die jeweils strenge Kontrollen für die Erfassung, Speicherung und Nutzung personenbezogener Daten vorsehen. Durch die Kombination von Skalierbarkeit und Datenschutz wird das föderierte Lernen zu einer Schlüsseltechnologie für die Bewältigung der ständig wachsenden Datenmengen und der immer strengeren Datenschutzbestimmungen.

In diesem Kapitel wird zunächst ein Überblick über das föderierte Lernen gegeben, einschließlich der Anwendungsbereiche und der wichtigsten aktuellen Herausforderungen. Zudem werden Techniken zur weiteren Verbesserung des Datenschutzes erörtert und verschiedene Plattformen für das föderierte Lernen vorgestellt. Abschließend wird die Plattform FeatureCloud (featurecloud.ai), die vom gleichnamigen Horizon 2020-Konsortium entwickelt wurde, näher beleuchtet und konkrete Anwendungsfälle vorgestellt.

II. Föderiertes Lernen im Überblick

In einer föderierten Lernkonfiguration verfügen die verschiedenen, teilnehmenden Geräte, z. B. Smartphones oder Laptops, jeweils über ihre eigenen lokalen Daten, die sie für das Training eines maschinellen Lernmodells verwenden. Während des föderierten Lernprozesses werden Berechnungen lokal durchgeführt und die resultierenden Modellparameter werden an den Koordinator gesendet, der das Gesamt-

---

[5] *Alissa Brauneck/Louisa Schmalhorst/Mohammad Kazemi Majdabadi/Mohammad Bakhtiari/Uwe Völker/Christina Saak/Jan Baumbach/Linda Baumbach/Gabriele Buchholtz*, Federated machine learning in data-protection-compliant research, Nature Machine Intelligence, 5 (2023), S. 2.

[6] *Qiang Yang/Yang Liu/Tianjian Chen/Yongxin Tong*, Federated Machine Learning: Concept and Applications, ACM Transactions on Intelligent Systems and Technology, 10 (2019), S. 12 (12:3).

[7] California Consumer Privacy Act (CCPA), abrufbar unter https://oag.ca.gov/privacy/ccpa (zuletzt abgerufen am 2. 12. 2023).

Föderiertes Lernen

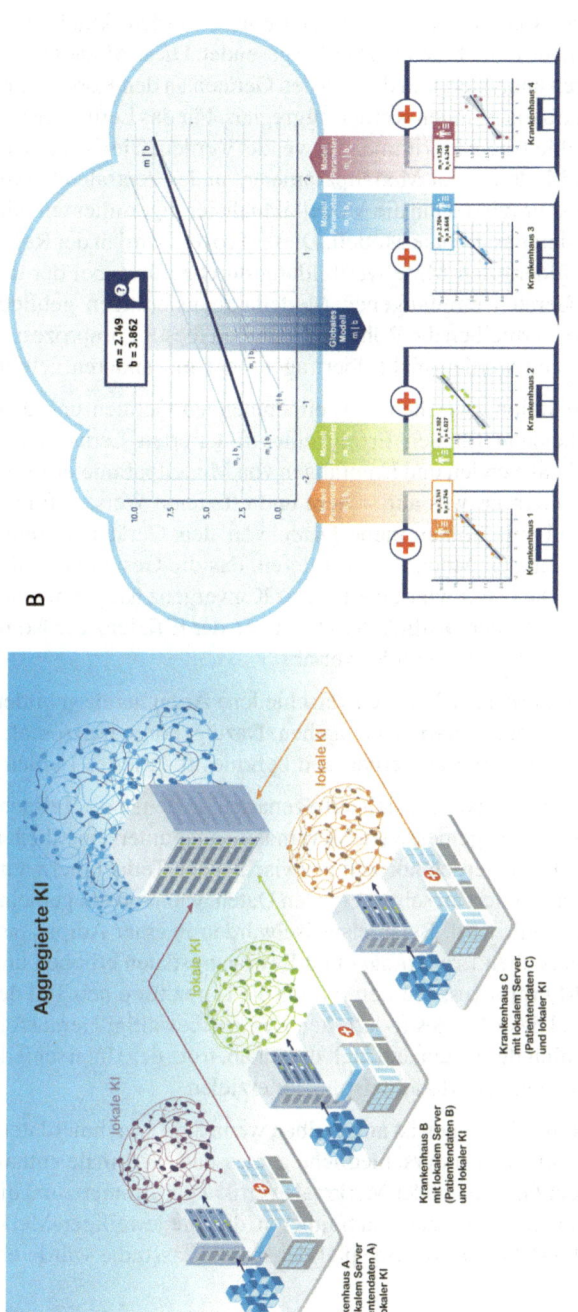

Abb. 1: Föderiertes Lernen im Überblick (© 2023 FeatureCloud).
(A) Beim föderierten Lernen werden KI-Modelle lokal gelernt und nur die Modell-Parameter werden in einem übergreifenden KI-Modell zusammengefasst.
(B) Die ausgetauschten Modell-Parameter hängen hierbei vom Modell ab.
In diesem Beispiel der linearen Regression werden Parameter m und b ausgetauscht.

modell erstellt. Bei iterativen Ansätzen des föderierten Lernens werden aktuelle Versionen eines Lernmodells an die teilnehmenden Geräte gesendet. Diese Modelle werden anhand der lokalen Daten analysiert und die von den Geräten an den Koordinator zurückgesendeten Modellaktualisierungen werden aggregiert. Für das Lernen der lokalen Modelle können verschiedene Algorithmen verwendet werden. Die Geräte senden dann die aktualisierten Modelle oder Modellparameter, an den zentralen Server zurück. Der zentrale Server aggregiert dann die Modellaktualisierungen aller teilnehmenden Geräte und aktualisiert das globale Modell. Dieser Prozess wird in der Regel mit einer Technik wie der föderierten Mittelwertbildung durchgeführt, bei der der Mittelwert aller von den Geräten empfangenen Modellaktualisierungen gebildet wird. Wie oben beschrieben, verbleiben die Rohdaten während dieses Lernprozesses auf den einzelnen Geräten und werden nicht übertragen oder mit anderen geteilt.

Eine effektive Kommunikation zwischen den teilnehmenden Geräten und dem zentralen Server ist entscheidend für den Erfolg eines föderierten Lernsystems. Dies beinhaltet in der Regel das Senden und Empfangen von Modellparametern zwischen den Geräten und dem Server, was auf sichere und effiziente Weise erfolgen muss. Nachdem das Modell mit immer mehr Daten von den Geräten trainiert wurde, sollte es zu einem globalen Modell konvergieren, das die Gesamtheit aller lokalen Daten repräsentiert. Die Geschwindigkeit dieser Konvergenz hängt von Faktoren wie der Größe des Modells, der Qualität der Daten und der Effizienz der Kommunikation zwischen den Geräten und dem Server ab.

Innerhalb des föderierten Lernens haben sich verschiedene Arten herausgebildet, um verschiedene Datenverteilungsszenarien anzugehen. Dazu gehören horizontales föderiertes Lernen, vertikales föderiertes Lernen und hybrides föderiertes Lernen.[8]

Horizontales föderiertes Lernen bezieht sich auf Szenarien, in denen die Teilnehmer über Datensätze mit denselben gemessenen Merkmalen, aber unterschiedlichen Stichproben verfügen. Die Daten werden horizontal zwischen den Teilnehmern aufgeteilt, und jeder Teilnehmer trainiert an seinen eigenen Daten, während ein gemeinsamer Satz von Attributen geteilt wird. Beispielsweise würden in einer Adipositasstudie für alle Probanden dieselben Ernährungs- und Bewegungsdaten erhoben und die Teilnehmer am Modell-Lernprozess würden jeweils die Daten für einen Teil der Studienteilnehmer erhalten. Diese Art des föderierten Lernens bewältigt Herausforderungen wie die Heterogenität der Daten und zielt darauf ab, trotz der Unterschiede in den Teilnehmerdaten eine genaue Modellleistung zu erzielen.

Vertikales föderiertes Lernen hingegen ist anwendbar, wenn die Teilnehmerdatensätze die gleichen Stichproben, aber unterschiedliche gemessene Merkmale enthalten. Die Daten werden auf der Grundlage der Merkmale vertikal partitioniert, und die Teilnehmer arbeiten zusammen, um Modelle zu trainieren, die ihre jeweiligen Merkmalsrepräsentationen berücksichtigen. Im Beispiel der Adipositasstudie würde ein

---

[8] *Hangyu Zhu/Haoyu Zhang/Yauchu Jin*, From federated learning to federated neural architecture search: a survey, Complex & Intelligent Systems, 7 (2021), S. 639 (640, 642, 643).

Teilnehmer des Modell-Lernprozesses Bewegungsdaten, ein anderer Ernährungsdaten derselben Studienteilnehmer erhalten. Dieser Ansatz ermöglicht die effiziente Nutzung verschiedener Datenquellen unter Wahrung des Datenschutzes und eignet sich für Szenarien, in denen Teilnehmer zwar über unterschiedliche Sätze von Merkmalen, aber überlappende Stichproben verfügen. Dies ist zum Beispiel der Fall, wenn Organisationen über verschiedene Daten von denselben Verbraucher*innen/Kund*innen verfügen.

Hybrides föderiertes Lernen berücksichtigt Szenarien, in denen die Datensätze verschiedener Teilnehmer nicht nur unterschiedliche Stichproben, sondern auch unterschiedliche Merkmale enthalten. Für das Beispiel der Adipositas-Studie bedeutet dies, dass die Teilnehmer am Modell-Lernprozess eine weniger als 100 %-ige Überlappung von Teilnehmern und Datentypen haben. Diese Art des föderierten Lernens erfordert die gemeinsame Nutzung von Datenidentitätsinformationen, um die Schnittmenge der Datensätze für das gemeinsame Training zu finden. Die Herausforderung besteht darin, die Privatsphäre zu wahren und gleichzeitig eine effektive Zusammenarbeit zwischen Teilnehmern mit unterschiedlichen Datenmerkmalen zu erreichen.

Durch das Verständnis der Besonderheiten und Herausforderungen des horizontalen, vertikalen und hybriden föderierten Lernens können Forscher und Praktiker maßgeschneiderte Lösungen entwickeln, um die Leistungsfähigkeit des föderierten Lernens in verschiedenen Datenverteilungsszenarien zu nutzen und gleichzeitig den Datenschutz und die Modellleistung zu gewährleisten.

Darüber hinaus kann das föderierte Lernen in Bezug auf die Teilnehmer am Lernprozess der KI-Modelle in zwei Kategorien unterteilt werden: Föderiertes Lernen auf Edge-Geräten und Silo-übergreifendes föderiertes Lernen. Beim föderierten Lernen auf Edge-Geräten findet der Lernprozess der Modelle direkt auf den Geräten, wie zum Beispiel Smartphones, statt. Bei dieser Art des föderierten Lernens ist eine der größten Herausforderungen die Verwaltung einer sehr großen Anzahl von Geräten. Föderiertes Lernen auf Edge-Geräten wird hauptsächlich im Kontext von Verbraucheranwendungen eingesetzt, da es ein großes Potenzial für Skalierbarkeit bietet. Im Gegensatz dazu, ist beim Silo-übergreifenden föderierten Lernen die Teilnehmeranzahl wesentlich geringer, aber jeder Teilnehmer verfügt über einen großen Teil der Datensätze und über leistungsstarke Rechenressourcen. Bei dieser Art des föderierten Lernens besteht eine der größten Herausforderungen darin, die Vertraulichkeit einer großen Menge von Daten für die jeweiligen Teilnehmer des Lernprozesses zu wahren. Siloübergreifendes föderiertes Lernen wird hauptsächlich für die Zusammenarbeit zwischen Organisationen, wie z. B. medizinischen Einrichtungen, verwendet.

III. Anwendungsbereiche des föderierten Lernens

Föderiertes Lernen findet in vielen Bereichen der Wissenschaft und Wirtschaft Anwendung. Als häufige Anwendungsbereiche wurden mobile Anwendungen, Industrietechnik und das Gesundheitswesen identifiziert.[9] Auch in der biomedizinischen Forschung und im Finanzwesen findet das föderierte Lernen zunehmend Anwendung. Im Folgenden werden einige Anwendungsbereiche näher beleuchtet.

1. Mobile Anwendungen

Föderiertes Lernen wird zum Beispiel bei der automatischen Vorhersage von Tastatureingaben,[10] einschließlich der Vorhersage von Emojis,[11] eingesetzt.[12] Föderiertes Lernen spielt auch eine Rolle bei der Vorhersage menschlicher Bewegungen und Verhaltensweisen durch mobile Anwendungen, z. B. bei der Vorhersage der Nachfrage nach öffentlichen Verkehrsmitteln zu verschiedenen Tageszeiten.[13] In einem weiteren Beispiel wird föderiertes Lernen mit *Deep Reinforcement Learning* kombiniert, das sogenannte „*In-Edge AI*",[14] das zum Beispiel für das Training von KI-Modellen für Computerspiele oder auch für die Optimierung der Ressourcennutzung eingesetzt werden kann. Die Einsparung von Ressourcen wird durch das föderierte Lernen ermöglicht, da unter anderem der Bedarf an umfangreichen Datenübertragungen deutlich reduziert wird und die Verarbeitungslast auf mehrere Geräte verteilt wird. Die dezentrale Natur des föderierten Lernens erleichtert auch die Kommunikation, da

---

[9] *Roseline Ogundokun/Sanjay Misra/Rytis Maskeliunas/Robertas Damasevicius*, A Review on Federated Learning and Machine Learning Approaches: Categorization, Application Areas, and Blockchain Technology, Information, 13 (2022), S. 1 (15–17).

[10] *Qinbin Li/Zeyi Wen/Zhaomin Wu/Sixu Hu/Naibo Wang/Yuan Li/Xu Liu/Bingsheng He*, A survey on federated learning systems: Vision, hype and reality for data privacy and protection, arXiv, 2021, S. 1 (10); *Mingqing Chen/Rajiv Mathews/Tom Ouyang/Françoise Beaufays*, Federated Learning Of Out-Of-Vocabulary Words, arXiv, 2019, S. 1; *Andrew Hard/Kanishka Rao/Rajiv Mathews/Swaroop Ramaswamy/Françoise Beaufays/Sean Augenstein/Hubert Eichner/Chloé Kiddon/Daniel Ramage*, Federated Learning for Mobile Keyboard Prediction, arXiv, 2019, S. 1.

[11] *Swaroop Ramaswamy/Rajiv Mathews/Kanishka Rao/Françoise Beaufays*, Federated Learning for Emoji Prediction in a Mobile Keyboard, arXiv, 2019, S. 1.

[12] *Ogundokun/Misra/Maskeliunas/Damasevicius* (Fn. 9), S. 4.

[13] *Jie Feng/Can Rong/Funing Sun/Diansheng Guo/Yong Li*, PMF: A Privacy-preserving Human Mobility Prediction Framework via Federated Learning, Proceedings of the ACM on In teractive Mobile Wearable and Ubiquitous Technologies, 4 (2020), S. 10 (10:2); *Konstantin Sozinov/Vladimir Vlassov/Sarunas Girdzijauskas*, Human Activity Recognition Using Federated Learning. 2018 IEEE Intl Conf on Parallel & Distributed Processing with Applications, Ubiquitous Computing & Communications, Big Data & Cloud Computing, Social Computing & Networking, Sustainable Computing & Communications (ISPA/IUCC/BDCloud/SocialCom/SustainCom), 2018, S. 1103.

[14] *Xiaofei Wang/Yiwen Han/Chenyang Wang/Qiyang Zhao/Xu Chen/Min Chen*, In-Edge AI: Intelligentizing Mobile Edge Computing, Caching and Communication by Federated Learning. IEEE Network, 33 (2019), S. 156 (159).

die Abhängigkeit von einer ständigen Verbindung zu zentralen Servern minimiert wird.

2. Industrietechnik

Föderiertes Lernen wird zunehmend auch in der Industrie eingesetzt.[15] Zum Beispiel haben Forscher auf föderiertem Lernen basierende Methoden zur Energieprognose entwickelt, um Überlastungsprobleme an Ladestationen für Elektrofahrzeuge zu lösen, indem Energie für Spitzenzeiten im Voraus gespeichert und nicht erst bei akutem Bedarf abgerufen wird.[16]

3. Gesundheitswesen und biomedizinische Forschung

In der biomedizinischen Forschung und im Gesundheitswesen spielt föderiertes Lernen eine besondere Rolle, da Gesundheitsdaten nach Art. 9 Abs. 1 DSGVO besonders schutzwürdig sind. Hier findet föderiertes Lernen Anwendung bei der Auswertung von elektronischen Gesundheitsakten,[17] bei der Interpretation von MRT-Bildgebungsdaten[18] und bei der Klassifikation von EEG-Daten[19].[20]

Auch in der biomedizinischen Forschung spielt föderiertes Lernen eine besondere Rolle. Denn es ermöglicht, personenbezogene Daten, wie beispielsweise Genetikdaten, welche per se personenbezogen sind, unter Wahrung der Privatsphäre zu analy-

---

[15] *Ogundokun/Misra/Maskeliunas/Damasevicius* (Fn. 9), S. 4.

[16] *Yuris Saputra/Dinh Hoang/Diep Nguyen/Eryk Dutkiewicz/Markus Mueck/Srikathyayani Srikanteswara*, Energy Demand Prediction with Federated Learning for Electric Vehicle Net works, 2019 IEEE Global Communications Conference (GLOBECOM), 2019, S. 1.

[17] *Li Huang/Yifeng Yin/Zeng Fu/Shifa Zhang/Hao Deng/Dianbo Liu*, LoAdaBoost: Loss-based AdaBoost federated machine learning with reduced computational complexity on IID and non-IID intensive care data, PLoS One, 15 (2020), S. 1 (14); *Theodora Brisimi/Ruidi Chen/Theofani Mela/Alex Olshevsky/Ioannis Paschalidis/Wei Shi*, Federated learning of predictive models from federated Electronic Health Records, International Journal of Medical Information, 112 (2018), S. 59 (59–60); *Junghye Lee/Jimeng Sun/Fei Wang/Shuang Wang/Chi-Hyuck Jun/Xiaoqian Jiang*, Privacy-Preserving Patient Similarity Learning in a Federated Environment: Development and Analysis, JMIR Med Inform, 6 (2018), S. 1 (2); *Dianbo Liu/Dmitriy Dligach/Timothy Miller*, Two-stage Federated Phenotyping and Patient Representation Learning, *Proc Conf Assoc Comput Linguist Meet* 2019, S. 283.

[18] *Santiago Silva/Boris Gutman/Eduardo Romero/Paul Thompson/Andre Altmann/Marco Lorenzi*, Federated Learning in Distributed Medical Databases: Meta-Analysis of Large-Scale Subcortical Brain Data, 2019 IEEE 16th International Symposium on Biomedical Imaging, 2019, S. 270.

[19] *Dashan Gao/Ce Ju/Xiguang Wei/Yang Liu/Tianjian Chen/Qiang Yang*, HHHFL: Hierarchical Heterogeneous Horizontal Federated Learning for Electroencephalography, arXiv, 2020, S. 1.

[20] *Ogundokun/Misra/Maskeliunas/Damasevicius* (Fn. 9), S. 4.

sieren und präzise KI-Modelle zu entwickeln. *Flimma*[21] ist zum Beispiel ein Werkzeug für die differenzielle Genexpressionsanalyse. Durch die Integration föderierter Techniken und die Gewährleistung des Datenschutzes ermöglicht es *Flimma* den Forschern, wertvolle Einblicke in Genexpressionsmuster zu gewinnen und gleichzeitig die Vertraulichkeit sensibler genomischer Daten zu wahren. Ein weiteres Beispiel für die Anwendung von föderiertem Lernen in der Biomedizin ist *sPLINK*.[22] *sPLINK* ist ein hybrides, föderiertes computergestütztes Werkzeug, das datenschutzgerechte genomweite Assoziationsstudien (GWAS) zur Identifizierung von krankheitsassoziierten Genomvarianten in verteilten Datensätzen ermöglicht und genaue Ergebnisse gewährleistet. Mit seiner benutzerfreundlichen Oberfläche ermöglicht *sPLINK* Forschern die Durchführung von GWAS unter Wahrung des Datenschutzes und der Integrität der Analyse. *Partea*,[23] ein drittes Beispiel für föderiertes Lernen in der Biomedizin, bietet eine kollaborative Lösung für *Time-to-Event*-Studien zur statistischen Analyse der Zeit bis zum Eintreten eines vorherbestimmten Ereignisses, die es ermöglicht, mit anderen Institutionen zusammenzuarbeiten, ohne Daten zu zentralisieren. Benutzerfreundliche Funktionen ermöglichen es, Projekte zu erstellen, andere Teilnehmer einzuladen und große Datenmengen zu nutzen, ohne den Datenschutz zu gefährden. Die föderierte Implementierung modernster Algorithmen für die Analyse der Zeit bis zum Ereignis ermöglicht sichere und effiziente gemeinsame Studien, während die Daten für maximale Vertraulichkeit lokal gespeichert bleiben.

4. Finanzwesen

Im Finanzwesen spielt föderiertes Lernen zum Beispiel bei der Bewertung der Kreditwürdigkeit eine wichtige Rolle. In diesem Fall können Finanzinstitute und E-Commerce-Unternehmen mit Hilfe von föderiertem Lernen zusammenarbeiten, um KI-Modelle zur Risikobewertung auf der Grundlage einer größeren Anzahl von Faktoren zu erstellen.[24]

---

[21] *Olga Zolotareva/Reza Nasirigerdeh/Julian Matschinske/Reihaneh Torkzadehmahani/ Mohammad Bakhtiari/Tobias Frisch/Julian Späth/David Blumenthal/Amir Abbasinejad/Paolo Tieri/Georgios Kaissis/Daniel Rückert/Nina Wenke/Markus List/Jan Baumbach*, Flimma: a federated and privacy-aware tool for differential gene expression analysis, Genome Biology, 22 (2021), S. 1.

[22] *Reza Nasirigerdeh/Reihaneh Torkzadehmahani/Julian Matschinske/Tobias Frisch/Markus List/Julian Späth/Stefan Weiss/Uwe Völker/Esa Pitkänen/Dominik Heider/Nina Wenke/ Georgios Kaissis/Daniel Rueckert/Tim Kacprowski/Jan Baumbach*, sPLINK: a hybrid federated tool as a robust alternative to meta-analysis in genome-wide association studies, Genome Biology, 23 (2022), S. 1.

[23] *Julian Späth/Julian Matschinske/Frederick Kamanu/Sabina Murphy/Olga Zolotareva/ Mohammad Bakhtiari/Eliott Atman/Joseph Loscalzo/Alissa Brauneck/Louisa Schmalhorst/ Gabriele Buchholtz/Jan Baumbach,* Privacy-aware multi-institutional time-to-event studies, PLOS Digital Health, 1 (2022), S. 1.

[24] *Priyanka Mammen*, Federated Learning: Opportunities and Challenges, arXiv, 2021, S. 1 (3).

IV. Herausforderungen des föderierten Lernens

Föderiertes Lernen bringt eine Reihe von Herausforderungen mit sich. Im Folgenden werden zunächst diese Herausforderungen untersucht und anschließend mögliche Lösungsansätze diskutiert, die den Weg für eine breite Akzeptanz ebnen können. Die Herausforderungen lassen sich in folgende Kategorien einteilen:

1. Heterogenität der Geräte und Daten

Die Teilnehmer an einem föderierten Lernprozess können über verschiedene Geräte mit unterschiedlichen Hardwarekonfigurationen und Betriebssystemen verfügen. Es ist von entscheidender Bedeutung, Systeme für föderiertes Lernen zu entwickeln, die auf dieser Vielzahl von Geräten effektiv funktionieren. Darüber hinaus sind die Daten oft heterogen unter den Teilnehmern verteilt. Dieses Szenario wird auch als nicht-IID (*independent and identically distributed*) Datenverteilung bezeichnet und stellt eine große Herausforderung für das föderierte Lernen dar.[25]

Eine mögliche Lösung für dieses Problems ist, die Anzahl der lokalen Trainingsepisoden zwischen den zentralen Aggregationsschritten zu begrenzen. Dieser Ansatz verlangsamt jedoch die Konvergenzgeschwindigkeit des föderierten Lernsystems erheblich und erfordert viele Kommunikationsrunden, um eine zufriedenstellende Leistung zu erreichen. Die längere Konvergenzzeit und der erhebliche Kommunikationsaufwand, die mit diesem Ansatz verbunden sind, sind für reale verteilte Systeme oft nicht praktikabel.

Eine weitere Lösung zur Bewältigung der Datenheterogenität beim föderierten Lernen besteht darin, Datenaugmentation zu nutzen.[26] Hierbei werden anhand eines bestehenden Datensatzes neue Daten generiert.

---

[25] *Qinbin Li/Yiqun Diao/Quan Chen/Bingsheng He*, Federated Learning on Non-IID Data Silos: An Experimental Study, arXiv, 2021, S. 1.

[26] *Artur de Luca/Guojun Zhang/Xi Chen/Yaoliang Yu*, Mitigating Data Heterogeneity in Federated Learning with Data Augmentation, arXiv, S. 2 (4); *Peter Kairouz/Brendan McMahan/Brendan Avent/Aurélien Bellet/Mehdi Bennis/Arjun Nitin Bhagoji/Kallista Bonawitz/Zachary Charles/Graham Cormode/Rachel Cummings/Rafael D'Oliveira/Hubert Eichner/Salim El Rouayheb/David Evans/Josh Gardner/Zachary Garrett/Adrià Gascón/Badih Ghazi/Phillip Gibbons/Marco Gruteser/Zaid Harchaoui/Chaoyang He/Lie He/Zhouyuan Huo/Ben Hutchinson/Justin Hsu/Martin Jaggi/Tara Javidi/Gauri Joshi/Mikhail Khodak/Jakub Konečný/Aleksandra Korolova/Farinaz Koushanfar/Sanmi Koyejo/Tancrède Lepoint/Yang Liu/Prateek Mittal/Mehryar Mohri/Richard Nock/Ayfer Özgür/Rasmus Pagh/Mariana Raykova/Hang Qi/Daniel Ramage/Ramesh Raskar/Dawn Song/Weikang Song/Sebastian Stich/Ziteng Sun/Ananda Theertha Suresh/Florian Tramèr/Praneeth Vepakomma/Jianyu Wang/Li Xiong/Zheng Xu/Qiang Yang/Felix Yu/Han Yu/Sen Zhao*, Advances and Open Problems in Federated Learning, Foundations and Trends in Machine Learning, 14 (2021), S. 1 (20).

2. Modellsynchronisation

Da das Training auf den lokalen Geräten stattfindet, müssen die Modellupdates effizient synchronisiert werden, um ein kohärentes Modell aufzubauen. Die Herausforderung besteht darin, Mechanismen zu entwickeln, die die Modellaktualisierungen effizient zusammenführen, insbesondere bei variablen Netzwerkbedingungen und unterschiedlichen Trainingszeiten. Um diese Herausforderung zu bewältigen können zum Beispiel Strategien zur Modellkomprimierung angewendet werden, wie zum Beispiel die Verringerung der Genauigkeit der Modellgewichte oder das sogenannte *Pruning*, bei dem weniger wichtige Modellgewichte eliminiert werden. Diese Techniken verringern die Gesamtgröße eines Modells, ohne die Vorhersagekraft übermäßig zu beeinträchtigen.[27]

3. Skalierbarkeit

Das föderierte Lernen sollte auf große verteilte Systeme angewendet werden können, etwa um eine höhere Rechenleistung und einen besseren Schutz der Privatsphäre zu gewährleisten. Je mehr Geräte am Netz teilnehmen, desto größer werden die kollektiven Rechenressourcen, was eine robustere und vielfältigere Datenverarbeitung ohne Beeinträchtigung des Datenschutzes ermöglicht.

Allerdings ist Skalierbarkeit nicht nur eine wichtige Eigenschaft des föderierten Lernens, sondern auch eine ernstzunehmende Herausforderung in der Sicherstellung, dass das Training auch mit einer großen Anzahl von Teilnehmern und umfangreichen Datensätzen effektiv funktioniert. Die Herausforderung liegt hier vor allem in der Aggregation von Parametern aus einer großen Anzahl von teilnehmenden Geräten. Mit zunehmender Größe des Netzes steigt die Komplexität der Aggregation, was häufig zu netzbedingten Verzögerungen führt. Um diese Probleme zu lösen, müssen effiziente Mechanismen implementiert werden, die den erhöhten Netzwerkverkehr bewältigen und eine rechtzeitige und effektive Aggregation von Parametern gewährleisten können. Diese Mechanismen sind entscheidend für die Aufrechterhaltung der Leistung und Zuverlässigkeit des föderierten Lernsystems, auch wenn es skaliert.

4. Kommunikationseffizienz

Da die Daten auf verschiedene Geräte verteilt sind, ist die Kommunikation zwischen den Geräten ein wichtiger Aspekt des föderierten Lernens. Effiziente Kommunikationsprotokolle und -mechanismen müssen entwickelt werden, um den Austausch von Modellparametern und Aggregationsergebnissen zu optimieren. Zur Steigerung der Kommunikationseffizienz können Datenkompressionstechniken einge-

---

[27] *Tingting Wu/Chunhe Song/Peng Zeng*, Efficient federated learning on resource-constrained edge devices based on model pruning, Complex & Intelligent Systems, 2023, 9, S. 6999.

setzt werden, um die zu übertragende Datenmenge zu reduzieren.[28] Eine weitere Lösungsmöglichkeit besteht in der Priorisierung der Übertragung von Parametern an den zentralen Server. Bei diesem Ansatz werden die Rechenressourcen zunächst auf die für das Modell einflussreichsten Parameter konzentriert, um einen effizienteren und schnelleren Umwandlungsprozess zu gewährleisten.[29]

5. Datenschutz und Sicherheit

Da beim föderierten Lernen verschiedene Teilnehmer mit unterschiedlichen Interessen und Absichten zusammenkommen, besteht eine weitere Herausforderung darin, Mechanismen zu entwickeln, um Manipulationsversuche oder Angriffe auf das Modell oder die Daten zu erkennen und zu verhindern. Darüber hinaus müssen die Daten vor Angriffen von außen geschützt werden. In den folgenden Abschnitten werden sowohl die potenziellen Datenschutzrisiken des föderierten Lernens als auch mögliche Abwehrmechanismen näher beleuchtet.

Insgesamt erfordern diese Herausforderungen kontinuierliche Forschung und Entwicklung, um die Wirksamkeit und Praktikabilität des föderierten Lernens in verschiedenen Anwendungsbereichen zu verbessern.

V. Potenzielle datenschutzrechtliche Gefahren beim föderierten Lernen

Eine Datenschutzverletzung ist die versehentliche oder absichtliche Freigabe sensibler Informationen über Personen oder Organisationen als Ergebnis von Datenverarbeitungsaktivitäten, wie z. B. maschinellem Lernen. Im Kontext des föderierten Lernens können Datenschutzverletzungen durch verschiedene Angriffe ausgelöst werden (Abb. 2).

Bei Model-Inversion-Angriffen (engl. ‚*model inversion attack*')[30] verwendet ein Angreifer ein maschinelles Lernmodell, um die Daten, mit denen es trainiert wurde, wiederzugewinnen und so sensible Informationen zu erlangen, die im Training des Lernmodells verwendet wurden. Beim föderierten Lernen kann diese Art von Angriff erfolgen, wenn der Angreifer Zugriff auf das globale Modell hat oder die von den

---

[28] *Jakub Konečný/Brendan McMahan/Felix Yu/Peter Richtárik/Ananda Suresh/Dave Bacon*, Federated Learning: Strategies for Improving Communication Efficiency, arXiv, 2017, S. 1 (2).

[29] *Kevin Hsieh/Aaron Harlap/Nandita Vijaykumar/Dimitris Konomis/Gregory Ganger/Philip Gibbons*, Gaia: Geo-distributed machine learning approaching LAN speeds, Proceedings of the 14th USENIX Symposium on Networked Systems Design and Implementation, 2017, S. 629 (640); *Luping Wang/Wei Wang/Bo Li*, CMFL: Mitigating Communication Overhead for Federated Learning, 2019 IEEE 39th International Conference on Distributed Computing Systems (ICDCS), 2019, S. 954 (956).

[30] *Matt Fredrikson/Somesh Jha/Thomas Ristenpart*, Model Inversion Attacks that Exploit Confidence Information and Basic Countermeasures, Proceedings of the 22nd ACM SIGSAC Conference on Computer and Communications Security 2019, S. 1322.

teilnehmenden Geräten an den zentralen Server gesendeten Aktualisierungen nicht ausreichend geschützt sind.

Bei einem Modelldiebstahl (engl. ‚*model stealing attack*') kopiert ein Angreifer ein maschinelles Lernmodell und verwendet es für seine eigenen Zwecke, wodurch die Vertraulichkeit und Sicherheit der zum Trainieren des Modells verwendeten Daten beeinträchtigt werden kann.[31] Beim föderierten Lernen kann diese Art von Angriff erfolgen, wenn der Angreifer Zugriff auf den zentralen Server hat und in der Lage ist, das globale Modell einzusehen.

Darüber hinaus stellen Seitenkanalangriffe (engl. „*side channel attacks*') eine weitere Bedrohung für die Privatsphäre dar.[32] Ein Seitenkanalangriff ist ein Angriff, bei dem Informationen über ein System genutzt werden, die nicht Teil der normalen Kommunikations- oder Berechnungskanäle sein sollten. Beim föderierten Lernen können Seitenkanalangriffe auftreten, wenn der Angreifer in der Lage ist, Informationen über die Trainingsdaten oder die Modellaktualisierungen zu erhalten, die zwischen den teilnehmenden Geräten und dem zentralen Server übertragen werden.

Eine weitere Bedrohung für die Privatsphäre sind *Data-Poisoning*-Angriffe, bei denen ein Angreifer absichtlich falsche oder bösartige Daten in den Trainingssatz einspeist, um die Qualität und Genauigkeit des Modells zu beeinträchtigen.[33] Beim föderierten Lernen kann diese Art von Angriffen erfolgen, wenn der Angreifer in der Lage ist, die lokalen Daten auf einem oder mehreren teilnehmenden Geräten zu verändern oder sich als Teilnehmer einzuschleusen.

Dies sind nur einige Beispiele für die Arten von Angriffen, die beim föderierten Lernen auftreten können. Es ist wichtig, sich dieser und anderer potenzieller Risiken für die Privatsphäre bewusst zu sein und geeignete Gegenmaßnahmen und Sicherheitsvorkehrungen zu treffen, um sich vor dem Verlust der Privatsphäre in föderierten Lernumgebungen zu schützen. Einige dieser Maßnahmen werden im folgenden Abschnitt beschrieben.

---

[31] *Sanjay Kariyappa/Atul Prakash/Moinuddin Qureshi*, MAZE: Data-free model stealing attack using zeroth-order gradient estimation, 2021 IEEE/CVF Conference on Computer Vision and Pattern Recognition (CVPR) 2021, S. 13809 (13814).

[32] *François-Xavier Standaert*, Introduction to Side-Channel Attacks, in: Verbauwhede, Secure Integrated Circuits and Systems, 2021, S. 27 (28).

[33] *Vale Tolpegin/Stacey Truex/Mehmet Gursoy/Ling Liu*, Data Poisoning Attacks Against Federated Learning Systems, Computer Security – ESORICS, 2020, S. 480 (483).

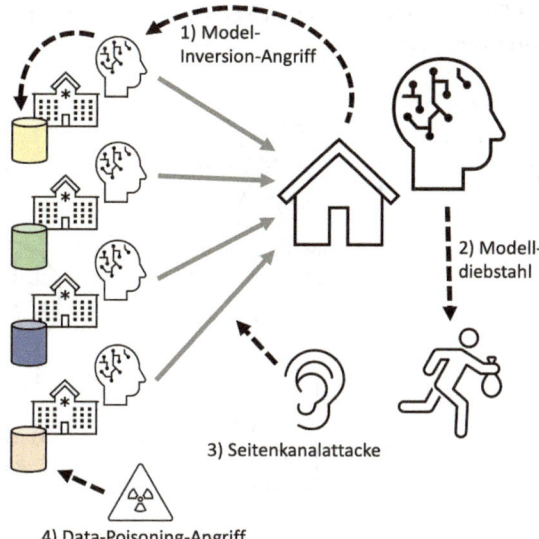
Abb. 2: Potenzielle Angriffe auf Infrastrukturen des föderierten Lernens.

VI. Techniken zur Verbesserung der Privatsphäre

Es gibt verschiedene Datenschutztechniken, die beim föderierten Lernen eingesetzt werden können, um die Privatsphäre der für das Modelltraining verwendeten Daten zu schützen.[34] Einige der gängigsten Techniken werden im Folgenden beschrieben:

1. Differential Privacy

Differential Privacy ist ein mathematisches Modell für den Schutz der Privatsphäre einzelner Datensätze, wobei die Daten dennoch für statistische Analysen verwendet werden können.[35] Diese Technik beruht auf dem Einspeisen von statistischem Rauschen, um die Identifizierung einzelner Dateneinträge unmöglich zu machen. Beim föderierten Lernen kann *Differential Privacy* verwendet werden, um den Modellaktualisierungen, die von den Client-Geräten an den zentralen Server gesendet werden, statistisches Rauschen hinzuzufügen, um die Beziehung zwischen den Daten und dem Modell zu verschleiern. *Differential Privacy* wurde zum Beispiel

---

[34] *Reihaneh Torkzadehmahani/Reza Nasirigerdeh/David Blumenthal/Tim Kacprowski/Markus List/Julian Matschinske/Julian Spaeth/Nina Wenke/Jan Baumbach*, Privacy-Preserving Artificial Intelligence Techniques in Biomedicine, Methods of Information in Medicine, 2022, S. e12 (e16).

[35] *Cynthia Dwork*, Differential Privacy, Automata, Languages and Programming, 2006, S. 1.

in einer Studie mit Daten von funktionellen Magnetresonanztomographien mehrerer klinischer Standorte verwendet.[36]

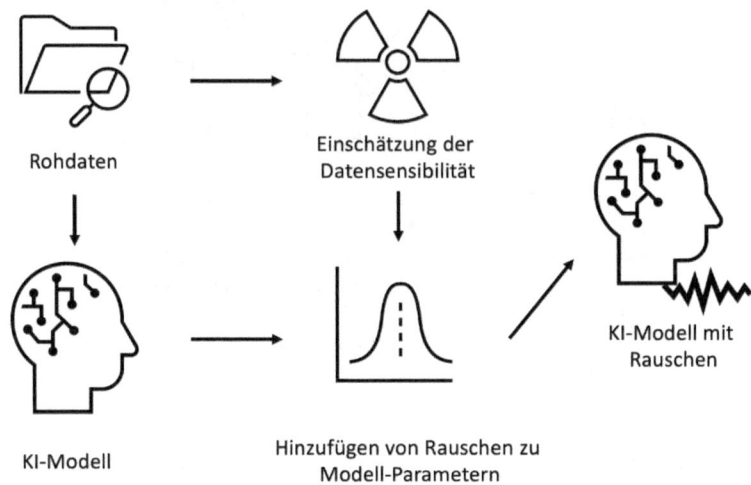

Abb. 3: Prinzip der Differential Privacy.

2. Secure Multiparty Computation (SMPC)

SMPC ist eine Technik, die es mehreren Parteien ermöglicht, gemeinsam eine Funktion mithilfe ihrer privaten Daten zu berechnen, ohne sich gegenseitig Rohdaten preiszugeben.[37] Hierzu werden beispielsweise einzelne Summanden einer Summe in mehreren Teilen (engl. *'shards'*) über mehrere andere Teilnehmer zum zentralen Aggregator weitergeleitet. Dies sorgt dafür, dass der Aggregator keinen Summanden einer Partei zuordnen kann. Beim föderierten Lernen kann SMPC verwendet werden, um das Modelltraining und die Aggregationsprozesse auf sichere und datenschutzfreundliche Weise durchzuführen, selbst in Fällen, in denen der zentrale Server nicht uneingeschränkt vertrauenswürdig ist. Diese Methode wurde zum Beispiel im Zusammenhang mit genomweiten Assoziierungsstudien (GWAS) angewandt.[38] Diese

---

[36] *Xiaoxiao Li/Yufeng Gu/Nicha Dvornek/Lawrence Staib/Pamela Ventola/James Duncan.*, Multi-site fMRI analysis using privacy-preserving federated learning and domain adaptation: ABIDE results, Medical Image Analysis, 65 (2020), S. 1 (4).

[37] *Chuan Zhao/Shengnan Zhao/Minghao Zhao/Zhenxiang Chen/Chong-Zhi Gao/Hongwei Li/Yu-an Tan,* Secure Multi-Party Computation: Theory, practice and applications, Information Sciences, 476 (2019), S. 357.

[38] *Scott Constable/Yuzhe Tang/Shuang Wang/Xiaoqian Jiang/Steve Chapin,* Privacy-preserving GWAS analysis on federated genomic datasets, BMC Medical Information Decision Making, 15 (2015), S. 1 (2).

Art von Studien werden in der Biomedizin verwendet, um krankheitsspezifische Mutationen zu identifizieren.

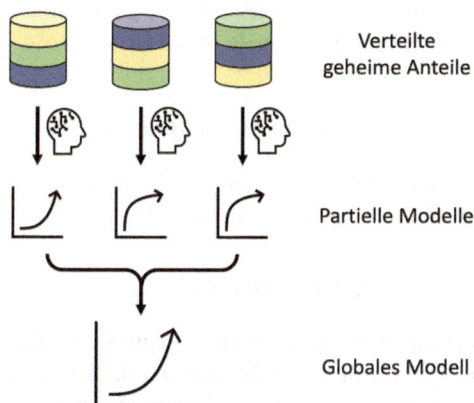

Abb. 4: Prinzip der Secure Multiparty Computation.

3. Homomorphe Verschlüsselung (engl. ‚homomorphic encryption')

Homomorphe Verschlüsselung ist eine Art der Verschlüsselung, die es ermöglicht, Berechnungen mit verschlüsselten Daten durchzuführen, ohne die Daten vorher entschlüsseln zu müssen.[39] Beim föderierten Lernen kann homomorphe Verschlüsselung verwendet werden, um die Modelltrainings- und Aggregationsprozesse auf verschlüsselten Daten durchzuführen, was dazu beiträgt, die Vertraulichkeit der Daten zu wahren, selbst wenn sie ohne weitere Sicherheitsmaßnahmen für das Modelltraining verwendet werden. Homomorphe Verschlüsselung wurde zum Beispiel benutzt, um ähnliche Patienten in verschiedenen Krankenhäusern zu identifizieren.[40]

Dies sind nur einige Beispiele für Techniken, die beim föderierten Lernen zum Schutz personenbezogener Daten eingesetzt werden können. Welche Techniken im Einzelnen zum Einsatz kommen, hängt von den Anforderungen und Beschränkungen des jeweiligen Szenarios ab, einschließlich der Art der verwendeten Daten, der beteiligten Parteien und des rechtlichen und regulatorischen Umfelds.

---

[39] *Abbas Acar/Hidayet Aksu/Selcuk Uluagac/Mauro Conti*, A Survey on Homomorphic Encryption Schemes: Theory and Implementation, ACM Computing Surveys, 51 (2018), S. 1.

[40] *Lee/Sun/ Wang/Wang/Jun/ Jiang* (Fn. 17), S. 6.

278   Jan Baumbach et al.

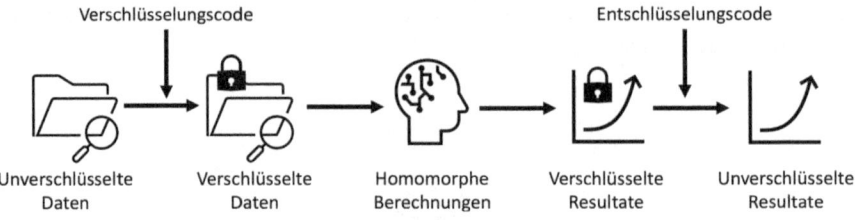

Abb. 5: Homomorphe Verschlüsselung.

VII. Föderierte Plattformen

Derzeit gibt es mehrere Plattformen, die für die Umsetzung föderierter Anwendungen geeignet sind. Zu den wichtigsten Beispielen gehören:

1. TensorFlow Federated

TensorFlow Federated ist eine Open-Source-Plattform für föderiertes Lernen, die von Google entwickelt wurde und eine flexible und skalierbare Infrastruktur für die Erstellung und den Einsatz von föderierten Lernmodellen bietet.[41] Sie ist mit dem *TensorFlow-Framework* für maschinelles Lernen integriert und bietet Werkzeuge und Bibliotheken für die Implementierung von föderierten Lernalgorithmen sowie für die Simulation von föderierten Lernszenarien. *Tensorflow* wird zum Beispiel benutzt, um mit Hilfe von durch Android-Benutzer aufgenommenen Bildern den Luftqualitätsindex zu schätzen.[42]

2. PySyft

PySyft ist eine weitere *Open-Source*-Plattform für föderiertes Lernen und baut auf der Open-source-Programmbibliothek *PyTorch* auf.[43] *PySyft* bietet eine umfassende Auswahl von Tools und Bibliotheken für die Erstellung und den Einsatz von föderierten Lernmodellen. Sie unterstützt eine breite Palette von Techniken zur Wahrung der Privatsphäre, darunter *Differential Privacy*, *Secure Multiparty Computation* und homomorphe Verschlüsselung. *PySyft* hat eine Reihe von Anwendungsfällen, wie zum Beispiel im Bereich der autonomen Fahrzeuge.

---

[41] *TensorFlow,* TensorFlow federated, https://www.tensorflow.org/federated (29.06.2023).

[42] *VisionAir,* https://vision-air.github.io/ (29.06.2023).

[43] *Alexander Ziller/Andrew Trask/Antonia Lopardo/Benjamin Szymkow/Bobby Wagner/ Emma Bluemke/Jean-Mickael Nounahon/Jonathan Passerat-Palmbach/Kritika Prakash/Nick Rose/Théo Ryffel/Zarreen Naowal Reza/Georgios Kaissis,* PySyft: A Library for Easy Federated Learning, in: Rehman/Gaber, Federated Learning Systems: Towards Next-Generation AI, 2021, S. 111 (119).

In autonomen Fahrzeugen wird eine große Menge an Daten von verschiedenen Sensoren wie Kameras, LiDAR und Radar erzeugt. Diese Daten sind entscheidend für Aufgaben wie Objekterkennung, Kollisionsvermeidung und Routenoptimierung. Die Übermittlung all dieser Daten an einen zentralen Server zur Verarbeitung ist jedoch aufgrund von Bandbreitenbeschränkungen und Datenschutzbedenken nicht möglich.

Föderiertes Lernen ermöglicht den autonomen Fahrzeugen, kollektiv zu lernen und dabei die Daten lokal zu halten. Jedes Fahrzeug fungiert als Edge-Gerät, das Daten verarbeitet und lokal Modelle lernt. Diese Modelle werden dann durch föderiertes Lernen aggregiert, wodurch sichergestellt wird, dass jedes Fahrzeug von den kollektiven Lernerfahrungen der anderen profitiert, ohne sensible Rohdaten zu teilen.[44]

3. FATE (Federated AI Technology Enabler)

FATE ist eine von *Webank* entwickelte Open-Source-Plattform für föderiertes Lernen, die eine skalierbare und sichere Infrastruktur für die Entwicklung und den Einsatz von Modellen für föderiertes Lernen bietet.[45] Sie unterstützt eine breite Palette von Algorithmen für maschinelles Lernen und bietet Tools und Bibliotheken für die Implementierung von föderierten Lernen und datenschutzfreundlichen Techniken. Auch FATE bietet eine Reihe von Anwendungsmöglichkeiten, wie zum Beispiel die Erfassung von Geldwäsche oder die Einschätzung von Kreditrisiken.[46]

4. NVIDIA Clara

Dies ist eine Plattform für die Entwicklung und den Einsatz von KI-Anwendungen im Gesundheitswesen und in den Biowissenschaften.[47] Sie bietet Tools und Bibliotheken für die Erstellung und Bereitstellung von föderierten Lernmodellen sowie Hardware-Beschleunigung und Leistungsoptimierung für das Lernen von Deep-Learning-Modellen. *NVIDIA Clara* findet zum Beispiel Anwendung in der Entwicklung von medizinischen Geräten, von Arzneimitteln und intelligenten Krankenhäusern.

---

[44] *OpenMined,* https://blog.openmined.org/tag/use-cases/ (29.06.2023).

[45] *Yang Liu/Tao Fan/Tianjian Chen/Qian Xu/Qiang Yang,* FATE: an industrial grade platform for collaborative learning with data protection, Journal of Machine Learning Research, 22 (2021), S. 1.

[46] *FedAI,* https://www.fedai.org/cases/ (29.06.2023).

[47] *NVIDIA Developer,* Healthcare developer resources, https://developer.nvidia.com/industries/healthcare (29.06.2023).

5. FeatureCloud

Das Horizon 2020-geförderte FeatureCloud-Projekt entwickelt Mechanismen für föderiertes maschinelles Lernen, insbesondere im Gesundheitswesen. Ein zentrales Ergebnis dieses Projekts ist die Schaffung von featurecloud.ai, einem App Store für föderierte Anwendungen. Was featurecloud.ai auszeichnet, ist der Open-Source-Charakter, der es jedem ermöglicht, seine eigenen Apps zu entwickeln und beizusteuern. Diese Inklusivität erstreckt sich auch auf die Nutzer, da jeder frei auf die auf der Plattform verfügbaren Apps zugreifen und sie nutzen kann. Darüber hinaus bietet featurecloud.ai robuste Workflow-Management-Funktionen, die eine nahtlose und effiziente Ausführung von föderierten Lern-Workflows gewährleisten.

Welche Plattform für einen bestimmten Anwendungsfall am besten geeignet ist, hängt von den Anforderungen und Einschränkungen der jeweiligen Situation ab, einschließlich der Art der verwendeten Daten, der beteiligten Parteien und des rechtlichen und regulatorischen Umfelds. Im folgenden Abschnitt wird die *FeatureCloud* Plattform näher beleuchtet.

6. FeatureCloud

FeatureCloud (featurecloud.ai)[48] ist eine speziell für föderiertes maschinelles Lernen entwickelte Plattform, die biomedizinischen Wissenschaftlern eine nutzerfreundliche, einheitliche Infrastruktur für die Erstellung, Ausführung und Verwaltung föderierter maschineller Lernmodelle bietet. *FeatureCloud* stellt eine Vielzahl von Methoden des maschinellen Lernens und zur Präprozessierung und Visualisierung von Daten und Ergebnissen zur sofortigen Anwendung bereit. Neben der Bereitstellung einer Reihe von existierenden Algorithmen und Ansätzen für föderiertes Lernen konzentriert sich *FeatureCloud* auf die Minimierung der Komplexität, die mit dem Training von Modellen innerhalb einer föderierten Umgebung verbunden ist. Durch die Bereitstellung einer benutzerfreundlichen und effizienten Plattform ermöglicht *FeatureCloud* Forschern und Entwicklern die Nutzung von Techniken des föderierten Lernens, ohne dass eine umfangreiche IT-Infrastruktur eingerichtet werden muss und beschleunigt so die Einführung und Umsetzung von föderiertem Lernen. Der *FeatureCloud App Store* enthält eine Vielzahl von föderierten Anwendungen für

---

[48] *Julian Matschinske/Julian Späth/Mohammad Bakhtiari/Niklas Probul/Mohammad Kazemi Majdabadi/Reza Nasirigerdeh/Reihaneh Torkzadehmahani/Anne Hartebrodt/Balazs-Attila Orban/Sándor-József Fejér/Olga Zolotareva/Supratim Das/Linda Baumbach/Josch Pauling/Olivera Tomašević/Béla Bihari/Marcus Bloice/Nina Donner/Walid Fdhila/Tobias Frisch/Anne-Christin Hauschild/Dominik Heider/Andreas Holzinger/Walter Hötzendorfer/Jan Hospes/Tim Kacprowski/Markus Kastelitz/Markus List/Rudolf Mayer/Mónika Moga/Heimo Müller/Anastasia Pustozerova/Richard Röttger/Christina Saak/Anna Saranti/Harald Schmidt/Christof Tschohl/Nina Wenke/Jan Baumbach*, The FeatureCloud Platform for Federated Learning in Biome-dicine: Unified Approach, Journal of Medical Internet Research, 2023, 25, S. e42621.

die Biomedizin und hat aufgrund seiner Flexibilität das Potenzial, auch in verschiedenen Bereichen außerhalb der Biomedizin eingesetzt zu werden.

7. Nutzen und App-Entwicklung

Durch Containerisierung, also einer Bündelung aller notwendigen Software, kann *FeatureCloud* nahtlos auf jeder Plattform ausgeführt werden. Über die *Controller Application* können Nutzer auf den *App Store* zugreifen und Arbeitsabläufe über die benutzerfreundliche webbasierte Schnittstelle ausführen. Für die Entwicklung föderierter Anwendungen wird ein Python-Paket angeboten, das Kernfunktionen wie Kommunikationsprotokolle und Techniken zur Verbesserung des Datenschutzes wie *Secure Multiparty Computing* (SMPC) bereitstellt. Darüber hinaus gibt es eine *Command Line Interface* (CLI), um die Erstellung, das Testen und die Veröffentlichung von Anwendungen zu optimieren.

Mit dem *FeatureCloud* Python-Paket können Benutzer schnell föderierte Anwendungen entwickeln, die auf der *FeatureCloud*-Plattform ausgeführt werden können. Voraussetzungen hierfür sind lediglich Python, die *FeatureCloud*-Bibliothek und *Docker*, ein Containerisierungsprogramm zur sicheren Ausführung von Apps unabhängig von der Computerumgebung. Dies bedeutet, dass die App in einem in sich geschlossenen System (*Docker-Container*) ausgeführt wird und nur über *FeatureCloud* kommunizieren kann. Für die Erstellung von Apps sollte man die *FeatureCloud* App-Vorlage verwenden, die über das *FeatureCloud* GitHub Repositorium, in welchem Code, Dateien und der Revisionsverlauf der Dateien hinterlegt sind, oder das *FeatureCloud* Python-Paket verfügbar ist. Um die Entwicklung und das Testen von Anwendungen zu erleichtern, beinhaltet die Plattform zudem eine Testumgebung, mit der ein föderiertes Szenario auf einem lokalen Computer simuliert werden kann, um Anwendungen während der Entwicklungsphase zu evaluieren und zu verfeinern. Hierbei können entwickelte Apps auch im Zusammenspiel mit bereits im App-Store verfügbaren Apps getestet werden.

8. Veröffentlichung von Apps

Sobald Entwickler ihre App implementiert und erfolgreich getestet haben, können sie sie der *FeatureCloud*-Community zur Verfügung stellen. Um die Veröffentlichung von Apps und den Zugang für Entwickler und Endnutzer zu erleichtern, bietet *FeatureCloud* den App Store, in dem Apps kategorisiert, geprüft und zertifiziert werden.

Jede App verfügt über ihre individuelle Seite im App-Store, in der Informationen angezeigt werden, die von App-Entwicklern, Endnutzern und dem *FeatureCloud*-Zertifizierungsteam bereitgestellt werden. Diese Seite kann vom jeweiligen App-Entwickler bearbeitet werden und enthält typischerweise den Namen der App, eine detaillierte Beschreibung mit Hinweis auf entsprechend implementierte Algorithmen, Tags zum Kategorisieren der App und eine Verlinkung zum Quellcode der App. Solange es mit den datenschutzrechtlichen Gegebenheiten vereinbar ist, können die trainierten KIs öffentlich zugänglich gemacht werden, wie zum Beispiel im AIMe (*Artificial Intelligence in Biomedical research*)-Register, eine von der Forschungsgemeinschaft betriebene Plattform für die standardisierte Meldung biomedizinischer KI-Systeme.[49] Beispiele von veröffentlichten Apps sind zum Beispiel *Flimma*[50] zur föderierten Analyse von differenziellen Genexpressionsdaten sowie *sPlink*,[51] ein hybrides föderiertes Lernwerkzeug zur Analyse von Daten aus genomweiten Assoziationsstudien.

Apps werden im Allgemeinen in Präprozessierungs-, Analyse- und Auswertungs-Apps kategorisiert. Um das Bewusstsein für den Schutz der Privatsphäre in föderierten Apps zu verbessern, ermöglicht *FeatureCloud* zusätzliche Mechanismen zur Wahrung der Privatsphäre wie *Secure Multiparty Computation* und *Differential Privacy*. Die Bereitstellung dieser Funktionalitäten erleichtert die Entwicklung von Apps und vermeidet Probleme bezüglich des Datenschutzes durch unsaubere Implementierung. Für Endnutzer gibt es die Möglichkeit, Apps nach angewandten Techniken zur Wahrung der Privatsphäre zu filtern. Gleichzeitig können *FeatureCloud*-Nutzer Apps mit bis zu fünf Sternen bewerten, um auf die Stärken und Schwächen der App hinzuweisen. Eine Kommentarfunktion erlaubt es Benutzern, weiteres Feedback zu geben. Auf Grundlage der Bewertungen können die Endnutzer zwischen unterschiedlichen Apps wählen.

Die App-Zertifizierung zur Sicherstellung von korrekter Funktionsweise und der Wahrung des Datenschutzes der App ist ein weiterer wichtiger Baustein in der *FeatureCloud*-Plattform. Sie ist die Grundlage für das Vertrauen der Anwender und die Qualitätssicherung der Plattform. Hierzu steht eine gesonderte Zertifizierungsfunktion bereit. Zertifizierer spielen eine entscheidende Rolle bei der Untersuchung und Bewertung der in den Apps implementierten Sicherheitsmaßnahmen sowie bei der Identifizierung und Behebung möglicher Fehler. In einem umfassenden Zertifizierungsprozess werden die Anwendungen auf der Grundlage ihrer verwendeten Sicherheitsstandards bewertet und zertifiziert. Die Endnutzer können dann fundierte Entscheidungen über die von ihnen verwendeten Anwendungen treffen. Endnutzer können nicht zertifizierte Apps auf eigenes Risiko verwenden, es wird aber dazu geraten, den App-Code vorher eigenständig zu prüfen.

---

[49] *Julian Matschinske/Nicolas Alcaraz/Arriel Benis/Martin Golebiewski/Dominik Grimm/ Lukas Heumos/Tim Kacprowski/Olga Lazareva/Markus List/Zakaria Louadi/Josch Pauling/ Nico Pfeifer/Richard Röttger/Veit Schwämmle/Gregor Sturm/Alberto Traverso/Kristel Van Steen/Martiela Vaz de Freitas/Gerda Cristal Villalba Silva/Leonard Wee/Nina Wenke/Massimiliano Zanin/Olga Zolotareva/Jan Baumbach/David Blumenthal*, The AIMe registry for artificial intelligence in biomedical research, Nature Methods, 18 (2021), S. 1128.

[50] *Zolotareva/Nasirigerdeh/Matschinske/Torkzadehmahani/Bakhtiari/Frisch/Späth/Blumenthal/Abbasinejad/Tieri/Kaissis/Rückert/Wenke/List/Baumbach* (Fn. 21), S. 5.

[51] *Nasirigerdeh/Torkzadehmahani/Matschinske/Frisch/List/Späth/Weiss/Völker/Pitkänen/ Heider/Wenke/Kaissis/Rueckert/Kacprowski/ Baumbach* (Fn. 22), S. 6.

VIII. Schlussbemerkungen

Insgesamt stellt das föderierte Lernen eine attraktive Möglichkeit dar, KI in verschiedenen Bereichen unter Wahrung der Vertraulichkeit personenbezogener Daten einzusetzen, insbesondere in Kombination mit anderen Maßnahmen zum Schutz der Privatsphäre. Bei richtiger Anwendung können so die Anforderungen der Art. 24, 25 und 32 DSGVO erfüllt werden, die den Einsatz geeigneter Schutzmaßnahmen für die Verarbeitung personenbezogener Daten vorsehen. Föderiertes Lernen ist aktuell der Stand der Technik und erfüllt somit weiterhin die Voraussetzungen gemäß Art. 32 Abs. 1 DSGVO, wonach „unter Berücksichtigung des Stands der Technik, der Implementierungskosten und der Art, des Umfangs und der Zwecke der Verarbeitung sowie der unterschiedlichen Eintrittswahrscheinlichkeit und Schwere des Risikos für Rechte und Freiheiten natürlicher Personen [...] geeignete technische und organisatorische Maßnahmen" zu treffen sind.

Literatur

Brauneck, Alissa/*Schmalhorst*, Louisa/*Kazemi Majdabadi*, Mohammad Mahdi/*Bakhtiari*, Mohammad/*Völker*, Uwe/*Saak*, Christina Caroline /*Baumbach*, Jan/*Baumbach*, Linda/*Buchholtz,* Gabriele: Federated machine learning in data-protection-compliant research, Nature Machine Intelligence, 5 (2023), S. 2.

Hao, Meng/*Li,* Hongwei/*Xu*, Guowen/*Liu*, Sen/*Yang*, Haomiao: Towards Efficient and Privacy-Preserving Federated Deep Learning, ICC 2019–2019 IEEE International Conference on Communications (ICC), 2019, S. 1.

Hulsen, Tim/*Jamuar*, Saumya/*Moody,* Alan R./*Karnes*, Jason H./*Varga*, Orsolya/*Hedensted*, Stine/*Spreafico*, Roberto/*Hafler*, David A./*McKinney*, Eoin F.: From Big Data to Precision Medicine, Frontiers Medicine, 6 (2019), S. 34.

Kairouz, Peter/*McMahan*, Brendan/*Avent*, Brendan/*Bellet*, Aurelien/*Bennis*, Mehdi/*Bhagoji*, Arjun Nitin/*Bonawitz*, Kallista/*Charles*, Zachary/*Cormode*, Graham/*Cummings*, Rachel/ *D'Oliveira*, Rafael/*Eichner*, Hubert/*Rouayheb*, Salim El/*Evans*, David/*Gardner*, Josh/*Garrett*, Zachary/*Gascón*, Adria/*Ghazi*, Badih/*Gibbons*, Phillip B./*Gruteser*, Marco/*Harchaoui*, Zaid/*He*, Chaoyang/*He*, Lie/*Huo*, Zhouyuan/*Hutchinson*, Ben/*Hsu*, Justin/*Jaggi*, Martin/*Javidi*, Tara/*Joshi*, Gauri/*Khodak*, Mikhail/*Konecný*, Jakub/*Korolova*, Aleksandra/*Koushanfar*, Farinaz/*Koyejo*, Sanmi/*Lepoint*, Tancrede/*Liu*, Yang/*Mittal*, Prateek/*Mohri*, Mehryar/*Nock*, Richard/*Özgür*, Ayfer/*Pagh*, Ayfer/*Qi*, Hang/*Ramage*, Daniel/*Raskar*, Ramesh/*Raykova*, Mariana/*Song*, Dawn/*Song*, Weikang/*Stich*, Sebastian U./*Sun*, Ziteng/*Suresh*, Ananda Theertha/*Tramèr*, Florian/*Vepakomma*, Praneeth/*Wang*, Juanyu/*Xiong*, Li/*Xu*, Zheng/*Yang*, Qiang/ *Yu*, Felix X./*Yu*, Han/*Zhao*, Sen: Advances and Open Problems in Federated Learning, Foundations and Trends in Machine Learning, 14 (2021), S. 1.

Matschinske, Julian/*Späth*, Julian/*Bakhtiair*, Mohammad/*Probul*, Niklas/*Majdabadi*, Mohammad M.K./*Nasirigerdeh*, Reza/*Torkzadehmahani*, Reihaneh/*Hartebrodt*, Anne/*Orbán*, Balazs-Attila/*Fejér*, Sándor-József/*Zolotareva*, Olga/*Das*, Supratim/*Baumbach*, Linda/*Pauling*, Josch K./*Tomašević*, Olivera/*Bihari*, Béla/*Bloice*, Marcus/*Donner*, Nina C./*Fdhila*, Walid/ *Frisch*, Tobias/*Hauschild*, Anne-Christin/*Heider*, Dominik/*Holzinger*, Andreas/*Hötzendor-

fer, Walter/*Hospes*, Jan/*Kacprowski*, Tim/*Kastelitz*, Markus/*List*, Markus/*Mayer*, Rudolf/ *Moga*, Mónika/*Müller*, Heimo/*Pustozerova*, Anastasia/*Röttger*, Richard/*Saak*, Christina C./*Saranti*, Anna/*Schmidt*, Harald H./*Tschohl*, Christof/*Wenke*, Nina K./*Baumbach*, Jan: The FeatureCloud Platform for Federated Learning in Biomedicine: Unified Approach, Journal of Medical Internet Research, 25 (2023), e42621.

McMahan, Brendan/*Moore*, Eider/*Ramage*, Daniel/*Hampson*, Seth/*Arcas*, Blaise Aguera y: Communication-Efficient Learning of Deep Networks from Decentralized Data, Proceedings of the 20th International Conference on Artificial Intelligence and Statistics, 54 (2017), S. 1273.

Nasirigerdeh, Reza/*Torkzadehmahani*, Reihaneh/*Matschinske*, Julian/*Frisch*, Tobias/*List*, Markus/*Späth*, Julian/*Weiss*, Stefan/*Völker*, Uwe/*Pitkänen*, Esa/*Heider*, Esa/*Wenke*, Nina K./ *Kaissis*, Georgios/*Rueckert*, Daniel/*Kacprowski*, Tim/*Baumbach*, Jan: sPLINK: a hybrid federated tool as a robust alternative to meta-analysis in genome-wide association studies, Genome Biology, 23 (2022), S. 1.

Ogundokun, Roseline Oluwaseun/*Misra*, Sanjay/*Maskeliunas*, Rytis/*Damasevicius*, Robertas: A Review on Federated Learning and Machine Learning Approaches: Categorization, Application Areas, and Blockchain Technology, Information, 13 (2022), S. 263.

Silva, Santiago/*Gutman*, Boris/*Romero*, Eduardo/*Thompson*, Paul M./*Altmann*, Andre/*Lorenzi*, Marco/*ADNI/PPMI/UK Biobank*: Federated Learning in Distributed Medical Databases: Meta-Analysis of Large-Scale Subcortical Brain Data, 2019 IEEE 16th International Symposium on Biomedical Imaging (ISBI 2019), 2019, S. 270.

Späth, Julian/*Matschinske*, Julian/*Kamanu*, Frederick K./*Murphy*, Sabina A./*Zolotareva*, Olga/ *Bakhtiari*, Mohammad/*Antman*, Elliott M./*Loscalzo*, Joseph/*Brauneck*, Alissa/*Schmalhorst*, Louisa/*Buchholtz*, Gabriele/*Baumbach*, Jan: Privacy-aware multi-institutional time-to-event studies, PLOS Digit Health, 1 (2022), S. 1.

Torkzadehmahani, Reihaneh/*Nasirigerdeh*, Reza/*Blumenthal*, David B./*Kacprowski*, Tim/*List*, Markus/*Matschinske*, Julian/*Späth*, Julian/*Wenke*, Nina Kerstin/*Baumbach*, Jan: Privacy-Preserving Artificial Intelligence Techniques in Biomedicine, Methods of Information in Medicine, 61 (2022), S. e12.

Yang, Qiang/*Liu*, Yang/*Chen*, Tianjian/*Tong*, Yongxin: Federated Machine Learning: Concept and Applications, ACM Transactions on Intelligent Systems and Technology, 10 (2019), S. 1.

Zhao, Chuan/*Zhao*, Shengnan/*Zhao*, Minghao/*Chen*, Zhenxiang/*Gao*, Chong-Zhi/*Li*, Hongwei/ *Tan*, Yu-an: Secure Multi-Party Computation: Theory, practice and applications, Information Sciences, 476 (2019), S. 357.

Ziller, Alexander/*Trask*, Andrew/*Lopardo*, Antonio/*Szymkow*, Benjamin/*Wagner*, Bobby/ *Bluemke*, Emma/*Nounahon*, Jean-Mickael: PySyft: A Library for Easy Federated Learning, in: Rehman/Gaber, Federated Learning Systems: Towards Next-Generation AI, 2021, S. 111.

Zolotareva, Olga/*Nasirigerdeh*, Reza/*Matschinske*, Julian/*Torkzadehmahani*, Reihaneh/*Bakhtiari*, Mohammad/*Frisch*, Tobias/*Späth*, Julian/*Blumenthal*, David B./*Abbasinejad*, Amir/ *Tieri*, Paolo/*Kaissis*, Georgios/*Rückert*, Daniel/*Wenke*, Nina K./*List*, Markus/*Baumbach*, Jan: Flimma: a federated and privacy-aware tool for differential gene expression analysis, Genome Biology, 22 (2021), S. 1.

Autorenverzeichnis

Mohammad Bakhtiari, Wissenschaftlicher Mitarbeiter, Institute for Computational Systems Biology, Universität Hamburg

Jan Baumbach, Dr. rer. nat., Professor, Leiter des Institute for Computational Systems Biology, Universität Hamburg

Alissa Brauneck, Wissenschaftliche Mitarbeiterin, Lehrstuhl Recht der sozialen Sicherung mit dem Schwerpunkt in Digitalisierung und Migration, Universität Hamburg

Gabriele Buchholtz, Dr. iur., Juniorprofessorin für das Recht der sozialen Sicherung mit dem Schwerpunkt in Digitalisierung und Migration, Universität Hamburg

Sören Deister, Dr. iur., Akademischer Rat a.Z., Universität Hamburg

Joschka Haltaufderheide, Dr. phil., Wissenschaftlicher Mitarbeiter, Juniorprofessur für Medizinische Ethik mit Schwerpunkt auf Digitalisierung an der Fakultät für Gesundheitswissenschaften Brandenburg, Universität Potsdam

Laura Hering, Dr. iur., LL.M. (Collège d'Europe), Referentin am Max-Planck-Institut für ausländisches öffentliches Recht und Völkerrecht, Heidelberg

Christian Katzenmeier, Dr. iur., Professor, Institut für Medizinrecht & Professur für Bürgerliches Recht und Zivilprozessrecht, Universität zu Köln

Michael Kolain, Fraktionsreferent für Digitalpolitik im Deutschen Bundestag, Robotics & AI Law Society – Rails

Christoph Krönke, Dr. iur., Professor, Lehrstuhl für Öffentliches Recht, Universität Bayreuth

Simone Kuhlmann, Dr. iur., Wissenschaftliche Mitarbeiterin, Young-Investigator-Fellow am Zentrum verantwortungsbewusste Digitalisierung (ZEVEDI), Goethe-Universität Frankfurt am Main

Jonas Lange, Forschungsreferent am Deutschen Forschungsinstitut für öffentliche Verwaltung, Speyer

Mohammad Mahdi Kazemi Majdabadi, Wissenschaftlicher Mitarbeiter, Institute for Computational Systems Biology, Universität Hamburg

Friederike Malorny, Dr. iur., Juniorprofessur für Bürgerliches Recht, Arbeitsrecht und Sozialrecht, Universität Münster

Alina Omerbasic-Schiliro, Dr. phil., wissenschaftliche Mitarbeiterin am Lehrstuhl für Praktische Philosophie, Universität Duisburg Essen

Niklas Probul, Wissenschaftlicher Mitarbeiter, Institute for Computational Systems Biology, Universität Hamburg

Sarah Rachut, Wissenschaftliche Mitarbeiterin, Technische Universität München, Geschäftsführerin von TUM Center for Digital Public Services

Robert Ranisch, Dr. phil., Juniorprofessor für Medizinische Ethik mit Schwerpunkt auf Digitalisierung an der Fakultät für Gesundheitswissenschaften Brandenburg, Universität Potsdam

Christina Caroline Saak, PhD, Science Managerin, Institute for Computational Systems Biology, Universität Hamburg

Martin Scheffel-Kain, Studentische Hilfskraft, Lehrstuhl Recht der sozialen Sicherung mit dem Schwerpunkt in Digitalisierung und Migration, Universität Hamburg

Louisa Schmalhorst, Wissenschaftliche Mitarbeiterin, Lehrstuhl Recht der sozialen Sicherung mit dem Schwerpunkt in Digitalisierung und Migration, Universität Hamburg